Revista de Direito Tributário

96

MALHEIROS EDITORES

Revista de Direito Tributário

Publicada sob os auspícios do
Instituto Geraldo Ataliba — IDEPE — Instituto Internacional de Direito Público e Empresarial
Presidente: Prof. Aires Barreto

ISS 0102-7956

REVISTA DE DIREITO TRIBUTÁRIO
publicação trimestral de
MALHEIROS EDITORES LTDA.
Rua Paes de Araújo, 29, 17º andar - conj. 171
CEP: 04531-940 - São Paulo, SP
Tel. (0xx11) 3078-7205
Fax. (0xx11) 3168-5495
Diretor Responsável: Álvaro Malheiros
Diretora: Suzana Fleury Malheiros

Assinaturas e comercialização:
CATAVENTO DISTRIBUIDORA
DE LIVROS S.A.
Rua Conselheiro Ramalho, 928
CEP 01325-000 - São Paulo - SP
Tel. (0xx11) 3289-0811 - Fax. (0xx11) 3251-3756
Supervisão Gráfica: Vânia Lúcia Amato
Composição: *Scripta*
Impressão: Paym Gráfica e Editora Ltda.

SUMÁRIO

CADERNOS DE DIREITO TRIBUTÁRIO

SIMPLIFICACIÓN; BASE IMPONIBLE Y RENTA EMPRESARIAL 7
— José J. Ferreiro Lapatza

MARKETING DE INCENTIVO E SEUS ASPECTOS TRIBUTÁRIOS 15
— Paulo de Barros Carvalho

O FATO GERADOR DO IMPOSTO DE IMPORTAÇÃO INCIDÊNCIA — "VACATIO LEGIS" 45
— Aurélio Pitanga Seixas Filho

BREVES COMENTÁRIOS SOBRE OS ACORDOS PRÉVIOS DE PREÇOS DE TRANSFERÊNCIA 53
— Antonio Amendola

A PROVA NO PROCESSO ADMINISTRATIVO-TRIBUTÁRIO. Uma investigação jurídico-comunicacional 64
— Marcio Pestana

DIREITO AO SILÊNCIO *VERSUS* DEVER DE CONTRIBUIR: UM CONFLITO ENTRE PRINCÍPIOS CONSTITUCIONAIS NO ÂMBITO TRIBUTÁRIO SANCIONADOR 102
— Eduardo Muniz Machado Cavalcanti

A TEORIA DAS PROVAS E O NOVO CADASTRO DE ISS EM SÃO PAULO 129
— Charles William McNaughton

ESTUDOS E COMENTÁRIOS

MANDADO DE SEGURANÇA IMPETRADO POR FILIAL E O INCISO II DO ART. 253 DO CPC 147
— Cassio Scarpinella Bueno

ESTRUTURA E FUNÇÃO DA DECISÃO EM CONTROLE ABSTRATO DE CONSTITUCIONALIDADE: OS EFEITOS SOBRE OS PRAZOS DE DECADÊNCIA E DE PRESCRIÇÃO NO DIREITO TRIBUTÁRIO DO BRASIL 162
— Robson Maia Lins

ISENÇÕES FISCAIS DE ICMS NÃO CONTEMPLADAS EM CONVÊNIOS/CONFAZ – IMPACTOS NEGATIVOS DA GUERRA FISCAL..... 180

— João Carlos Csillag

ACUERDOS PREVIOS ENTRE LOS OBLIGADOS TRIBUTARIOS Y LA ADMINISTRACIÓN TRIBUTARIA COMO MEDIDA PREVENTIVA DE SOLUCIÓN DE CONFLICTOS (ÉNFASIS EN ESPAÑA Y COLOMBIA)..... 191

— Fabio Londoño Gutiérrez

RELEVÂNCIA DA ANÁLISE DOS ASPECTOS ECONÔMICOS NA INSTITUIÇÃO DE UM TRIBUTO AMBIENTAL..... 211

— Marli Teresinha Deon Sette e Jorge Madeira Nogueira

ESTUDO DAS NORMAS DE RESTITUIÇÃO DO ICMS RECOLHIDO POR SUBSTITUIÇÃO TRIBUTÁRIA..... 225

— Odilo Sossoloti

A TRIBUTAÇÃO POR IMPOSTO DE RENDA DOS GANHOS DE CAPITAL AUFERIDOS POR NÃO-RESIDENTES..... 239

— Ana Cláudia Akie Utumi

DOS ATOS NORMATIVOS EXPEDIDOS PELAS AUTORIDADES ADMINISTRATIVAS E SUA FUNÇÃO DE NORMAS COMPLEMENTARES DAS LEIS TRIBUTÁRIAS – DA ILEGALIDADE DO ART. 5º DA PORTARIA CONJUNTA PGFN/SRF-3, DE 25.8.2004..... 253

— Marcos Antônio Nepomuceno Feitosa

Revista de Direito Tributário

CADERNOS DE DIREITO TRIBUTÁRIO

Fundador: Rubens Gomes de Sousa (†)

CADERNOS DE DIREITO TRIBUTÁRIO

SIMPLIFICACIÓN; BASE IMPONIBLE Y RENTA EMPRESARIAL

JOSÉ J. FERREIRO LAPATZA
Profesor Catedrático da Universidade de Barcelona

1. Introducción: las vías fundamentales para la simplificación del sistema.
2. Contabilidad y fiscalidad.

1. Introducción: las vías fundamentales para la simplificación del sistema

La argumentación central y final de este trabajo no necesita, a mi juicio, muchos párrafos previos para insistir en algo en lo que muchos tributaristas estamos de acuerdo: es cada vez más urgente y necesario recorrer las posibles vías de simplificación del sistema para acabar con la – más que innecesaria – escandalosa complicación de nuestros sistemas fiscales. Pues no puede sino tacharse de escandalosa la situación de un sistema como el español – en absoluto una excepción dentro de los sistemas tributarios actuales – en donde el régimen general del IRPF se ve inaplicado por mor de más de un centenar de regímenes especiales o excepciones que jalonan su normativa, pudiendo decirse algo igual del IS y del IVA (condicionado éste por las directivas europeas); los tres impuestos que configuran la columna vertebral del sistema.

El sistema español – me atrevo a afirmarlo – no es más que un ejemplo de lo que ocurre en la generalidad de los sistemas tributarios de Occidente, en donde todos, como ya he dicho en otras ocasiones, contemplamos impávidos y en silencio unas leyes fiscales hechas de espaldas a los principios de seguridad, libertad, generalidad e igualdad. Unas leyes plagadas de excepciones, de exenciones, de regímenes especiales, de normas que excepcionan las exenciones, las excepciones y los regímenes especiales; de reenvíos incluso fuera del campo del Derecho (por ejemplo a los principios de la contabilidad); de normas ambiguas, inconcretas e indeterminadas, en los términos que utilizan y en la realidad o relaciones sociales a que se refieren; de normas dictadas por y para la propaganda electoral; de normas que declaran hoy justo lo que mañana declaran injusto, procurando así las más absurdas e injustas discriminaciones.

Ante esta situación, los especialistas en derecho tributario no podemos permanecer callados. Debemos señalar los puntos que más contribuyen a la complicación – innecesaria, escandalosa e injusta – del sistema y debemos señalar las vías que parece necesario recorrer para su posible simplificación.

La primera de ellas, conforme a cuanto hace un momento acabo de decir, viene señalada, de acuerdo también con una opinión cada vez más generalizada, por la reducción o supresión generalizada de regímenes especiales, excepciones o beneficios fiscales para contribuyentes o grupos de contribuyentes determinados, procurando así que el molde general del tributo se aplique al mayor número posible de ciudadanos.

La segunda vía a señalar viene determinada por el perfeccionamiento técnico de este régimen general o básico de cada tributo, centrando la atención en la clara delimitación del hecho imponible y, dentro de él, en la riqueza gravada – el objeto material del tributo – y en su medida – la base imponible o base cálculo – para determinar el ingreso a realizar.

En la elaboración teórica que hasta ahora yo he seguido, el punto esencial para esta tarea se centra, o se centraba, insisto, en el objeto material del tributo, entendido, en un sentido técnico estricto, como aquellos bienes económicos o riqueza que aparecen descritos en las normas que determinan, delimitan o tipifican el hecho imponible de cada tributo y sobre los que tal tributo recae o grava.

El objeto material de cada tributo es, pues, un bien económico. Pero no todos los bienes económicos, es obvio, son gravados por los tributos. Cada tributo grava un o unos determinados bienes. La renta, o el patrimonio, los bienes inmuebles, el tabaco, la gasolina, los derechos de hipoteca, los servicios profesionales, la actividad comercial o, en general, la actividad empresarial etc.

La base imponible o base cálculo es la medida – la dimensión o magnitud – del objeto del tributo que, según la ley, sirve para determinar la capacidad económica relativa del sujeto y que, en consecuencia, ha de servir para determinar el cuanto a pagar por cada contribuyente.

En esta línea cabe señalar – como con especial énfasis ha señalado la doctrina brasileña, y en particular Geraldo Ataliba y Paulo de Barros Carvalho – que las normas que delimitan la base contribuyen también a delimitar o tipificar el hecho imponible, en tanto que miden uno de sus elementos. De tal modo que – podemos afirmar – un cambio de las normas que regulan la base supone, necesariamente, una variación en el hecho tipificado por la ley como hecho imponible.

Por lo demás, la ley debe regular también los medios, procedimientos, instrumentos o métodos de medición que han de ser utilizados para medir la base en cada caso. Tal regulación contribuye también a delimitar la base, el objeto medido y, por ende, el hecho imponible: son normas de derecho tributario sustantivo. Son las normas en que, fundamentalmente, se ha de centrar la atención para delimitar claramente el campo de aplicación de cada tributo.

De tal forma que – podemos concluir – la claridad, sencillez y certeza del ordenamiento sustantivo de los tributos no dependen solo – ni siquiera fundamentalmente – de la norma que regula, en referencia directa a él, el hecho imponible, sino también – e, insisto, fundamentalmente – de las normas que regulan la cuantificación del tributo y – aún –, dentro de ellas y de forma muy especial, la base imponible o base de cálculo.

Como muchas veces se ha dicho y yo mismo también he repetido, el Derecho es una técnica de organización social que se basa en la delimitación, en la descripción, en la tipificación de conductas sociales, de acciones sociales, de acciones dirigidas a los demás o, en la terminología más precisa – y, para mí, nunca superada – de Max

Weber, acciones "donde el sentido querido por un sujeto o sujetos está referido a la conducta de otros".

La capacidad delimitadora, la posibilidad de identificación de la realidad social a la que se refiere, determina las posibilidades de aplicación efectiva de una norma y en este sentido sirve para calificarla de acuerdo con su facilidad y posibilidades de realización. La "facilidad de reconocer concretamente las condiciones y consecuencias de una regla de Derecho – ha dicho Ihering – es más importante en la práctica que la perfección lógica del contenido abstracto del Derecho, porque no sólo simplifica y facilita la aplicación del Derecho, sino que asegura su realización uniforme". Y añade: "El Derecho existe para realizarse; lo que no existe más que en las leyes es un fantasma".

La capacidad delimitadora de la realidad social a la que se refiere sirve no sólo para calificar una norma o regla de Derecho, sino también una argumentación o teoría jurídica. La falta de capacidad delimitadora de una teoría – ha dicho Canaris – determina su falta de eficacia. Y, "si ésta falta, la teoría carece de dicho interés de modo que ni siquiera valdrá la pena tratar de refutarla".

De tal modo que los juristas que, con nuestras teorías, tratamos de construir un Derecho cierto y el legislador que puede utilizar estas construcciones teóricas en su labor de construcción del ordenamiento positivo han de tener muy presente a la hora de tipificar el hecho imponible que el objeto del tributo debe ser un objeto fácilmente identificable y mensurable o medible de forma cierta, fácil, y segura. Medible con instrumentos asimismo de fácil manejo y ciertos en sus resultados, de forma tal que estos resultados ofrezcan un grado de fiabilidad, objetividad y certeza que hagan difíciles las discusiones, pleitos o litigios sobre los mismos; y que hagan fáciles las previsiones sobre la forma en que los sujetos que los alcanzan serán gravados.

De acuerdo, pues, con estas someras indicaciones, vamos ahora a analizar los instrumentos a utilizar para medir el objeto del tributo que grava la renta empresarial, de tal modo que podamos ver su fiabilidad, su objetividad y el grado de certeza que su utilización introduce en el ordenamiento. Para recomendarlos o rechazarlos. Para recomendar o rechazar determinadas formas de delimitar, en función de tales instrumentos, el objeto del tributo o de los tributos que gravan la renta empresarial. En función de los valores de certeza y simplificación que muchas leyes tributarias dicen perseguir y muy pocas de ellas realmente consiguen.

Con este propósito, parece conveniente comenzar con una referencia a las relaciones entre contabilidad mercantil y fiscalidad y a la conveniencia o inconveniencia de delimitar y medir el objeto del tributo en función de los resultados que arroje la contabilidad.

2. Contabilidad y fiscalidad

Nuestras sociedades se organizan sobre la base de un mercado libre en el que las empresas tienen un protagonismo innegable.

La contabilidad empresarial, por muy tosca que ésta pueda ser, constituye un elemento, un instrumento o una técnica indispensable para la vida de las empresas.

Un sistema de cuentas en el que se recojan con claridad los hechos cuantificables en los que se concretan la situación y la actividad de la empresa proporciona la base necesaria para las decisiones y actuaciones de empresa y empresario. Y debe proporcionar a "los demás" – acreedores, deudores, clientes, proveedores etc. – la garantía necesaria de que tal situación y tales actuaciones son conformes con la organización jurídica de las relaciones sociales en el seno de cada comunidad.

De aquí que, en nuestra organización social, el Derecho recoja en un grupo especial y especializado de sus normas – el derecho contable – las exigencias de cada comunidad en torno a una correcta llevanza de las cuentas de cada empresa. Conforme a los fines propios y específicos que con estas normas "especiales" se persiguen: la empresa ha de reflejar en su contabilidad la imagen fiel de su situación y de sus actuaciones.

Conforme a este fin, las normas jurídico-contables – el derecho contable – obedece o se inspira en principios especiales o "propios" – claridad, veracidad, responsabilidad, verificabilidad, neutralidad – que se "realizan" o hacen efectivos a través de "los principios de contabilidad generalmente aceptados": prudencia, empresa en funcionamiento, registro, precio de adquisición , devengo, correlación de ingresos y gastos, no-compensación, uniformidad, importancia relativa.

Y conforme a los principios en que se inspiran y a las reglas generales en que se apoyan, las normas contables ofrecen también una textura propia o especial en relación con las normas que se integran en otros grupos o ramas del ordenamiento: son, en general, normas más flexibles o abiertas – en mayor o menor medida – a usos, criterios e interpretaciones distintas según el peso que en ellas se dé a las reglas y principios generales y a la forma en que unas y otros sean entendidos y aplicados.

No parece pueda ser de otro modo en un ámbito social – el de la empresa – en donde las normas jurídicas han de respetar al máximo la libertad y capacidad de organización, decisión y actuación en un mercado de libre competencia.

Y es precisamente un ámbito social especial y específico el que explica las características especiales y "propias" de las normas que directa y primordialmente lo regulan. Las características propias de cada uno de los diferentes grupos de normas que integran el ordenamiento.

La Ciencia del Derecho nos enseña, en efecto, que ciertos ámbitos de la realidad social exigen una regulación jurídica sustancialmente diversa a la de otros. La singularidad de cada uno de estos grupos de normas explica la aparición de distintas disciplinas jurídicas: El derecho contable, el derecho fiscal, están entre ellos y entre ellas.

La "fiscalidad", el ámbito social en el que se mueven y viven las relaciones entre el Estado y los contribuyentes, constituye también, como la contabilidad, uno de estos ámbitos diferenciados que determinan la aparición de normas "especiales" y de una disciplina especializada – el derecho fiscal o tributario – que las estudia.

Y en el ámbito fiscal los fines que se persiguen y, en consecuencia, los principios a aplicar son sustancialmente diversos a los fines que se persiguen y a los principios que se aplican en el ámbito contable.

La finalidad primera y esencial del tributo es la de aportar medios de financiación a las tareas del Estado. Y en nuestras democracias tal finalidad y las normas a su servicio han de obedecer, en el sentido más estricto posible, no solo al principio de capacidad sino también, y con la misma intensidad, a los principios de uniformidad, igualdad, legalidad y tipicidad.

Cierto. Derecho fiscal y derecho contable forman parte de un único ordenamiento y sus normas se relacionan y condicionan recíprocamente.

El derecho fiscal ha de tener presente el ordenamiento en el que se integra y, de modo muy especial, las normas contables que en él se aplican. También y en especial para que los tributos que gravan el resultado empresarial se apliquen de modo efectivo.

Pero la sustitución pura y simple de las normas fiscales por normas contables supone un ataque directo a la racionalidad del sistema – del ordenamiento jurídico en su conjunto – en cuanto supone la aplicación de normas dictadas con fines distintos a una realidad diferente de aquella para la que fueron pensadas.

Esto es lo que se ha producido, sin embargo, en aquellos países en los que la ley fiscal remite, con mayor o menor intensidad, al resultado contable para fijar la base de los tributos que gravan la renta empresarial.

Este – a mi juicio – irracional proceder supone, en primer lugar, un ataque directo al principio de legalidad y, por tanto, a la libertad y a la seguridad, dos de los pilares en los que se asienta nuestra democracia; un principio, el de legalidad, de exigencias mucho más estrictas, como se sabe, en el ámbito de la fiscalidad que en el ámbito de la contabilidad.

Pero, contra lo que pudiera parecer por lo que ahora se ha dicho, no es el principio de legalidad el que más directamente se ve atacado o desconocido por la remisión a las normas contables o por la delimitación del objeto del tributo por referencia al resultado o beneficio derivado de la contabilidad.

Son la seguridad y la certeza del Derecho las que sufren un ataque más fuerte. Pues las normas jurídicas escritas, abstractas (al servicio de la seguridad) y generales (al servicio de la igualdad), son sustituidas por los principios generalmente aceptados en contabilidad, por normas y usos contables, interpretaciones, criterios y técnicas varias que nada tienen que ver con la regla smithiana – no sólo jurídica – de la certeza, a la que tienen derecho los agentes económicos, los contribuyentes y todos los ciudadanos.

Las normas contables no sirven, dado el grado de incertidumbre que forzosamente encierran, para delimitar o medir la capacidad económica que debe ser gravada por un tributo. El resultado contable no puede ser escogido como objeto del tributo si el legislador quiere cumplir con las exigencias constitucionales de la tributación.

Son las normas fiscales las que deben determinar la riqueza gravada, con independencia de la contabilidad.

Tal y como se hizo tradicionalmente en España cuando la base del impuesto de sociedades se definía con las sumas de las ganancias patrimoniales más los rendimientos, calificándose como tales los ingresos brutos menos los gastos necesarios para su obtención. Tal y como se define ahora en el sistema fiscal de los EEUU. Tal y como se define en los sistemas simplificados de Brasil (el SIMPLES), de Argentina, de México, de España y de la mayoría de los países latinoamericanos y de la Unión Europea. Tal y como hace una de las últimas teorías fiscales fabricada en los EEUU y exportada después a numerosos países: me refiero, claro está, al *flat tax* o impuesto lineal. Un tipo de impuesto que sigue las líneas – muy anteriores a él – de los impuestos simplificados como el implantado en Hong Kong en 1947 o como los implantados – según acabo de indicar – ya desde hace muchos años en numerosos países de América y Europa. Me referiré enseguida a estos dos modelos, el impuesto lineal y los sistemas simplificados.

Pero antes quisiera subrayar algo obvio: con la separación entre normas fiscales y normas contables la contabilidad no pierde el papel fundamental que juega en nuestros sistemas económicos y jurídicos. No lo pierde. Lo conserva y lo puede potenciar como sector especializado del ordenamiento, sin invadir ni ser invadido por el estudio, la innovación y el perfeccionamiento de otros saberes y otros sectores del ordenamiento.

Pues la contabilidad es, en nuestros ordenamientos, el reflejo documental primario y fundamental de la actividad de la empresa a todos los efectos y frente a todos y debe ofrecer a todos – también a la Hacienda – la imagen fiel de la empresa.

La contabilidad – cualquiera que sea su grado de complicación o de simplicidad – debe de proporcionar los datos básicos y fundamentales para la determinación de los parámetros – cualesquiera que estos sean – que sirvan para definir la base imponible. También, claro está, para cualquier otra actuación de la empresa frente a la Hacienda Pública y para la comprobación de las actuaciones fiscales de la empresa por la Hacienda Pública.

La contabilidad es un instrumento fundamental para la medición de la base también cuando ésta es definida y regulada por normas fiscales. Pero no se puede ni debe confundir lo medido con los instrumentos que sirven para medir. No se puede confundir el metro con la materia cuya longitud o superficie en metros se quiere medir.

Y de la misma forma: no se puede confundir el sistema de cuentas que registra la actividad y situación económica de una empresa con el beneficio contable que resulta de tal sistema o conjunto ni, mucho menos, con el beneficio fiscal.

La contabilidad ha de servir, tiene que utilizarse, debe utilizarse, para cualificar o medir la actividad de la empresa, su situación y sus resultados a todos los efectos, también los fiscales; pero esto – insistimos – ni implica ni fuerza a confundir el resultado contable con el beneficio fiscal.

Identificación o confusión que se produce en mayor o menor grado, repito, cuando la ley remite al resultado contable para definir el beneficio fiscal, aunque después, y en todos los casos en que esto se produce, el legislador se vea obligado a desdecirse, en mayor o menor grado, estableciendo reglas fiscales que fuerzan a diferenciar resultado contable y beneficio fiscal. Tomando, forzosamente, conciencia de que *resultado contable* y *beneficio fiscal* son realidades – "objetos ideales" – diferentes que sirven a distintos fines y que se utilizan y producen distintos efectos. Se determina en un caso, en general, el beneficio que corresponde al empresario o a los socios para su utilización por él o por ellos; y se determina en otro caso la capacidad económica o riqueza que sirve de base para cuantificar la contribución a las cargas públicas que todos debemos realizar.

La contabilidad debe ser llevada obligatoriamente tanto porque lo ordenan las normas mercantiles, como porque lo ordenan las normas fiscales. Las unas para conocer el beneficio disponible, las otras para conocer la riqueza susceptible de imposición.

Pero ello no debe conducir a la confusión – digámoslo una vez más – entre normas contables y normas fiscales, sino que debe conducir a la separación entre ellas.

Ello no solo es posible, es deseable para que la normativa fiscal responda a las exigencias de claridad y coherencia a las que debe responder toda normativa jurídica, todo grupo de normas dentro del único ordenamiento: respondiendo cada grupo a las características de las relaciones sociales diferentes y diferenciadas que cada uno de ellos trata de regular de acuerdo con los fines de ordenación social que con cada uno de estos grupos de normas se trate de perseguir: el reflejo exacto de la actividad y situación de la empresa en el caso de las normas contables; la medida de la capacidad económica que debe determinar el tributo en el caso de las normas fiscales. Fines diversos, relaciones sociales diversas que exigen una diversa normativa, distintos grupos de normas que separan forzosamente la normativa contable y la normativa fiscal.

Sólo así la normativa fiscal puede responder a las técnicas de simplificación que le son propias sin verse impedida en este camino por interferencias ajenas al ámbito fiscal.

Sólo así la normativa fiscal que regula la estimación directa puede ser coherente y compatible con la que regula los métodos simplificados de determinación de la base. Métodos simplificados que obligan a alejarse del resultado contable y a obedecer solo a normas fiscales que solo a los efectos por ellas –las normas fiscales – determinadas pueden remitir o apoyarse en la normativa contable o, en términos más amplios, en la contabilidad.

Una normativa fiscal que identifique la base – en estimación directa – con independencia de las normas contables y sea sencilla, clara y coherente con sus fines no solo es deseable sino también posible; lo demuestran los ejemplos antes citados, las dos líneas fundamentales que hoy día se siguen para hacer más claros, ciertos y simples los impuestos que gravan los resultados de la empresa. Dos líneas a las que, para terminar, me voy a referir brevemente, no sin antes indicar un punto de partida que entiendo común: el resultado contable no es la única medida posible de la capacidad contributiva de una empresa. Otras magnitudes (significativamente los ingresos brutos) pueden ser tomadas como medida de esta capacidad o aptitud para ser gravado. Solo aquellas magnitudes que puedan ser medibles con un grado suficiente de certeza y objetividad pueden ser tenidas en cuenta por el legislador a la hora de escoger la base imponible.

En este sentido el resultado contable posee un alto grado de incertidumbre y relatividad y puede verse influido por circunstancias o decisiones empresariales (por ejemplo donativos) que no tienen por qué ser tenidas en cuenta a la hora de medir la capacidad de contribución a las cargas públicas.

El impuesto lineal centra el núcleo de su propuesta en un gravamen de las actividades económicas de fácil cálculo. Se parte de los ingresos brutos de la actividad empresarial deduciendo de estos las compras a otras empresas, salarios, seguridad social e inversiones. No se incluyen entre los ingresos dividendos o intereses, es decir, ingresos procedentes del ahorro. Y se suprime, en general, todo tipo de deducciones, estímulos o beneficios o minoraciones.

El modelo de impuesto lineal o *flat tax* no difiere, esencialmente, de los impuestos simplificados a los que enseguida aludiré, pero ha tenido el mérito incontestable de hacer ver, sin posibilidad alguna de discusión, que tales impuestos simplificados pueden ser aplicados de forma generalizada sustituyendo los actuales y muy sofisticados e inútilmente complicados impuestos sobre la renta empresarial basados en la contabilidad. El impuesto lineal se aplica ya en diferentes países, notoriamente en Rusia tras la propuesta de Putin en 2001. Con un aumento de más del 50% en la recaudación.

Como se ve, el impuesto lineal no difiere en mucho de los impuestos simplificados que están vigentes en numerosos países y que eligen el ingreso bruto como baremo fundamental o punto de partida necesario.

Pues bien, elegido el ingreso bruto como baremo fundamental para el gravamen de la renta empresarial, parece obvio que la fórmula más sencilla consiste en aplicar directamente al ingreso bruto el tipo de gravamen.

Pero un sistema tan sencillo puede chocar abiertamente con los principios de igualdad y capacidad que ordenan distinguir con una cierta ponderación las diferentes situaciones y capacidades que pueden detectarse – con un cierto valor general – en la realidad empresarial analizada.

Los valores de claridad y certeza que priman en la simplificación del sistema deben ponderarse con el trato igual de situaciones – referidas siempre a una generalidad o grupo significativo de ciudadanos – iguales y el trato desigual de situaciones desiguales referidas siempre – repetimos – a una generalidad o grupo significativo de ciudadanos.

Por ello el gravamen calculado sobre ingresos brutos puede y debe matizarse – y se matiza en todos los países – fundamentalmente por dos vías: la diferenciación de sectores empresariales distintos y la introducción en el cálculo de la base de deducciones en el ingreso bruto primeramente determinado.

La diferenciación por sectores conlleva normalmente la aplicación de diferentes porcentajes de deducción en la base antes de aplicar el tipo: esto es lo que sucede en Francia en el sistema BRIC o en Brasil en el sistema de lucro presunto que configura un escalón intermedio entre el SIMPLES y el sistema normal de gravamen de la renta efectiva.

En el sistema brasileño, por ejemplo, la base imponible se fija en un 8% del ingreso bruto en comercio o industria en general y en un 32%, en general, en los servicios, aplicándose después, al resultado, un tipo general del 15%. La razón estriba en el distinto porcentaje de gastos que conllevan estas diferentes actividades.

La otra vía de diversificación entre situaciones diferentes consiste en permitir la deducción en los ingresos brutos de componentes fundamentales de la renta: compras, sueldos e inversiones (amortizaciones).

Esta segunda vía puede asumir, a su vez, dos variables fundamentales: las partidas deducibles pueden calcularse sobre valores ciertos o bien por un porcentaje establecido por la ley.

La primera de estas modalidades se sigue en el régimen simplificado mexicano, en el que se permite la deducción de las cantidades empleadas en la compra de mercancías. Y se sigue, decididamente, en Alemania, cuyo régimen simplificado se aproxima más que en otros países al sistema de renta neta efectiva con una aplicación más intensa que en el régimen normal del principio de caja.

La segunda de las dos variables a que ahora nos referimos consiste en deducir de los ingresos brutos ciertos porcentajes que determinan un cálculo a tanto alzado o forfetario de determinados gastos. Así, por ejemplo, en España el régimen de estimación objetiva de la agricultura permite deducir del porcentaje de ingresos brutos que se considere como base determinados porcentajes por inversiones, por utilización de personal asalariado y por utilización de tierras arrendadas.

En cualquier caso, y como acabamos de ver, la simplificación de los tributos que gravan la renta empresarial está alcanzando ciertos puntos de acuerdo que, en mi sentir, pueden resumirse así:

• La separación tajante entre base imponible y resultado contable o, más en general, entre las normas que regulan la contabilidad empresarial y las normas que determinan la medida de la capacidad para contribuir al gasto público.

• La supresión generalizada de incentivos, exenciones, excepciones y regímenes especiales en el tributo. Sustituyendo quizás los beneficios fiscales por subvenciones para incentivar determinados comportamientos (I+D por ejemplo), ya que la subvención parece tendencialmente mas controlable que el beneficio fiscal.

• La consideración del ingreso bruto como baremo fundamental o punto de partida para determinar la base.

• La capacidad contributiva puede ser medida de muy diversas formas: es preciso acabar con el mito de que solo el resultado contable nos da la medida justa de tal capacidad.

Estas cuatro consideraciones se encierran en dos: la simplificación del sistema en cuanto a los tributos que gravan la renta empresarial es urgente y necesaria. La simplificación es posible. No es una utopía. Para que sea real basta con quererla. Y con tener la decencia y el coraje políticos necesarios para implantarla.

CADERNOS DE DIREITO TRIBUTÁRIO

MARKETING DE INCENTIVO E SEUS ASPECTOS TRIBUTÁRIOS

PAULO DE BARROS CARVALHO
Professor Titular de Direito Tributário da PUC/SP e da USP

1. Introdução. 2. Desenvolvimento: 2.1 Direito tributário positivo e ciência do direito tributário: o caráter unitário do sistema jurídico – 2.2 Palavras introdutórias sobre a interpretação, considerando a integridade lógico-semântica do Direito posto – 2.3 A repartição constitucional das competências tributárias como delimitadora do possível campo de atuação de cada pessoa política – 2.4 A regra-matriz de incidência tributária – 2.5 Natureza jurídico-tributária das contribuições – 2.6 Disciplina constitucional das contribuições previdenciárias – 2.7 A base de cálculo das contribuições previdenciárias: 2.7.1 Conteúdo semântico do termo "salário" – 2.7.2 A definição do conceito de "remuneração" pelo serviço prestado – 2.8 Natureza jurídica do prêmio de incentivo e a impossibilidade de sua inclusão na base de cálculo de contribuições previdenciárias – 2.9 A regra-matriz de incidência do imposto sobre a renda: 2.9.1 Os critérios material e temporal da hipótese de incidência do imposto sobre a renda e sua relevância para caracterização do fato jurídico tributário – 2.10 Imposto sobre a renda retido na fonte como forma de antecipação do imposto devido pelo contribuinte – 2.11 As características das relações que se estabelecem entre o contratante-patrocinador, a empresa de "marketing" de incentivo e o beneficiário – 2.12 Normas gerais de direito tributário: função da lei complementar como mecanismo de ajuste que assegura o funcionamento do sistema: 2.12.1 O instituto da decadência no direito tributário brasileiro – 2.12.2 Prazo decadencial aplicável às contribuições previdenciárias. 3. Conclusões.

1. Introdução

O presente trabalho tem por finalidade analisar, com profundidade e rigor, importantes questões tributárias relativas à sistemática de premiação praticada por empresas especializadas em planejar, desenvolver e gerenciar programas de *marketing* de relacionamento, motivação, incentivo e fidelidade.

Convém esclarecer, desde logo, que a atividade de *marketing* de incentivo tem por objeto a motivação de colaboradores internos (empregados da empresa contratante) e externos (terceiros, sem vínculo empregatício com o patrocinador). Os colaboradores que se destacam são reconhecidos e recebem prêmios que podem assumir as mais variadas formas: simbólicos, como troféus ou medalhas; por meio de cartões de débito utilizados para compras de bens e serviços em estabelecimentos afiliados ou saques em dinheiro junto a bancos credenciados; mediante cartões de débito utilizados para compras em certas redes de lojas que vendem bens e serviços; *vouchers* de compras com valor expresso em Reais, utilizados somente para compras em rede de lojas credenciadas por empresas de *marketing* de incentivo; entrega de bens ou serviços, como televisores, refrigeradores, viagens etc.; e pontos, que podem ser acumulados e trocados por prêmios disponibilizados em catálogos específicos.

Para empreender campanhas desse tipo, as empresas contratam entidades especializadas em *marketing* de incentivo, as quais, com seu *know-how*, planejam, criam, organizam e desenvolvem campanhas motivacionais, conforme as necessidades e interesses do cliente.

Tendo em vista as particularidades do *marketing* de incentivo, bem como do prêmio concedido em função do atingimento das metas propostas aos colaboradores, teceremos considerações sobre (i) a "natureza jurídica" do prêmio; (ii) a juridicidade da incidência de contribuição previdenciária sobre os prêmios oferecidos a empregados e a terceiros; (iii) a forma de tributação, pelo imposto sobre a renda, dos prêmios concedidos a empregados e a terceiros; (iv) a possibilidade de a empresa contratante deduzir de seu lucro, para fins de cálculo do IR e da CSLL, os valores correspondentes aos prêmios entregues; (v) a responsabilidade tributária das empresas de *marketing*; e (vi) o prazo de decadência aplicável às contribuições previdenciárias.

Para cumprir os objetivos propostos neste trabalho, consignaremos, de início, a visão do fenômeno jurídico dentro da qual as idéias serão compostas, perfazendo blocos de enunciados e de argumentos coerentes e plenos de sentido. Percorrendo as prescrições veiculadas na Constituição da República e na normatização infraconstitucional, será possível atingir o cerne da problemática, proporcionando resposta clara e objetiva, com suporte nos preceitos do direito positivo vigente.

2. Desenvolvimento

2.1 Direito tributário positivo e ciência do direito tributário: o caráter unitário do sistema jurídico

É missão penosa aquela de tracejar os limites da área que interessa ao estudo do direito tributário, ainda que a proposta seja fazê-lo para efeitos meramente didáticos. E o motivo desse embaraço está na necessidade de reconhecermos o caráter absoluto da unidade do sistema jurídico. Mesmo em obséquio a *finalidades didáticas*, não deixaria de ser a cisão do incindível, a seção do inseccionável.

Com efeito, a ordenação jurídica é una e indecomponível. Seus elementos – as unidades normativas – encontram-se irremediavelmente entrelaçados pelos vínculos de hierarquia e pelas relações de coordenação, de tal modo que tentar conhecer regras jurídicas isoladas, como se prescindissem da totalidade do conjunto, seria ignorá-lo, enquanto sistema de proposições prescritivas. Uma coisa é certa: qualquer definição que se pretenda há de respeitar o princípio da unidade sistemática e, sobretudo, partir dele – isto é, dar como pressuposto que um número imenso de preceitos jurídicos, dos mais variados níveis e dos múltiplos setores, aglutinam-se para formar essa mancha normativa cuja demarcação rigorosa e definitiva é algo impossível.

Tomemos o exemplo da regra-matriz de incidência do imposto predial e territorial urbano (IPTU), de competência dos Municípios. A hipótese normativa, em palavras genéricas, é *ser proprietário, ter o domínio útil ou a posse de bem imóvel, no perímetro urbano do Município, num dia determinado do exercício.* O assunto é eminentemente tributário. E o analista inicia suas indagações com o fito de bem apreender a descrição legal. "Ser proprietário" é conceito desenvolvido pelo direito civil. A posse também é instituto versado pelos civilistas; e o mesmo se diga do domínio útil. E "bem imóvel"? Igualmente, é tema de direito civil. Até agora estivemos investigando matéria tributária, mas nos deparamos apenas com instituições características do direito civil. Prossigamos. A lei que determina o perímetro urbano do Município é entidade cuidada e trabalhada pelos administrativistas. Então, saímos das províncias do direito civil e ingressamos no espaço do direito administrativo. Mas estamos estudando direito tributário... O Município, por sua vez, nada mais é que pessoa política de direito constitucional interno. Penetramos, assim, nas quadras do direito constitucional. Mas não procuramos saber de uma realidade jurídico-tributária? Exato. É que o Direito é uno, tecido por normas que falam do comportamento social nos mais diferentes setores de atividade e distribuídas em vários escalões hierárquicos. Intolerável desconsiderá-lo como tal.

De que maneira, entretanto, poderíamos enunciar a definição desse espaço do saber jurídico, simplesmente para o atendimento de fins didáticos, prestigiando, contudo, o cânone da unidade? Estamos em que o direito tributário positivo é o ramo didaticamente autônomo do Direito integrado pelo conjunto das proposições jurídico-normativas que correspondam, direta ou indiretamente, à instituição, arrecadação e fiscalização de tributos. Compete à ciência do direito tributário descrever esse objeto, expedindo proposições declarativas que nos permitam conhecer as articulações lógicas e o conteúdo orgânico desse núcleo normativo, dentro de uma concepção unitária do sistema jurídico vigente.

Curemos das estipulações, uma a uma, utilizadas para demarcar o conceito de *direito tributário positivo* e, em função dele, o de *ciência do direito tributário*.

(a) *É o ramo didaticamente autônomo do Direito:* Com isso se predica banir a pretensa *autonomia científica* que chegam a lhe conferir autores da melhor suposição. Repetimos a inadmissibilidade de tais foros de autonomia científica, sem destruir aquele que é o mais transcendental entre os princípios fundamentais do Direito: o da unidade do sistema jurídico. O direito tributário está visceralmente ligado a todo o universo das regras jurídicas em vigor, não podendo dispensar, nas suas construções, qualquer delas, por mais distante que possa parecer.

(b) *Integrado pelo conjunto das proposições jurídico-normativas:* Emprega-se a locução "proposições jurídico-normativas", genericamente, para dizer duas coisas. Primeira, que nada mais contribui para a formação desse campo senão prescrições ditadas pela ordem jurídica em vigor. Segunda, que a geografia das normas tributárias deve ser encontrada entre unidades situadas nos diversos patamares do ordenamento posto, tais como Constituição da República, leis complementares, leis delegadas, leis ordinárias, medidas provisórias, decretos legislativos, resoluções e assim também em atos normativos de estatura infralegal, como os decretos do Executivo, instruções ministeriais, portarias, ordens de serviço etc. Incluem-se, evidentemente, nesse quadro os atos de cunho jurisdicional, sejam eles individuais ou colegiais, que constituem as manifestações de nossos jurisprudentes.

(c) *Que correspondam, direta ou indiretamente, à instituição, arrecadação e fiscalização de tributos:* Não se pode estabelecer fronteiras que isolem o campo das normas jurídico-tributárias, pois não existe aquela que, imediata ou mediatamente, deixe de interessar ao estudo do direito tributário. Sejam as normas conhecidas como de natureza comercial, civil, processual, constitucional, trabalhista etc., a verdade é que a existência de determinada relação jurídica pode buscar seu fundamento em qualquer dessas prescrições, atraindo-a para o terreno de estudo que se dispõe a analisar a instauração daquele vínculo. Em poucas palavras, quer-se afirmar que o tratamento científico desse ramo do Direito não abrange só as proposições normativas que se referem diretamente à instituição, arrecadação e fiscalização de tributos, mas, igualmente, aquelas que de forma indireta possam vir a interessar a essa matéria, sempre que forem necessárias para integrar o conteúdo, sentido e alcance das primeiras ou na precisa dimensão em que sirvam para explicitar os efeitos jurídicos delas decorrentes.

Com instituição, arrecadação e fiscalização de tributos queremos abraçar não só o nascimento, a vida e a extinção das relações jurídico-tributárias, como também momentos anteriores ao surgimento daqueles liames, quando existem apenas meros princípios a serem observados no processo de elaboração legislativa ou, ainda, sempre que tais laços vierem a ser objeto de qualquer indagação de caráter jurídico, conquanto já extintos.

Do exposto deflui que haverão de integrar o quadro de investigação do direito tributário, por sobejas razões, institutos como o lançamento e as disposições relativas à arrecadação e fiscalização de tributos, mesmo que suscetíveis de serem estudados por outros segmentos didáticos do Direito. A propósito, aliás, tão absurda é a pretensa autonomia do direito tributário quanto descabida é a discussão a respeito de ser esse ou aquele instituto privativo desse ou daquele ramo do Direito.

Ciente do caráter unitário e indecomponível do sistema do direito positivo, o legislador do Código Tributário Nacional vedou, expressamente, que conceitos de direito privado fossem modificados para fins de tributação: "Art. 110. A lei tributária não pode alterar a definição, o conteúdo e o alcance de institutos, conceitos e formas de direito privado, utilizados, expressa ou implicitamente, pela Constituição Federal, pelas Constituições dos Estados, ou pelas Leis Orgânicas do Distrito Federal ou dos Municípios, para definir ou limitar competências tributárias".

A formulação transcrita, a bem do rigor, nem precisaria existir. É claro que uma Constituição rígida não poderia ser alterada por lei, quanto mais no campo temático das definições dos termos relativos ao alcance dos institutos, conceitos e formas de direito privado, utilizados para a discriminação das competências tributárias. O empenho do constituinte cairia em solo estéril se a lei infraconstitucional pudesse ampliar, modificar ou restringir os conceitos utilizados naqueles diplomas para desenhar as faixas de competências oferecidas às pessoas políticas.

A inalterabilidade dos institutos de direito privado empregados na demarcação da competência tributária é, pois, imposição lógica da hierarquia de nosso sistema jurídico. Mesmo assim, naquela dimensão que alguns chamam, impropriamente, de didática do Código Tributário Nacional ficou esclarecida e reforçada a impossibilidade cabal de expedientes dessa natureza.

2.2 Palavras introdutórias sobre a interpretação, considerando a integridade lógico-semântica do Direito posto

A devida compreensão do problema trazido aos meus cuidados envolve uma tomada de posição firme e decisiva perante o sistema do ordenamento normativo brasileiro, em termos de vê-lo como um todo, na sua inteireza lógico-semântica, fugindo, por esse modo, de construções que se mantenham atreladas à literalidade do texto, presas ao suporte físico, e que poderiam provocar reações precipitadas do nosso espírito, levando-o a gerações de sentido forjadas em descompasso com a orientação da ordem em vigor. O contato que o intérprete trava com o plano de expressão – lembremo-nos bem disso – é apenas o início do percurso gerativo de sentido, após o quê deverá ele ingressar na dimensão dos conteúdos significativos dos enunciados, para, ulteriormente, articular significações, compondo as normas jurídicas, consideradas, aqui, como o mínimo formal indispensável para que a mensagem deôntica se apresente na sua integralidade significativa. Nenhum comando do Direito posto, vertido sobre o campo material das condutas intersubjetivas, terá sentido completo, enquanto mensagem dirigida à regulação de comportamentos inter-humanos, sem se apresentar na forma lógica dos juízos hipotético-condicionais, *modus* sintático próprio para a apresentação das normas jurídicas. E sua projeção semântica dependerá, fundamentalmente, da boa esquematização formal que a regra venha a oferecer.

Daí por que o projeto semiótico, aplicado à linguagem normativa, tem adquirido tanta difusão e tão ampla aceitabilidade como poderoso instrumento de interpretação do Direito.

Convém esclarecer que a doutrina tem aconselhado vários métodos de interpretação, quais sejam: literal ou gramatical, histórico ou histórico-evolutivo, lógico, teleológico e sistemático. Contudo, tomado o direito positivo como camada lingüística vazada em termos prescritivos, com um vetor dirigido ao comportamento social, nas relações de intersubjetividade, este deve ser interpretado com base nos métodos empregados em sistemas de linguagem. E o conhecimento de toda e qualquer manifestação de linguagem pede a investigação de seus três planos fundamentais: a sintaxe, a semântica e a pragmática. Só assim reuniremos condições de analisar o conjunto de símbolos gráficos e auditivos que o ser humano emprega para transmitir conhecimentos, emoções, formular perguntas ou – como é o caso do direito positivo – transmitir ordens, substanciadas em direitos e deveres garantidos por sanções.

O plano sintático é formado pelo relacionamento que os símbolos lingüísticos mantêm entre si, sem qualquer alusão ao mundo exterior ao sistema. O semântico diz respeito às ligações dos símbolos com seus significados, as quais, tratando-se da linguagem jurídica, são os modos de referência à realidade: qualificar fatos para alterar normativamente a conduta. E o pragmático é tecido pelas formas segundo as quais os utentes da linguagem a empregam na comunidade do discurso e na comunidade social para motivar comportamentos.

Pertencem ao plano sintático todos os critérios que se detêm no arranjo dos signos jurídicos. A boa disposição das palavras, na frase normativa, é condição para o sentido da mensagem. A chamada *interpretação literal* é um passo nesse longo caminho, e o *método lógico* de interpretação também opera no nível da sintaxe. Aliás, a Lógica Jurídica ou Lógica Deôntico-Jurídica desenvolve-se a partir das estruturas sintáticas. E não é só isso. Aquele trabalho prévio a que Carlos Maximiliano chama de *crítica* é igualmente atividade no campo da sintaxe, consistente na verificação da constitucionalidade da regra, da autenticidade do preceito, em função do procedimento legislativo que o teve como resultado ou da competência do juiz que proferiu a sentença. São todos exercícios que o exegeta faz sob o ângulo sintático.

Não há qualquer exagero em afirmar que os problemas relativos à validade das normas jurídicas, à constitucionalidade de regras do sistema, são questões que têm um lado sintático e, em parte, podem ser estudadas no plano da gramática jurídica. Dizem respeito à correta posição que as unidades normativas devem manter no arcabouço do Direito. Por sua vez, situam-se no prisma semântico os importantes estudos das denotações e conotações dos termos jurídicos. E implementa-se a investigação da linguagem pela verificação do plano pragmático, em que radicam muitos dos problemas atinentes à eficácia, à vigência e à aplicação das normas jurídicas, incluindo-se o próprio fato da interpretação, com seu forte ângulo pragmático. A aplicação do Direito é promovida por alguém que pertence ao contexto social por ele regulado e emprega os signos jurídicos em conformidade com pautas axiológicas comuns à sociedade.

Atingido esse ponto, não é difícil distribuir os citados *métodos de interpretação* pelas três plataformas da investigação lingüística. Os métodos literal e lógico estão no plano sintático, enquanto o histórico e o teleológico influem tanto no nível semântico quanto no pragmático. O critério sistemático de interpretação envolve os três planos e é, por isso mesmo, exaustivo da linguagem do Direito. Isoladamente, só o último (sistemático) tem condições de prevalecer, exatamente porque pressupõe os anteriores. É, assim, considerado o método por excelência.

De qualquer modo, a exegese dos textos legais, para ser completa, tem de valer-se de incursões nos níveis sintático, semântico e pragmático da linguagem jurídica, única forma de se chegar ao conteúdo intelectual.

O estudo do caso concreto que estrutura o presente trabalho não deve receber tratamento diferente. Nenhum dos níveis de linguagem pode deixar de ser examinado. Por isso, empreenderei o exame sistemático das normas jurídicas que disciplinam a incidência das contribuições previdenciárias e do imposto sobre a renda, considerando, ainda, as regras delimitadoras dos conceitos de "salário" e de "remuneração pelo serviço prestado". Não se pode jamais desprezar o fato de que as prescrições que regulam a tributação estão imersas no sistema tributário brasileiro, exigindo, sua interpretação, o exame do ordenamento como um todo, único e uno.

2.3 A repartição constitucional das competências tributárias como delimitadora do possível campo de atuação de cada pessoa política

"Competência", com as acepções encontradas no direito positivo, na jurisprudência e na doutrina, é termo específico do vocabulário técnico-jurídico. Quando empregado na Constituição para autorizar as pessoas políticas de direito constitucional interno a legislarem sobre matéria tributária, falamos em "competência tributária". Trata-se de especificação da competência legislativa, posta como aptidão de que são dotadas aquelas pessoas para expedir regras jurídicas, inovando o ordenamento positivo, e que se opera pela observância de uma série de atos, cujo conjunto caracteriza o procedimento legislativo. A despeito de a locução experimentar outras tantas acepções, na própria simbologia do direito tributário brasileiro, focalizarei este modo de emprego da palavra, circunscrito à atividade de legislar sobre o assunto, em termos pioneiros na sistemática positiva.

Nesse sentido, a competência tributária apresenta-se como uma das parcelas entre as prerrogativas legiferantes das quais são portadoras as pessoas políticas, consubstanciada na faculdade de legislar para a produção de normas jurídicas sobre tributos. Trata-se de tema eminentemente constitucional. Uma vez cristalizada a delimitação do poder legiferante, pelo seu legítimo agente (o constituinte), a matéria dá-se por pronta e acabada, carecendo de sentido sua reabertura em nível infraconstitucional.

A Constituição da República é extremamente analítica, relacionando as hipóteses onde as pessoas jurídicas de direito público, por intermédio dos respectivos Poderes Legislativos, estão habilitadas à instituição de tributos:

(a) Quanto aos impostos (tributos não-vinculados, de acordo com a classificação de Geraldo Ataliba), os elementos relevantes para sua fisionomia jurídica encontram-se estipulados no sistema constitucional tributário brasileiro de modo minucioso. As situações suscetíveis de integrar o critério material dos impostos de competência da União, dos Estados, do Distrito Federal e dos Municípios foram previstas, respectivamente, nos arts. 153, 155 e 156, remanescendo aberta apenas a faixa de competência tributária da União, em face da possibilidade residual estabelecida no art. 154, I, do Texto Supremo.

(b) As taxas e as contribuições de melhoria, tributos direta e indiretamente vinculados à atuação estatal, respectivamente, podem ser instituídas por qualquer dos entes tributantes. Conquanto à primeira vista pareça que o constituinte não repartiu entre eles o poder para criar taxas, tal equívoco se desfaz por meio do exame dos dispositivos constitucionais que disciplinam as competências administrativas das várias esferas da Federação: União, Estados, Distrito Federal e Municípios só estão autorizados a instituir e cobrar taxas conforme desempenhem a atividade que serve de pressuposto para sua exigência. O mesmo raciocínio deve ser efetuado com relação às contribuições de melhoria: tendo em vista a necessária vinculação (ainda que indireta) à atuação estatal, é permitida sua instituição apenas pela pessoa jurídica de direito público que realizar a obra pública geradora de valorização imobiliária aos particulares.

(c) Os empréstimos compulsórios, por sua vez, são de competência privativa da União. Não obstante essa exação possa revestir qualquer das formas que correspondam às espécies do gênero *tributo* (imposto, taxa ou contribuição de melhoria), conforme a hipótese de incidência e a base de cálculo eleitas pelo legislador, a disciplina jurídico-tributária à qual está sujeita apresenta uma série de peculiaridades, relacionadas no art. 148, I e II, da CF. A União só pode fazer uso desse tributo (i) para atender a despesas extraordinárias, decorrentes de calamidade pública, de guerra externa ou sua iminência, e (ii) no caso de investimento público de caráter urgente e de relevante interesse nacional, devendo introduzi-lo no ordenamento, necessariamente, por meio da edição de lei complementar.

(d) Por fim, a Carta Magna faculta, no art. 149, a criação de contribuições,[1] atribuindo essa competência exclusivamente à União, com exceção das contribuições cobradas dos servidores públicos, destinadas ao financiamento de seus sistemas de previdência e assistência social, cuja exigência é autorizada aos Estados, Distrito Federal e Municípios, e da contribuição para custeio do serviço de iluminação pública, atribuída aos Municípios e ao Distrito Federal pelo art. 149-A e parágrafo único, introduzidos pela Emenda Constitucional 39/2002. Também com relação a esse tributo o constituinte foi expresso ao impor limitações à atuação legislativa infraconstitucional, exigindo observância ao regime jurídico tributário, com especial rigor no que diz respeito às contribuições sociais destinadas ao financiamento da seguridade social, para as quais delimitou as hipóteses suscetíveis de tributação, exigindo para o exercício de competência residual o cumprimento dos requisitos do art. 154, I, do Texto Maior (art. 195, § 4º, da CF de 1988).

Nesses termos, observa-se quão rígido é o sistema constitucional tributário brasileiro, não podendo esse fato ser ignorado pelo legislador infraconstitucional e pelo aplicador do Direito, que estão obrigados a trilhar o caminho seguro e pormenorizado pela Constituição.

2.4 A regra-matriz de incidência tributária

"Norma jurídica", em acepção estrita, é a expressão mínima e irredutível (com perdão do pleonasmo) de manifestação do deôntico, com sentido completo. Isso porque os comandos jurídicos, para serem compreendidos no contexto de uma comunicação bem sucedida, devem revestir um *quantum* de estrutura formal. Certamente, ninguém entenderia uma ordem, em todo seu alcance, apenas com a indicação, por exemplo, da conduta desejada: "Pague a quantia de *x* Reais". Adviriam, desde logo, algumas perguntas e, no segmento das respectivas respostas, chegaríamos à fórmula que tem o condão de oferecer o sentido completo da mensagem, com a identificação da pessoa titular do direito, do sujeito obrigado e, ainda, como, quando, onde e por quê deve fazê-lo. Somente então estaríamos diante daquela unidade de sentido de que as prescrições jurídicas necessitam

1. À semelhança do que ocorre com os empréstimos compulsórios, também as contribuições podem assumir a feição de impostos ou taxas, conforme sua hipótese de incidência, confirmada pela base de cálculo, seja vinculada ou não vinculada a uma atuação estatal.

para serem adequadamente cumpridas. Em simbolismo lógico é representada pela fórmula **D[F→(S'RS")]**, que interpreto: *Deve-ser que, dado o fato F, então, se instale a relação jurídica R, entre os sujeitos S' e S"*.

Diante do princípio da homogeneidade sintática das regras do direito positivo, não pode ser outra a conclusão senão aquela segundo a qual as normas jurídicas tributárias ostentam a mesma estrutura formal de todas as entidades do conjunto, diferençando-se apenas nas instâncias semântica e pragmática. Caracterizam-se por incidir em determinada região do social, marcada por acontecimentos economicamente apreciáveis, atrelados a condutas obrigatórias da parte dos administrados, as quais consistem em prestações pecuniárias em favor do Estado-Administração. Todavia, se o esquema lógico ou sintático permanece estável, em toda a extensão do sistema, outro tanto não ocorre no plano semântico.

Convém assinalar que, no domínio das chamadas "normas tributárias", nem todas as unidades dizem respeito, propriamente, ao fenômeno da percussão impositiva. Várias estipulam diretrizes gerais ou fixam providências administrativas para imprimir operatividade a tal pretensão. São poucas, individualizadas e especialíssimas as definidoras da incidência tributária, conotando eventos de possível ocorrência e prescrevendo os elementos da obrigação de pagar. Para uma aproximação mais breve, como expediente didático, pode-se até afirmar que existe somente uma para cada figura tributária, acompanhada por numerosas regras de caráter funcional. É firmado nessa base empírica que passo a designar *norma tributária em sentido estrito* aquela que assinala o núcleo do impacto jurídico da exação. E esta, exatamente por instituir o âmbito de incidência do tributo, é também denominada *norma-padrão* ou *regra-matriz de incidência tributária*.

A construção da regra-matriz de incidência, assim como de qualquer norma jurídica, é obra do intérprete, a partir dos estímulos sensoriais do texto legislado. Sua hipótese prevê fato de conteúdo econômico, enquanto o conseqüente estatui vínculo obrigacional entre o Estado, ou quem lhe faça as vezes, na condição de sujeito ativo, e uma pessoa física ou jurídica, particular ou pública, como sujeito passivo, de tal sorte que o primeiro ficará investido do direito subjetivo público de exigir, do segundo, o pagamento de determinada quantia em dinheiro. Em contrapartida, o sujeito passivo será cometido do dever jurídico de prestar aquele objeto. Essa meditação nos autoriza a declarar que, para obter a fórmula abstrata da regra-matriz de incidência, é mister isolar as proposições em si, como formas de estruturas sintáticas; suspender o vetor semântico da norma para as situações objetivas, constituídas por eventos do mundo e por condutas; bem como desconsiderar os atos psicológicos de querer e de pensar a norma. Efetuadas as devidas abstrações lógicas, identificaremos, no descritor da norma, um critério material (comportamento de uma pessoa, representado por verbo pessoal e de predicação incompleta, seguido pelo complemento), condicionado no tempo (critério temporal) e no espaço (critério espacial). Já, na conseqüência, observaremos um critério pessoal (sujeito ativo e sujeito passivo) e um critério quantitativo (base de cálculo e alíquota). A conjunção desses dados referenciais oferece-nos a possibilidade de exibir, na sua plenitude, o núcleo lógico estrutural da proposição normativa: **D{[Cm(v.c).Ce.Ct]→[Cp(Sa.Sp).Cq(bc.al)]}**.

Explicando os símbolos dessa linguagem formal, teremos: "D" é o dever-ser neutro, interproposicional, que outorga validade à norma jurídica, incidindo sobre o conectivo implicacional para juridicizar o vínculo entre a hipótese e a conseqüência. "[Cm(v.c).Ce.Ct]" é a hipótese normativa, em que "Cm" é o critério material da hipótese, núcleo da descrição fática; "v" é o verbo, sempre pessoal e de predicação incompleta; "c" é o complemento do verbo; "Ce" é o critério espacial; "Ct", o critério temporal; e "." é o conectivo conjuntor. "→" é o símbolo do conectivo condicional, interproposicional; e "[Cp(Sa.Sp).Cq(bc.al)]" é o conseqüente normativo, em que "Cp" é o critério pessoal, "Sa" é o sujeito ativo da obrigação, "Sp" é o sujeito passivo. Em seguida, "Cq" é o critério quantitativo, "bc" é a base de cálculo e "al" é a alíquota.

2.5 Natureza jurídico-tributária das contribuições

Não é de agora que advogo a tese de que as chamadas "contribuições" têm natureza tributária. Tenho-as visto, sempre, como figuras de impostos ou de taxas, em estrita consonância com o critério constitucional consubstanciado naquilo que nominamos de *tipologia tributária* no Brasil. Todo o suporte argumentativo calcava-se na orientação do sistema, visto e examinado na sua integridade estrutural. Assim, outra coisa não fez o legislador constituinte senão prescrever manifestamente que as contribuições são entidades tributárias, subordinando-se, em tudo e por tudo, às linhas definitórias do regime constitucional peculiar aos tributos.

A redação do art. 149, *caput*, da CF está assim composta: "Art. 149. Compete exclusivamente à União instituir contribuições sociais, de intervenção no domínio econômico e de interesse das categorias profissionais ou econômicas, como instrumento de atuação nas respectivas áreas, observado o disposto nos arts. 146, III, e 150, I e III, e sem prejuízo do previsto no art. 195, § 6º, relativamente às contribuições a que alude o dispositivo".

Certifiquemo-nos. O art. 146, III, prevê que as normas gerais sobre matéria tributária deverão ser introduzidas no ordenamento mediante lei complementar, dispondo, entre outros pontos, a respeito do "fato gerador", da base de cálculo, dos contribuintes, da obrigação, do lançamento, da prescrição e da decadência. O art. 150, I, veda a possibilidade de exigir ou aumentar tributo sem que a lei o estabeleça (princípio da estrita legalidade), enquanto o inciso III consagra os cânones da irretroatividade e da anterioridade. Por fim, o art. 195, § 6º, cuida das contribuições para a seguridade social, excepcionando o princípio da anterioridade e fixando o termo inicial para a vigência da lei que tenha instituído ou modificado tais contribuições para 90 dias após a data da publicação do diploma normativo.

A conclusão parece-nos irrefutável: as contribuições são tributos, devendo sua instituição ou a alteração de quaisquer de seus critérios normativos ser realizadas com integral observância do regime jurídico tributário constitucionalmente prescrito.

2.6 Disciplina constitucional das contribuições previdenciárias

A Constituição de 1988 faz referência a três espécies de contribuições suscetíveis de serem instituídas pela União, diferenciadas conforme as finalidades a que se destinem: (i) sociais, (ii) de intervenção no domínio econômico e (ii) de interesse das categorias profissionais ou econômicas (art. 149, *caput*). Ao tratar das contribuições sociais, por sua vez, subdivide-as em duas categorias: as genéricas (art. 149, *caput*) e as destinadas ao financiamento da seguridade social (art. 195).

Enquanto as contribuições sociais a que se refere o art. 149, *caput*, da CF têm acepção bastante abrangente, destinando-se ao custeio das metas fixadas na Ordem Social (Título VIII), dentro delas especializam-se aquelas voltadas ao financiamento da seguridade social, disciplinadas pelo art. 195 do Texto Maior. Em síntese, as contribuições sociais são instrumentos tributários, previstos na Carta de 1988, que têm por escopo o financiamento de atividades da União nesse setor. E, dentro do campo social, encontramos contribuições com a específica finalidade de custear a seguridade social (saúde, previdência e assistência social), configurando subgrupo da classe denominada "contribuições sociais".

As duas categorias de contribuição acima mencionadas, conquanto consubstanciem espécies de um mesmo gênero – contribuições sociais –, são disciplinadas de forma diferenciada pela Constituição. Não obstante ambas sejam integralmente submetidas ao regime jurídico tributário, as contribuições para a seguridade social receberam tratamento constitucional peculiar.

Uma das distinções relevantes é o fato de não ter o constituinte indicado os fatos possíveis de serem onerados pela criação de contribuições sociais genéricas, deixando tal incumbência a cargo do legislador infraconstitucional, tendo este liberdade para eleger as hipóteses de incidência e correspondentes bases de cálculo, encontrando limites apenas em relação aos fatos cuja tributação foi atribuída à esfera competencial das demais pessoas políticas e nos direitos fundamentais dos contribuintes, erigidos em princípios constitucionais em geral e, mais especificamente, nos princípios constitucionais tributários.

De outro lado, ao discriminar a competência para instituição de contribuições destinadas à seguridade social, das quais as contribuições previdenciárias são subespécies, o constituinte traçou minuciosamente os arquétipos das possíveis regras-matrizes de incidência tributária, impondo ao legislador infraconstitucional a observância a uma série de requisitos. Dentre as exigências estipuladas para o exercício dessa competência tributária, releva destacar, para fins do presente estudo, as fontes de custeio autorizadas pelo Texto Maior, às quais se deve limitar o legislador ordinário da União: "Art. 195. A seguridade social será financiada por toda a sociedade, de forma direta e indireta, nos termos da lei, mediante recursos provenientes dos orçamentos da União, dos Estados, do Distrito Federal e dos Municípios, e das seguintes contribuições sociais: I – do empregador, da empresa e da entidade a ela equiparada na forma da lei, incidentes sobre: a) a folha de salários e demais rendimentos do trabalho pagos ou creditados, a qualquer título, à pessoa física que lhe preste serviço, mesmo sem vínculo empregatício; b) a receita ou o faturamento; c) o lucro; II – do trabalhador e dos demais segurados da previdência social, não incidindo contribuição sobre aposentadoria e pensão concedidas pelo regime geral de previdência social de que trata o art. 201; III – sobre a receita de concursos de prognósticos; IV – do importador de bens ou serviços do exterior, ou de quem a lei a ele equiparar".[2]

Com tal prescrição, o constituinte traçou os modelos de regras-matrizes de incidência das contribuições para a seguridade social, vinculando a atividade do legislador ordinário da União. Este, no exercício da competência tributária, não pode distanciar-se dos termos constitucionalmente estabelecidos, quer no que diz respeito ao sujeito passivo, quer no tocante à hipótese de incidência ou à base de cálculo.

Posto isso, e tomando como referência o art. 195, I, "a", do Texto Maior, preenchendo o arranjo sintático da regra-matriz de incidência tributária com a linguagem do direito positivo, saturando as variáveis lógicas com o conteúdo semântico constitucionalmente previsto, identificamos a seguinte norma-padrão:

Hipótese

• *critério material:* pagar ou creditar salários e demais rendimentos do trabalho a empregado ou prestador de serviço

• *critério espacial:* território nacional

• *critério temporal:* momento do pagamento ou creditamento do salário e demais rendimentos do trabalho

Conseqüente

• *critério pessoal:* ativo: União (INSS);[3] passivo: empregador, empresa e entidade a ela equiparada na forma da lei

2. Redação determinada pelas Emendas Constitucionais 20/1998 e 42/2003.

3. *União* é a entidade competente para instituir contribuições para a seguridade social. Ao exercer a competência que lhe foi atribuída, porém, costuma delegar a capacidade tributária ativa ao INSS, implementando a figura da "parafiscalidade".

• *critério quantitativo:* base de cálculo: valor da folha de salário e dos demais rendimentos pagos ou creditados à pessoa física que preste serviços, com ou sem vínculo empregatício; alíquota: percentual fixado em lei

Vejamos, também, o arquétipo da regra-matriz que se contrói a partir do teor do art. 195, II, da CF:

Hipótese

• *critério material:* receber remuneração pelo trabalho

• *critério espacial:* território nacional

• *critério temporal:* instante do recebimento da remuneração

Conseqüente

• *critério pessoal:* ativo: União (INSS);[4] passivo: trabalhador e demais segurados da previdência social

• *critério quantitativo:* base de cálculo: valor da remuneração recebida pelo trabalho, exceto o montante da aposentadoria e pensão concedidos pelo regime geral de previdência social; alíquota: percentual fixado em lei

Quero advertir que o esquema da regra-matriz de incidência tributária é fórmula simplificadora, reduzindo, drasticamente, as dificuldades do feixe de enunciados constituidores da figura impositiva. Obviamente, não esgota as especulações que a leitura do texto suscita, porquanto o legislador lida com múltiplos dados da experiência, promovendo mutações que atingem o sujeito passivo, o tempo da ocorrência factual, as condições de espaço, a alíquota e as formas de mensurar o núcleo do acontecimento. Essa gama de liberdade legislativa, contudo, não pode ultrapassar os limites lógicos que a regra-matriz comporta. Se as mutações chegarem ao ponto de modificar os dados essenciais da hipótese e, indo além, imprimir alterações na base de cálculo, estaremos, certamente, diante de violação à competência constitucionalmente traçada. O emprego desse esquema normativo apresenta, portanto, extrema utilidade, possibilitando o elucidamento de questões jurídicas, mediante a exibição das fronteiras dentro das quais o legislador e o aplicador das normas devem manter-se para não ofender o texto constitucional.

4. Também nesse caso é comum haver parafiscalidade, com transferência da capacidade tributária ativa ao INSS.

2.7 *A base de cálculo das contribuições previdenciárias*

Conforme ficou assentado, para isolar a regra-matriz de incidência tributária é preciso aludir aos critérios material, espacial e temporal, na proposição-hipótese, e aos aspectos pessoal e quantitativo, na proposição-tese. Dentre tais elementos, interessam, para a precisa identificação do fato sobre o qual incide o tributo, não apenas o material, mas também, e principalmente, o quantitativo. Isso porque, enquanto o primeiro é o núcleo da hipótese de incidência, composto por verbo e complemento, descrevendo abstratamente uma atuação estatal ou um fato do particular, o segundo, no âmbito da base de cálculo, mensura a intensidade daquela conduta praticada pela Administração ou pelo contribuinte, conforme o caso. Nesses critérios encontramos o feixe de preceitos demarcadores dos chamados "traços da enunciação", ou seja, o conjunto dos elementos que o editor da norma julgou relevantes para produzir o acontecimento tributado.

Nota-se com evidência, pelo até aqui exposto, a inaptidão da hipótese para, sozinha, dizer qualquer coisa de definitiva sobre a estrutura intrínseca do evento a ser colhido pela incidência. Para identificarmos os verdadeiros contornos do fato tributável, necessário se faz consultar a base de cálculo. Esta é a grandeza instituída no conseqüente da regra-matriz de incidência tributária, e que se destina, primordialmente, a dimensionar a intensidade do comportamento inserto no núcleo do fato jurídico, mensurando-o, para efeitos de tributação.

Partindo de tais considerações, concluo serem três as funções da base de cálculo: (a) função mensuradora, por lhe competir medir as proporções reais do fato; (b) função objetiva, em virtude de compor a específica determinação do débito; e (c) função comparativa, por confirmar, infirmar ou afirmar o correto elemento material do antecedente normativo.

O constituinte, no art. 195, I, "a", relacionou como base de cálculo a "folha de salários e demais rendimentos do trabalho, pagos ou creditados, a qualquer título, *à pessoa física que lhe preste serviço*, mesmo sem vínculo empregatício" (grifei). Sendo a base de cálculo o elemento que exterioriza a grandeza do fato descrito no antecedente normativo, o critério material não pode ser outro que não "o pagamento de folha de salários e demais rendimentos do trabalho, *em decorrência da prestação de serviços por pessoa física*, mesmo sem vínculo empregatício". Eis a base de cálculo exercendo a função comparativa, afirmando a hipótese tributária que não foi expressamente referida no texto do direito positivo.

São dois, portanto, os fatos suscetíveis de sofrer a incidência da contribuição previdenciária prevista no art. 195, I, "a", da CF: (i) pagamento de folha de salários em razão de serviços prestados na vigência de relação de emprego e (ii) pagamento de remuneração ao trabalhador que presta serviços sem vínculo empregatício.

O inciso II do art. 195, por sua vez, indica apenas os possíveis sujeitos passivos, referindo-se a "trabalhador e demais segurados da previdência social". Com tal dicção, abrange todas as formas de prestação de serviço, independentemente da existência de vínculo empregatício. Assim, a despeito de inexistir expressa menção à base de cálculo, esta há de ser, necessariamente, a remuneração percebida em razão do trabalho prestado, visto que para a caracterização de "trabalhador" é imprescindível o exercício de atividade laboral. Não pode a contribuição cobrada do trabalhador ter por base qualquer outro valor que não seja essa remuneração, pois é exatamente ela que o qualifica como trabalhador.

Como apenas o perfeito quadramento em uma dessas situações autoriza a exigência do tributo, é imperativo examinar a abrangência dos termos "salário" e "remuneração do serviço" para, em seguida, concluir sobre sua presença, ou não, na hipótese de premiação de empregados e de terceiros em virtude do implemento de programas de *marketing* de relacionamento, motivação, incentivo e fidelidade.

2.7.1 *Conteúdo semântico do termo "salário"*

O vocábulo "salário" abrange a remuneração da categoria de trabalhadores formada pelos empregados. Na linguagem utilizada pela Consolidação das Leis do Trabalho, trata-se da importância paga diretamente pelo empregador, como contraprestação do serviço (art. 457). Decorre, portanto, da existência de vínculo empregatício, onde a prestação do serviço é realizada de forma não eventual, em relação de subordinação (art. 3º da CLT).

Vale lembrar que a Constituição de 1988, em sua redação original, havia eleito como sujeito passivo apenas a pessoa do empregador, tomando-se como base de cálculo a folha de salários. As aprofundadas discussões e estudos envolvendo essa figura jurídica, a fim de delimitar o campo dos possíveis contribuintes, levaram à conclusão de que "empregador" é a pessoa, física ou jurídica, que admite, assalaria e dirige serviço que lhe é prestado de forma habitual, pessoal e subordinada, remunerando o empregado mediante salário. Em conseqüência, doutrina e jurisprudência pacificaram-se no sentido de admitir a exigência da contribuição apenas quando existente o vínculo empregatício.

O texto constitucional sofreu algumas alterações para incluir, como integrante do critério pessoal passivo da regra-matriz, a empresa ou entidade a ela equiparada que pague qualquer remuneração por serviços que lhe forem prestados. As significações dos vocábulos emprestados do direito do trabalho, tais como "empregador" e "salário", porém, continuam as mesmas: demandam vínculo empregatício, com esforço humano em caráter de habitualidade e dependência para serem configurados.

Inexistindo relação de emprego, não há que falar em salário. E, inexistindo essa figura, inadmissível o enquadramento na primeira das materialidades relacionadas no art. 195, I, "a", da Carta Magna.

Como qualquer outro conceito jurídico, o conceito de "salário" sofre as inevitáveis ingerências da crescente complexidade e divisão do trabalho, bem como da sua legislação, visto que inúmeras passaram a ser as hipóteses em que o empregado recebe *valores* do empregador, sob os mais variados nomes e formas, decorrentes da relação de trabalho.

Ingressamos, aqui, no campo da demarcação dos conceitos e no problema dos "tipos", cuja função principal consiste em tentar alcançar uma redução do "conceito" a termos menos "genéricos", aproximando-o da realidade que visa a descrever, num esforço de objetivação, para conferir maior segurança e certeza às relações jurídicas.

O conceito é seletor de propriedades. Quanto maior for a abstração, tanto mais abrangente será o conceito, porque abrigará um maior número de objetos; e, em contrapartida, tanto mais vazio será de conteúdo e significado. Para definir um conceito geral, abstrato, é necessário indicar determinadas características. Se o conceito "A" possui as notas "a, b, c", somente se afirma sua observância se o fato contiver as mesmas características "a, b, c". Diz-se, então, que há subsunção. Para o conceito de classe vale a proposição lógica do terceiro excluído: "cada X é A ou não-A". *Tertium non datur*. Não tem cabida, aqui, o mais-ou-menos, mas a relação de exclusão "ou um ... ou outro". Porque ou o fato corresponde integralmente às características do conceito abstrato, nele se subsumindo, ou não.

Também merece registro a circunstância de que a metalinguagem é sempre redutora da linguagem-objeto de que se ocupa. E isso significa, em outros termos, que a linguagem do direito positivo reduz as complexidades da linguagem social, que lhe serve de objeto. Para talhar o desenho da classe de eventuais fatos ou para realizar a forma enunciativa do fato concreto, o legislador se vê na contingência de promover forte diminuição na multiplicidade intensiva e extensiva dos acontecimentos da realidade social. Sem descartar uma infinidade de traços julgados irrelevantes, o legislador nunca produziria o fato jurídico, como o economista não isolaria o fato econômico, como o historiador o fato histórico, como o biólogo o fato biológico. Toda linguagem de sobrenível simplifica, necessariamente, a linguagem de nível inferior. E, cumprindo a tarefa de qualificar normativamente situações da vida social, o Direito não poderia escapar desse princípio axiomático.

Efetuados esses esclarecimentos, retomemos a tipificação do conceito de "salário", que pode ser construído a partir do disposto na CLT, em seus arts. 457 e 458. Ao se referirem a "salário", esses dispositivos mencionam a *contraprestação do serviço*, enumerando, ainda, os vários casos em que se deve entender como "salário" um determinado pagamento. Com base nisso, tem a doutrina brasileira tomado o *salário* como "a totalidade das percepções econômicas dos trabalhadores, qualquer que seja a forma ou meio de pagamento, quer retribuam o trabalho efetivo, os períodos de interrupção do contrato e os descansos computáveis na jornada de trabalho".[5] Significa que o salário figura como contraprestação ao contrato de trabalho, sendo o meio pelo qual o empregador remunera o trabalhador sob sua subordinação (empregado), e de cujo trabalho se utiliza, conforme os interesses da produção.

5. Amauri Mascaro Nascimento, *Curso de Direito do Trabalho*, 17ª ed., São Paulo: Saraiva, 2001, p. 629.

Todo esse esforço semântico se faz necessário para concluir que o objeto material sobre o qual deve incidir a contribuição previdenciária ora discutida já está delimitado no próprio art. 195, I, da CF, cuja demarcação conceptual não poderia ser superada pela União, no âmbito de exercício legislativo.

O termo "salário" não é próprio do direito tributário. O salário nasce de uma relação privada, ou seja, de um contrato de trabalho, sendo regulado por essa esfera do Direito. Em vista disso, as exigências que tenham por base de cálculo o valor do salário pago ao empregado hão de se fundar nas prescrições de direito do trabalho, que delimitam sua abrangência.

2.7.2 *A definição do conceito de "remuneração" pelo serviço prestado*

A segunda das hipóteses de incidência referidas no art. 195, I, "a", da CF consiste no pagamento de "demais rendimentos do trabalho pagos ou creditados, a qualquer título, à pessoa física que lhe preste serviço, mesmo sem vínculo empregatício". Por referir-se a Carta Magna a "rendimentos do trabalho", não integram a base de cálculo da aludida contribuição quaisquer valores cuja natureza não seja a de contraprestação de serviço prestado por pessoa física.

Adotamos semelhante linha de raciocínio ao construirmos a regra-matriz de incidência da contribuição referida no art. 195, II, do texto constitucional, sendo imprescindível, também nesse caso, a existência de remuneração percebida em razão do trabalho prestado, visto que para a caracterização de "trabalhador" é preciso o exercício de atividade laboral.

Prestação de serviço – define Aires Barreto – é o "esforço de pessoas desenvolvido em favor de outrem, com conteúdo econômico, sob regime de direito privado, em caráter negocial, tendente a produzir uma utilidade material ou imaterial".[6]

6. Aires Fernandino Barreto, "Imposto sobre serviços de qualquer natureza", *RDTributário* 29-30/188.

Desde logo se vê, na definição de "prestação de serviço" oferecida pelo mencionado autor, o caráter de necessidade absoluta da coexistência dos três elementos que a compõem, quais sejam: o *prestador*, o *tomador* e o *preço do serviço.*

Para configurar-se a prestação de serviços é necessário que aconteça o exercício, por parte de alguém (prestador), de ato que tenha por objetivo produzir uma utilidade relativamente a outra pessoa (tomador), a qual remunera o prestador (preço do serviço). "Prestar serviços" é atividade irreflexiva, reivindicando, em sua composição, o caráter da bilateralidade. Em vista disso, torna-se invariavelmente necessária a existência de duas pessoas diversas, na condição de prestador e de tomador, não se podendo cogitar de alguém que preste serviço a si mesmo. E, mais, é imprescindível que o contrato bilateral tenha conteúdo econômico, fixando-se um "preço" em contraprestação à utilidade imaterial fornecida pelo prestador. Esse preço é exatamente a remuneração do trabalho executado.

2.8 *Natureza jurídica do prêmio de incentivo e a impossibilidade de sua inclusão na base de cálculo de contribuições previdenciárias*

A incidência jurídica se reduz, pelo prisma lógico, a duas operações formais: a primeira, de subsunção ou de inclusão de classes, em que se reconhece uma ocorrência concreta, localizada num determinado ponto do espaço e numa específica unidade de tempo, incluindo-se na classe dos fatos previstos no suposto da norma geral e abstrata; outra, a segunda, de implicação, porquanto a fórmula normativa prescreve que o antecedente implica a tese, vale dizer, o fato concreto ocorrido faz surgir uma relação jurídica também determinada, entre dois ou mais sujeitos de direito.

O objeto sobre o qual converge o nosso interesse é a fenomenologia da incidência da norma tributária em sentido estrito ou regra-matriz de incidência tributária. Nesse caso, diremos que houve a subsunção quando o fato jurídico guardar absoluta identidade com o desenho da hipótese normativa. Ao ganhar concretude o fato, mediante o relato em linguagem prevista pelo ordenamento, instala-se o laço abstrato pelo qual o sujeito ativo se torna titular do direito subjetivo público de exigir a prestação, ao passo que o sujeito passivo ficará na contingência de cumpri-la.

Para que a subsunção se aperfeiçoe, contudo, esse quadramento do fato à hipótese normativa tem de ser completo. É aquilo que se tem por "tipicidade", que no direito tributário, assim como no direito penal, adquire radical importância. Para que seja tida como "fato jurídico tributário", a ocorrência da vida real, descrita no suposto da norma individual e concreta expedida pelo órgão competente, tem de satisfazer a todos os critérios identificadores tipificados na hipótese da norma geral e abstrata. Que apenas um não seja reconhecido, e a dinâmica que descrevemos ficará inteiramente comprometida.

Diante do exposto, percebe-se que, no caso a que se refere o presente trabalho, há impossibilidade de se verificar os fatos jurídicos tributários das contribuições previdenciárias referidas no art. 195, I, "a", e II, da CF. Para que estes se verifiquem, necessária a ocorrência de eventos que se encaixem nas respectivas hipóteses de incidência, com o relato em linguagem competente – o que, em face da natureza jurídica dos prêmios ofertados em campanhas de incentivo, não há como suceder.

Como ficou anotado, a exigência de tais contribuições decorre do (i) pagamento de folha de salários em razão de serviços prestados na vigência de relação de emprego e do (ii) pagamento de remuneração ao trabalhador que presta serviços sem vínculo empregatício. Nenhum desses fatos, porém, acontece na hipótese de premiação.

Nessa espécie de negócio, as empresas especializadas em planejar, desenvolver e gerenciar programas de *marketing* de relacionamento, motivação, incentivo e fidelidade criam sistemas de premiação de funcionários e de terceiros, com a implantação de campanhas motivacionais baseadas em metas a serem cumpridas.

Do exposto, conclui-se não estarem presentes os elementos configuradores do "salário", nem de "remuneração". Trata-se, verdadeiramente, de "prêmio". Este, segundo Arnaldo Sussekind, "objetiva incentivar e recompensar atributos individuais, dependendo, portanto, seu deferimento da ação pessoal do empregado em relação à empresa. Por isto mesmo, na instituição de prêmios, o empregador costuma estipular as condições que subordinam sua concessão".[7]

No direito do trabalho os prêmios guardam feição de agraciamento, em atenção a determinada situação personalíssima que envolve a ativação do empregado, sua dedicação, esforço, implemento de condição específica estipulada pelo empregador, meta atingida etc. Em vista disso, quando os prêmios são concedidos em função de campanhas de incentivo, sem caráter de habitualidade, não apresentam natureza salarial.[8]

Inconcebível, portanto, qualquer pretensão de enquadramento dessa espécie de premiação às hipóteses de incidência das contribuições previdenciárias calculadas sobre a folha de salários ou rendimentos do trabalho.

Nesse sentido, veja-se o entendimento dos TRTs:

"Verba paga ao empregado sobre a rubrica de gratificação, mas que no fundo apresenta condições para o seu recebimento, caracteriza-se como prêmio e, como tal, não tem natureza salarial" (TRT-2ª Região, 1ª Turma, RO 02960295441/1996, rel. Juiz Braz José Mollica, *DJSP* 25.11.1997).

7. Arnaldo Sussekind, *Instituições do Direito do Trabalho*, 12ª ed., vol. I, p. 357.

8. Amauri Mascaro Nascimento, *Curso de Direito do Trabalho*, 17ª ed., p. 681.

"Prêmio-produção e prêmio-assiduidade – Integração à remuneração. As parcelas pagas a título de prêmio-produção e prêmio-assiduidade não integram a remuneração do empregado, pois eram concedidas apenas quando atingidas determinadas metas preestabelecidas. Os prêmios eram pagos somente àqueles empregados que corresponderam às suas finalidades, visando especificamente ao estímulo. Não se trata de proventos pagos sob o título de prêmio, que correspondem, na realidade, a retribuição de serviços prestados pelos empregados, mas, sim, de recompensa. O prêmio é algo a mais ou de melhor obtido pelo empregado, e não a contraprestação do trabalho realizado" (TRT-3ª Região, RO 5.343/1997, rela. Juíza Deoclécia Amorelli Dias, *DJMG* 11.10.1997).

"Prêmios – Natureza jurídica. O que caracteriza a natureza salarial de um benefício é a habitualidade com que é concedido pelo empregador, de forma que o empregado possa contar com aquele ganho extra em sua remuneração (art. 457 da Consolidação). Viagens esporádicas realizadas pelo empregado, custeadas pelo empregador e dependentes do atingimento de metas fixadas pela empresa, não possuem natureza salarial (art. 458 da CLT)" (TRT-9ª Região, RO 10.599/1999, rela. Juíza Rosemarie Diedrichs Pimpão, *DJPR* 26.1.2001).

"Prêmio – Integração. Os prêmios constituem uma liberalidade do empregador, tendo em vista o desempenho de cada funcionário. Buscam recompensar aquele empregado que se ateve dentro dos padrões de eficiência e produtividade, traçados pela empresa; por conseguinte, não constituem salário. Assim, como mera liberalidade, não há que se falar em integração. Recurso provido no particular, por maioria" (TRT-24ª Região, Tribunal Pleno, RO 2.070/1999, rel. Juiz João de Deus Gomes de Souza, *DJMS* 27.6.2000).

É esse, também, o posicionamento adotado pelo TST:

"Agravo de instrumento do reclamante – Prêmio – Natureza jurídica – Art. 457, § 1º, da CLT.

"1. Deixando o acórdão regional de consignar a habitualidade do pagamento da verba denominada 'prêmio-objetivo', e tendo registrado que a sua percepção não correspondia ao pagamento pela regular e obrigatória prestação de serviços, não há que se cogitar acerca da violação literal do art. 457, § 1º, da CLT, porquanto *o prêmio pago como incentivo ao melhor desempenho do empregado não possui conotação salarial*, já que esta se reserva apenas às verbas decorrentes da contraprestação direta pelo empregador dos serviços realizados pelo empregado. Incide, à hipótese, o teor do Enunciado n. 221 do TST, com óbice ao destrancamento da revista.

"2. A revista não se credencia ao processamento por divergência jurisprudencial, na medida em que os arestos paradigmas trazidos à colação apresentam-se inespecíficos para o cotejo, nos termos dos Enunciados ns. 23 e 296 do TST.

"Agravo de instrumento conhecido e não provido" (TST, 4ª Turma, AIRR 783.871/2001-7, rel. Juiz convocado Luiz Antônio Lazarim, *DJU* 25.2.2005 – grifei).

Em seu voto, o Exmo. Relator concluiu que "a verba denominada 'prêmio-objetivo' foi instituída pela ré para agraciar aqueles vendedores que conseguissem atingir metas de vendas traçadas pela empresa, podendo o valor desta premiação variar de acordo com o volume das metas atingidas. Logo, é inequívoco que esta parcela tinha por objetivo recompensar e incentivar atributos individuais, sendo certo que as condições dessa benesse estão estipuladas pelo empregador como liberalidade sua, não possuindo, pois, o caráter de pagamento compulsório ínsito aos salários".

Sobre o assunto, vejam-se, ainda, as seguintes ementas:

"Os prêmios pagos aos obreiros, por liberalidade patronal, que dependem do implemento de determinada condição não possuem natureza salarial, razão pela qual não integram a remuneração do empregado" (TST, 2ª Turma, RR 316.466/1996-0, rel. Min. José Bráulio Bassini).

"O prêmio-desempenho não integra o salário. Recurso de revista provido para declarar que a parcela 'prêmio-desempenho' não integra o salário, não gerando, portanto, os reflexos deferidos, que ficam excluídos" (TST, 3ª Turma, RR 175.549/1995, rel. Min. Zito Calasãs).

Recentemente, o TST examinou a figura do "Prêmio Incentivo Fundes", instituído pela Lei Estadual (de São Paulo) 8.975/1994. Naquela oportunidade, confirmou o posicionamento adotado pelo TRT da 2ª Região, concluindo pela impossibilidade de incorporação dos prêmios aos vencimentos e salários, bem como de sua repercussão em outras parcelas e descontos previdenciários, por não se tratar de verba salarial. Em seu voto, o Exmo. Min. Barros Levenhagen afirmou que "não se trata de verba de natureza salarial para que seja integrada à remuneração, como pretendem os recorrentes. Tampouco há que se falar em primazia da lei estadual sobre lei federal, como argumentam. Como se sabe, somente lei federal pode dispor sobre direito do trabalho. Porém, há de se atentar para as demais fontes do Direito, como leis estaduais, municipais, convenções coletivas, normas regulamentadoras, entre outras" (4ª Turma, RR 1.315/2001-070-02-00.3, *DJU* 10.2.2006).

Semelhante foi a conclusão do Exmo. Min. Ives Gandra Martins Filho, na qualidade de relator de recurso em que se discutia o assunto: "No que tange à natureza jurídica da verba em tela, cumpre notar o fato de a própria legislação que instituiu o prêmio epigrafado prever o seu caráter experimental e transitório, não se incorporando aos vencimentos ou salários para nenhum efeito e sobre ele não incidindo vantagens de qualquer natureza, bem como os descontos previdenciários e de assistência médica (...)" (4ª Turma, ARR 454/2002-003-02-00.9, *DJU* 29.9.2006).

Ora, se os prêmios de incentivo, concedidos em função de campanhas motivacionais, não apresentam natureza salarial, até mesmo porque não apresentam caráter remuneratório do trabalho, inconcebível pretender sujeitá-los a contribuições previdenciárias.

Neste ponto, convém anotar que, exercendo a competência que lhe foi conferida, a União introduziu no sistema jurídico a Lei 8.212/1991, cujo art. 11, parágrafo único, "a" e "c", dispõe constituírem contribuições sociais "a) as das empresas, incidentes sobre a *remuneração* paga ou creditada aos segurados a seu serviço; (...) c) as dos trabalhadores, incidentes sobre o seu *salário de contribuição*" (grifei).

O art. 22, I, desse diploma legal, por sua vez, prescreve que a contribuição a cargo da empresa será calculada sobre "o total das *remunerações* pagas, devidas ou creditadas a qualquer título, durante o mês, aos segurados empregados que lhe prestem serviços, *destinadas a retribuir o trabalho*, qualquer que seja a sua forma, inclusive as gorjetas, os *ganhos habituais* sob a forma de utilidades e os adiantamentos decorrentes de reajuste salarial, quer pelos serviços efetivamente prestados, quer pelo tempo à disposição do empregador ou tomador de serviços, nos termos da lei ou do contrato ou, ainda, de convenção ou acordo coletivo de trabalho ou sentença normativa" (grifei).

Nota-se que constitui base de cálculo das contribuições previdenciárias apenas o valor da remuneração habitual, destinada a retribuir o trabalho. E tal assertiva é confirmada, ainda, pelo art. 28 da Lei 8.212/1991, que, em seu § 9º, "e", item 7, estabelece que *não integram o salário de contribuição as importâncias recebidas a título de ganhos eventuais.*

A mensagem é repetida no art. 214, § 9º, "j", do Regulamento da Previdência Social, prescrevendo não comporem o salário de contribuição os ganhos eventuais.

O critério da *habitualidade* é determinante para a identificação da natureza salarial. Nos termos do art. 458 da CLT, além do pagamento em dinheiro, compreendem-se no salário, *para todos os efeitos legais*, apenas a alimentação, habitação vestuário ou outras prestações *in natura* que a empresa, por força do contrato ou do costume, *fornecer habitualmente ao empregado*.

Em face do exposto, conclui-se que a base de cálculo das contribuições previdenciárias é o valor das remunerações habituais, destinadas a retribuir o trabalho. Logo, qualquer quantia endereçada ao empregado que não tenha as características da (i) habitualidade e da (ii) retributividade não podem ser tomadas como base de incidência das contribuições para a previdência social. O mesmo se pode dizer dos valores entregues a terceiros: apenas se configurarem retribuição do serviço prestado é que serão tidos por remuneração, de modo que, ausente a retributividade, não há que falar em incidência das contribuições em análise.

No caso dos prêmios decorrentes de campanhas de incentivo, sua finalidade não é retribuir qualquer espécie de trabalho prestado. A premiação depende do cumprimento de metas, servindo aquelas quantias não como remuneração, mas como recompensa, incentivando o colaborador. Depende de suas características pessoais, tais como talento, competência e dedicação, sendo os prêmios concedidos de maneira aleatória, em razão do desempenho, sem qualquer habitualidade.

Posto isso, e considerando que o direito tributário não pode alterar conceitos de direito privado empregados na demarcação da competência, é inconcebível pretender sujeitar os prêmios de incentivo à incidência de contribuições previdenciárias.

2.9 A regra-matriz de incidência do imposto sobre a renda

No Brasil, por disposição expressa do constituinte de 1988, a competência para instaurar o imposto sobre a renda e proventos de qualquer natureza foi outorgada ao legislador da União. Por outros torneios, a edição da regra-matriz desse tributo, bem como das demais normas instituidoras dos deveres instrumentais ou formais, coube a essa pessoa política de direito constitucional interno.

É preciso enfatizar, no entanto, que a competência de produzir a regra-matriz de incidência do IR, adjudicada à pessoa política *União*, não dispensa o legislador federal de inserir no resultado de sua atividade criadora mandamentos constitucionais específicos, sem os quais o processo de positivação ficará prejudicado, por vício de inconstitucionalidade. E tais comandos são os conhecidos *princípios constitucionais tributários*, alguns de amplitude universal, para todo o Direito Brasileiro – e, portanto, aplicáveis também ao subsistema tributário –, outros com endereço voltado exclusivamente ao campo das exações fiscais, podendo qualquer deles aparecer de maneira expressa ou na implicitude do texto.

Mas o processo de positivação supõe que as regras se integrem de forma progressiva mediante o entrelaçamento de preceitos, em sentidos horizontal (relações de coordenação) e vertical (relações de subordinação), perpassando os vários escalões hierárquicos. É nesse caminho que assume grande relevância o Código Tributário Nacional, diploma em que houve por bem o legislador traçar prescritivamente os contornos delimitativos do conceito de "renda".

É bem verdade que o constituinte não determinou a conduta humana que estaria ligada à *renda*, deixando-a ao bom talante do legislador ordinário. Sabemos, todavia, que as normas jurídicas não incidem sobre coisas, objetos, bens, mas sobre comportamentos humanos relativos a coisas, objetos, bens. Isso outorga certa margem de liberdade ao legislador ordinário no momento da construção da figura impositiva, cabendo a ele indicar qual o verbo, expressivo de conduta interpessoal, que se vai agregar ao bem, para efeito de caracterização da incidência. Essa observação aparece de forma clara no caso do IPI. Como o constituinte não determinou a conduta ligada a *produtos industrializados*, o legislador infraconstitucional, exercendo a competência que lhe fora deferida, escolheu três tipos de ação: *industrializar produtos, importar produtos industrializados* e *arrematar em leilões produtos industrializados* (encontrando-se este último atualmente desativado). O núcleo comum, obrigatório, é o complemento "produtos industrializados".

Da mesma forma, o legislador teve de suprir essa lacuna relativa ao IR, concebendo as condutas que lhe pareceram mais adequadas para realizar a incumbência da outorga. A possibilidade de elaboração legislativa, decorrente da previsão constitucional, é assunto sobremodo interessante para uma pesquisa mais acurada acerca do tributo que analisamos. Tendo em vista, entretanto, os efeitos do presente estudo, que se pauta no direito positivo vigente, ficaremos com a feição clássica desse imposto: *gravame que atinge a aquisição da disponibilidade econômica ou jurídica de "renda", assim entendida a palavra como o produto do capital, do trabalho ou da conjugação de ambos, nos estritos termos do art. 43 do CTN.*

Numa síntese estreita, vejamos como se esboça a unidade de sua expressão deôntica. A proposição normativa pode ser apresentada assim: *Dado o fato de alguma pessoa, física ou jurídica, auferir a disponibilidade econômica ou jurídica de renda, computada num determinado dia, termo final do período tomado como referência, segundo técnica específica de apuração descrita em lei, então, aquela pessoa, na condição de sujeito passivo, deverá pagar à União, na condição de sujeito ativo, importância correspondente a uma percentagem do valor da renda auferida.*

De ver está que o antecedente prevê um acontecimento devidamente caracterizado no tempo e no espaço, enquanto o conseqüente estabelece o nascimento de um *vinculum iuris* que atrela os sujeitos ativo e passivo, em torno de uma prestação pecuniária.

2.9.1 *Os critérios material e temporal da hipótese de incidência do imposto sobre a renda e sua relevância para caracterização do fato jurídico tributário*

Ao escolher as ocorrências sociais que lhe interessam para desencadear efeitos jurídicos, o legislador expede conceitos que selecionam propriedades do evento, consideradas relevantes para sua caracterização. Tais conceitos trazem, necessariamente, aspectos de ordem material, espacial e temporal, por completa impossibilidade de algum acontecimento verificar-se fora das demarcações de tempo e de espaço.

No critério material há referência ao comportamento de pessoas, físicas ou jurídicas, lingüisticamente representado por um verbo e seu complemento. No caso do IR, já anotei ter o legislador optado pela locução "auferir renda", impondo-se, para sua exata compreensão, esclarecimentos sobre o que vem a ser "renda".

A definição do conceito de "renda", no Brasil, é construída no plano da legislação complementar (arts. 43 e 44 do CTN), porém com supedâneo em referência constitucional expressa, patamar normativo onde se encontram estabelecidos seus pressupostos (art. 153, III, da CF).

Acerca do conceito de "renda", três são as correntes doutrinárias predominantes: (a) "teoria da fonte", para a qual "renda" é o *produto de uma fonte estável, suscetível de preservar sua reprodução periódica*, exigindo que haja riqueza nova (produto) derivada de fonte produtiva durável, devendo esta subsistir ao ato de produção; (b) "teoria legalista", que considera "renda" um conceito normativo, a ser estipulado pela lei: "renda" é aquilo que a lei estabelecer que é; e (c) "teoria do acréscimo patrimonial", onde "renda" é todo ingresso líquido, em bens materiais, imateriais ou serviços avaliáveis em dinheiro, periódico, transitório ou acidental, de caráter oneroso ou gratuito, que importe um incremento líquido do patrimônio de determinado indivíduo, num certo período de tempo.

Prevalece no Direito Brasileiro a terceira das teorias referidas, segundo a qual o que interessa é o aumento do patrimônio líquido, sendo considerado como lucro tributável exatamente o acréscimo verificado no patrimônio da empresa, durante período determinado, independentemente da origem das diferentes parcelas. É o que se depreende do art. 43 do CTN.

Segundo José Artur Lima Gonçalves,[9] em aprofundado estudo sobre o tema, o conteúdo semântico do vocábulo "renda", nos termos prescritos pelo sistema constitucional tributário brasileiro, compreende *o saldo positivo resultante do confronto entre certas entradas e certas saídas, ocorridas ao longo de um dado período*. É, em outras palavras, *acréscimo patrimonial*.

Nessa linha de raciocínio, a hipótese de incidência da norma de tributação da "renda" consiste na aquisição de aumento patrimonial, verificável pela variação de entradas e saídas num determinado lapso de tempo. É imprescindível, para a verificação de incrementos patrimoniais, a fixação de um *intervalo temporal* para sua identificação, dado o caráter dinâmico ínsito à idéia de "renda". Nesse sentido, Rubens Gomes de Sousa escreveu ser insuficiente o processo de medição de riqueza pela extensão do patrimônio, sendo necessário distinguir o capital do rendimento pela atribuição, ao primeiro, de um caráter estático e, ao segundo, de um caráter dinâmico, ligando-se à noção de "renda" um elemento temporal. "Capital seria, portanto, o montante do patrimônio encarado num momento qualquer de tempo, ao passo que renda seria o acréscimo do capital entre dois momentos determinados."[10]

A fixação desse intervalo para fins de comparação do patrimônio nos instantes inicial e final é indissociável do conceito de "renda". Daí a relevância da identificação do critério temporal da hipótese normativa tributária, átimo terminal para as mutações patrimoniais em dado período e momento em que se considera ocorrido o fato jurídico "renda".

Esse instante, no caso do IR, consiste no derradeiro momento do último dia relativo ao período de competência, ou seja, ao átimo final do exercício financeiro. Em conseqüência, apenas a aquisição de disponibilidade econômica ou jurídica de renda, considerada como acréscimo patrimonial decorrente do capital, do trabalho ou da conjugação de ambos (critério material), verificada no último instante do ano civil (critério temporal) configura fato jurídico tributário do IR, fazendo nascer o correspondente vínculo obrigacional – conjugados esses critérios, logicamente, ao espacial, quantitativo e pessoal.

2.10 Imposto sobre a renda retido na fonte como forma de antecipação do imposto devido pelo contribuinte

Objetivando facilitar a fiscalização e a arrecadação tributária, o legislador da União criou a figura da "retenção na fonte" do IR. Em vista disso, os rendimentos indicados na lei e no regulamento sujeitam-se ao recolhimento antecipado, somente depois sendo efetuada a apuração do imposto devido no exercício financeiro.

Para que isso ocorra, entretanto, é imprescindível a existência de prescrição legal. E, tratando-se de prêmio de incentivo, não se verifica determinação dessa espécie.

Como vimos, a premiação não corresponde à remuneração do trabalho. Mas também não se enquadra na hipótese de prêmio distribuído em virtude de concursos e sorteios, a que se referem o art. 63 da Lei 8.981/1995 e o art. 677 do RIR, inexistindo regra de retenção na fonte que abranja tal situação fática.

Convém anotar que "sorteio" configura modalidade de premiação em que são confeccionados cupons numerados e entre-

9. José Artur Lima Gonçalves, *Imposto sobre a Renda: Pressupostos Constitucionais*, 2ª ed., São Paulo: Malheiros Editores, 1997, p. 179.

10. Rubens Gomes de Sousa, "Evolução do conceito de rendimento tributável", *RDP* 14/340.

gues pelas empresas aos clientes, e, conforme os resultados de extração de alguma das loterias de números do Governo ou de qualquer extração permitida pela lei, alguém é sorteado e contemplado com um prêmio, encerrando, assim, a promoção. O "concurso", por sua vez, visa a premiar as habilidades ou predicados dos participantes, tais como inteligência, memória, destreza esportiva, beleza, elegância – dentre outros. Ora, a premiação de incentivo, objeto do presente trabalho, nada tem que ver com sorteio ou concurso. Trata-se de outra espécie de premiação, conferida a quem cumprir as metas estabelecidas por determinada empresa, objetivando, mediatamente, o crescimento e maior reconhecimento da pessoa jurídica no mercado. Logo, não pode ser englobada pela previsão do art. 63 da Lei 8.981/1995.

Esse é o posicionamento da Secretaria da Receita Federal, adotado em situação semelhante, envolvendo vales-brindes. O vale-brinde constitui uma modalidade de distribuição de prêmio que consiste na colocação de pequenos impressos (vales) dentro de determinado produto ou em seu envoltório, numerados em ordem crescente, para distribuição gratuita de prêmios, como meio de propaganda. Entende o referido órgão público que, "como o art. 63 da Lei n. 8.981, de 1995, abrange somente a distribuição de prêmios por sorteio e por concurso, depreende-se que seu conteúdo não alcança a distribuição de vale-brinde, modalidade distinta daquelas, não sofrendo, portanto, tributação".[11] Ora, o mesmo se pode dizer do prêmio de incentivo: é modalidade de premiação que não se confunde com sorteio ou concurso, motivo pelo qual está excluído dos preceitos legais concernentes à retenção na fonte.

Isso não significa, porém, que os prêmios de incentivos se encontram fora do âmbito de tributação pelo IR. Os prêmios em dinheiro e os bens não-consumíveis hão de ser informados pelo beneficiário, por ocasião da declaração de ajuste anual. Nessa ocasião devem ser computados os ingressos e as saídas, bem como as deduções autorizadas em lei, a fim de se verificar se houve acréscimo patrimonial. Apenas em caso afirmativo será devido o recolhimento do IR.

2.11 As características das relações que se estabelecem entre o contratante-patrocinador, a empresa de "marketing" de incentivo e o beneficiário

As empresas de *marketing* de incentivo têm por objeto social a prestação de serviços de criação, planejamento e implantação de sistemas e convênios nas áreas de motivação, incentivos e promoções baseados em metas, fazendo-o, inclusive, por meio de vales, cupons e cartões, os quais podem ser trocados por dinheiro ou por bens e serviços, conforme o caso. Esses sistemas são utilizados em programas motivacionais e de relacionamento, seja para incentivo de empregados de seus clientes, seja para motivar pessoas que não possuem vínculo empregatício com o contratante-patrocinador. Objetiva-se, com isso, aumentar a produtividade, estreitar relacionamentos e divulgar marcas do cliente junto a seu público-alvo.

Essa premiação leva em conta características dos indivíduos, reconhecendo que cada pessoa é única, com talentos e competências específicos e que devem ser valorizados e recompensados. Em termos gerais, propõe o programa motivacional que empresas fornecedoras de bens, utilidades e semelhantes, objeto de circulação no mercado mediante distribuição e revenda por outras sociedades (distribuidoras/revendedoras), criem para pessoas físicas, empregadas suas ou não, perspectivas de vantagens em função de seu desempenho. A pessoa jurídica patrocinadora compromete-se

11. Disponível em *http://www.receita.fazenda.gov.br/pessoafisica/IRPF/2006/perguntas/ImpRetFonteTributacaoFonte.htm*, acesso em 20.11.2006.

a premiar a pessoa física em decorrência de certo resultado que, facultativamente, essa pessoa física pode alcançar, se assim o quiser e conseguir. A premiação depende do preenchimento das condições especiais relacionadas ao cumprimento de metas estabelecidas em função do tipo de bem negociado ou do serviço desenvolvido.

Observa-se, portanto, a existência de duas relações distintas: (i) uma, entre a empresa que organiza o programa motivacional e seu cliente; (ii) outra, entre o contratante-patrocinador e o beneficiário. Esse beneficiário, por sua vez, pode ser empregado do contratante ou um terceiro sem vínculo empregatício.

A relação que se estabelece entre o patrocinador e o beneficiário, em face da premiação, não se reveste de natureza remuneratória, por ser eventual, ocorrendo somente na hipótese de determinadas condições se confirmarem. O beneficiário será premiado apenas se o desejar e desde que concluídos os requisitos necessários – razão pela qual se configura a aleatoriedade. O prêmio é aleatório, porquanto o acontecimento que lhe dá causa exige, dentre outros elementos, a própria aceitação do benefício, podendo verificar-se ou não: o ganho do pretenso beneficiário depende de fatos futuros e incertos.

Registre-se, ainda, que o fato de o prêmio ser liquidado em bens ou em dinheiro não interfere em sua natureza jurídica. A relação que se estabelece entre o patrocinador e o beneficiário é sempre eventual, pois depende da concretização de condições especiais, não configurando, em qualquer hipóteses, salário nem remuneração, já que não há retributividade a serviço prestado. De fato, na prestação de serviços há certa tarefa a ser obrigatoriamente cumprida, sendo o tomador compelido a remunerá-la. Tratando-se de premiação, as condições podem ser cumpridas ou não pelo beneficiário, sem que isso lhe acarrete sanção alguma.

Operacionalmente, a entrega dos prêmios é efetuada pela empresa de *marketing*, que figura como intermediário, prestando serviços ao patrocinador e sendo remunerada por tal atividade. A premiação é feita em nome do contratante, o qual entrega numerários à empresa de *marketing* para que esta providencie a premiação.

Como as empresas de *marketing* de incentivo apenas prestam serviços para os patrocinadores, atuando em nome destes, não lhes podem ser atribuídos quaisquer reflexos dessa premiação, inclusive os de natureza tributária. É o contratante-patrocinador quem fornece os recursos necessários à premiação, fazendo-o para incrementar sua produtividade. Trata-se, por conseguinte, de despesa empregada no implemento de seu objeto social, possibilitando que tais valores sejam deduzidos do lucro líquido para fins de cálculo e recolhimento do IR da pessoa jurídica e da contribuição social sobre o lucro líquido (CSLL).

Adotando-se o critério do lucro real como expressão da base de cálculo do IRPJ, a empresa é tributada a partir da determinação comercial (lucro líquido), com os ajustes da lei fiscal. Como o lucro real é legalmente tido como o lucro líquido do período de base, ajustado pelas adições, exclusões ou compensações autorizadas por lei, a delimitação do *lucro real tributável* exige a dedução das despesas inerentes à atividade da pessoa jurídica: são as despesas operacionais, consistentes nos custos dos fatores de produção. Prevalece no direito tributário brasileiro o entendimento de que, sendo a despesa necessária à atividade da empresa e à manutenção da respectiva fonte produtora, ela é dedutível, desde que documentada. É o que se depreende do art. 299 do RIR/1999. Assim, como o pagamento de prêmio a empregados ou a terceiros preenche, indiscutivelmente, os requisitos indicados, apresentando efetividade e pertinência para o desenvolvimento do objeto social da empresa e conseqüente geração de receitas, não há como negar-lhe o caráter de "despesa dedutível" do lucro líquido para fins de determinação do lucro real e recolhimento do IR da empresa patrocinadora.

Também em relação à CSLL há a dedutibilidade da despesa, conforme se depreende da Lei 7.689/1988 e suas alterações. Na condição de gastos indispensáveis à formação do lucro, os valores relativos aos prêmios entregues a empregados e a terceiros colaboradores são considerados como despesas operacionais, necessárias e dedutíveis, inexistindo preceito legal que disponha de modo contrário.

A empresa de *marketing*, por figurar como mera intermediária, não efetuando o desembolso de valores para a premiação, é estranha às conseqüências jurídicas desencadeadas pelo evento promocional. De um lado, não faz jus a deduzir esses valores para fins de recolhimento de IR e CSLL. De outro, não pode ser responsabilizada por tributos eventualmente devidos.

As contribuições previdenciárias, como já anotei, não incidem sobre os prêmios, por completa ausência de caráter salarial ou remuneratório. Já o IRPF há de ser apurado ao final do exercício financeiro, sendo exigível caso haja acréscimo patrimonial. Por inexistir previsão legal específica, indevida é a retenção na fonte do IR. Todavia, ainda que o fosse – o que admito apenas para fins de argumentação –, o imposto não retido deveria ser exigido do beneficiário, por ser o sujeito que, supostamente, teria auferido renda. É nesse sentido o Parecer Normativo 1/2002 da Secretaria da Receita Federal, do qual transcrevemos alguns trechos:

"(...) IRRF – Antecipação do imposto apurado pelo contribuinte – Responsabilidade.

"Quando a incidência na fonte tiver a natureza de antecipação do imposto a ser apurado pelo contribuinte, a responsabilidade da fonte pagadora pela retenção e recolhimento do imposto extingue-se, no caso de pessoa física, no prazo fixado para a entrega da Declaração de Ajuste Anual e, no caso da pessoa jurídica, na data prevista para o encerramento do período de apuração em que o rendimento for tributado, seja trimestral, mensal estimado ou anual.

"(...).

"*Imposto retido como antecipação*

"11. Diferentemente do regime anterior, no qual a responsabilidade pela retenção e recolhimento do imposto é exclusiva da fonte pagadora, no regime de retenção do imposto por antecipação, além da responsabilidade atribuída à fonte pagadora para a retenção e recolhimento do imposto de renda na fonte, a legislação determina que a apuração definitiva do imposto de renda seja efetuada pelo contribuinte, pessoa física, na Declaração de Ajuste Anual, e, pessoa jurídica, na data prevista para o encerramento do período de apuração em que o rendimento for tributado, seja trimestral, mensal estimado ou anual.

"*Responsabilidade tributária na hipótese de não-retenção do imposto*

"(...).

"14. Por outro lado, se somente após a data prevista para a entrega da Declaração de Ajuste Anual, no caso de pessoa física, ou após a data prevista para o encerramento do período de apuração em que o rendimento for tributado, seja trimestral, mensal estimado ou anual, no caso de pessoa jurídica, for constatado que não houve retenção do imposto, o destinatário da exigência passa a ser o contribuinte. Com efeito, se a lei exige que o contribuinte submeta os rendimentos à tributação, apure o imposto efetivo, considerando todos os rendimentos, a partir das datas referidas não se pode mais exigir da fonte pagadora o imposto."

Esse parecer normativo tem por finalidade esclarecer o conteúdo da legislação federal que disciplina o IRRF, deixando claros os seguintes aspectos: (i) verificada a falta de retenção do imposto antes da data fixada para o encerramento do período de apuração em que o rendimento for tributado, serão exigidos da fonte pagadora o imposto, a multa de ofício e os juros de mora; (ii) identificada a falta de retenção *após a data fixada para o encerramento do período de apuração* em que o rendimento for tributado, serão exigidos da fonte pagadora a multa de ofício e os juros de mora isolados, calculados desde a data prevista para recolhimento do imposto até a data prevista para encerramento do período de apuração, *cobrando-se do contribuinte o imposto, a multa de ofício e os juros de mora, caso este não tenha submetido os rendimentos à tributação.*

2.12 Normas gerais de direito tributário: função da lei complementar como mecanismo de ajuste que assegura o funcionamento do sistema

A despeito de complexo, nosso ordenamento tributário tem sua racionalidade, de tal sorte que os destinatários, se desejarem, não ficarão perdidos, entregues à prática de construções de sentido desenvolvidas livremente, cada qual emitindo interpretações talhadas por seu exclusivo modo de compreensão e orientadas por sua particular ideologia. O Direito posto fixa valores, impõe direcionamento à regulação das condutas, empregando sempre os modais deônticos *obrigatório* (Op), *proibido* (Vp) e *permitido* (Pp), mas sofreando os arroubos intelectivos do receptor das mensagens, mediante vetores expressos ou implícitos, aptos a condicionar o raciocínio exegético e limitar a progressão de estimativas individuais dentro de padrões axiológicos que garantam uniformidade, harmonia e unidade no grande *factum* comunicativo que é o Direito.

O delicado relacionamento entre a União, os Estados-membros, os Municípios e o Distrito Federal, pessoas políticas portadoras de autonomia, dá-se pela distribuição rígida das competências impositivas, estabelecidas em faixas exclusivas, pela técnica tabular, vale dizer, enumerando-se imposto por imposto, com suas especificidades. No que tange às taxas e às contribuições, por sua vez, há parâmetros seguros que eliminam, quase que por completo, a possibilidade de entrechoques jurídicos de pretensão tributante.

Ao lado disso, e para além de tais cuidados, que ostentam a preocupação do constituinte em manter o esquema federativo, a instituição da República, a autonomia dos Municípios e o rico feixe de direitos e de garantias individuais, está a operativa função da lei complementar, com sua natureza ontológico-formal, dispondo sobre matéria que a Constituição expressamente indica, mas requerendo sempre a adoção de procedimento compositivo mais rigoroso (maioria absoluta nas duas Casas do Congresso).

A legislação complementar cumpre, assim, em termos tributários, relevante papel de mecanismo de ajuste, calibrando a produção legislativa ordinária em sintonia com os mandamentos supremos da Constituição da República. Percebo a legislação complementar operando de dois modos diferentes: (i) como instrumento das chamadas "normas gerais de direito tributário", isto é, introduzindo aqueles preceitos que regulam as limitações constitucionais ao exercício do poder tributário, bem como os que dispõem sobre conflitos de competência entre as pessoas políticas de direito constitucional interno; e (ii) como veículo deliberadamente escolhido pelo legislador constituinte, tendo em vista a disciplina jurídica de certas matérias.

O conteúdo de tais considerações força-nos a concluir que, se atinarmos à significação axiológica dos grandes princípios constitucionais, se observarmos os limites objetivos que a Constituição estabelece e se nos ativermos ao dinamismo da legislação complementar, exercitando as funções que lhe são próprias, poderemos compreender, adequadamente, os comandos tributários, atribuindo-lhes o conteúdo, sentido e alcance que a racionalidade do sistema impõe. Tudo, entretanto, no pressuposto de que se observe, com o máximo rigor, com toda a radicalização e com inexcedível intransigência, o axioma fundamental da hierarquia, juntamente com o princípio da reserva legal, considerado como aquele segundo o qual os conteúdos deônticos devem ser introduzidos no ordenamento jurídico mediante o veículo normativo eleito pela regra competencial. Sem observação de tais peculiaridades o sistema se dissolve, transformando-se num amontoado de proposições prescritivas, sem organização sintática e sem critério que nos possa orientar para estabelecer a multiplicidade intensiva e extensiva das normas jurídicas nos vários patamares do Direito posto.

Posso resumir, para dizer que o constituinte elegeu a legislação complementar como o veículo apto a pormenorizar, de forma cuidadosa, as várias outorgas de competências atribuídas às pessoas políticas, compatibilizando os interesses locais, regionais e federais, debaixo de disciplina unitária, verdadeiro corpo de regras de âmbito nacional, sempre que os elevados valores do Texto Supremo estiverem em jogo. A regra é a franca utilização das competências constitucionais pelas entidades políticas portadoras de autonomia. Quando, porém, qualquer daquelas diretrizes da Lei Maior estiver na iminência de ser violada pelo exercício regular da atividade legiferante das pessoas políticas, podendo configurar-se conflito jurídico no campo das produções normativas, ingressa a lei complementar, colocando no ordenamento "normas gerais de direito tributário", atuando na regulação das limitações constitucionais ao poder de tributar e regendo matérias que, a juízo do constituinte, parecem suscitar maior vigilância, estando por merecer, por isso, cuidados especiais.

Decadência e *prescrição tributárias*, por exemplo, são matérias que o constituinte considerou especiais e merecedoras de maior vigilância, demandando disciplina mais rigorosa, a ser introduzida no ordenamento mediante veículo normativo de posição intercalar, em decorrência de seu procedimento legislativo mais complexo (art. 146, III, "b", da CF de 1988).

Está-se diante de típico exemplo do papel de ajuste reservado à legislação complementar, para garantir a harmonia que o sistema requer. Seria um verdadeiro caos se cada ente político pudesse, a seu bel-prazer, fixar as normas que disciplinam, por exemplo, a suspensão da exigibilidade do crédito tributário, surgimento e extinção das obrigações tributárias.

No atual sistema jurídico brasileiro, o Código Tributário Nacional exerce essa peculiar função de ajuste, tendo sido incorporado à ordem jurídica instaurada com a Constituição de 1988, por efeito da manifestação explícita contida no § 5º do art. 34 do Ato das Disposições Constitucionais Transitórias, que assegura a validade sistêmica da "legislação anterior" naquilo em que não for incompatível com o novo ordenamento.

Conquanto se trate de lei ordinária, o legislador do Código Tributário Nacional disciplinou, em muitos de seus dispositivos, matéria privativa de lei complementar, e, em face dessa orientação semântica, foram tais preceptivos acolhidos pelo ordenamento jurídico com a força vinculativa daquele estatuto, em função do assunto por eles regulado. É o que se verifica, por exemplo, nos arts. 142, 150, 151, 156, 173 e 174 do mencionado diploma normativo. Conforme se depreende do art. 146, III, "b", da Constituição da República, cumpre à lei complementar dispor sobre "obrigação, lançamento, crédito, prescrição e decadência tributários", conferindo, desse modo, uniformidade à disciplina das exigências tributárias, evitando que as pessoas políticas regulem o assunto de forma conflituosa, espalhando indesejável insegurança entre os destinatários normativos.

2.12.1 *O instituto da decadência no direito tributário brasileiro*

Tomemos o direito positivo como instrumento de ação social, concebido para ordenar as condutas intersubjetivas, orientando-as para os valores que a sociedade quer ver realizados. Claro está que organização dessa índole não pode compadecer-se com a indeterminação, com a incerteza, com a permanência de conflitos insolúveis, com o perdurarem no tempo, sem definição jurídica adequada, questões que envolvam controvérsias entre sujeitos de direito. Os comportamentos interpessoais são tolhidos pelas modalidades deônticas (*obrigatório*, *proibido* e *permitido*), concretizando-se no plano factual em termos de cumprimento da orientação normativa (condutas lícitas) ou em forma de descumprimento (condutas ilícitas). Enquanto sistema, a ordem jurídica aparece como forma de superar conflitos de interesse, estabelecendo, coercitivamente, a direção que a conduta há de seguir, em nome do bem-estar social. Essa tendência à determinação e à estabilização dos comportamentos intersubjetivos nem sempre se volta, de modo imediato, para o valor "justiça". Antes, persegue o equilíbrio das relações, mediante a convicção de que uma solução jurídica será encontrada: eis o primado da *certeza do Direito*, que opera para realizar, num segundo momento, o bem maior da *justiça*.

Dessa maneira, sempre que o fluxo do tempo ameaçar, de algum jeito, a obtenção daquele almejado equilíbrio, que se reflete no princípio da firmeza ou da certeza jurídica, prevê o sistema a ocorrência de fatos extintivos, os quais têm o condão de definir, drasticamente, a situação pendente, determinando direitos e deveres subjetivos correlatos. Entre tais acontecimentos está a *decadência*. Eis, aqui, outro termo jurídico que experimenta sensível instabilidade de ordem semântica. Na mesma seqüência discursiva emprega-se "decadência" ou "caducidade", seu equivalente nominal, às vezes por ocorrências efetivas da vida social, outras por normas – o que não é para admirar, pois é nessa dualidade que o fenômeno da positivação jurídica se estabelece e se sustenta. Teremos sempre normas, construídas a partir dos textos positivos, que juridicizam sucessos da realidade em que vivemos, provocando a expedição de outras normas de inferior hierarquia, até chegar ao evento-conduta que o Direito pretende concretamente regular. A singela lembrança desse movimento dialético, do estilo "norma/fato", é suficiente para fixar os parâmetros dentro dos quais há de mover-se o raciocínio jurídico-científico. Examinemos, então, quais são as possibilidades significativas do vocábulo "decadência" no ordenamento jurídico brasileiro.

A decadência – como, de resto, todas as entidades do hemisfério jurídico – pode ser analisada numa instância normativa, tal qual uma regra que compõe o sistema do direito positivo, ou no plano factual, como acontecimento do mundo, descrito em linguagem. Fala-se, portanto, em "norma decadencial" e em "fato decadencial". Na condição de norma, desfrutando da comum estrutura de todas as unidades do ordenamento, integra-se de um antecedente ou hipótese e de um conseqüente ou tese. A hipótese descreve as notas predicativas de um evento de possível ocorrência: "Dado o decurso de certo trato de tempo, sem que o titular do direito o exercite"; e a tese prescreve a desconstituição do direito subjetivo de que o sujeito ativo esteve investido: "Deve ser a extinção do direito".

Quando recolhida no domínio da facticidade jurídica, a decadência vai aparecer como acontecimento que se dá no tempo histórico e no espaço social. Exemplificando: "A Fazenda Nacional deixou escoar o intervalo de cinco anos sem celebrar o ato jurídico-administrativo de lançamento, que lhe competia privativamente". Uma vez relatado esse evento, em linguagem competente – isto é, segundo as provas em Direito admitidas –, dar-se-á o efeito extintivo que lhe é próprio. Menciona-se, aqui, a ocorrência do "fato decadencial", não se utilizando, nesse ângulo de observação, da palavra "instituto", que fica reservada ao conhecimento da entidade enquanto estrutura normativa.

Breve investigação semântica revelará nada menos que seis acepções para o vocábulo "decadência" no campo do direito tributário: (i) como norma geral e abstrata; (ii) como a hipótese dessa norma, descrevendo o termo final de um lapso de tempo; (iii) como o conseqüente da norma geral e abstrata, tipificando o efeito extintivo; (iv) como norma individual e concreta que constitui o fato de haver decorrido o tempo referido na regra geral e abstrata, no mesmo instante em que determina, no conseqüente, o efeito fulminante de desconstituir uma relação existente; (v) como o antecedente desta última norma individual e concreta; e (vi) tão-só como o conseqüente, também, desta última regra. Seu uso na linguagem técnica do Direito posto ou na linguagem científica da Dogmática sugere, portanto, o processo de elucidação, pois nem sempre o contexto virá em socorro do intérprete, ficando iminente o equívoco.

O CTN disciplina a figura da decadência nos arts. 173 e 150, § 4º, aplicáveis, respectivamente, aos tributos sujeitos a lançamento de ofício e aos submetidos ao chamado lançamento por homologação.

Tratando-se de tributo sujeito a lançamento realizado pela Administração (lançamento de ofício), a regra decadencial – repetimos – vem estabelecida no art. 173 do CTN, prescrevendo: "Art. 173. O direito de a Fazenda Pública constituir o crédito tributário extingue-se após 5 (cinco) anos, contados: I – do primeiro dia do exercício seguinte àquele em que o lançamento poderia ter sido efetuado; II – da data em que se tornar definitiva a decisão que houver anulado, por vício formal, o lançamento anteriormente efetuado".

O efeito extintivo previsto é o do desaparecimento do direito da Fazenda, consistente em exercer sua competência administrativa para constituir o crédito tributário. Reconhecido o fato da decadência, sua eficácia jurídica será a de fulminar a possibilidade de a autoridade administrativa competente realizar o ato jurídico-administrativo do lançamento. Sabemos que, sem efetuá-lo, não se configura o fato jurídico, e, por via de conseqüência, também não se instaura a obrigação tributária. É fácil concluir que, nesse caso, a decadência não extingue a relação jurídica tributária, mas tão-somente a competência para que os agentes do poder tributante celebrem o ato de lançamento. A caducidade será extintiva do vínculo apenas nas circunstâncias em que tiver sido alegada pelo interessado e reconhecida pelo órgão credenciado pelo sistema, depois de ter nascido a obrigação tributária. Aqui, sim, o efeito será terminativo da relação. Em ambos os casos, porém, trata-se, mesmo, é do direito da Fazenda Pública de editar a norma individual e concreta do lançamento.

Na hipótese de tributo sujeito a lançamento por homologação, a Fazendo Pública, no exercício de sua função fiscalizadora, deve acompanhar de perto o comportamento dos seus administrados, zelando pela observância das obrigações a que estão submetidos. O direito positivo estabelece prazo definitivo para que a entidade tributante proceda à constituição ou modificação dos créditos a que tem direito. Dentro desse período, e ao controlar a conduta dos seus supostos contribuintes, está habilitada a formalizar as exigências que entender cabíveis, celebrando os respectivos atos de lançamento tributário. Então, o que de efetivo acontece no caso dos chamados lançamentos por homologação é que os agentes públicos visitam os possíveis contribuintes, fiscalizando-os. Na eventualidade de encontrarem prestações não recolhidas ou irregularidade que implique falta de pagamento de tributos, havendo tempo (isto é, não tendo fluído o prazo da caducidade), constituem o crédito tributário e celebram o ato de aplicação da penalidade cabível em face do ilícito cometido. O preceito decadencial, nesse caso, é diverso, sendo veiculado no art. 150, § 4º, do CTN, que fixa o prazo de cinco anos para que se faça a homologação, a contar da ocorrência do "fato gerador". Transcorrido esse prazo sem que a Administração Pública se tenha pronunciado, considera-se homologado o lançamento e definitivamente extinto o crédito tributário.

Isso significa que, uma vez exaurido o prazo de cinco anos a contar do acontecimento tributário cuja tributação incumbia à iniciativa do contribuinte (lançamento por homologação), não pode o Poder Público reclamar seu direito subjetivo ao gravame, visto que extinto o crédito tributário. Temos para nós que esse lapso de tempo termina com o fato jurídico da decadência, como defende grande parte da doutrina especializada e como reiteradamente têm-se manifestado os tribunais administrativos e judiciais.

2.12.2 *Prazo decadencial aplicável às contribuições previdenciárias*

Como visto, as contribuições ostentam natureza jurídico-tributária. Assim, sendo tributos, as contribuições previdenciárias estão sujeitas às normas veiculadas pelo Código Tributário Nacional, que foi recepcionado pela Constituição de 1988, com *status* de lei complementar, inclusive para harmonizar-se com o disposto no inciso III do art. 146 da Lei Maior.

Desse modo, se o Código Tributário Nacional, considerado como norma geral de direito tributário e, portanto, com força de lei complementar, dispõe sobre o prazo de decadência para fins de constituição dos mais diversos créditos tributários, evidente que qualquer lei ordinária modificadora desse prazo será ilegal e inconstitucional, pois é vedado à lei ordinária tratar de matéria reservada à lei complementar. E foi exatamente isso o que pretendeu a Lei 8.212/1991, em seu art. 45. Tal dispositivo representa frustrada tentativa de ampliar o prazo para constituição dos créditos da seguridade social, estendendo-os de 5 para 10 anos.

Determinação desse jaez não encontra respaldo na sistemática constitucional vigente, pois o veículo introdutor "lei ordinária" não é apto para desencadear alterações em matéria de decadência tributária. Esse é um assunto ao qual, dada sua relevância para a manutenção da segurança jurídica e da estabilidade das relações sociais, o constituinte conferiu especial vigilância, exigindo que seja disciplinado por lei complementar.

Proclama o inciso III, "b", do art. 146 da Constituição da República que cabe à lei complementar estabelecer normas gerais em matéria de legislação tributária, especialmente sobre prescrição e decadência. Em seguida, o art. 149 preceitua que a União tem competência exclusiva para instituir contribuições, observado o disposto nos arts. 146, III, e 150, I e III. Verifica-se que, por expressa disposição da norma inserida no art. 149, supracitado, as contribuições sociais – das quais é subespécie a contribuição previdenciária – sujeitam-se à observância do disposto no art. 146, III, "b", para todos os fins de direito. Daí decorre a inconstitucionalidade formal do art. 45 da Lei 8.212/1991, que acaba por dispor sobre matéria para a qual não tem competência, uma vez que o assunto "decadência" só pode ser regulamentado por lei complementar.

Nesse sentido são as recentes manifestações do STJ, como se depreende da seguinte ementa:

"Processual civil e tributário – Ação declaratória – Imprescritibilidade – Inocorrência – Contribuições para a seguridade social – Prazo decadencial para o lançamento – Inconstitucionalidade do art. 45 da Lei n. 8.212, de 1991 – Ofensa ao art. 146, III, 'b', da Constituição.

"1. (...).

"2. As contribuições sociais, inclusive as destinadas a financiar a seguridade social (CF, art. 195), têm, no regime da Constituição de 1988, natureza tributária. Por isso mesmo, aplica-se também a elas o disposto no art. 146, III, 'b', da Constituição, segundo o qual cabe à lei complementar dispor sobre normas gerais em matéria de prescrição e decadência tributárias, compreendida nessa cláusula inclusive a fixação dos respectivos prazos. Conseqüentemente, padece de inconstitucionalidade formal o art. 45 da Lei n. 8.212, de 1991, que fixou em 10 anos o prazo de decadência para o lançamento das contribuições sociais devidas à previdência social.

"3. Instauração do incidente de inconstitucionalidade perante a Corte Especial (CF, art. 97; CPC, arts. 480-482; RISTJ, art. 200)" (1ª Turma, AgRg no REsp 616.348-MG, rel. Min. Teori Albino Zavascki, j. 14.12.2004, v.u., *DJU* 14.2.2005, p. 144).

Esse tem sido, também, o posicionamento do 1º Conselho de Contribuintes: "Decadência – O prazo de decadência das contribuições sociais é o constante no art. 150 do CTN (cinco anos contados do fato gerador), que tem caráter de lei complementar, não podendo a Lei ordinária n. 8.212/1991 estabelecer prazo diverso – Recurso parcialmente provido" (5ª Câmara, Ac. 105-15.295, rel. Cons. Daniel Sahagoff, j. 13.9.2005).

Em síntese, se a alínea "b" do inciso III do art. 146 da Carta Fundamental impõe a necessidade de lei complementar para dispor sobre *decadência* e, por outro lado, se já existe texto com *status* de lei complementar sobre o assunto, assume feição ostensiva a subordinação das contribuições previdenciárias à norma veiculada pelo art. 150, § 4º, do CTN, visto tratar-se de tributos sujeitos ao lançamento por homologação.

3. Conclusões

Segundo a legislação trabalhista, os prêmios são ganhos eventuais, não possuindo natureza salarial. Assim, caso o empregado receba premiações em virtude de cumprimento de metas preestabelecidas pelo empregador e sem habitualidade, não integram o salário do empregado. Nesse sentido se têm pronunciado os TRTs e o TST, como demonstrado no desenvolvimento deste parecer.

A "eventualidade" está caracterizada quando existente campanha de incentivo que estabeleça metas a serem atingidas, de modo que a premiação seja concedida somente na hipótese de tais condições serem plenamente cumpridas. Na premiação por desempenho, a que estamos nos referindo, o beneficiário é contemplado apenas se o desejar e desde que concluídos os requisitos necessários para tanto, razão pela qual se configura a aleatoriedade. O prêmio é aleatório, porquanto o acontecimento que lhe dá causa exige, dentre outros elementos, a própria aceitação do benefício, podendo verificar-se ou não: o ganho do pretenso beneficiário depende de fatos futuros e incertos.

Quanto às premiações realizadas pelas empresas a beneficiários sem vínculo empregatício, também não se trata de remuneração. Na prestação de serviços há certa tarefa a ser obrigatoriamente cumprida, sendo o tomador compelido a remunerá-la. Tratando-se de premiação, as condições podem ser cumpridas ou não pelo beneficiário, sem que isso lhe acarrete sanção alguma. Assim, como nos casos de premiação inexistem serviços prestados por terceiros, não há que falar em retributividade e, conseqüentemente, em remuneração.

Dessa forma, descartada a característica de vínculo laboral, empregatício ou não, afastam-se as inferências que dele decorrem, inclusive as de natureza previdenciária. Nos termos do art. 195, I, "a", e II, da CF, as contribuições previdenciárias incidem sobre "salário" e "demais rendimentos do trabalho", motivo pelo qual, não se tratando de remuneração, inadmissível pretender incluir os valores dos prêmios de incentivo nas bases de cálculo de tais tributos.

É preciso deixar bem claro, porém, que para se ter, verdadeiramente, a figura da premiação, esta deve ser eventual, dependente de acontecimento futuro e incerto e concedida em função de metas preestabelecidas, para recompensar a pessoa física que, por seu esforço, dedicação e desempenho, cumpre específicas condições impostas para o recebimento de tal vantagem. Preenchidos esses requisitos, a premiação, qualquer que seja sua forma (em dinheiro ou em bens e serviços), não se enquadra no conceito de "salário" nem no de "remuneração", não estando sujeita às contribuições previdenciárias.

O IR, por sua vez, tem por hipótese de incidência o fato de alguma pessoa auferir disponibilidade jurídica ou econômica de renda, consistente no acréscimo patrimonial verificado em determinado dia, termo final do período tomado como referência. O conteúdo semântico do vocábulo "renda" compreende o saldo positivo resultante do confronto entre certas entradas e saídas ocorridas ao longo de um dado intervalo temporal.

Objetivando facilitar a fiscalização e a arrecadação tributária, porém, o legislador da União criou a figura da "retenção na fonte" do IR, em que se efetua antecipação do tributo supostamente devido. Ao especificar as circunstâncias em que tal operacionalidade seria aplicada, a Lei 8.981/1995 e o RIR referiram-se aos prêmios distribuídos em concursos e sorteios, nada dizendo a respeito da premiação de incentivo, concedida pelo atingimento das metas estabelecidas pelo patrocinador. Logo, por ausência de previsão legal, não há como impor a essa modalidade de prêmio a figura da retenção na fonte. Em vista disso, para serem gravados pelo IR, os prêmios devem representar acréscimo patrimonial efetivo, o que se verifica ao final do período de apuração. Nesse caso, o tributo devido deve ser exigido diretamente do beneficiário, por ser ele o contribuinte do imposto, manifestando capacidade contributiva.

A empresa de *marketing* de incentivo cria, planeja e implanta programas de motivação, no correr dos quais são concedidos os prêmios. Ao fazê-lo, presta serviços ao patrocinador, figurando como intermediária dos valores e bens destinados à premiação. Não é ela, portanto, quem oferece os prêmios aos beneficiários, sendo inadmissível sua responsabilização por eventuais tributos incidentes sobre esses valores.

Pelos mesmos motivos, como o desembolso da premiação é feito pelo patrocinador, a este cabe empreender as deduções das respectivas quantias para fins de cálculo e recolhimento do IRPJ e da CSLL.

Por fim, convém esclarecer que os documentos relativos a tais atividades devem ser guardados pelo período de cinco anos, visto que ao fim desse intervalo opera-se a decadência do direito de se constituir créditos relativos a contribuições previdenciárias, nos termos prescritos pelo art. 150, § 4º, do CTN.

O FATO GERADOR DO IMPOSTO DE IMPORTAÇÃO INCIDÊNCIA – "VACATIO LEGIS"

AURÉLIO PITANGA SEIXAS FILHO
Professor Titular de Direito Financeiro e Tributário
da Faculdade de Direito da Universidade Federal Fluminense
e do Mestrado da Faculdade de Direito de Campos

A CF de 1988, no art. 153, I, autoriza a União Federal a instituir o imposto sobre importação de produtos estrangeiros.

Por sua vez, o CTN – Lei 5.172, de 25.10.1966 –, em seu art. 19, especifica que "o imposto, de competência da União, sobre a importação de produtos estrangeiros tem como fato gerador a entrada destes no território nacional".

O mesmo CTN, no art. 97, prescreve que cabem ao legislador ordinário não só a instituição de tributos e sua extinção, como a definição do fato gerador da obrigação tributária e do seu sujeito passivo.

Nestes termos, o Decreto-lei 37, de 18.11.1966, em seu art. 23, determina que se considera ocorrido o fato gerador do imposto de importação na data em que for registrada, na repartição aduaneira, a declaração de importação referente à mercadoria despachada para consumo interno.

Nenhuma inovação foi introduzida com este dispositivo legal, já que a entrada definitiva da mercadoria estrangeira para consumo interno já era o momento da ocorrência do fato gerador previsto na legislação anterior, por ser mais prático e compatível com os regimes aduaneiros especiais como os de trânsito, admissão temporária, entreposto aduaneiro etc., bem como é o momento fixado pelas legislações estrangeiras que adotam a orientação técnica da Organização Mundial das Alfândegas.

Quando o importador não providenciar a declaração de importação, seja qual for o motivo, considerar-se-á entrada no território nacional, para efeito de ocorrência do fato gerador, a mercadoria que constar como tendo sido importada e cuja falta venha a ser apurada pela autoridade aduaneira, nos termos do parágrafo único do art. 1º do mencionado Decreto-lei 37/1966.

O momento da ocorrência do fato gerador – isto é, o termo final do seu componente temporal – é extremamente importante para a determinação da dívida tributária, pois toda a matéria fática relevante para o acertamento jurídico e liquidação do valor da dívida tributária deve ser qualificada juridicamente com base na legislação tributária que estiver em vigor nessa data.

A mercadoria estrangeira bem como o veículo que a transportar, ao entrarem no território brasileiro, estarão submetidos à potestade (exercício do poder de polícia) das autoridades brasileiras, em especial à aduaneira ou alfandegária, porém ainda não será devido o imposto de importação, que, como visto, ainda dependerá do destino que lhe será dado pelo seu importador.

Por conveniência do importador, a mercadoria estrangeira poderá ser despachada para um Regime Aduaneiro Especial, não *entrando definitivamente* no território nacional neste momento, ficando, consequentemente, suspenso, diferido ou postergado o componente temporal do fato gerador do imposto de importação para o dia da sua entrada definitiva, caso não seja a mercadoria reexportada.

Pode o legislador, também, determinar a antecipação do pagamento do imposto para um momento anterior ao da ocorrência do fato gerador, condicionado, sempre, a uma posterior avaliação do verdadeiro valor da dívida tributária.

Num sistema rígido de distribuição de competência tributária, como tem sido o adotado pelo legislador constituinte brasileiro, o legislador ordinário – seja da União Federal, seja do Estado ou do Município – tem de se conformar com os limites impostos pela Carta Magna; e, quando houver reserva expressa por esta, também caberá à lei complementar dispor, prioritária e exclusivamente, sobre a matéria que lhe couber.

A Lei 5.172, de 25.10.1966 – Código Tributário Nacional –, lei comum ou ordinária de origem, emitida para regular o Sistema Tributário Nacional, já que a Constituição de 1946 exigia quórum especial para a aprovação de código, é considerada hoje lei complementar, por regular matéria reservada pelo texto constitucional a esta espécie de lei.

Conforme o art. 146, III, "a", da CF de 1988, "cabe à lei complementar: (...) III – estabelecer normas gerais em matéria de legislação tributária, especialmente sobre: a) definição de tributos e de suas espécies, bem como, em relação aos impostos discriminados nesta Constituição, a dos respectivos fatos geradores, bases de cálculo e contribuintes".

O art. 23 do Decreto-lei 37/1966 já foi considerado incompatível com o art. 19 da Lei 5.172, também de 1966, por interpretarem que o fato gerador do imposto de importação seria instantâneo no tempo e, por este motivo, dependeria a sua ocorrência, exclusivamente, da realização de seu aspecto material, independentemente de disposição legal, como especificado no mencionado art. 23.

Hamilton Dias de Souza, ardoroso defensor desta tese, conclui que: "As considerações precedentes justificam-se para demonstrar que a situação apta para exteriorizar o fato gerador do imposto de importação é a transposição da fronteira política do país, não o registro da declaração como previsto no art. 23 do Decreto-lei 37/1966. Assim, tal dispositivo conflita com o art. 1º do mesmo diploma legal e também com o art. 19 do CTN (...). Ainda que se aceite a colocação quanto à *entrada finalística*, não se pode aceitá-la quanto ao momento referido, pois este há de ser o da passagem pela fronteira política, o que pode ser constatado pelos registros de bordo ou elementos outros quando se efetuar o lançamento".[1]

A antinomia entre o art. 19 do CTN e o art. 23 do Decreto-lei 37/1966 (Código Aduaneiro) foi encampada parcialmente pelo TFR e pelo STF,[2] que assim decidiu: "O artigo 23 do Decreto-lei n. 37, de 1966, que considera ocorrido o fato gerador do imposto de importação na data do registro na repartição aduaneira da respectiva declaração, não pode prevalecer sobre a disposição sobranceira do art. 19 do CTN, segundo o qual o fato gerador é a entrada do produto estrangeiro no território nacional".

Em parecer da Procuradoria da Fazenda Nacional, emitido em 25.8.1975,[3] tive a oportunidade de esclarecer o seguinte:

1. Hamilton Dias de Souza, *Estrutura do Imposto de Importação no Código Tributário Nacional*, São Paulo: Resenha Tributária, 1980, p. 27.

2. Acórdão no Ag. 74.597-1, 2ª Turma, rel. Min. Cordeiro Guerra, *DJU* 16.3.1979, p. 1.824.

3. *Resenha Tributária-Aduaneira, Jurisprudência – 1975*, p. 540.

"O fato gerador do imposto de importação é a entrada no país de mercadoria estrangeira, tributada, nos termos do art. 1º do Decreto-lei n. 37/1966, dependendo, porém, quanto ao aspecto temporal, de uma declaração de vontade por parte do importador, para que nasça a obrigação tributária respectiva.

"Ao entrar no país, a mercadoria estrangeira poderá ter duas destinações, à livre escolha do importador. Se destinada a um *Regime Aduaneiro Especial*, Título III, arts. 71 a 93 do Decreto-lei n. 37/1966, não haverá ocorrência do fato gerador enquanto a mercadoria estrangeira estiver submetida a este tratamento especial, inciso I do art. 117 do CTN.

"O fato gerador do imposto de importação se torna concreto, portanto, quando a mercadoria estrangeira é despachada para consumo, conforme o art. 23 do Decreto-lei n. 37/1966, na data do registro, na repartição aduaneira, da Declaração de Importação respectiva.

"Somente nesta data, de escolha do importador, é que se torna devido o imposto de importação, e conforme a legislação vigente neste dia.

"Quanto ao momento da ocorrência do fato gerador do imposto de importação duas outras hipóteses existem: a) quando a mercadoria estrangeira entra no país por *via postal* (*Remessas Postais Internacionais – Collis Postaux*), o fato gerador do imposto de importação ocorre no momento da abertura da mala postal; e b) considerar-se-á entrada no território nacional, para efeito de ocorrência do fato gerador, a mercadoria que constar como tendo sido importada e cuja falta venha a ser apurada pela autoridade aduaneira (art. 1º, parágrafo único, do Decreto-lei n. 37/1966).

"Estes momentos diferenciados para a ocorrência do fato gerador do imposto de importação, determinados por lei ordinária, não colidem com o Código Tributário Nacional, nem com a Constituição Federal, porque, de acordo com o próprio Código, em seu art. 144, 'fato gerador da obrigação principal é *a situação definida em lei* como necessária e suficiente à sua ocorrência'.

"Utilizando-se esta definição, pode-se facilmente verificar que o art. 19 do CTN não discrimina exaustivamente todas as situações necessárias e suficientes para a ocorrência do fato gerador do imposto de importação, isto porque sua função é meramente a de indicar a competência tributária a ser exercida, neste imposto, pelo Governo Federal.

"A competência tributária é exercida por lei ordinária, tanto pela União Federal como pelos Estados e Municípios, não só para especificar minuciosamente todas as *hipóteses de incidência*, como, também, na previsão de hipóteses excludentes de incidência.

"Sendo a isenção tributária uma hipótese qualificada de *não-incidência*, se verdadeira a tese defendida pela impetrante, ficariam impedidos os detentores de competência tributária de conceder isenção, através de lei ordinária ou atos normativos da mesma hierarquia, o que normalmente não acontece.

"O art. 97 do CTN reforça o entendimento de que o momento de incidência da obrigação tributária é de hierarquia de lei ordinária, ao especificar: 'Art. 97. Somente a lei pode estabelecer: I – a instituição de tributos, ou a sua extinção; II – a majoração de tributos, ou sua redução, ressalvado o disposto nos arts. 21, 26, 39, 57 e 65; III – a definição do fato gerador da obrigação tributária principal, ressalvado o disposto no inciso I do § 3º do art. 52, e do seu sujeito passivo; (...)'.

"Comentando este artigo, o Min. Aliomar Baleeiro, à p. 359 do livro *Direito Tributário*, confirma a hierarquia de lei ordinária para a definição do fato gerador: 'Reserva à lei – O art. 97 do CTN arrola taxativamente os casos reservados à lei ordinária da entidade pública investida constitucionalmente da competência para decretar o tributo'.

"À p. 65, o mesmo autor: 'O decreto-lei previsto nos arts. 46, V, e 55 da Constituição não nos parece meio idôneo de decretações de impostos, os quais devem ser regulados por lei ordinária e só por esta, salvo casos específicos de leis complementares'.

"A leitura atenta do Código Tributário Nacional, bem como de seus principais comentadores, não deixa dúvida alguma de que a obrigação tributária tem nascimento por norma de hierarquia ordinária, estando nesta mesma situação todos os instrumentos da política tributária, quando não em escala inferior, por delegação de competência dentro de expressa autorização constitucional.

"Portanto, é perfeitamente legítima, e legal, a indicação pelo Decreto-lei n. 37/1966 de todas as situações suficientes e necessárias para a ocorrência do fato gerador do imposto de importação, dentro do parâmetro delimitado pelo Código Tributário Nacional e da competência tributária distribuída pela Constituição Federal.

"Logicamente, a entrada da mercadoria no território nacional, e especificamente em cada parada do navio em porto provido de repartição aduaneira, tem relevância para o fato gerador do imposto de importação, porém, como termo inicial.

"A entrada da mercadoria estrangeira no território nacional, ou, ainda mesmo, em cada porto, não pode servir de termo final do fato gerador, como momento de sua ocorrência, por lhe faltar precisão, por não dar ao Fisco uma data precisa, certa.

"Por este motivo, preferiu o legislador brasileiro, mirando-se também no Direito Comparado, marcar a data da ocorrência do fato gerador do imposto de importação, nos casos ordinários, no dia do registro, na repartição fazendária, da Declaração de Importação.

"Quanto à pretensão de se possuir direito adquirido pela simples emissão do documento cambial, devo recordar o art. 144 do CTN, já reproduzido anteriormente.

"Por este dispositivo de lei complementar, a determinação do imposto a pagar será feita com base na legislação vigente no momento da ocorrência do fato gerador.

"Assim, o sujeito passivo da obrigação tributária tem a obrigação (e, consequentemente, o direito) de pagar o imposto conforme os atos normativos em vigor na data da ocorrência do fato gerador.

"Direito adquirido, portanto, o sujeito passivo somente pode alegar após a ocorrência do fato gerador. Até este momento, somente expectativa de direito possui.

"A emissão da guia de importação pela CACEX do Banco do Brasil S/A, assim como não gera qualquer obrigação tributária para o importador, não lhe pode gerar, também, qualquer direito, que ficará na dependência da efetiva ocorrência do fato gerador."[4]

Como visto, os diversos dispositivos do Código Tributário Nacional mencionados anteriormente autorizam ao legislador ordinário não só instituir tributos, como definir seus fatos geradores e conceder isenções e outros favores fiscais – não havendo como, numa interpretação sistemática, e até mesmo numa interpretação literal, identificar uma incompatibilidade entre o disposto no art. 23 do Decreto-lei 37/1966 (um verdadeiro Código Aduaneiro) e a *sobranceira* norma do art. 19 do CTN.

Além de não serem incompatíveis entre si, a alegada superioridade da Lei 5.172/1966 sobre o Decreto-lei 37, também de 1966, não resiste a uma interpretação histórica, como o fez o Min. Paulo Távora ao examinar a questão no incidente de uniformização de jurisprudência de 10.8.1978, que deu origem à Súmula 4 do TFR. Seu voto foi no seguinte sentido:

"As duas sedes legais da matéria são de 1966, uma de outubro (Lei n. 5.172) e outra de novembro (Decreto-lei n. 37). Am-

4. Aurélio Pitanga Seixas Filho, "Imposto de importação – Fato gerador", *RDA* 123/368-371, janeiro-março/1976.

bas com início de vigência no primeiro dia de 1967 (arts. 218 e 178).

"Ao serem promulgadas, estava em vigor a Constituição de 1946, com a Emenda Constitucional n. 18, sobre a reforma tributária, de 1.12.1965. Não havia, à época, previsão constitucional para lei complementar sobre normas gerais de direito tributário. Tratava-se de regulação aplicável à União, aos Estados e Municípios, que o Ato Complementar n. 36 denominou de 'Código Tributário Nacional' na véspera da vigência da Constituição de 1967. Foi o novo estatuto político que deu maior hierarquia legislativa à disciplina da matéria (art. 19, § 1º).

"O Código antecedeu a lei do imposto de importação e, se alguma divergência se estabelecesse fora do âmbito geral e comum às pessoas integrantes da trindade federativa, haveria de prevalecer a norma especial e restrita à União.

"O art. 1º do Decreto-lei n. 37 repete o art. 19 do CTN, a dizer que o fato gerador do imposto de importação é a entrada dos bens estrangeiros no território nacional. Não deparo, com a devida vênia, incompatibilidade, a propósito, entre a lei tributária geral e a singular. Esta pode fixar o momento do ingresso pelo início da penetração na fronteira aérea, marítima ou interior ou por alguma estação do percurso ou do destino. A entrada desenha-se, assim, ou por um ponto ou uma linha, segundo a conveniência do legislador. A hipótese de incidência não se define, necessariamente, pela transposição instantânea dos limites nacionais."[5]

No mesmo julgamento, o Min. Carlos Mário Velloso, relator do feito, assim se pronunciou:

"Na verdade, o CTN, no art. 19, estabelece uma situação fática caracterizadora da hipótese de incidência tributária do imposto de importação: *a entrada do produto estrangeiro no território nacional*.

5. *RT Informa* 233/4, de 1979, pp. 14-15.

"Esta é a situação definida em lei como necessária e suficiente à ocorrência da hipótese de incidência em apreço (CTN, art. 114).

"Por se tratar de *situação de fato*, verificando-se a circunstância material – *a entrada da mercadoria no território nacional* –, tem-se o fato imponível, ou a realização, no mundo das coisas, da hipótese de incidência tributária descrita *in abstracto* na lei (CTN, art. 116, I).

"Em princípio, seria assim.

"Mas acontece que o CTN, no art. 116, é expresso no prescrever: 'salvo disposição de lei em contrário'.

"O Código Tributário Nacional, ao fazer a ressalva, fala em 'disposição de lei em contrário'.

Admite, pois, que situações de fato caracterizadoras da hipótese de incidência, pelo próprio Código Tributário Nacional descritas, possam sofrer alteração por outra lei, não distinguindo entre lei ordinária ou lei complementar.

"Assim, estou em que, conjugando a norma do art. 19 do CTN com as disposições inscritas nos arts. 114 e 116 do mesmo estatuto tributário, não há como deixar de emprestar validade ao que está prescrito no art. 23 do Decreto-lei n. 37/1966.

"Por outro lado, após maior estudo da matéria, forte em José Souto Maior Borges (*Lei Complementar*, Ed. RT, 1975; "Normas gerais de direito tributário", *RDP* 31/251), inclino-me a acolher o entendimento no sentido de que *não há superioridade hierárquica entre lei complementar e lei ordinária*.

"O que acontece é que há um campo delimitado, pela Constituição, para atuação daquela. Comportando-se ela dentro do campo estabelecido pela Constituição, não a atinge a lei ordinária. Extrapolando de seu campo, não vale senão como lei comum, não sendo satisfatório em se invocar a 'superioridade formal' que decorre do quórum qualificado para a sua elaboração, por isso que 'exigência desse quórum não implica uma prevalência hierárquica da legislação complementar, como ilação necessária' (José Souto Maior Borges, *RDP* 31/257).

"O Código Tributário Nacional não pode ser alterado senão por lei complementar, na medida em que contém *normas gerais de direito tributário* (CF, art. 18) ou as normas gerais mencionadas no art. 8º, XVII, da CF.

"Fora daí, é lei que pode ser alterada por lei ordinária, no campo federal. Com relação aos demais entes políticos – Estados e Municípios – não valeria, porque inconstitucional.

"Na verdade, é por demais difícil estabelecer um conceito de *norma geral tributária*, ou fixar um critério diferenciador de norma geral e norma não-geral, ou específica, ou particular.

"Isto é verdade.

"Mas me parece evidente, por outro lado, que a definição de situações fáticas ou jurídicas caracterizadoras de hipótese de incidência tributária não cabe no conceito de *norma geral tributária*.

"Sendo assim, força é convir que a regra do art. 19 do CTN poderia ser alterada por lei ordinária.

"Destarte, as regras inscritas nos arts. 19 do CTN e 1º e 23 do Decreto-lei n. 37, de 18.11.1966, seriam compatíveis: em se tratando de mercadoria para consumo, prevaleceria a regra do art. 23 do Decreto-lei n. 37/1966. Em caso de não se tratar de mercadoria para consumo, teriam aplicação os arts. 19 do CTN e 1º do Decreto-lei n. 37/1966."

Do voto do Min. Aldir Passarinho pode ser extraída a seguinte lição:

"A vigência de uma norma tributária estabelecendo um tributo ou majorando a sua alíquota se dá em determinado momento. Então, tem-se de fazer a verificação do momento exato da incidência, em razão do fato gerador. Quando o navio descarrega sua mercadoria ou acosta ao cais, ele realmente já entrou no território nacional. Mas entre o momento de entrada no território nacional – sob o ponto de vista de conceituação de *mar territorial das 200 milhas* – e o aportamento há um espaço de tempo, e a vigência da lei tributária poderá ser, exatamente, nesse espaço de tempo. Diariamente, e nas horas mais variadas, entram navios no nosso mar territorial ou chegam ao porto. Inúmeros são os atos de modificação de alíquotas do imposto de importação. Há, deste modo, que fixar-se um momento exato para o fato gerador. A não se admitir que seja o de ultrapassagem da linha delimitadora das 200 milhas – e isto seria irreal, até porque o comandante do navio teria de fazer assentamentos a respeito no livro de bordo e este ser consultado todas as vezes em que houvesse desembaraço de mercadorias –, há de conceituar-se o que deva ser considerado, para fim jurídico-tributário, 'território nacional'. Estou focalizando este aspecto para mostrar que realmente há necessidade de tal conceito para daí ter-se o exato momento do fato gerador. E isto justamente é o que fez o art. 23 do Decreto-lei n. 37/1966. Então, na verdade, o que se procura, aqui, fixar é o momento exato da incidência tributária, em razão do fato gerador. E, portanto, tem-se de fixar o momento em que ele ocorre.

"Assim, a meu ver, embora tenha me impressionado com as razões do Min. Néri da Silveira, como sempre excelentemente expostas, prefiro manter o entendimento que já firmara a respeito, compreendendo que é válido o art. 23 do Decreto-lei n. 37/1966, que não conflita com as normas do art. 19 do CTN, bem com as do art. 1º, mas, antes, com elas se compatibiliza."

Este inexistente conflito entre as normas do Código Tributário Nacional e as do Código Aduaneiro foi levantado para contornar um problema que ressurge periodicamente, por desobediência ou ignorância de um preceito maior, que é o princípio fundamental da *vacatio legis*.

Tendo em vista sua preponderante função extrafiscal, o imposto de importação pode ter suas alíquotas majoradas ou reduzidas por ato do Poder Executivo, obediente a condições e limites impostos em lei, conforme o § 1º do art. 153 da CF de 1988, alíquotas novas que poderão entrar em vigor no mesmo exercício da publicação do ato administrativo que as houver alterado, exceção ao princípio da anterioridade autorizada pelo § 1º do artigo 150 da Carta Magna.

Esse poder de alterar as alíquotas do imposto de importação, autorizado pelo texto constitucional, na medida em que permite ser desobedecido o princípio da anterioridade – princípio, este, que particulariza em direito tributário um princípio mais importante e genérico como é o da *vacatio legis* –, não pode autorizar, entretanto, que seja esquecido o valor maior que este princípio da *vacatio legis* representa.

O princípio fundamental da *vacatio legis* é mera decorrência do princípio maior de todo e qualquer ordenamento jurídico, que é o *princípio da legalidade*, segundo o qual a liberdade das pessoas pode ser limitada ou restringida por uma norma legal, que poderá dispor sobre a forma mais adequada e oportuna dos comportamentos pessoais.

Em conseqüência do *princípio da legalidade*, as normas jurídicas novas somente produzirão efeito para o futuro, isto é, somente regularão condutas produzidas após a sua promulgação, não podendo, portanto, retroagir, afetando condutas efetivadas anteriormente, nem, por outro lado, desconsiderar condutas que, iniciadas sob o regime jurídico anterior, mereçam ser efetivadas sob a mesma disciplina legal.

O princípio da *vacatio legis*, assim, significa que o legislador deve conceder, obrigatoriamente, um prazo razoável para a entrada em vigor da nova lei, a fim de não surpreender ou prejudicar quem, licitamente, está agindo dentro da legislação que está sendo revogada, permitindo que os negócios já iniciados possam ser encerrados como foram devidamente encetados.

Sendo a legislação aduaneira aplicável a partir do registro da Declaração de Importação relativa a mercadoria destinada ao consumo interno, como visto precedentemente, as mercadorias estrangeiras já adquiridas, embarcadas no local de origem, ou em trânsito para o Brasil, serão atingidas pela nova legislação, acarretando problemas financeiros caso seja mais gravosa.

Ora, a necessidade de proteger a indústria nacional ou aliviar a balança cambial do país não justifica que negócios normalmente encetados, sem qualquer eiva de ilicitude, sejam surpreendidos com uma elevação abrupta da tributação, prejudicando, ou até mesmo inviabilizando, atividades comerciais legitimamente iniciadas, como ocorreu no ano de 1995, com as importações de automóveis.

Sendo necessária, realmente, a elevação da alíquota do imposto de importação, as autoridades administrativas competentes para tal providência devem levar em consideração todos os interesses (legítimos) que serão afetados com esta alteração, para fixar um prazo razoável para a entrada em vigor da nova alíquota, respeitando-se, desta forma, a expectativa de direito dos importadores, que será devidamente acobertada com um mínimo de *vacatio legis*.

Em seu tempo, o Conselho de Política Aduaneira, órgão criado pela Lei 3.244/1957 com a competência de alterar as alíquotas do imposto de importação (preenchimento de norma em branco, segundo entendimento do STF), quando achava conveniente, resguardava a alíquota reformada para as mercadorias estrangeiras que já houvessem sido embarcadas até o dia da publicação da resolução que alterava a situação jurídica anterior.

Desta forma, as importações provadamente concretizadas tinham a garantia do regime tributário vigorante no momento de sua idealização, sem prejuízos outros além dos azares comerciais, particularizando, deste modo, o direito à *vacatio legis*, que, normal e apropriadamente, deve ser concedida em tempo, medido em dias.

Aproveitando a oportunidade, deve ser dito que é um equívoco que o legislador constitucional tem cometido, após a reforma constitucional de 1965 (Emenda Constitucional 18), ao generalizar a *vacatio legis* tributária no princípio da anterioridade, que, como a realidade tem demonstrado, não protege o contribuinte contra as modificações abruptas e açodadas da legislação tributária.

Cada lei. provoca uma alteração particular e específica na sociedade, razão pela qual cada norma jurídica deve merecer um singular dimensionamento da apropriada *vacatio legis*. Não é diferente o fenômeno tributário. Cada norma tributária afeta o respectivo contribuinte de forma diferenciada, seja mais ou menos indireto ou real o imposto, devendo ser, consequentemente, concedida uma *vacatio legis* específica para cada qual. *Vacatio legis* zero, entretanto, somente será legítima e oportuna para hipóteses emergenciais, ou situações de manifesta ilegitimidade.

CADERNOS DE DIREITO TRIBUTÁRIO

BREVES COMENTÁRIOS SOBRE OS ACORDOS PRÉVIOS DE PREÇOS DE TRANSFERÊNCIA

ANTONIO AMENDOLA

1. Introdução. 2. Breve histórico das normas de preços de transferência. 3. OCDE. 4. Os APPs nos Estados Unidos da América. 5. Os APPs no Brasil – Compatibilidade com o princípio da legalidade. 6. Processo para celebração dos APPs no Brasil – Crítica. 7. Benefícios do APP brasileiro.

1. Introdução

Como é sabido, as normas de preços de transferência no Brasil e em outros países têm como objetivo o combate à prática adotada por contribuintes de transferir lucros não tributados em um determinado Estado para pessoas vinculadas estabelecidas em outros Estados – prática, essa, que se materializa por meio da manipulação de preços em operações de importação ou exportação de bens, serviços ou direitos. Tais normas pretendem, assim, proteger o direito subjetivo do Estado de tributar a renda gerada sob sua jurisdição.

Em linhas gerais, o meio utilizado para alcançar o objetivo acima é a comparação entre o preço praticado na operação e o preço apurado segundo as regras de preços de transferência, comumente referido como *preço-parâmetro*. Caso haja uma disparidade material entre o preço praticado e o preço-parâmetro, as regras determinam a tributação da diferença apurada.

O preço-parâmetro é determinado mediante a utilização de um método de cálculo previsto na legislação – método, esse, que leva em conta o princípio *arm's lenght*, segundo o qual o preço-parâmetro deve corresponder ao preço de mercado, não influenciado pela relação de vinculação existente entre as partes, que devem ser tratadas como entidades independentes.

Há diversos motivos pelos quais um contribuinte pode, de modo deliberado, distorcer preços em operação com pessoa vinculada situada em outro Estado, cabendo mencionar, aqui, apenas as razões tributárias, como, por exemplo, a sujeição da pessoa vinculada no exterior a uma alíquota menor de imposto de renda ou o acúmulo de prejuízos pela pessoa vinculada estrangeira, que podem ser usados para neutralizar a renda transferida. Em ambos os casos, a distorção dos preços nas operações de importação e exportação minimiza o impacto tributário aplicável ao grupo como um todo.

A esse respeito, cabe notar que em várias situações o preço praticado por um contribuinte pode não corresponder ao preço de mercado por uma razão estratégica empresarial, em virtude de os métodos disponíveis não serem capazes de refletir a realidade dos preços do mercado sob análise ou, ainda, em função de um fato alheio à vontade do contribuinte. Desse modo, ao contribuinte em tal situação não há alternativa senão sujeitar-se a uma discussão com o Fisco, a fim de demonstrar que a renda efetiva gerada no território do Estado respectivo é inferior àquela apontada pelos métodos de cálculo eleitos pela legislação.

Tendo em vista a possibilidade de tal discussão, o contribuinte pode preferir se antecipar ao debate litigioso e "convidar" o Fisco a, antes da ocorrência do fato gerador, celebrar um acordo prévio de preços de transferência (APP). Ciente da possibilidade de os métodos de preços de transferência não refletirem a renda efetiva do contribuinte, o Fisco pode, após analisar os termos do APP, "aceitar" o "convite" formulado.

Apesar de a Lei 9.430/1996 prever a possibilidade de o Fisco Brasileiro celebrar com o contribuinte uma espécie de APP, essa prática ainda está muito longe de se tornar comum no Brasil, sendo essa a causa do presente estudo, que objetiva abordar essa figura e incentivar sua utilização como solução alternativa de conflitos entre o Fisco e os contribuintes.

Como se demonstrará abaixo, uma dificuldade para a acomodação do APP no sistema jurídico brasileiro está relacionada com o respeito ao princípio da legalidade, que requer que todos os aspectos da hipótese de incidência tributária sejam previstos em lei – o que inclui a base de cálculo do imposto de renda e da contribuição social sobre o lucro.[1] Outra questão que pode dificultar a utilização e o sucesso dos APPs é a adoção, para a sua formalização, do procedimento previsto para os processos de consulta.

Para alcançar os objetivos acima, comentar-se-á rapidamente a definição do APP segundo a Organização para Cooperação do Desenvolvimento Econômico (OCDE), para, então, abordá-lo no sistema tributário norte-americano, com o objetivo de expor os motivos pelos quais o APP tem se mostrado naquele país como um importante mecanismo para determinação dos preços de transferência, evitando-se litígios posteriores. Finalmente, discutir-se-á a compatibilidade do APP já previsto na Lei 9.430/1996 e na Instrução Normativa 243/2002 com o princípio constitucional da legalidade, bem como serão comentadas algumas razões pelas quais a adoção do processo de consulta para a celebração do APP brasileiro não é conveniente.

2. *Breve histórico das normas de preços de transferência*

Cumpre observar que normas dispondo sobre os preços de transferência existem há muito tempo nos chamados países desenvolvidos, destacando-se a pioneira legislação norte-americana, que tem suas origens em leis de 1921 e de 1928.[2-3]

A OCDE, por meio de seu Comitê de Assuntos Fiscais, publicou importantes estudos sobre o tema, sendo relevante indicar os seguintes: *Transfer Pricing and Multinational Enterprises*, 1979, e *Transfer*

1. Problemática, essa, apontada por Heleno Tôrres na obra *Direito Tributário Internacional – Planejamento Tributário e Operações Transnacionais*, São Paulo: Ed. RT, 2001, pp. 312-313, e por Alberto Xavier na obra *Direito Tributário Internacional do Brasil*, 6ª ed., Rio de Janeiro: Forense, p. 390.

2. Como notado por Luís Eduardo Schoueri na obra *Preços de Transferência no Direito Tributário Brasileiro*, São Paulo: Dialética, 1999, p. 30.

3. Como observado por Boris I. Bittker, professor da Universidade de Yale, e Lawrence Lokken, professor da Universidade da Flórida, na obra *Fundamentals of International Taxation – U. S. Taxation of Foreign Income and Foreign Taxpayers*, Warren, Gorham & Lamont, 2001, pp. 79-82 e ss.

Pricing Guidelines for Multinational Enterprises and Tax Administrations, 1995.

No Brasil, apenas em 1996, quando da edição da Lei 9.430, é que as normas de preços de transferência foram introduzidas no ordenamento jurídico, apresentando-se como uma etapa sucessiva à introdução da tributação da renda em bases universais pela Lei 9.249, editada em 1995. Apesar de o Brasil não ser membro da OCDE, a Exposição de Motivos da referida Lei 9.430/1996 deixa claro que as regras adotadas pelos países integrantes de tal Organização foram levadas em consideração na sua elaboração, o que confirma a necessidade de se observar os estudos da OCDE sobre o tema, apesar de a referida Lei 9.430/1996 não adotar o princípio *arm's length* de forma plena e explícita.

3. OCDE

A OCDE define o APP no glossário da síntese das *Transfer Pricing Guidelines for Multinational Enterprises and Tax Administrations*, em sua versão em Português, nos seguintes termos:

"*Acordo prévio de preços de transferência* ('APP')

"Um acordo deste tipo permite definir, previamente à realização de operações vinculadas, um conjunto de critérios adequados (designadamente, o método a utilizar, os elementos de comparação e os ajustamentos a introduzir, os pressupostos principais quanto à evolução futura) com vista à determinação do preço de transferência aplicável a essas operações durante um determinado período de tempo. Um acordo de fixação prévia de preços de transferência pode ser unilateral quando apenas intervém uma Administração Fiscal e um contribuinte, ou multilateral se requer o acordo de duas ou mais Administrações Fiscais."

Como se depreende do trecho acima transcrito, o APP não busca estabelecer o preço a ser praticado nas operações futuras a serem realizadas pelo contribuinte com pessoas vinculadas, mas sim a metodologia a ser por ele adotada na fixação do preço-parâmetro, ou seja, o método de *transfer pricing* e certos elementos que permitem a aplicação plena de tal método. O APP também deve, por princípio, ter um prazo determinado, já que as condições existentes quando da proposta do APP podem se alterar com o passar do tempo. Além disso, o APP pode ser unilateral, quando celebrado apenas com um Estado (*e.g.*, com os Estados Unidos), ou multilateral, quando acordado com mais de um Estado (*e.g.*, envolvendo os Estados Unidos e outro Estado).

4. Os APPs nos Estados Unidos da América

Antes de abordar os APPs nos Estados Unidos, registre-se que os tributos só podem ser exigidos nesse país se houver uma lei específica a seu respeito, impondo-os.[4] Contudo, em contraste com o Brasil, parece haver nesse país uma maior delegação de poderes ao Executivo. Nesse particular, note-se que cabe ao *Internal Revenue Service* (IRS) analisar se uma operação entre pessoas vinculadas deve, ou não, ser objeto de ajuste para fins tributários, sob a luz de que tal ajuste deve ser realizado apenas e tão-somente para refletir a renda efetiva da operação (*true taxable income*).[5-6]

4. V. a obra *Federal Income Tax*, de William A. Klein, professor da Universidade da Califórnia/Los Angeles, e Joseph Bankman, professor da Universidade de Stanford, *Aspen Law & Business*, 11ª ed., p. 63: "Taxes are imposed only by statute".

5. A esse respeito, observe-se o teor do art. 482 do *Internal Revenue Code*: "In any case of two or more organizations, trades, or businesses (whether or not incorporated, whether or not organized in the United States, and whether or not affiliated) owned or controlled directly or indirectly by the same interests, *the Secretary may distribute, apportion or allocate* gross income, deductions, credits, or allowances between or among such organizations, trades, or businesses, *if he determines that such distribution, apportionment, or allocation is necessary in order to prevent evasion of taxes or clearly*

Tendo dito isso, observe-se que o programa para formalização de APPs foi regulado pelo IRS no *Revenue Procedure 2004-40*,[7] nos seguintes termos: "The APA Program provides a voluntary process whereby the Internal Revenue Service ('Service') and taxpayers may resolve transfer pricing issues under § 482 of the Internal Revenue Code ('Code'), the Income Tax Regulations ('the Regulations') thereunder, and relevant income tax treaties to which the United States is a party in a principled and cooperative manner on a prospective basis. The APA process increases the efficiency of tax administration by encouraging taxpayers to come forward and present to the Service all facts relevant to a proper transfer pricing analysis and to work towards a mutual agreement in a spirit of openness and cooperation. The prospective nature of APAs lessens the burden of compliance by giving taxpayers greater certainty regarding their transfer pricing methods, and promotes the principled resolution of these issues by allowing for their discussion and resolution in advance before the consequences of such resolution are fully known to taxpayers and the Service".

Do trecho acima extrai-se que o processo de celebração de um APP é voluntário, ocorrendo em um ambiente de cooperação mútua entre o contribuinte e o Fisco. A existência de acordos dessa natureza aumenta a eficiência do Fisco, ao encorajar o contribuinte a apresentar todos os fatos necessários para a análise de preços de transferência. A obrigação de o contribuinte manter a documentação relativa às operações com pessoas vinculadas simplifica-se, já que passa a ser necessário observar apenas as condições exigidas pelo APP. Aponta-se também, em tal excerto, que outra importante conseqüência – se não a principal – do APP é evitar discussões entre a Fiscalização e o contribuinte sobre o tema, como uma forma alternativa de conflitos, proporcionando maior segurança jurídica.

Além disso, um APP nos Estados Unidos pode ter como objeto operações relativas não só a períodos futuros, mas também com relação a períodos passados (*rollback*), o que confirma a natureza do APP como meio alternativo de solução de conflitos entre o Fisco e o contribuinte, inclusive com relação a fatos geradores já ocorridos.

Nesse particular, cabe salientar que o IRS afirmou, no ano de 2000, que um litígio sobre preços de transferência poderia durar oito anos ou mais, demonstrando a necessidade e a importância do APP.[8]

A fim de ilustrar o funcionamento de um APP nos Estados Unidos, cabe transcrever as palavras de Boris I. Bittker e Lawrence Lokken: "A taxpayer invokes the APA procedures by filing a request proposing one or more TPMs and providing data showing that the TPMs are the best method for specified transactions between the taxpayer and specified affiliates (businesses or entities commonly controlled with the taxpayer, such as subsidiaries). The request must usually illustrate the TPMs by applying them to the parties' tax and financial data for the three preceding years. "By entering into an APA, the taxpayer agrees to do a great deal of work that would normally

to reflect the income of any of such organizations, trades, or businesses. (...)" (grifos nossos).

6. Como registrado no *Announcement and Report Concerning Advance Pricing Agreements*, disponível no *website* do IRS: "Under the § 482 regulations, the standard to be applied in determining the true taxable income of a controlled business is that of a business dealing at arm's length with an unrelated business".

7. Para compreensão do que venha a ser uma *revenue procedure*, cabe transcrever trecho constante da obra mencionada na nota de rodapé 4, p. 68: "In addition to the regulations, which are issued by authority of the Secretary of the Treasury, a steady supply of rulings, instructions, releases, and other lesser pronouncements flows from the Internal Revenue Service. (...). The most important are Revenue Rulings (Rev. Rul.) and Revenue Procedures (Rev. Proc.). (...). Revenue Procedures are statements describing procedures affecting the rights or duties of taxpayers or other information".

8. Informação extraída da obra citada na nota de rodapé 3, acima, pp. 79-117.

be done by the IRS during an audit," but the process probably also gives the taxpayer greater control over the terms on which the transfer price is determined. A user fee of $25,000 must usually accompany the request, but the fee is reduced to as little as $5,000 if the taxpayer's gross income is less than $1 billion".[9]

De acordo com a passagem transcrita acima, cabe ao contribuinte tomar a iniciativa de procurar o Fisco para a celebração de um APP. Ele peticiona perante a Fiscalização, fornecendo os documentos e dados necessários para subsidiar a aplicação dos métodos por ele contemplados, devendo indicar o melhor método para as operações com pessoas vinculadas.[10] O pedido deve normalmente ilustrar a aplicação dos métodos nos três anos precedentes ao do pedido, de forma a evidenciar que ele é o método que melhor reflete o preço de mercado. Custas, que variam dependendo da receita bruta do contribuinte, também devem ser recolhidas para que o pedido em questão seja analisado. Repete-se no trecho acima que o APP proporciona ao Fisco maior eficiência, já que o contribuinte espontaneamente apresenta dados e análises sobre suas operações – trabalho, esse, que seria realizado pelo Fisco de forma independente no curso de uma fiscalização.

Cabe descrever um pouco mais detalhadamente o procedimento para formalização de um APP, que tem quatro fases marcantes: (i) apresentação de pedido instruído com informações e documentos pertinentes; (ii) realização de uma *due diligence* pelo IRS mediante análise dos dados fornecidos; (iii) debates e acordo entre o IRS e o contribuinte; e (iv) elaboração, revisão e assinatura do APP. Na primeira fase, o pedido deve incluir uma descrição detalhada das atividades do contribuinte bem como dos métodos que podem ser adotados, incluindo as condições e assunções críticas feitas com relação às operações já executadas ou a serem realizadas (*e.g.*, funções desempenhadas pelas partes; riscos assumidos; ativos utilizados; ajustes relacionados às quantidades negociadas, aos prazos concedidos para pagamento das operações etc.). Tal pedido deve ser também acompanhado da justificação da escolha de tais métodos como os que melhor refletem o preço de mercado. Durante a *due diligence* realizada pelo IRS, há a possibilidade de o Fisco Norte-Americano solicitar informações adicionais ou discutir determinadas questões identificadas com o contribuinte. Já na terceira fase, após o IRS ter todas as informações necessárias e ter esclarecido suas dúvidas, há debate com o contribuinte para a fixação dos métodos a serem adotados no APP. No curso do debate, tanto o contribuinte quanto o Fisco podem desistir da celebração do APP, mas a desistência será uma indicação de que poderá haver litígio no futuro. Finalmente, caso o contribuinte e o Fisco alcancem um consenso com relação aos termos do APP, chega-se à última etapa para sua formalização, que é a redação do APP, a sua revisão e a assinatura final.

Antes de adotar o procedimento descrito no parágrafo anterior, o contribuinte pode procurar o IRS para discutir informalmente um eventual APP em uma audiência preliminar (conhecida como uma *prefiling conference*), que pode ser, inclusive, realizada de forma anônima. Após a celebração do APP, o contribuinte deve, anualmente (enquanto o APP estiver em vigor), apresentar um relatório sobre suas operações com pessoas vinculadas ao IRS, de forma a demonstrar que as condições estabelecidas no APP foram respeitadas no período.

9. Obra citada na nota de rodapé 3 acima, pp. 79-118.

10. Nos Estados Unidos, em contraste com o Brasil, o contribuinte deve adotar o método que, de acordo com os fatos e circunstâncias provados, melhor reflete o preço de mercado, independentemente de tal método implicar, ou não, o resultado mais interessante para o contribuinte. Essa diretriz é conhecida como a *best method rule*, cabendo ao Fisco o ônus de provar que o método adotado pelo contribuinte não reflete o preço de mercado. A análise para identificar o melhor método entre os existentes leva em conta o nível de semelhança entre as operações sob exame, a qualidade das informações prestadas e das assunções feitas.

Nos termos do já mencionado *Revenue Procedure 2004-40*, um APP pode ser revisto no caso de uma assunção crítica ser falha ou na hipótese de uma relevante alteração ocorrer na jurisprudência, lei, regulamento ou tratado. Nessas situações, há uma nova discussão, que pode desencadear um novo acordo entre o IRS e o contribuinte ou, até mesmo, o cancelamento do APP. Um APP pode ser cancelado caso: (i) haja algum erro com relação a um importante fato informado pelo contribuinte; (ii) se constate uma relevante omissão; (iii) o contribuinte não apresente o relatório anual comentado no parágrafo acima; ou (iv) o contribuinte aja de má-fé no cumprimento do APP. Frise-se que o APP também pode ser revogado, com a anulação de seus efeitos desde sua celebração, nas hipóteses de fraude, má-fé etc. Finalmente, o contribuinte pode pleitear a renovação do APP, hipótese na qual todo o procedimento necessário para a celebração de um APP deve ser realizado, mas com foco nas alterações materiais fáticas ou legais ocorridas enquanto o APP original produzia efeitos.

Não obstante o fato de as informações constantes do APP serem protegidas por sigilo fiscal nos Estados Unidos, o IRS anualmente publica um relatório estatístico sobre os acordos celebrados com os contribuintes norte-americanos, conhecido como *Announcement and Report Concerning Advance Pricing Agreements*. O último relatório disponível no *website* do IRS, datado de 31.3.2005, indica que foram celebrados, desde o ano de 1991 até o fim de 2004, 557[11] APPs – o que, sem dúvida, consiste num volume respeitável de soluções independentes de litígios, dada a dificuldade envolvida na matéria. Dentre esses APPs, alguns foram celebrados em conjunto com o Fisco de outros países.

No mencionado *Announcement and Report Concerning Advance Pricing Agreements* de 2005, é relevante apontar que, nos APPs celebrados com outros países, o IRS afirma que as negociações relativas ao APP com outro Estado são, a princípio, processadas de forma mais rápida se a posição do Fisco Norte-Americano for apoiada pelo contribuinte, o que demonstra um aspecto político que o APP pode apresentar. Também há a possibilidade eventual de o contribuinte não concordar com a posição do IRS, o que fica registrado no documento que será utilizado como base para negociação com o outro país; mas, do texto analisado, essa situação parece não ser comum. Transcreve-se o trecho em questão: "The experience of the APA office and the U.S. Competent Authority is that APA negotiations are likely to proceed more rapidly with a foreign competent authority if the U.S. negotiating position is fully supported by the taxpayer. Consequently, the APA office works together with the taxpayer in developing the recommended U.S. negotiating position. On occasion, the APA team will agree to disagree with a taxpayer. In these cases, the APA office will send a recommended U.S. negotiating position to the U.S. Competent Authority that includes elements with which the taxpayer does not agree. This disagreement is noted in the paper".

Do até aqui exposto, considerando a dificuldade envolvida em qualquer análise de preços de transferência, a experiência acumulada pelos Estados Unidos e que muitos litígios têm surgido no Brasil sobre o tema, é, sem dúvida alguma, relevante meditar sobre a possibilidade de o contribuinte brasileiro celebrar o APP nacional, nos termos da Lei 9.430/1996.

5. Os APPs no Brasil – Compatibilidade com o princípio da legalidade

No Brasil não há previsão de um APP[12] nos mesmos moldes daquele exis-

11. Nesse número inclui-se também a quantidade de APPs que foram renovados.

12. Apesar de não haver propriamente um APP brasileiro, essa denominação será utilizada com relação ao procedimento fundado nos arts. 20 e 21, § 2º, da Lei 9.430/1996, neste estudo.

tente nos Estados Unidos, sendo que o § 2º do art. 21 da Lei 9.430/1996 determina que deverão ser admitidas margens de lucro diversas daquelas estabelecidas nos arts. 18 e 19 do mesmo diploma quando o contribuinte sustentar tais margens com base em publicações, pesquisas ou relatórios elaborados em conformidade com o *caput* do referido art. 21. Além disso, o art. 20 da mesma lei delega dever/poder ao Ministro da Fazenda para alterar os percentuais das margens de lucro em circunstâncias especiais. Apesar de não ser esclarecido quais circunstâncias especiais seriam essas, pode-se afirmar que tais circunstâncias podem decorrer das seguintes situações: uma estratégia empresarial do contribuinte, em virtude de os métodos disponíveis não serem capazes de refletir a realidade dos preços de mercado sob análise, ou em razão de um fato alheio à vontade do contribuinte, sem excluir outros casos na mesma linha.

Para pronta referência, transcrevemos, abaixo, os dispositivos da Lei 9.430/1996 mencionados acima:

"Art. 20. Em circunstâncias especiais, o Ministro de Estado da Fazenda poderá alterar os percentuais de que tratam os arts. 18 e 19, *caput*, e incisos II, III e IV de seu § 3º.

"Art. 21. (...).

"(...).

"§ 2º. Admitir-se-ão margens de lucro diversas das estabelecidas nos arts. 18 e 19, desde que o contribuinte as comprove, com base em publicações, pesquisas ou relatórios elaborados de conformidade com o disposto neste artigo. (...)."

Tendo dito isso, note-se que a principal diferença entre o APP norte-americano e o brasileiro decorre do fato de a legislação nacional não adotar a *best method rule*, permitindo ao contribuinte brasileiro escolher o método que lhe permita o resultado menos prejudicial, de modo que o escopo do APP nacional é mais limitado, cingindo-se apenas à fixação da margem de lucro do método eleito em percentual inferior àquele estabelecido na Lei 9.430/1996.

No Brasil o contribuinte é que tem o ônus de provar que as margens adotadas na legislação não espelham o preço de mercado das operações sob análise; caso contrário tais margens prevalecem. Nos Estados Unidos o contribuinte deve adotar o método que melhor reflete os preços de mercado e comprová-lo, sendo que ao IRS cabe o ônus de provar que a escolha do contribuinte não reflete a renda efetiva gerada.

Outra diferença reside no fato de que os APPs norte-americanos são veiculados por meio de contratos administrativos entre o Fisco e o contribuinte, enquanto o APP nacional é formalizado mediante um ato do Ministro da Fazenda.

Apesar dessas diferenças, a essência dos APPs norte-americanos e dos brasileiros parece não se distanciar tanto. Com efeito, tanto no Brasil como nos Estados Unidos existe uma delegação de dever/poder para o Executivo buscar identificar, na apuração dos preços de transferência, a renda efetiva do contribuinte (*true taxable income*).

Muito embora a delegação de poder para o Executivo definir qualquer aspecto da hipótese tributária seja inconstitucional no Brasil, em respeito ao princípio constitucional da legalidade,[13] é sustentável que essa máxima não é violada com relação à possibilidade de o Fisco alterar as margens de lucro fixadas na Lei 9.430/1996, na celebração de um APP nacional. Isto porque o legislador, que não tinha e não tem condições de estabelecer as margens de lucro efetivas para todas e inúmeras situações possíveis de forma prévia, transferiu ao

13. Sobre a violação do princípio da legalidade em razão da delegação pelo Poder Legislativo ao Poder Executivo do poder de fixar a base de cálculo de tributos e suas isenções, cabe mencionar, dentre outros importantes e clássicos trabalhos sobre o tema, o recente e atual artigo do professor Luís Eduardo Schoueri, "A suave perda da liberdade", publicado na *Revista Direito Tributário Atual* 18, do Instituto Brasileiro de Direito Tributário, São Paulo: Dialética.

Poder Executivo o dever/poder de reduzir as referidas margens de lucro mediante a apresentação de prova pelo contribuinte, antes da ocorrência do fato gerador, de tal sorte que se tribute apenas o lucro efetivo da operação. Essa delegação só se dá para que o Poder Executivo busque identificar a real renda gerada nas operações sujeitas à legislação de preços de transferência, de modo a que a base de cálculo definida no art. 43 do CTN e no art. 153, III, da CF seja respeitada. Nessa linha de raciocínio, a natureza das margens de lucros previstas na Lei 9.430/1996 consistiria em presunções relativas.[14]

Nesse passo, não se pode admitir a arbitrariedade de o Poder Executivo negar pleito do contribuinte quando restar demonstrado que a margem de lucro fixada na lei não reflete a renda efetiva gerada em território brasileiro. É o que afirma o professor Luís Eduardo Schoueri: "5.9.7.7 O Ministro da Fazenda não tem a opção, mas o dever, de alterar os percentuais quando o contribuinte demonstra serem eles incompatíveis com o princípio *arm's length*. Conforme a demonstração efetuada, o Ministro deve estender a decisão não só ao contribuinte que fez o requerimento, mas a outros que estiverem em igual situação".[15]

Ressalve-se, todavia, que o Ministro da Fazenda não pode agravar a situação do contribuinte, eis que as margens de lucro estão prefixadas na lei. Adotar raciocínio em sentido contrário seria admitir que o Ministro da Fazenda teria poder para ir além dos limites seguros da lei, e até mesmo fixar as margens de lucro *ab initio* – o que é inadmissível, pois tal situação assemelhar-se-ia às chamadas *pautas fiscais*, tão criticadas no Direito Brasileiro.

Nessa linha, exatamente pelo fato de o Ministro da Fazenda ter o dever de buscar a renda efetiva nas operações de importação e exportação é que o art. 34 da Instrução Normativa 243/2002 abrandou os requisitos documentais para alteração dos percentuais previstos nos arts. 18 e 19 da Lei 9.430/1996. Assim é que, como alternativa à documentação prevista no art. 21 da referida lei, o contribuinte pode se valer dos documentos mencionados no art. 34 da Instrução Normativa 243/2002.[16] De todo modo, mesmo com esse leve abrandamento, cumpre ressaltar que o contribuinte pode, com fundamento no art. 148 do CTN, utilizar qualquer espécie de prova para demonstrar que a renda efetiva gerada em território brasileiro é inferior àquela determinada com base na Lei 9.430/1996. Com efeito, apenas mediante a possibilidade de produção de todos os tipos de prova disponíveis é que o contribuinte tem respeitado o direito de ter tributada apenas a renda efetiva produzida nas operações sob exame. Nesse sentido, cabe mencionar as palavras de Heleno Tôrres e Ana ClÁudia Utumi: "O que não poderia acontecer, como de fato a lei não consentiu, seria o afastamento do

14. O professor Alberto Xavier sustenta que a possibilidade de alteração das margens de lucro fixadas na legislação de preços de transferência estabelece uma presunção legal relativa (ob. cit. na nota de rodapé 1, p. 388). Na mesma linha, apesar de reconhecer a dificuldade em sua aplicação, Plínio J. Marafon, no artigo "Preços de transferência", na obra *Tributos e Preços de Transferência*, coordenada por Valdir de Oliveira Rocha, São Paulo: Dialética, 1997, p. 74. Luís Eduardo Schoueri também adota essa posição no parágrafo 5.9.7.6 na obra *Preços de Transferência*, São Paulo: Dialética, p. 73. Por outro lado, Ricardo Mariz de Oliveira defende que a Lei 9.430/1996 não teria instituído uma presunção legal relativa, no artigo "Tributos e preços de transferência", na obra *Tributos e Preços de Transferência*, mesma obra na qual foi publicado o artigo do professor Plínio J. Marafon.

15. Luís Eduardo Schoueri, ob. cit. na nota de rodapé 14, p. 73.

16. São os seguintes os documentos admitidos pela Instrução Normativa 243/2002: demonstrativo dos custos de produção de bens, serviços ou direitos, emitido pela empresa fornecedora domiciliada no exterior; demonstrativo do total anual das compras e vendas, por tipo de bem, serviço ou direito, objeto da solicitação; demonstrativo dos valores pagos a título de frete e seguros, relativamente aos bens, serviços ou direitos; e demonstrativo da parcela do crédito presumido do IPI, como ressarcimento das contribuições PIS/PASEP e COFINS, correspondente aos bens objeto da solicitação. A possibilidade de utilização de alguns desses documentos já estava prevista na Portaria 95/1997 do Ministro da Fazenda.

direito do contribuinte de comprovar os motivos do preço efetivamente praticado, com o uso do método que lhe for mais benéfico, como previsto pela Lei 9.430/1996, art. 21, inclusive com a aplicação mais extensiva à ampla defesa, quanto aos direitos de prova, como permite o art. 148 do CTN".[17]

Por todas essas razões é que as referências realizadas no início deste artigo a um convite para celebrar um APP e a possibilidade de o Fisco aceitá-lo foram feitas entre aspas. Ainda que possa eventualmente ser uma possibilidade no Estrangeiro, não há que se falar em um convite e na possibilidade de sua aceitação no Brasil. Há, sim, um dever de o Poder Executivo aceitar o pedido de um APP do contribuinte, reduzindo as margens de lucro previstas em lei, desde que esse seja devidamente comprovado.

Disso decorre que, se o pleito de celebração de um APP for indevidamente negado, o contribuinte poderá recorrer ao Poder Judiciário a fim de assegurar a utilização do percentual por ele proposto. É claro que o sucesso de uma demanda dessa natureza dependerá da qualidade da documentação do contribuinte que embasa o novo percentual, que pode e deve ser robustecida por meio de perícia técnica, já que é provável que o juiz de direito não esteja familiarizado com as questões econômicas e contábeis envolvidas na definição das margens de lucro para fins da legislação de *transfer pricing*.

Dessa forma, resta demonstrada a compatibilidade entre o princípio da legalidade e a delegação de poder/dever ao Ministro da Fazenda para, com base nas provas apresentadas pelo contribuinte, reduzir as margens de lucro previstas na Lei 9.430/1996. Essa delegação de poder existe tão-somente para que o art. 43 do CTN e o art. 153, III, da CF sejam plenamente observados.

6. Processo para celebração dos APPs no Brasil – Crítica

No Brasil, em contraste com os Estados Unidos, não há um procedimento específico para se formular um pleito de alteração das margens de lucro previstas na legislação de preços de transferência. Utiliza-se o procedimento previsto para os processos de consulta, previsto no Decreto 70.235/1972 e na própria Lei 9.430/1996.

Como é sabido, os processos de consulta objetivam esclarecer dúvidas sobre a interpretação da legislação tributária e sobre a classificação de mercadorias. Assim, tais processos não têm como objetivo original aferir a real margem de lucro em determinadas operações do contribuinte, sujeitas ao controle de preços de transferência, dificultando sua utilização para esse fim. Por tal razão, cabe considerar se não seria o caso de se conceber um procedimento específico para regular o processo de alteração de margens de lucro.

Em linhas gerais, um processo administrativo com o objetivo de alterar, por um determinado período, as margens de lucro fixadas na legislação deve, acima de tudo, colocar o contribuinte e o Fisco em um mesmo patamar de informações. O Fisco deve entender por completo as operações do contribuinte, que devem constar da petição inicial do processo, podendo realizar diligências e solicitar qualquer informação, esclarecimento ou documento necessário para sua análise. Por outro lado, deve haver previsão permitindo ao contribuinte requerer o fornecimento de informações constantes de certos bancos de dados disponíveis ao Fisco (como, por exemplo, o SISCOMEX, mas com respeito ao sigilo fiscal, quando aplicável), como forma de robustecer ou afinar seu pedido. Deve ser permitida, ainda, a produção de toda espé-

17. Trecho extraído do artigo "O controle fiscal dos preços de transferência e os meios de prova admitidos para a definição de preços e custos médios", constante da obra *Tributos e Preços de Transferência*, vol. 2, coordenada por Luís Eduardo Schoueri e Valdir de Oliveira Rocha, São Paulo: Dialética, p. 206.

cie de prova considerada como necessária pelo contribuinte e pelo Fisco para dar apoio a suas posições.

Como etapa subseqüente à colheita de informações e produção de provas, é necessária a realização de reuniões para que o Fisco e o contribuinte discutam o conjunto probatório produzido. Em tais oportunidades é que o Fisco e o contribuinte devem, se possível, demonstrar espírito de cooperação para que se alcance um consenso acerca da definição da renda efetiva gerada nas operações analisadas, com a análise dos detalhes envolvidos. Dessa forma, o contribuinte e o Fisco podem, eventualmente, curvar-se à leitura feita pelo outro com relação a determinados aspectos das operações (assunções críticas; utilização de ativos; etc.), a fim de se chegar ao referido consenso de forma não-litigiosa.

Alcançando-se um consenso a respeito da determinação da renda efetiva gerada, é importante que o contribuinte e o Fisco elaborem uma ata das reuniões realizadas, contendo todas as assunções críticas, detalhes e conclusões que deverão constar do ato administrativo a ser editado pelo Ministro da Fazenda, de forma a se assegurar que tal ato poderá ser efetivamente cumprido nas condições e no prazo proposto. Nessa ata dever-se-á esclarecer quais os documentos que deverão ser mantidos pelo contribuinte e as informações que deverão ser fornecidas ao Fisco pelo contribuinte enquanto o APP estiver em vigor; tudo para demonstrar o cumprimento do APP durante seu prazo de vigência. Essa ata seria a etapa precedente à edição do ato administrativo pelo Ministro da Fazenda.

Caso tal consenso não seja alcançado, o contribuinte poderá pleitear em juízo a alteração da margem de lucro, desde que munido das provas necessárias, na linha do já exposto anteriormente. O Fisco, por sua vez, estará pronto para a aplicar friamente a Lei 9.430/1996 em uma fiscalização.

As regras norte-americanas com relação a revisão, cancelamento e renovação dos APPs são, definidamente, um norte a ser considerado, em virtude das possibilidades de falha na descrição das operações, fraude, expiração do prazo de vigência do APP etc. Não obstante o fato de existirem no ordenamento jurídico dispositivos que alcançam tais fins, seria conveniente haver uma consolidação em um só documento, para facilitar o trabalho do aplicador da lei.

Nas regras atuais relativas ao processo de consulta não há previsões para a implementação das medidas acima – o que, a nosso ver, aumenta as possibilidades de o Fisco rejeitar o pleito do contribuinte. Por tal motivo, deve-se considerar a possibilidade de conceber um procedimento específico para celebração do APP nacional.

7. *Benefícios do APP brasileiro*

Outrossim, deve-se salientar a presença dos benefícios que decorrem de um possível APP no Brasil, como aqueles inerentes ao APP norte-americano.

O principal benefício é a maior segurança, proporcionada ao contribuinte e ao Fisco, de que o método adotado para apuração do preço-parâmetro em um determinado período tem condições reais de refletir a renda gerada no Brasil, reduzindo, de forma expressiva, as chances de um litígio a esse respeito.

Ora, é notório que o contribuinte tem dificuldades na aplicação dos métodos previstos na Lei 9.430/1996, sendo que em algumas oportunidades esses métodos se mostram incapazes de refletir a renda gerada no Brasil, como comentado anteriormente. Sabe-se também que a Receita Federal e alguns contribuintes já litigam em diversos processos administrativos sobre a apuração de preços de transferência (*e.g.*, casos das empresas farmacêuticas), mas ainda não há jurisprudência suficiente que dê um norte seguro aos litigantes. É possível que em alguns casos o contribuinte seja vitorioso, e em outros o Fisco. Ademais, a Receita Federal insiste em extrapolar seus poderes executivos na tentativa inútil de legislar sobre o tema (*e.g.*, introdução da forma de cálculo do PRL-60% pelo § 11 do art. 12 da Instrução Normativa 243/2002).

Nesse contexto, a tentativa de celebração de um APP com a Receita Federal mostra-se como uma alternativa interessante para que o contribuinte busque a tranqüilidade de que apenas a renda produzida no Brasil será tributada. Todavia, não se pode negar que o fato de não se ter notícia sobre a alteração de qualquer percentual dos métodos previstos na Lei 9.430/1996 em casos específicos, por meio de portaria do Ministro da Fazenda, gera desconfiança por parte do contribuinte e de próprios agentes do Fisco. Mas essa postura deve ser revista, em prol da segurança jurídica tão almejada.

O APP nacional também é vantajoso ao contribuinte e ao Fisco em razão de facilitar o cumprimento das obrigações acessórias e sua fiscalização.

Além disso, o APP permite ao Fisco conhecer melhor as atividades do contribuinte, sem a necessidade de investir tempo e recursos preciosos para entendê-las – o que só ocorreria quando de uma fiscalização.

Não se pretendeu, nestes breves comentários, abordar todas as questões envolvendo os APPs no Brasil e no exterior, mas apenas focalizar os benefícios da sua adoção, considerando a experiência norte-americana bem como as dificuldades vislumbradas para sua implementação em face do ordenamento jurídico brasileiro, inclusive as mais concretas, decorrentes dos entraves que existem na relação entre o contribuinte e o Ministério da Fazenda, que, para o sucesso e desenvolvimento das relações internacionais envolvendo o Brasil, devem ser de pronto relevadas.

CADERNOS DE DIREITO TRIBUTÁRIO

A PROVA NO PROCESSO ADMINISTRATIVO-TRIBUTÁRIO

Uma investigação jurídico-comunicacional

MARCIO PESTANA*

Doutor e Mestre em Direito do Estado pela Faculdade de Direito da PUC/SP.
Professor de Direito Administrativo na Faculdade de Direito da Fundação Armando Alvares Penteado.
Sócio Efetivo do Instituto dos Advogados de São Paulo — IASP.
Membro da *International Fiscal Association* — IFA. Membro do Conselho Diretor do Instituto Brasileiro de Parcerias Público-Privadas — IBPPP. Advogado e Parecerista

1. O contexto comunicacional jurídico. 2. O código jurídico-comunicacional. 3. A prova. 4. A circunstância. 5. Situações de fato e de direito. 6. O jogo comunicacional probatório. 7. O agir probatório. 8. As mensagens. 9. A mensagem probatória. 10. O fator temporal. 11. O fator espacial. 12. A assimetria nos encargos probatórios. 13. As mensagens de ataque e de defesa. 14. A mensagem de ataque: 14.1 A mensagem de ataque contra as ações lícitas; 14.2 A mensagem de ataque contra as ações ilícitas. 15. A mensagem de defesa e a técnica jurídico-comunicacional: 15.1 A técnica jurídico-comunicacional.

1. O contexto comunicacional jurídico

A prova, assim como todas as ações que gravitam em seu entorno, só são passíveis de gerar efeitos jurídicos porque o designado *ordenamento ou contexto jurídico* prevê tal possibilidade, segundo respectivos códigos.

O contexto comunicacional jurídico constitui-se do conjunto de fatores previamente catalogados por uma determinada coletividade, dotados da aptidão de vincular os seus destinatários, segundo códigos apropriados, que se sujeitam a conviver sob este cardápio de regras e disciplinas de vocação ordenadora nesta determinada realidade social, contexto este que, a sua vez, hospeda-se noutro plexo contextual de maior abrangência integrado por toda a carga axiológica, histórica, filosófica, teológica, biológica etc. que, atuando coletivamente, conformam o homem, procurando dar algum sentido à sua própria existência.

O contexto jurídico é um *depósito de linguagem* da mais absoluta desarmonia, convivendo, simultaneamente, enunciados e mensagens comunicacionais que são manifestamente antagônicas, outras, efetivamente entre si excludentes, outras, sem sentido, comunicações de destinação específica, ao lado de mensagens genéricas etc.

Trata-se de um repositório de enunciados, expressões e mensagens produzidas por uma determinada coletividade, ao lon-

*<marcio.pestana@pestanaemaudonnet.com.br>.

go da sua própria existência e que, enquanto desarrumadamente ali alojadas, não fazem um sentido efetivo, não sendo aptos a gerar repercussões, ao menos num plano satisfatório.

O contexto jurídico serve de base sobre o qual se ergue a edificação jurídico-comunicacional, voltada para repercutir nas relações intersubjetivas. Constitui-se, à evidência, na matéria-prima essencial e imprescindível para deflagrar-se o trânsito comunicacional com preocupações jurídicas, compondo um corpo de elementos úteis e relevantes, que se sobressaem e distinguem-se dos demais.

2. O código jurídico-comunicacional

Diante da diversidade de elementos que compõem o contexto jurídico é imprescindível que haja uma codificação que confira *inteligência* a esta desordem de enunciados e mensagens, ordenando-as, conferindo-lhe aptidões de adequadamente ter condições de repercutir num ambiente comunicacional. Referimo-nos ao *código jurídico-comunicacional*.

O *código jurídico-comunicacional*, antes de ter colorações jurídicas, é lingüístico, integrado por vetores, sobretudo, no ponto, expressos em linguagem, de diferentes origens e que nele, código, encontram hospedagem, dele, código, impulsionam a ordenação da escrita, dele retornando e retro-alimentando-se, numa movimentação incessante entre *código-mensagem-código*.

Há diversos contextos lingüísticos como que *guarnecendo* o código, a mensagem e o ambiente comunicacional onde serão trocadas mensagens, merecendo destaque aqueles que mais de perto influenciam nas questões de natureza probatória:

(i) o primeiro deles provém do contexto social ingênuo que, segundo a evolução histórica, constrói uma realidade comunicacional exuberante, não obstante lingüísticamente instável, a qual permite surpreender constantes inovações nos códigos da comunicação, com reflexos diretos na emissão e recepção de mensagens comunicacionais;

(ii) o segundo, proveniente de segmentos sociais e culturais que já sofreram um processo de *homogeinização lingüística*, ao menos relativa, compondo, assim, uma codificação já mais sofisticada que permite grau mais elevado de especificidade da linguagem e que, potencialmente, poderão ser apropriadas para serem levadas em consideração no exame e no enfrentamento das *situações de fato*, como as que se entrelaçam com a *realidade contábil, matemática, sociológica, do comércio* etc.;

(iii) em terceiro, há os revestimentos lingüísticos provenientes do *mundo jurídico*, que instala uma realidade própria, integrada por enunciados voltados para disciplinar as relações intersubjetivas, alojados em mensagens legislativas, em decisórios, na doutrina, nos usos e costumes etc.

O *código jurídico-comunicacional* extrai do contexto jurídico-comunicacional os insumos lingüísticos que estarão aptos a serem tomados em consideração para interferirem sobre uma mensagem comunicacional de natureza jurídica. Assim, enunciados instalados no contexto jurídico-comunicacional *incidem* sobre uma certa realidade, para tanto imprescindivelmente contando com um código que, debruçando-se sobre o fantástico contexto jurídico-comunicacional, tem a aptidão de dizer que certos fragmentos de linguagem ali instalados possuem utilidade, eficácia, prestabilidade, enfim, condições para serem aplicados a situações concretas, com credenciais suficientes para repercutir, neste ambiente comunicacional.

Os *códigos jurídico-comunicacionais*, no que de perto nos interessa, disciplinam a forma de obtenção das provas, a maneira pela qual devem ser apreciadas e tomadas em consideração, assim como disciplinando a forma pela qual podem ser materializadas. Prosseguindo, acostam-lhes vetores temporais e espaciais, assim como autorizam a interferência doutros sujeitos, além dos protagonistas essenciais ao embate processual administrativo-tributário que, em relação à prova, terão alguma relevância.

Os *códigos jurídico-comunicacionais* conformam a maneira pela qual o julgador não só obterá o seu convencimento jurídico, como também o lapida no tocante à sua exteriorização, não só no que se refere a sua própria veiculação, como, sobretudo, por atribuir à mensagem comunicacional repercussões específicas, também previamente desenhadas através da arquitetura jurídica.

O *código jurídico-comunicacional* possui regras de aplicação genérica e abstrata, tendo a nítida vocação de controlar e por vezes entorpecer a própria sociedade. Assim, falar-se em *situação de direito* equivale a referir-se a uma menção proveniente de uma orientação codificada com o propósito de promover-se o controle da realidade social, sob a designação do que seja *direito*, e que é integrado por intensa multiplicidade de enunciados que estabelecem mensagens comunicacionais com o propósito de dizer-se o que a coletividade exige e espera de cada um dos indivíduos que a integram.

3. A prova

A prova, em sentido amplo, é uma expressão comunicacional que tem a finalidade de auxiliar a compreensão de uma determinada mensagem acerca de algum objeto, evento, fato ou circunstância. Enquanto estabelece um elo comunicacional com aquilo a que seu conteúdo refere-se, não é prova: é tão-somente uma expressão acerca de algo. Quando, contudo, associa-se a outra mensagem, ganha o *status* de *prova*.

A prova possui um caráter *reforçativo*, no âmbito comunicacional. Como a mensagem comunicativa *originária* em si mesma por vezes não consegue obter a adesão ou aceitação por parte do destinatário da comunicação, que desde logo apresenta ou pode potencialmente apresentar alguma dúvida ou oposição acerca da sua consistência, socorre-se, então, a outra expressão, que a auxilia no propósito de obter-se uma reação específica e favorável do destinatário da comunicação.

A prova, como conseqüência, possui nítido caráter de *interdependência de linguagem* no âmbito do fenômeno comunicacional, necessitando invariavelmente de (a) uma mensagem de sobrenível, que a ela se refira, para que nesta condição seja visualizada, até mesmo percebida efetivamente e (b) de uma *mensagem-central* que esteja sofrendo uma refutação. A prova estabelece, à evidência, quer nas relações ditas sociais, quer especificamente no domínio do direito, particularmente no tocante ao processo administrativo-tributário, uma conexão comunicacional com a *mensagem-central*, servindo-lhe de vetor lingüístico auxiliar para a demonstração da sua consistência.

Poderá encontrar-se presente onde houver dúvida — presente ou potencial — não importa se em caráter de *imprescindibilidade* ou *conveniência*, acerca de alguma mensagem comunicacional. *Imprescindível*, quando a ordem jurídica exija a sua presença, como condição, portanto, necessária, para obter-se o reconhecimento da consistência de uma mensagem comunicacional jurídica; *conveniente*, quando se apresenta interessante a sua presença à vista da resistência formulada — ou potencial, por provável — a ser apresentada na acústica comunicacional.

Vive-se, na atualidade, a crise do *código verdade-falso*, o qual sempre foi tomado com obsequioso respeito e reverência, merecendo minuciosa atenção, inclusive na criação sistematizada e formuladora de maneiras de raciocinar, com o propósito de manuseá-lo adequada e eficazmente. No campo das provas vive-se o mesmo cenário de crise, pois se observa cada vez mais o distanciamento dos códigos *verdade-falso* na sua aplicabilidade.

As mensagens e enunciados comunicacionais criam um mundo da linguagem, em que não mais imperam os códigos *verdade-falso*, mas, sim, o da *consistência-in-*

consistência, ou seja, o da comunicação possuir aptidões suficientes para resistir a um embate discursivo reconhecidamente hostil e deliberadamente refutatório, prevalecendo junto a um determinado auditório, não só em razão do próprio conteúdo de consistência da mensagem, como também em razão de recursos contextuais ou circunstanciais exógenos à própria mensagem comunicacional.

A *consistência*, portanto, é a aptidão que determinado enunciado possui para despertar no destinatário da mensagem o *convencimento* que lhe permita ingressar na fase de elaboração do seu *juízo de aceitação* ou *inaceitação*. A *consistência* não se atém a este ou àquele valor codificado. Pode referir-se aos *códigos verdadeiro-falso, válido-inválido, pontual-impontual, capaz-incapaz, pertinente-impertinente, proibido-permitido, obrigatório-facultativo* etc.

4. A circunstância

A circunstância diz respeito a objetos e às ações do homem (não às *condutas*, que são catalogadas *a priori* por normas codificadas irradiadas a partir do contexto jurídico) consubstanciando-se em eventos e fatos sobre os quais se admite relato apropriado, identificador da atmosfera particular onde tiveram lugar, sendo mais das vezes extremamente relevantes para o discurso sobre a prova e acerca das repercussões jurídicas que lhe serão atribuídas.

Constituem *realidade circunstancial* relevante para o direito, os estados ou acontecimentos narrados, com ou sem circunstantes, que de alguma maneira tenham nexo de pertinência e relevância com o evento objeto do fato jurídico central, encontrando-se ou não narrado no *fato-central*, mas que admita, sobre ela, circunstância, produzir-se alguma mensagem comunicacional. A circunstância é uma *situação de fato*, encerrada no tempo e no espaço ocorridos, que admite, portanto, ser relatada através de linguagem apropriada para introduzi-la no domínio jurídico, e que tenha alguma relevância para o *fato-central*.

Observam-se, no que se refere às circunstâncias, os seguintes característicos que se destacam por mostrarem-se relevantes aos domínios probatórios:

(i) a circunstância é um evento ocorrido e, portanto, concretamente situado no tempo e no espaço, passível de ser surpreendida através da linguagem, assim como em relação a fatos passados e identificáveis num certo ambiente. Sob tal ângulo, as circunstâncias são sempre concretas, e não hipotéticas;

(ii) a circunstância refere-se tão-somente àqueles interessados no evento que com ela se relacionam. Conta, portanto, com auditórios particulares, haja vista que para os demais integrantes do auditório universal, que não estão preocupados com esta ou aquela situação específica, a circunstância não se distingue do evento central a que é relacionada, integrando, para estes, o conjunto esfumaçado da realidade dos eventos e dos fatos;

(iii) a circunstância com repercussões jurídicas somente é assim configurada, caso o contexto e os códigos jurídicos previamente a prevejam e concedam-lhe importância para repercutir nas suas quadras;

(iv) a circunstância tanto repousa em enunciados lingüísticos, quanto em eventos ocorridos, referindo-se, à evidência, tanto a uma situação posta, como a uma situação artificialmente proposta. Assim, a circunstância tanto convive com o evento, como igualmente com um fato; e,

(v) caso ocorra dúvidas em relação às circunstâncias, tem-se a necessidade de *provar-se o evento* ou *fato circunstancial*, tal qual se realiza em relação ao *fato-central*, para tanto deflagrando-se o *agir probatório*.

5. Situações de fato e de direito

Há um embaraço de tal ordem entre as mensagens comunicacionais ditas *de fato* e as mensagens consideradas *de direito*, que o aplicador destes veículos comunicacionais no domínio do direito vê-se em dificuldades, lançando, para o enfrentamento de tais embaraços, num plano superior comunicacional, uma nova camada de expressão lingüística sobre aquelas já instaladas: a da linguagem que tem por objeto a distinção — e, portanto, potencialmente sujeita a *novas* discussões — entre mensagens acerca dos *fatos* e *do direito*, criando, sobre o conflito até então instalado, novo embate, desta feita neste novo plano de mensagem comunicacional.

Se o direito é visto e aqui considerado como um fenômeno comunicacional, admite ser divisado em diferentes planos de linguagem, todos a serviço da atividade comunicacional. Assim, concebe-se uma porção freqüentada por mensagens de caráter hipotético, que independem da sua efetiva ocorrência, e, outro, de natureza fática, ou seja, voltado para certeiramente relatar uma certa ocorrência, num certo tempo e num certo espaço, ainda que lançado sob a forma presumida acerca da sua ocorrência, mas com possibilidades de serem enfrentadas.

Situação de fato é o relato descrito na mensagem comunicacional que promova a individualização de determinado evento ocorrido num certo tempo e num certo espaço (*fato jurídico-central*), assim como as circunstâncias que freqüentaram o seu entorno (*fato jurídico-circunstancial*), igualmente ocorridas naquele mesmo tempo e naquele mesmo espaço, os quais admitem a produção de mensagens probatórias (*fato jurídico-probatório*).

Situação de direito é o relato em linguagem competente, segundo os ingredientes próprios do sistema específico ao qual pertence que, ao admitir a produção de uma nova camada de linguagem com o propósito de reexaminá-la, não importa se com a finalidade de enfrentá-la ou simplesmente compreendê-la, praticamente não se toca na realidade circundante, imprescindivelmente enveredando-se no arcabouço jurídico do que designamos *contexto* ou *códigos jurídicos*, pleno de enunciados constitutivos ou prescritivos, que, dentre outras tantas finalidades, possuem a aptidão de estabelecer *as regras do jogo comunicacional probatório*.

6. *O jogo comunicacional probatório*

As mensagens instaladas no contexto e, sobretudo, nos códigos jurídicos estabelecem as regras do *jogo probatório* nos domínios do processo administrativo-tributário, merecendo realçar-se os seguintes fatores relevantes para o *jogo comunicacional probatório*:

(i) os enunciados envolvendo as provas são discutidos predominantemente na camada de linguagem dos fatos jurídicos, não excursionando pelos domínios da interpretação jurídica (*agir interpretativo*, diferente, portanto, do *agir probatório*);

(ii) os utentes das mensagens freqüentadoras do ambiente processual administrativo desenvolvem raciocínio, articulam seus pensamentos e seu agir a partir e sempre em função da linguagem. Quer como receptores, quer como emissores. A linguagem e a realidade, portanto, interpenetram-se de uma maneira indissociável;

(iii) os oponentes da relação comunicacional processual encontram-se em posição de *hostilidade técnica*, ou seja, cada um defendendo, até de maneira às vezes passional, mas predominantemente técnica, o seu entender sobre determinado evento ou fato. Entre a Administração Pública-interessada e o Administrado não se observa cooperação comunicacional com o propósito de obter-se o consenso. A posição é de radicalização, com a presença de discursos partidários, com vistas à decisão a ser obtida. Logo, discutem-se os fatos com finalidade *interessada*;

(iv) há como regra do debate administrativo-tributário no campo probatório a utilização da linguagem compreensível, segundo um código próprio. Produzem-se mensagens de maneira a permitir a sua compreensão em matéria comunicacional (não importa se bem ou mal intencionados) que, à sua vez, serão levados em consideração igualmente de maneira séria e comprometida num certo contexto comunicacional, no caso, o do processo administrativo;

(v) observa-se que as *regras do jogo* admitem a *verdade* de que há *mentiras* nos enunciados com propósitos probatórios, e que estas *mentiras* serão levadas a sério pelos co-partícipes do processo administrativo, a ponto tal que, se contadas com razoável adequação sintática, aparentarem ter alguma consistência semântica, e não forem enfrentadas de maneira competente, poderão ser reconhecidas como *consistentes*, ganhando durabilidade;

(vi) os códigos partem do pressuposto de que aquele que diz algo encontra-se preparado para provar o que disse, não obstante o ônus de dizê-lo seja repartido de maneira assimétrica. As regras do jogo permitem que aquele que afirme tenha condições de prová-lo;

(vii) em princípio, os interessados são pessoas experimentadas no que fazem e no que dizem, ou seja, dominam minimamente as técnicas de ataque, defesa e de julgamento na esfera do processo administrativo-tributário, assim como o manejo técnico-linguístico nas fases processuais administrativas, e por isto sabem examinar e conhecer as particularidades que cercam o enunciado fático sob oposição; daí afigurar-se imprescindível para a discussão administrativa desta matéria, que se cerca de inegável tecnicidade, por vezes intensamente refinada, a chamada *atuação técnica* ou *defesa técnica* conduzida por especialista para tanto habilitado;

(viii) as regras do processo administrativo-tributário devem franquear a possibilidade de adoção, pelo interessado, de técnica de investigação que se lhe pareça mais apropriada para debater o enunciado sobre os fatos, observando-se, no ponto, dois grandes troncos que poderão lhes ser úteis: a técnica demonstrativa e a técnica argumentativa, que ganham sofisticação através da *técnica comunicacional*; e,

(ix) seja a cargo da Administração ou do Administrado, o contexto e os códigos jurídicos disciplinam todas as condutas que orbitam em torno do que se convém designar *prova*. O *jogo probatório*, que também leva em conta sobremaneira as irradiações proveniente do contexto jurídico, admite toda e qualquer conduta por parte do interessado na mensagem probatória, salvo aquelas que o próprio contexto jurídico devidamente codificado assinale como vedadas de serem realizadas.

A mensagem comunicacional que se denomina *fato jurídico*, a qual necessariamente é expressa em linguagem, será considerada *potencialmente consistente* quando puder ser objeto de prova. E, uma vez aceita como *provada* ou independentemente de tê-lo sido feito, sendo assim reconhecida pelo destinatário da mensagem, adquirirá o predicado da *consistência*.

A partir da *consistência*, atinge-se o domínio do *convencimento*, o qual vislumbramos como a atividade mental empreendida pelo destinatário da mensagem, fruto de uma *opinião*, de uma *crença* ou de um *saber*, erigida com o manifesto propósito de freqüentar a porção antecedente de um conjunto lingüístico decisório, cujo conseqüente é saturado pela *aceitação*.

A *aceitação* é a atividade que, relativamente sobretudo àquele credenciado a terminar o conflito administrativo-tributário, a partir da mensagem tida à mão, e uma vez *convencido*, expede relato em linguagem competente, num contexto comunicacional específico processual, certificando a *consistência* ou *inconsistência* do relato examinado, proferindo decisão específica, para tanto considerando a mensagem probatória produzida como *ótima, satisfatória* ou *insatisfatória*:

(i) a aceitação num padrão *ótimo* equivale a dizer que a narrativa produzida acerca de um evento ou fato foi cotejada com todas as outras possibilidades e há dentre elas uma considerada, pelo julgador, como a preferível e a mais adequada, justamente aquela à mão. Na aceitação *ótima*, muito provavelmente a mensagem comunicacional obterá o consenso por parte de todos aqueles que intervêm no litígio, vez que inexistem outras possibilidades que possam enfrentá-la com seriedade;

(ii) a aceitação *satisfatória* significa que a mensagem sobre o evento ou fato apresenta requisitos mínimos de aceitabilidade, os quais, dado encontrarem-se presentes, permitem ao julgador decidir a controvérsia. Nesta, não se examinam todas as possibilidades, satisfazendo-se com o preenchimento das condições suficientemente atendidas, donde potencializar-se a possibilidade de não se obter o consenso unânime a seu respeito;

(iii) a *aceitação insatisfatória* é aquela em que o destinatário convence-se de que a mensagem comunicacional, não obstante examinada e aceita como mensagem em si mesma considerada — daí a sua *aceitação* — não reúne as condições mínimas imprescindíveis para provar aquilo que seu autor ou interessado pretende ver provado. Na aceitação insatisfatória, o interessado não consegue satisfazer os requisitos mínimos que considerariam a mensagem probatória como satisfatória.

7. O agir probatório

O *agir probatório* é a ação interessada adotada por qualquer um que possua o propósito de conhecer um objeto de maneira particular, assim como o que o envolve de maneira especial, diferençada, portanto, em relação ao contexto que freqüenta, segundo um determinado objetivo que o anima.

No âmbito comunicacional do direito, o agir probatório consiste na ação do interessado que procura confirmar arranjos ou surpreender desarranjos lingüísticos num *fato jurídico-central*, quer em si mesmo considerado, quer no que se refira a um evento e, conseqüentemente, a um objeto, a uma conduta do homem e às circunstâncias que os envolvem.

Há nítida distinção entre o *agir probatório* e a *prova*. Aquele, diz respeito à ação do agente, num contexto comunicacional, enquanto esta (a *prova*) o repositório lingüistico que comprova — ou pretende *provar* — a consistência do *fato jurídico-central*, ou, se preferirmos, o produto obtido por parte da adoção do agir probatório.

O *agir probatório*, nas hostes do processo administrativo-tributário, consiste na ação que o interessado no litígio realiza no plano dos enunciados narradores de alguma ocorrência segregada no tempo e no espaço, ou mesmo artificialmente concebida, mas que admita ser enfrentada (caso das presunções relativas ou mistas, e das ficções em sentido amplo), para o fim de obter-se um determinado resultado (a *prova*), que, sob o prisma repercussional da comunicação, estimule e permita o convencimento do julgador acerca da sua consistência, com o que poderá dele obter seu convencimento, imprescindível para que, ao final, obtenha-se uma *solução ótima* ou *satisfatória*, terminando o processo administrativo-tributário.

O *agir probatório* tanto é realizado pela Administração Pública-interessada, como pelo Administrado, não obstante também se realize, inegavelmente em menor intensidade, por parte da Administração Pública-julgadora.

No que diz respeito à intencionalidade, o agir de alguns tem o propósito de surpreender a ocorrência de uma determinada situação que, segundo o contexto e o código jurídico pertinente, acarrete uma determinada conseqüência de natureza tributária (o agir da Administração Pública-interessada); outros, com o propósito de escusar-se ao cumprimento da pretensão a si endereçada (o agir do Administrado); outros, finalmente, atuando com a finalidade de obter o seu convencimento, que lhes permitirá expedir as suas conclusões com inegáveis efeitos repercussionais (o agir da Administração Pública-julgadora).

O receptor da *mensagem de ataque*, ao recebê-la, defronta-se com uma constelação de signos. Para compreendê-la, envereda no exame de ocorrências, de eventos, de objetos, de condutas, de códigos, enfim, de toda a realidade material que o cerca, e que ele procurará compreender, após dela cientificar-se.

O receptor da comunicação, de imediato, procurará obter a compreensão acerca do objeto, da qual extrai enunciados, com função descritiva, ainda que mentalmente considerados; a seguir, se desejar, promoverá a elaboração de nova camada de linguagem, sobre aquela inicialmente extraída, de início, ainda um tanto desarranjada, mas, ao depois, se a ele conveniente, devidamente estruturada e articulada, para o fim de ganhar exteriorização num ambiente comunicacional.

Há, como se observa, um procedimento envolvendo compreensão e sucessividade, o qual tem como termo final uma tomada de decisão: expedir-se ou não uma comunicação específica a respeito, deixando a interioridade do pensar e ganhando os domínios comunicacionais, no caso, no ambiente jurídico. Até que ocorra a tomada de decisão que dispara uma comunicação jurídica específica, produzem-se, portanto, camadas de linguagem *pensadas*, que se avolumam na exata intensidade com que os relatos referem-se a situações de maior complexidade, as quais demandam, conseqüentemente, maior refinamento no relato, especialmente no tocante às provas.

O *agir probatório*, numa segunda fase, surpreende o convencimento do agente acerca do resultado até então obtido, envolvendo as proposições comunicacionais relativas a determinados objetos, eventos, circunstâncias e fatos jurídicos. Abre-se a possibilidade de o agente concluir se a narrativa apresenta-se de maneira *consistente* ou *inconsistente*, ou seja, se reúne condições que remetam à sua aceitação ou refutação, permitindo-se, ainda mentalmente, ingressar no plano que lhe permita elaborar o juízo de *aceitação* ou *inaceitação*.

Como ainda não necessita convencer o *interlocutor interessado* (contraparte ou o julgador), mas, antes, precisa convencer-se acerca do resultado obtido do cotejo das mensagens recebidas com o resultado obtido da investigação até então empreendida, ingressa numa avaliação acerca da sua situação, cogitando e indagando, integradamente, acerca das suas possibilidades.

Nesta altura, concluirá que há *consistência* na mensagem da qual é receptor (a *mensagem de ataque*) ou, reversamente, *inconsistência*. Para justificar-se, identifica narrativas que reunam condições *corroborativas*, ou seja, que auxiliem a comprovar, a si próprio, que o seu convencimento é procedente.

No sistema de produção da mensagem comunicacional o interessado abandona as vestes de mero *receptor*, e passa a personificar o agente interessado em produzir uma determinada mensagem que lhe convenha, para tanto manuseando os instrumentais lingüísticos disponíveis.

O emissor da mensagem, dentre os diversos códigos que poderá utilizar para expressar-se, escolhe aqueles que, a seu ver, tenham relação de maior pertinência com o que pretende dizer. Articula vocábulos, compondo uma linguagem que lhe permita *ordenar o caos das múltiplas sensações em coisas identificáveis* (Habermas, *Técnica e Ciência como Ideologia*). Recolhe palavras preponderantemente da sua língua, tanto provenientes da realidade jurídica, quanto doutras plagas, mas que façam sentido jurídico, pois trata-se de um *agir jurídico interessado*. Escolhe códigos reconhecíveis pela acústica comunicacional em questão (contexto e código jurídico), e que sejam, sobretudo, reconhecíveis pelos receptores da sua mensagem comunicacional, da maneira que se aproxime ao máximo de como o emissor da mensagem os perceba.

A produção de mensagens comunicacionais independe da realidade referida (aspecto inerente aos códigos), abrindo-se a possibilidade de produzir-se enunciados que descrevam situações que nem mesmo coincidem com a realidade ontologicamente considerada, erigindo-se uma realidade comunicacional em si mesma, que terá a leitura pragmática de todos os seus receptores, segundo a acústica comunicacional jurídica.

Enfatiza-se, no ponto, a *verdade das mensagens comunicacionais* (ou o *sistema de códigos*), transcendente à *verdade material* e à *formal*, códigos estes que na trama que entretecem criam a sua própria realidade, a partir das narrativas, probatórias ou não, constantes do processo administrativo, através de camadas de linguagem que sobre os relatos instalam-se, a eles referindo-se, assim como aos objetos, eventos, condutas e circunstâncias, gerando leituras diversas e reações igualmente distintas por parte dos receptores e emissores das mensagens comunicacionais.

A produção da mensagem comunicacional no âmbito do processo administrativo-tributário, fundamentalmente se dá através da utilização de linguagem escrita, preponderantemente estampada nas funções descritiva ou persuasiva, advertindo-se inexistir função de linguagem genuinamente pura. Todas, invariavelmente, têm um toque de persuasivas, pois pretendem obter a adesão favorável do interlocutor. A função descritiva pode ser considerada como o grau mais tenro da função persuasiva, pois, ainda que relate uma evidência, tem o firme propósito de convencer alguém acerca da consistência do seu próprio relato.

No âmbito do processo administrativo-tributário, a ênfase descritiva é mais das vezes utilizada para procurar-se obter a sensibilização de outrem no tocante a certas evidências, certas proposições que, apreciadas por pessoas sérias e conhecedoras do mesmo código comunicacional, igualmente compartilhem de tal entender.

Diferentemente se dá em relação à situação comunicacional envolvendo alto grau de complexidade e abstração, que requeira manuseio mais sofisticado da linguagem, para o fim de obter-se, por parte de outrem, um juízo de convencimento que reconheça certos aspectos que possam ser considerados suficientes para levar a um juízo de aceitação ao menos satisfatório. Nesta situação a exteriorização do juízo de convencimento utilizará francamente a linguagem na sua função persuasiva, ou seja, com o propósito partidário de obter um determinado convencimento do destinatário da mensagem acerca de aspecto relevante e suficiente para obter-se uma repercussão jurídica que lhe seja favorável.

8. As mensagens

O processo administrativo-tributário só se instala e tem andamento em razão do agir humano. Sem a atuação do homem inexiste processo administrativo-tributário. Mas esta conduta deve realizar-se de maneira ordenada, ou seja, de acordo com certas convenções ou, se preferirmos, de acordo com certas regras ou códigos que encontram apoio no contexto jurídico.

As mensagens para serem utilizadas adequadamente no processo administrativo-tributário com vistas aos enunciados probatórios, no tocante à confecção, utilização e efetiva repercussão, devem ter uma linguagem compatível com as regras atinentes aos códigos disciplinadores do processo e da matéria sob discussão:

(i) as mensagens devem ser representadas através de signos, arbitrariamente definidos, e articulados segundo as regras da linguagem adotada, devendo ser uniformemente curada, razão pela qual escritos noutros idiomas devem ser devidamente traduzidos para o vernáculo;

(ii) a par de forjar-se de vocábulos provenientes do trato cotidiano, o linguajar deve ser igualmente técnico, transitando por signos arbitrariamente produzidos para retratar realidades artificialmente concebidas, que somente têm sentido propiciando determinadas repercussões nos domínios destes ambientes sistêmicos aos quais pertençam;

(iii) semanticamente, devem referir-se a algum evento, fato ou circunstância que sejam relevantes à controvérsia, quer ao seu núcleo, quer ao seu entorno. Isto tudo para que, sob a ótica repercussional, possam estimular a adoção de um determinado comportamento almejado por aquele emissor da mensagem;

(iv) a mensagem comunicacional probatória, sob o aspecto do seu referente, tanto pode referir-se ao núcleo sobre o qual se instala a controvérsia, como, também, referir-se ao seu entorno ou às circunstâncias; como, ainda, poderá relatar um evento periférico de consistência ainda um tanto incerta, mas que, tendo a mensagem como ícone, permite inferir-se outro evento ou circunstância;

(v) tanto a expressão comunicacional a ser produzida, como aquela que servirá de prova a alicerçar a sua expressão, exterioriza-se da maneira que o direito prescreve como sendo para elas admissível;

(vi) a comunicação, no processo administrativo-tributário, pode-se dizer, é invariavelmente assentada na forma escrita. Os principais protagonistas do processo administrativo-tributário consignam o conteúdo daquilo que tem a finalidade de obter uma aceitação, através de registros escritos, freqüentando usualmente a porção antecedente das suas mensagens, com rotulações ou denominações codificadas; e,

(vii) os coadjuvantes do processo administrativo-tributário, como os expertos, os peritos, os assistentes técnicos, os contadores etc., da mesma forma registram na forma escrita mensagens acerca do objeto sob discussão, com rotulações ou denominações também particularizadas.

9. A mensagem probatória

Sob a ótica formal, e especificamente referindo-se ao processo administrativo-tributário, visualizamos a *comunicação probatória* como a mensagem alojada num repositório escrito ou passível de redução à forma escrita, obtida a partir de um *agir probatório*, a respeito do qual se produz uma camada de linguagem especialmente elaborada pelo interessado no litígio, que procura sensibilizar o julgador da controvérsia, para algum aspecto relevante à dirimência do conflito, envolvendo uma situação de fato, o qual poderá vir ou não acompanhado de outras camadas de comunicação apropriadas ao caso, as chamadas *mensagens probatórias*.

Qualquer mensagem, para ser considerada como fenômeno comunicacional, imprescindivelmente deverá contar com o seu destinatário. Sem tocá-lo ou atingi-lo não se estabelece uma comunicação, limitando-se a mensagem a ser considerada uma mera cogitação ou especulação individual, cujo conteúdo é somente conhecido pelo seu próprio autor.

Na relação processual administrativo-tributária há uma relação comunicacional instalada envolvendo emissores e receptores de mensagens, que interagem segundo o disciplinamento que o código jurídico assegura.

Estabelece-se uma relação comunicacional assimétrica, tendo, no mínimo, de um lado, um emissor da comunicação e, doutro, dois receptores. Assim, quando a Administração Pública-interessada pronuncia-se, há dois receptores interessados na sua mensagem: o Administrado e a Administração Pública-julgadora. Quando o Administrado emite a sua mensagem, têm-se como receptores a Administração Pública, quer na condição de interessada, quer na condição de julgadora. Finalmente, quando a Administração Pública-julgadora pronuncia-se, há dois ouvintes interessados na mensagem: o Administrado e a Administração Pública-interessada.

As formalidades previamente codificadas e catalogadas compreendem desde a indicação de onde deverá ser protocolada a mensagem, até a maneira pela qual, formalmente, dá-se a ciência do destinatário acerca da mensagem correspondente.

Ocorrendo infringências aos códigos, o processo administrativo restará comprometido, gerando instabilidade jurídica em relação aos trabalhos até então empreendidos, e até, segundo o caso, obstando o seu próprio prosseguimento.

10. O fator temporal

O manejo do fator temporal, no processo administrativo, tem a aptidão de conferir, artificialmente, mecanismos de homogeinização comunicacional, de maneira a permitir que, de forma organizada, realize-se o embate processual em *tempos distintos*, para tanto criando-se, inclusive, artifícios que acarretam a suspensão deliberada do tráfego comunicacional.

No processo administrativo exige-se, do autor da comunicação, obediência a um certo limite temporal para que a formulação seja apresentada perante a Administração Pública-julgadora, a qual se desprende do seu emissor, empreendendo um trânsito artificialmente controlado até que seja efetivamente conhecida pelos destinatários da comunicação.

O agir comunicacional produzido no tempo considerado adequado pelo contexto e respectivos códigos importa na repercussão que lhe é conseqüente; ao reverso, caso não o seja, atribuir-se-á igualmente uma repercussão, não obstante, no ponto, de prejudicialidade.

O tempo, portanto, no processo administrativo é um vetor que estimula o regramento para o fim de modular-se o tráfego da mensagem comunicacional, a qual não gerará repercussões válidas e eficazes nos domínios jurídicos, caso o seu autor não o leve a sério, respeitando obsequiosamente os termos fixados segundo o contexto e o código jurídico correspondente.

11. O fator espacial

A mensagem comunicacional acerca de algum objeto, evento, circunstância ou fato jurídico trafega por um espaço para atingir o seu destinatário. Tal canal comunicacional é a distância existente entre o emissor e o receptor da mensagem, que é vencida através de determinados meios veiculadores de códigos, que são captados pelos sentidos e posteriormente decodificados por parte dos destinatários das mensagens comunicacionais.

O espaço no ambiente processual administrativo, além de consagrar um destes canais comunicacionais — o meio escrito — adiciona artifícios espaciais para que a comunicação realize-se de maneira controlada, segundo um repertório de possibilidades previamente estabelecido, permitindo atingir-se o objetivo almejado, isto é, a obtenção de uma decisão terminando uma controvérsia instalada entre partes que se opõem.

Os artifícios vão desde fixar-se o ambiente físico onde funcionalmente são exercidos os trabalhos processuais administrativos, até minudentemente determinar que toda mensagem comunicacional seja alojada num determinado recipiente físico, com função de repositório e ordenação comunicacional, que recebe a designação genérica de *processo*.

Aos canais comunicacionais emprestam-se repercussões jurídicas, que poderão importar tanto na adequada recepção da mensagem comunicacional expedida, como até na sua própria rejeição. Assim, a comunicação para repercutir efetiva e eficazmente nos domínios jurídicos, dentre outros requisitos, deverá ser formulada onde o ordenamento disser ser o ambiente adequado para recepcioná-la.

12. A assimetria nos encargos probatórios

Há uma assimetria na atribuição dos encargos probatórios aos co-partícipes dos trabalhos processuais. Não só em decorrência dos preceptivos fixados na ordem jurídica aplicável, que já promovem distinção entre os participantes do embate processual administrativo, mas, mesmo, em decorrência dos fatores axiológicos que forjam e influenciam o próprio contexto jurídico.

No Brasil não é incorreto registrar-se, no campo das provas, dois aspectos bastante distintos que repercutem inegavelmente no campo processual probatório:

(i) a Administração Pública-interessada lamentavelmente lança afirmativas independentemente da sua capacidade ou possibilidade de prová-las, inclusive da gravidade de afirmar que o Administrado não atendeu a determinada exigência de natureza tributária, quando inexistem condições mínimas a apontar para tal evento, ofendendo, de chofre, a diversos princípios assentados na própria ordem constitucional;

(ii) o Administrado, sempre que identificado pelo *olhar* da Administração Pública-interessada, é considerado como, aprioristicamente, um descumpridor das prescrições de natureza tributária. Tal deformada apreciação *a priori* é levada aos domínios dos processos administrativo-tributários, fazendo com que, no ponto sob realce, predominantemente toda a carga probatória aloje-se nos ombros do Administrado.

A Administração Pública-interessada ao agir na fase que precede a instalação do processo administrativo-tributário tem a incumbência de recolher, na realidade circundante, determinados indícios ou ícones com aptidão comunicacional que façam algum sentido jurídico, e que permitam a produção de um juízo de convencimento no tocante à adequação ou à inadequação da conduta sob observação em relação a certos *standards* previamente estabelecidos na ordem jurídica aplicável.

Este recolher identifica *condutas confessadas* em corpo de linguagem especificamente concebido para delatar situações de inadequações, *condutas inconfessadas*, mas em que a atmosfera sinaliza a potencial presença de desconformidade, como com o que reiteradamente depara-se nas *sonegações* e *fraudes, condutas surpreendidas*, quando flagrantemente identificada a desconformidade da conduta, *condutas ainda desconhecidas*, como as que são extraídas de relações internacionais, e moduladas pelos *preços de transferência*, etc.

O ônus probatório atribuído à Administração Pública-interessada nesta fase pré-processual é laço, inegavelmente, mas deve necessariamente encontrar-se presente. Não obstante os atos da Administração Pública gozem da presunção de veracidade, é preciso haver uma mínima evidência ou até mesmo mero indício que, potencialmente, sinalize uma conduta conforme ou desconforme com o contexto jurídico para que a Administração possa atuar, lançando tributos, impondo sanções, criando restrições etc.

Instalado o debate processual, e oferecida oposição por parte do Administrado com comprovações consistentes, alarga-se a envergadura do encargo probante, impondo-se à Administração o ônus de efetivamente provar o que de início dissera.

No processo administrativo-tributário pode-se afirmar que o ônus probatório predominantemente é atribuído ao Administrado. A ele se endereça o encargo de dirigir aos trabalhos processuais todas as mensagens que de certa maneira o auxiliem a comprovar o que lhe pareça apropriado sublinhar para obter o resultado que lhe interessa.

Numa visão teorética, admite-se dizer que a Administração Publica-julgadora tem participação relevante nos encargos atinentes ao ônus da prova, seja para identificar, dentro da sua própria estrutura, dados que auxiliem o debate processual, seja para determinar a produção de provas por terceiros. Na prática, contudo, a situação é algo diferente. Em razão de diversos fatores, inclusive metaprocessuais, observa-se atuação probante bastante tímida da Administração Pública-julgadora, a qual, preponderantemente, centraliza a sua atuação no exame das mensagens comunicacionais acostadas aos autos do respectivo processo administrativo-tributário.

Há cinco etapas distintas no processo administrativo-tributário, no que se refere à distribuição do encargo atinente às provas, as quais compõem, de certa maneira, o *diálogo comunicacional processual* travado neste específico domínio:

(i) a cargo da Administração Pública-interessada, de ralíssima expressão, consistente em tão-somente surpreender algum indicio de que o Administrado (a) agiu de acordo com o contexto e o código jurídico ou (b) esteja agindo em desconformidade com os preceptivos aplicáveis — não obstante na prática observe-se que, por vezes, até mesmo inexista este encargo probante — como, igualmente, ao reverso, quando a Administração tem à mão volumoso conjunto de enunciados probatórios, como aqueles obtidos em flagrante de fraude tributária. Observa-se, portanto, inequívoca flexibilidade no tocante à intensidade e extensidade do encargo probatório;

(ii) atribuída ao Administrado, o qual, não obstante desobrigado, pode, querendo, interessar-se em identificar corpos de mensagens comunicacionais que possam reforçar seus argumentos e auxiliar a sua mensagem comunicacional defensiva. Ao agir, produz tanto imediatamente as *provas* de que dispõe como poderá requerer a possibilidade de posteriormente produzi-las, direta ou através do concurso de terceiros;

(iii) por parte da Administração Pública-interessada que, em reação à mensagem comunicacional de defesa, aí incluída a probatória, emitida por parte do Administrado, ou conforma-se, dando-se por satisfeita com a qualidade e a quantidade das mensagens já produzidas, ou diferentemente as enfrenta, buscando novas mensagens comunicacionais *reforçativas*, inclusive mediante requisição de diligências complementares, perícias etc.;

(iv) realizada predominantemente por terceiros, sob o beneplácito da Administração Pública-julgadora, como a que é realizada por peritos, especialistas, municiadores das chamadas *provas emprestadas* etc., e que respondem a impulsos provenientes dos co-partícipes do processo administrativo-tributário, quer atendendo a quesitos por estes formulados, quer através do atendimento a requerimentos especificamente produzidos;

(v) proveniente unicamente da Administração Pública-julgadora que, julgando insatisfatórias as mensagens probatórias até então trazidas ao respectivo processo-administrativo, determina a produção de diligências ou provas complementares, de maneira a lhe conceder informes suficientes para poder adequadamente ingressar no plano decisório do conflito ali instalado.

Cada uma destas fases impulsiona aquelas que lhes são subseqüentes, praticamente perimetrando e conformando o próprio encargo probatório, quer no tocante à extensão, quer em relação à sua intensidade. Trata-se de fenômeno *interacional*, próprio das relações comunicacionais, nas quais se incluem as relações comunicacionais jurídicas.

Nas relações comunicacionais jurídicas que se travam no âmbito do processo administrativo-tributário podem ser trazidas ao processo todas as mensagens comunicacionais existentes ou ainda a serem produzidas, para o fim de auxiliar a pretensão daquele interessado no seu concurso no sentido de obter uma decisão que lhe seja favorável.

Há, entretanto, restrições no tocante ao agir probatório, que retiram as condições de prestabilidade jurídica do objeto obtido. Vão desde disposições alojadas no plano constitucional, como também determinações instaladas em veículos infraconstitucionais. No âmbito do processo administrativo-tributário, e em decorrência da natureza especial da matéria objeto de discussão, tais restrições são predominantemente endereçadas à Administração Pública-interessada, materializando-se um limite efetivo imposto ao Estado.

O Administrado, tendo em vista que a discussão travada oscila em torno de sua própria conduta, a qual tem em seu entorno uma específica circunstância, freqüenta um ambiente de seu amplo conhecimento, o qual dispõe, querendo, de toda uma série de relatos — especialmente assentados na forma escrita — que podem auxiliá-lo a comprovar o que diz no processo administrativo-tributário em que é interessado e toma parte. Sendo assim, não se revela freqüente neste domínio as situações em que o Administrado tenha que se socorrer de um *agir probatório* ou de mensagens probatórias que sejam vedadas pela ordem jurídica.

Com relação à Administração Pública-interessada, tais restrições têm utilidade e cabimento absolutamente inequívocos. O aperfeiçoamento da máquina arrecadadora fiscal estatal é inegável, propiciando um repositório de informações e dados sobre os Administrados de intensidade e extensividade inquestionáveis. Além disso, há situações em que o Poder Público, no exercício de funções fiscalizatórias, obtém dados relativos ao objeto-fiscalizado que, entretanto, podem servir de móvel para um outro agir fiscalizante ou apenador inadequados.

Em determinadas situações, observa-se que a *prova efetivamente prova*, em matéria comunicacional, só que o objeto da prova não é levado a sério segundo o fenômeno comunicacional-jurídico, de sorte que não é considerada como mensagem jurídica *reforçativa*, ou seja, apta a aproveitar e auxiliar aquele que a introduz na relação comunicacional processual administrativo-tributária. Mais: se trazida ao processo de maneira imprópria, pode até comprometer todo o desenvolvimento e término do próprio processo, a rigor da teoria dos *frutos da árvore venenosa*.

O artificialismo imposto pelos códigos probatórios leva a situações que geram aparentes perplexidades, se o sistema de referência alojar-se estritamente no âmbito comunicacional em sentido amplo: admite, a regra do *jogo processual*, a produção de mensagens que relatam situações inexistentes (logo, *mentiras*), que são levadas a sério ao dar-se a decisão do conflito, podendo até ser admitidas e efetivamente prevalecer como consistentes — *verdadeiras* — vistas sob a ótica semântica da realidade circundante; já o relato comunicacional que efetivamente comprova a consistência de uma determinada situação no *mundo da vida*, em virtude de uma certa infringência instrumental no seu colhimento e manuseio, não é levado em consideração, ou melhor, é levado em consideração tão-somente como uma mensagem, mas substancialmente tal mensagem é considerada desprovida da aptidão de gerar repercussões práticas à decisão administrativa prestes a ser tomada.

Meios de prova compreendem todas as mensagens que possam, de alguma maneira, comprovar o que se diz a respeito de parte ou da inteireza de algum evento, fato ou circunstância, as quais podem ser lingüísticamente dispostas ao talante do expositor, assim como por parte dos seus destinatários, naturalmente desde que de acordo com as regras que instruem o manuseio dos códigos correspondentes, sob pena de não ser levadas a sério ou, sobretudo, não gerar repercussões concretas na esfera jurídica.

Por tratar-se de discussões travadas em relação à matéria tributária, observa-se que as condutas voltadas à exibição e apreciação das mensagens probatórias dá-se num ambiente de certa maneira *silencioso*, em que há muitas palavras escritas e poucas palavras ditas. Tal ocorre, sobretudo, porque a imagem gráfica da palavra nos impressiona, quer pela solidez que a sua forma nos sugere, quer pela duração com que permanece gerando efeitos comunicacionais, inegavelmente superior ao da acústica, conferindo-se estabilidade ao curso comunicacional.

Não se excluem, entretanto e à evidência, outras formas de assentamento, como a oral (depoimentos pessoais e testemunhais), a ocular (inspeção) etc. O que se quer enfatizar é que o meio por excelência utilizado no âmbito do processo administrativo-tributário é o escrito, a chamada *prova documental*.

13. As mensagens de ataque e de defesa

Ao examinarmos os processos administrativo-tributários, especificamente preocupados com as provas, divisamos dois corpos de mensagens comunicacionais dotados de estruturas especificas e de autorias e finalidades diversas, e que mereceram a nossa reflexão por consubstanciarem as intervenções lingüísticas que dão início e pleno desenvolvimento ao que se convenciona designar *processo administrativo-tributário*, segundo um código comunicacional previamente estabelecido num contexto jurídico e social, mediante a prática de condutas ora permitidas, ora obrigadas e ora proibidas, já catalogadas, segundo um repertório de possibilidades aceitas também a tempo prévio: (a) *mensagens de ataque*, e (b) *mensagens de defesa*.

14. A mensagem de ataque

A Administração Pública observa um certo agir do Administrado, que, de duas, uma: (a) ou coaduna-se com as hipóteses previstas no contexto jurídico, às quais, deixando de ser hipóteses e convertendo-se em ocorrências efetivas, são-lhe acostadas determinadas obrigações, sendo rotulada pelos códigos jurídicos apropriados como *obrigação tributária* ou *acessória* ou (b) não se coaduna ou aparenta não se coadunar com as prescrições irradiadas do ordenamento jurídico e especialmente aplicáveis ao caso, recebendo a designação de *infração tributária*.

Após a Administração Pública-interessada divisar ou mesmo supor os fatos, examinar a ocorrência dos eventos, as condutas e as circunstâncias, este ente interessado os traz a cotejo com os fundamentos apropriados alojados no contexto jurídico, segundo códigos especificamente aplicáveis, realizando uma espécie de embate lingüístico, no qual a linguagem é manuseada segundo um *silogismo comunicacional*, no qual a *premissa maior* é saturada com as mensagens jurídicas desprendidas do contexto e dos códigos jurídicos na parte relevante ao caso concreto; *a premissa menor* é preenchida com os relatos acerca dos eventos, fatos, condutas ou das circunstâncias; e d*a* subsunção, havida entre tais conjuntos de mensagens, onde extrai-se a *conclusão* atinente à realidade situacional enfrentada.

A Administração Pública-interessada, sob variadas designações, expede uma mensagem que (a) na sua porção antecedente, aloja a descrição dos eventos, fatos ou circunstâncias, relatando uma conduta autorizada pelo ordenamento jurídico ou uma infração catalogada pelo contexto e códigos jurídicos aplicáveis, enquanto (b) na porção conseqüente, prescreve a exigência a ser endereçada ao destinatário da mensagem.

Centralizamos nossa atenção tão-somente na porção antecedente, pois ali se estabelecem contatos com realidades situacionais que poderão ser relevantemente tratadas no âmbito das mensagens probatórias. Diferentemente da porção conseqüente, que se distancia dos domínios da prova (*situações de fato*), alojando-se no plano jurídico, propício para as interpretações jurídicas (*situações de direito*). No antecedente, à evidência, predominam os fatos; no conseqüente, o direito.

Na narrativa comunicacional alojada na porção antecedente, a Administração Pública descreverá fatos, eventos ou condutas, relatadas em linguagem, quer efetivamente ocorridas na realidade ontologicamente considerada, quer não, como o que se passa com ficções, presunções e, mesmo, mentiras. Tanto poderá referir-se a ações consideradas lícitas, quanto a ações consideradas ilícitas.

14.1 A mensagem de ataque contra as ações lícitas

Os aspectos mais relevantes da *mensagem de ataque*, assim como os elementos que lhe são ínsitos, no tocante às ações lícitas, são assim aglutinados: pessoal (*receptor, predicação do receptor*); conduta (*agir e objeto do agir*); quantitativo (*quantificação*); espacial (*espaço*); e, temporal (*tempo*).

(a) *O pessoal*

Toda mensagem comunicacional tributária em seu sentido completo conta com um emissor e com um receptor, trafegando tanto numa quanto noutra direção. Há situações em que a *mensagem de ataque* provém da Administração Pública e é direcionada para o Administrado; noutras, caso das *mensagens confessionais*, o Administrado a endereça à Administração Pública, a qual reage, comunicacionalmente, à anteriormente endereçada, disparando a *mensagem de ataque*.

Os protagonistas das mensagens comunicacionais possuem um nome, designação ou signo que procura distingui-los dos demais e que têm a função pragmática de permitir que a mensagem a ele e dele — e não a um outro — seja efetivamente destinada ou remetida.

Sendo uma pessoa natural, a que os códigos jurídicos costumam chamar *pessoa física*, concede-lhe a possibilidade de utilizar-se de um vocábulo ou expressão vocacionada para exercer a função de nome individual (ou prenome), e outra para o nome da família (patronímico, apelido, sobrenome ou cognome).

Sendo uma pessoa deliberadamente *artificial,* que recebe a designação *pessoa jurídica*, sofistica a eleição do seu nome — ou denominação — interferindo efetivamente de alguma maneira na sua composição, desde ao obrigar à inserção de expressões que denotam toda uma roupagem jurídica peculiarmente imposta (*União Federal, Município, sociedade anônima, limitada, comandita simples, empresa pública, autarquia* etc.) como, inclusive, impedindo a adoção, especialmente no âmbito das pessoas jurídicas de direito privado, de denominações já utilizadas através do sistema disciplinador e restritivo da criação, registro e utilização de marcas e sinais distintivos.

A complexidade da sociedade contemporânea, todavia, não se satisfaz em distinguir a pessoa somente com um nome (*pessoa física*) ou com uma denominação (*pessoa jurídica*). Exige outros signos que as identifiquem e, sobretudo, sirvam para distingui-las das demais num contexto comunicacional, criando-se linguagens codificadas, preponderantemente expressando-se na forma alfanumérica, em que as pessoas são *gravadas* segundo uma linguagem digital que, de acordo com regras previamente estabelecidas, permitem que determinada pessoa, possuidora de um certo nome ou denominação, tenha um específico número que não poderá ser utilizado por uma outra pessoa. Estabelece-se um conduto comunicacional codificado entre *nomes-denominações* e outros corpos de linguagem codificada.

O agente produtor da mensagem comunicacional deverá identificar o destinatário conjugando para tanto não só o *signo nominal* como os *signos alfanuméricos* cunhados segundo códigos próprios para identificar a pessoa no contexto jurídico em que a mensagem é expedida e, ainda, a natureza daquela determinada atividade que é objeto da respectiva mensagem. Para tal finalidade deverá o emissor da mensagem embrenhar-se na realidade dos códigos ontologicamente considerados, colhendo os dados que ela lhe oferece, para construí-la de maneira adequada e em condições de eficazmente repercutir em matéria jurídica.

O emissor da *mensagem de ataque* é a Administração Pública-interessada, ou, se preferirmos, o agente credenciado para produzi-la de acordo com os preceptivos jurídicos aplicáveis, ainda que seja uma máquina a instrumentalizadora da emissão da mensagem, pois haverá sempre uma pessoa *personificando* o emissor.

O emissor será aquela pessoa credenciada e habilitada pelo contexto e respectivo código jurídico a figurar no pólo emissor da comunicação, o qual deverá seguir o proceder aplicável, especialmente à vista do conteúdo que necessariamente deverá constar da respectiva mensagem. O agente, ao exercer a função que lhe é previamente atribuída, o faz em nome da pessoa jurídica com a qual tem vínculo, ou seja, aquela que se assentará no pólo emissor da mensagem comunicacional em apreço, tanto podendo ser uma pessoa jurídica de direito público (aqui incluídas, naturalmente, as designadas pessoas políticas de direito constitucional interno), como as de direito privado que possuam competência para tal.

Em que pese haver todo um corpo de disposições fixando as regras de emissão da *mensagem de ataque*, é inegável que, nos dias de hoje, há uma tendência de atribuir-se ao Administrado a responsabilidade pela emissão de mensagens *comunicacionais confessionais*, de índole declarativa de liames jurídico-obrigacionais. São mensagens noticiosas (que se apresentam sob a designação de *declaração* etc.), de emissão obrigatória, mas que trazem repercussões no ambiente jurídico. Assim, ocorrido o evento previamente catalogado no contexto e no código jurídico apropriado, torna-se obrigatória a sua emissão, segundo uma certa forma previamente estabelecida, contendo determinado conteúdo igualmente antecipadamente previsto, sob pena de ser aplicada sanção correspondente.

No diálogo que se trava, precedendo o potencial embate processual administrativo, há uma resposta por parte da Administração Pública-interessada, ou seja, de *homologação* de lançamento, que tanto poderá ser comissiva, quanto omissiva: (a) comissivamente, endereça ao Administrado uma resposta, na forma de comunicação escrita, na qual consignará encontrar-se de acordo ou em desacordo com o teor da mensagem originária; (b) poderá, também, nada expressamente dizer, tal implicando uma resposta de natureza omissiva, pois *ninguém pode deixar de se comunicar* (Watzlavick, *Pragmática da Comunicação Humana*).

A *mensagem de ataque* produzida pela Administração Pública-interessada ao referir-se ao seu destinatário, ou, mesmo aquela *mensagem confessional* proveniente do Administrado-emissor, consigna o qualificativo do emissor e do destinatário, de acordo com um repertório de possibilidades já catalogados pela ordem jurídica. A Administração Pública-interessada como o *sujeito ativo da relação tributária*, e o Administrado como um *sujeito passivo da relação tributária*, na categoria de um *contribuinte*, um *responsável*, um *substituto*, um *devedor solidário* etc. A cada um destes signos expressionais a realidade jurídica fixa não só atributos, que os qualifica, mas imputa-lhe conseqüências, notadamente de caráter patrimonial.

(b) *A conduta*

O enunciado qualificativo constante da mensagem comunicacional apresenta pontos de contato — por referência, mas não por representação ou retratação — com a *realidade da vida*, quer elaborada com recursos lingüísticos provenientes da linguagem social, mas reconhecíveis no contexto jurídico, quer cunhada com sentido específico nas hostes da realidade deôntica, outras vezes estabelecendo pontos de referência com a realidade proposta, sob a forma de arranjos lingüísticos conhecidos como *presunção relativa* ou *mista*, ou *ficção em sentido lato*, e que podem sugerir desarranjos lingüísticos, os quais admitem ter seu conteúdo contraditado através do manuseio de relatos lingüísticos de natureza probatória.

O sistema do que se convenciona chamar *direito tributário* é integrado por um conjunto de regras que procuram certeiramente identificar uma conduta previamente regulada, assim como o objeto a que esta ação disciplinada refere-se, e, a partir desta relação, com desdobros de natureza patrimonial, extrair uma parcela de riqueza que, de alguma maneira, tenha nexo e pertinência com a relação estabelecida entre o agir e o respectivo objeto.

O agir tem como protagonista central o agente, que se apresenta sob a forma de pessoa física ou jurídica. Atua ora de maneira estática, ora dinâmica. Na atuação estática, o *agente é*, e assim sendo, o é em relação a *algo*, estabelecendo-se associação suficiente para propiciar a ocorrência da *incidência tributária*, a qual promove o disparo de mensagens especificamente confeccionadas para tanto, desde que, naturalmente, trate-se de hipótese previamente reticulada no ordenamento jurídico como passível de tal incidência. Sob a ótica dinâmica, refere-se às movimentações empreendidas pelos agentes, os quais, de alguma maneira, modificam a realidade circundante, surpreendendo-se estas movimentações através da verbalização em linguagem, uma das facetas instrumentais comunicacionais.

Onde houver a presença do homem ou, mesmo, da sua criação artificial a que se designa *pessoa jurídica* ou *pessoa física*, titular de determinados direitos e sujeita a determinadas obrigações, haverá uma ação, quer estática, quer dinâmica.

O agir do homem invariavelmente envolve um objeto, ou seja, qualquer coisa sobre a qual possa se referir em linguagem. No âmbito da *mensagem de ataque*, ocupa o habitáculo do referente que seja considerado de alguma valia ou relevância para o direito, de acordo com os códigos jurídico-comunicacionais apropriados.

O *agir comunicacional* pode ou não ter como referente a realidade ontologicamente considerada. Se a tiver, diz-se que procurará intercalar-se entre a coisa e o indivíduo; se não a tiver, caso daquelas mensagens que são semanticamente consideradas como *mentiras*, *ficções* ou *presunções*, evidenciará a presença de *uma função sígnica,* em que o referente *existe* (tanto que a ele é referido), mas em termos meramente comunicacionais, repercutindo de maneira efetiva (*ficções* ou *presunções*) ou podendo até repercutir de maneira potencial (*mentiras*) como *existente* na realidade jurídica.

(c) *O quantitativo*

A *mensagem de ataque* para contar com um sentido completo sob a ótica comunicacional tributária, no que se refere às *obrigações principais*, necessita reportar expressamente um determinado montante, a que o destinatário da mensagem ficará responsável em satisfazer.

Trata-se da fixação, numa só mensagem, do importe que deverá ser saldado, cumprindo-se, assim, a finalidade vocacionada pelas prescrições de índole tributária em sentido estrito, qual seja, de trazer repercussões efetivas no âmbito patrimonial, de maneira que uma parte da riqueza detida por um, em nome próprio ou de terceiro, seja transferida para outro, conferindo-se operatividade, dentre outros comandos axiológicos que intervêm no direito, da supremacia do interesse coletivo sobre o interesse individual.

Observando-se, na mensagem, sintomas que indiquem desarranjos entre os enunciados e os dados colhidos na realidade circundante, no ponto certeiramente voltados para indicar uma quantidade da riqueza sobre a qual poderá extrair-se um determinado montante, ou que sinalizem indevido manuseio dos signos segundo regras, convenções, axiomas e teoremas inerentes aos sistemas a que pertençam, abre-se a possibilidade de produção de mensagens de natureza probatória.

Consideramos igualmente como *situações de fato* — e não *situações de direito* — não só os desajustes atinentes às referências endereçadas à realidade circundante, como também os desarranjos lingüísticos observáveis no ambiente dos sistemas que são utilizados como instrumentos e meios para o atingimento das finalidades almejadas pelo direito, caso especialmente da matemática, da geometria e da economia, que resistem a toda e qualquer tentativa jurídica de alterar-lhes os elementos que lhe são essenciais e cardeais.

Instrumentalmente, a *mensagem de ataque* à ação lícita socorre-se dos seguintes signos representativos de códigos especial e especificamente reconhecíveis no contexto jurídico, para obter-se efetivo sentido quantitativo na comunicação e possuir condições de repercutir no ambiente jurídico-tributário certeiramente no tocante à quantificação da obrigação: *base de cálculo, alíquota* e *cifra*:

(i) designa-se *base de cálculo* à expressão lingüística que tem a função de relatar, segundo certas convenções, um aspecto específico do objeto da mensagem que tenha serventia para, a partir dele, erigir-se uma certa representação patrimonial que configurará a obrigação tributária a cargo do devedor. Serve-se de *coisas* ideais (números), regidos por regras instaladas ou provenientes de sistemas específicos e peculiares (geometria, aritmética, economia etc.);

(ii) *alíquota* é o signo convencionalmente utilizado para identificar uma porção destacada de um todo a que se chama *principal* — ou, no linguajar tributário, *base de cálculo* — e que propicia a identificação da *porcentagem*, ou seja, o resultado obtido quando se calculam tantos por cento ou uns tantos centésimos de uma grandeza qualquer. A *alíquota* representa a carga que usualmente é extraída da riqueza sob o foco tributante, tendo timbre *calibratório*, segundo graduação fixada nos domínios legislativos; e,

(iii) há eventos catalogados previamente pelo direito que, uma vez ocorridos, fazem nascer a obrigação de pagar-se determinada cifra ao sujeito ativo da relação tributária, em montante previamente estipulado. Assim, ocorrido o evento, *deve-ser* o pagamento de um determinado montante ou *cifra*.

(d) *O espacial*

Os eventos considerados lícitos e catalogados pelo repertório de possibilidades passíveis de ocorrência, segundo a regra-matriz de cada tributo, são invariavelmente identificados num certo ambiente espacial e expressos em linguagem. A *mensagem de ataque* necessariamente deve consignar onde ocorreu o evento que ensejará determinada repercussão tributária, para tanto assinalando, em linguagem evidentemente sublinhando a *função referencial*, aquele determinado espaço arbitrariamente recortado da realidade espacial conhecida do emissor da mensagem, segundo um critério de relevância e pertinência juridicamente considerados como credenciados para suficientemente distinguir o espaço reticulado em relação à realidade abrangente e que a envolve.

(e) *O temporal*

No ambiente tributário o *tempo é* o registro específico realizado pela linguagem, produzido segundo critérios aceitos pelos contextos e códigos atinentes aos sistemas social e jurídico, e que assinala um determinado átimo que se intromete entre a idéia de passado e de futuro, tomando-se aquele preciso instante como marco de referência para o olhar prospectivo e retrospectivo com vistas a fixar-se determinada repercussão de natureza tributária.

A *mensagem de ataque* endereçada à ação lícita possui três registros de natureza temporal que merecem destaque: (a) o registro de um determinado átimo em que é produzida, (b) o do lapso a que a mensagem se refere e (c) o instante em que a própria mensagem é recebida pelo seu receptor:

(i) o *instante da produção da mensagem* é determinado pelo agir do emissor da mensagem, ou seja, justamente por aquele que a tenha produzido, quer omissiva, quer comissivamente, não importa qual seja a sua espécie;

(ii) o *momento da ocorrência* biparte-se em duas faces: (a) uma, que pertence mais de perto ao receptor da mensagem, justamente aquele protagonista ou de certa maneira interessado na ocorrência em si mesma considerada, o qual possui melhores condições de sobre este instante pronunciar-se; (b) outra, que se inclina mais para o emissor, que faz pousar na mensagem comunicacional de ataque o registro de um determinado instante que, a seu ver, corresponde àquele preciso instante em que teve lugar a ocorrência sobre a qual se produz o relato;

(iii) o *instante em que a mensagem é recebida pelo receptor,* que tanto é relevante para o emissor quanto para o destinatário da *mensagem de ataque*, pois a mensagem comunicacional somente terá sentido completo nos domínios jurídicos, efetivamente repercutindo — função que lhe é essencial — caso *atinja* o receptor da mensagem.

14.2 A mensagem de ataque contra as ações ilícitas

A *mensagem de ataque* contra o ilícito possui uma porção antecedente e outra conseqüente. Na antecedente relata, através de linguagem predominantemente na sua função descritiva, a ocorrência de um evento, mediante o exame e o manejo lingüístico das *situações de fato*, opondo-se-lhe prescrições provenientes dos redutos jurídicos que teriam sido desrespeitados. No conseqüente, prescreve a sanção correspondente, a qual invariavelmente resultará num dar ou num fazer, além de, naturalmente, procurar obter a satisfação daquela obrigação outrora desatendida.

A *mensagem de ataque* endereçada ao ilícito possui aspectos e elementos que lhe são essenciais, os quais potencialmente poderão alojar desarranjos em linguagem passíveis de suscitar discussões de natureza probatória. São eles: pessoal (o *devedor* e a *sua predicação*); conduta (o *agir*, o *objeto*, o *motivo* e a *circunstância*); espacial (o *espaço*); e temporal (o *tempo*).

(a) *O pessoal*

A *mensagem de ataque* que flagra uma conduta ilícita tem como seu destinatário aquele responsável em suportar as repercussões advindas do agir desconforme às prescrições jurídicas aplicáveis à específica realidade situacional. Invariavelmente é uma pessoa física ou pessoa jurídica dotada de traços e característicos que lhes conferem singularidade em relação aos demais circundantes, para tanto adotando-se nomes e nomenclaturas específicas, até combinações alfanuméricas com o propósito de particularizá-los em relação à plêiade de pares conviventes, conforme já antes examinado (14.1.a).

Há, nesta modalidade de mensagem, preponderantemente a possibilidade de este destinatário:

(i) ter sido o agente que tenha recebido anteriormente uma *mensagem de ataque* em relação a um agir lícito (*lançamento*) e que, diante de seu comportamento recalcitrante, recebe nova comunicação, agora dotada de conteúdo apenador; ou

(ii) ser um personagem que ingressa somente neste instante no estádio em que se promovem as exigências de natureza tributária, ocupando tal assento em razão dos predicados jurídicos que possui, podendo assim ser compelido a instalar-se na relação obrigacional em virtude do agir inadimplente de outrem; ou, ainda,

(iii) ali ingressar por saturar as condições exigíveis para uma categoria atingida por mensagens de amplo espectro, que não permitam promover-se identificação conseqüentemente individualizadora, alojadas em leis quer prescrevam determinadas condutas que, no caso, tenham sido descumpridas, como, *v.g.*, a de uma pessoa que promova o contrabando de determinados produtos.

O *devedor* é aquele que possui a obrigação de empreender algum agir que repercutirá no ambiente jurídico-comunicacional, quer pagando um determinado valor, quer agindo de uma determinada forma, quer se resignando com a perda imposta etc., submetendo-se, enfim, a uma mensagem de natureza apenadora dotada de características próprias para causar-lhe conseqüências no plano repercussional e não necessariamente coincidindo com aquele que satura o aspecto pessoal no tocante à *mensagem de ataque* endereçada à conduta lícita.

O receptor da *mensagem de ataque* endereçada à conduta ilícita tem assento neste pólo comunicacional em razão de possuir um determinado atributo que o faz enquadrar-se numa determinada categoria previamente catalogada pelos códigos jurídicos aplicáveis. Assim, passa a integrar esta relação comunicacional porque os códigos de natureza legislativa que ordenam o fragmento relevante do contexto jurídico determinam que aqueles que saturarem determinadas condições previstas nos preceptivos apropriados, estarão sujeitos a uma série de repercussões, fruto da coatividade ínsita a este sistema.

(b) *A conduta*

A conduta considerada ilícita do ser humano, passível de sobre si contar com formulações de índole tributária, compreende (a) um agir, (b) um objeto, (c) o motivo do agir e (d) a circunstância envolvendo o agir.

O ordenamento jurídico estabelece um cardápio de situações que reputa *ilícitas*, vocábulo que procura aglutinar todas as formas de agir que sejam coibidas pela própria ordem jurídica, especialmente aquelas que especificamente tenham relação com a matéria tributária, tanto podendo importar num agir omissivo, quanto comissivo. A *mensagem de ataque* relatará uma determinada ação, que poderá ser adequadamente retratadora de um evento ocorrido num certo tempo e num certo espaço, ou, diferentemente, conter um relato que não corresponda lingüisticamente a qualquer ocorrência da realidade circundante. Naquela, conterá a narrativa que enfatiza o aspecto semântico na comunicação; nesta, enfatizará o aspecto *função* da linguagem, que constrói a sua própria realidade.

A desconformidade do agir tanto pode decorrer do descumprimento de preceitos instalados em veículos portadores da aptidão de obrigar condutas *a priori*, em relação àqueles que saturarem os requisitos categoriais também previamente estabelecidos (leis de espectro genérico), quanto em relação a prescrições individualizadas e relativas a determinado evento segregado da realidade circundante (atos administrativos individualizadores).

Invariavelmente haverá uma expressão comunicacional que tencionará aprisionar lingüisticamente um determinado evento. Ou genérica e hipotética, que exige do operador jurídico o trabalho ingente de promover o manuseio de algumas expressões comunicacionais (no mínimo, o cotejo entre a prescrição hipotética e aquela descritora do evento ocorrido) ou específica e personalizada, que tem o evento surpreendido em linguagem, o qual parte de um pressuposto jurídico (remissão ao fundamento legal, *v.g.*) para, a partir dele, construir o arranjo lingüístico específico conferindo-lhe singularidade.

O núcleo do agir do homem é integrado por um objeto, sem o qual a expressão comunicacional ficaria sem sentido completo. Assim, a linguagem procura especificar uma ação com alguma probabilidade de ter sido implementada na *realidade da vida*, associando-lhe um objeto para, com a ação, estabelecer uma relação.

O objeto da ação conforma-se ao que aprioristicamente estabelece a ordem jurídica como passível de integrar-se a algum agir, segundo as possibilidades que franqueiam a realidade ontologicamente considerada, ou integrante de um evento *a posteriori* narrado através de uma linguagem apropriadamente formulada para repercutir nas hostes tributárias.

Pode tratar-se de signos que denotam a presença de um objeto qualquer, como natural, ideal ou cultural, ao qual se associa o verbo que procura representar o agir sob atenção, obtendo-se, ao final, um sentido completo, que permite que o destinatário da mensagem compreenda satisfatoriamente o que o emissor da mensagem desejaria reportar, ou, ao reverso, comporte-se de maneira hostil, por entender que a afirmativa comunicacional não corresponde ao entendimento que tem acerca daquela situação.

O *objeto do agir* não é aquele constante da realidade circundante e sobre o qual se permite elaborar uma mensagem segundo códigos acolhidos pela realidade jurídica. É, sim, aquele divisado a partir de uma mensagem comunicacional, que potencialmente poderá ser refutada, quer no plano intralingüístico comunicacional estrito, quer apoiando-se em *depoimentos* colhidos dos transeuntes da experiência, sendo relatados em linguagem reconhecível pelos integrantes das relações de índole jurídico-tributária.

O *motivo* é a causa que estimula o agir do homem. Referimo-nos àquele integrante da realidade ontológica do ser, e não àquele proveniente de prescrições de natureza deôntica instalados no contexto ou nos códigos jurídicos ou atinentes à função da linguagem. Assim, salvo nos movimentos reflexos e naqueles que transcendem a atuação do próprio homem, como os que advêm dos fenômenos da natureza, conhecendo-se, no pormenor, o motivo, facilita-se, inegavelmente, a compreensão do próprio agir que lhe é conseqüente.

O contexto e o código jurídicos, no que se refere às prescrições de natureza tributária, interessam-se pelos motivos que instruíram o agir previamente catalogado como sujeito a repercutir nos seus domínios:

(i) ou interessa-se para dizer que o motivo de determinada conduta surpreendido por uma narrativa lingüística não acarretará uma determinada repercussão, quer a favor, quer em desfavor do Administrado;

(ii) ou para consignar que, diferentemente, o enunciado correspondente assinala aspecto relevante para integrar a composição expressional sob relevo, predominantemente, na *mensagem de ataque*, para agravar ou atenuar os encargos a serem imputados ao Administrado.

Os códigos jurídicos, em relação às mensagens que se refiram aos motivos do agir que envolve ilicitude, atribuem-lhes determinadas repercussões jurídicas:

(i) declarando-as *neutras*, isto é, irrelevantes para integrarem o domínio essencial do agir a ser surpreendido pela *mensagem de ataque*; ou

(ii) *partidárias*, que indicam efetivamente ter influenciado determinada ação e continuam sendo relevantes por acarretar repercussões concretas na estruturação do conseqüente da *mensagem de ataque*.

As narrativas acerca dos motivos considerados *neutros* são tomadas em conta no antecedente da ação, mas desprezadas como fatores que influenciam *relevantemente* as repercussões advindas do agir ilícito.

As narrativas que procuram referir-se aos motivos considerados *partidários*, ou seja, especialmente os volitiva e interessadamente adotados pelo Administrado, são aqueles que o contexto estabelece como particularmente relevantes a serem tomados em consideração na *mensagem de ataque*, sobretudo nas situações em que portam traços que colidem com os valores cardeais da respectiva ordem jurídica, incômodos ao contexto e aos códigos aplicáveis, merecedores de censuras e sanções mais severas, como forma de não só apenar o Administrado em causa, mas também para tomá-lo como simbolo de desestímulo aos demais Administrados.

Caso a Administração Pública-interessada note a presença de um evento motivacional que rotulamos *partidário*, estará obrigada não só a fazer constar a sua presença na *mensagem de ataque*, por força do contexto e dos códigos jurídicos mais de perto aplicáveis, como também, no conseqüente da mensagem e, segundo os mesmos fundamentos, fará introduzir sanções mais severas, independentemente de também produzir outras tantas mensagens que estimulem o início doutros jogos comunicacional-jurídicos, especialmente de índole penal.

A *circunstância* é o conteúdo proposicional da narrativa lingüística acerca de objetos e de condutas que se instalam no entorno da ação ocupante *do fato-central* da *mensagem de ataque*, especialmente da conduta ilícita, procurando referir-se a coisas e eventos que integrem a atmosfera particular onde tivera lugar.

A *realidade circunstancial* é o relato acerca de estados ou acontecimentos, com ou sem circunstantes, que de alguma maneira tenham nexo de pertinência e relevância com o evento objeto do *fato jurídico central*. A circunstância exerce pressão hipnótica sobre a conduta, com relevância que decorre do próprio contexto jurídico que a vê como passível de afetar as repercussões que prescrevem a determinadas condutas consideradas desconformes a prescrições de natureza jurídica. A *circunstância* juntamente com os *motivos*, permite melhor descrever as razões mais pertinentes e relevantes pelas quais determinada obrigação de natureza tributária não foi satisfatoriamente atendida.

(c) *O espacial*

A conduta desconforme com o contexto jurídico invariavelmente ocorre em algum local. E a *mensagem de ataque*, neste particular, assinala onde imagina a Administração Pública-interessada ter tido lugar, sendo relevante onde o evento tenha ocorrido, e não o local previamente estabelecido na ordem jurídica em que deveria ter ocorrido.

(d) *O temporal*

A *mensagem de ataque*, endereçada a registrar a ocorrência de um agir desconforme ao contexto e aos códigos jurídicos correspondentes, imprescindivelmente deve registrar o exato momento da sua ocorrência, segundo tábua de controle do tempo que seja reconhecida pela ordem jurídica como apropriada para servir de referencial para registrar-se o instante da ocorrência relatada.

Na modalidade de mensagem endereçada ao ilícito, torna-se relevante realçar o marco temporal que se refira aos instantes em que os motivos do agente estavam sendo encorpados, especialmente para surpreender o dolo do agente.

O motivo do agir e, mesmo, as circunstâncias que envolveram este agir, como se sabe, especialmente no que se refere a assuntos ligados ao segmento tributário, quando dizem respeito a dolo, não são tomados de supetão ou como respostas meramente reflexas a uma determinação.

A narrativa acerca do tempo em que o agir motivacional teve lugar, assim como das circunstâncias que o envolveram, auxilia a *mensagem de ataque* a ganhar robustez e chances de prosperidade, segundo os códigos comunicacionais da realidade jurídico-tributária. Assim, ao motivo do agir e às circunstâncias associa-se o elemento temporal, compondo trinômio valioso para surpreender-se a ação desconforme à realidade jurídica.

15. A mensagem de defesa e a técnica jurídico-comunicacional

A Administração Pública-interessada, ao expedir a *mensagem de ataque*, indica lingüisticamente o ponto central (o *fato-central*) e o periférico (*fato-circunstancial*) sobre os quais poderá o Administrado manifestar-se, estabelecendo, assim, um duto comunicacional entre seu emissor e este, o receptor.

A *mensagem de defesa* a cargo do Administrado, que enfrentará a *mensagem de ataque*, por apresentar nuances de relevo para a matéria tributária, admite ser examinada em três fases distintas, mas absolutamente integradas: (a) a *fase de compreensão*, (b) a *fase estratégica*, e (c) a *fase comunicacional propriamente dita*:

(i) na *fase de compreensão*, o receptor da *mensagem de ataque* (o Administrado) adota um comportamento zetético especulativo, ou seja, enfatizando o aspecto pergunta e não o aspecto resposta, com o propósito finalístico de compreender o que está sendo dito a seu respeito;

(ii) na *fase estratégica*, o Administrado modifica um pouco o seu comportamento, assentando-se, agora, numa característica marcadamente investigativa e criativa voltada para resultados, aglutinando o binômio *receptor-potencial emissor* (antes, meramente *receptor*), pois vasculha o que dizer, ora descobrindo, ora inventando; e,

(iii) na *fase comunicacional propriamente dita*, o Administrado, já trajando a vestimenta de emissor, recorre a técnicas comunicacionais para atingir o destinatário da mensagem que então estará sendo produzida.

(a) *Fase de compreensão*

Na *fase de compreensão* abre-se um parêntese no tráfego comunicacional, no qual o receptor da mensagem retrai-se, isolando-se num instante de reflexão. Enfatiza-se o exercício de atividade predominantemente mental por parte do Administrado, que se revela essencial para conformar-se o conteúdo do disparo da *mensagem de defesa*. Trava-se um contato com um texto (*mensagem de ataque*), empreendendo-se movimentação dialética de aceitação e repúdio, assim como esboçando-se a proposta e controle de códigos.

Tanto na *mensagem de ataque* recebida, quanto na *mensagem de defesa* a ser expedida, a comunicação articula-se e compõe-se segundo códigos previamente catalogados e compreensíveis — efetiva ou potencial — por aqueles interessados no conflito administrativo-tributário, os quais conferem um manto de ordenação e sentido à mensagem, de maneira a que possam os registros autônomos ser combinados entre si, estabelecendo relações *sintagmáticas* e *paradigmáticas* ou *associativas*, transmitindo algo passível de compreensão, repercutindo, sobretudo, nas ações comunicacionais intersubjetivas.

Na fase da compreensão há necessariamente um contato com os códigos, seja já familiares (*reconhecimento*) seja inusitados (*conhecimento*), por parte do Administrado, os quais devem ser conservados na retentiva mas oportunamente acesos no desenrolar de todas as fases, sendo, contudo, retomados com maior intensidade no curso da *fase de comunicação propriamente dita*.

O Administrado, ao tomar ciência da *mensagem de ataque*, ingressa no mundo da linguagem, habitado por revestimentos lingüísticos oriundos do *mundo do direito*, expressões lingüísticas cunhadas na realidade social, formas de linguagem lapidadas em áreas de conhecimento e ciências específicas, expressões sintomáticas de sensações e motivações subjetivas etc., ordenando-os, de maneira racional, com o propósito de conhecer sobre o que a mensagem refere-se.

As narrativas contidas na *mensagem de ataque* poderão em determinados trechos de sua superfície referirem-se às *situações de fato*, ou seja, o relato descrito na mensagem comunicacional que promova a individualização de determinado evento ocorrido num certo tempo e num certo espaço (*fato jurídico-central*), assim como as circunstâncias que freqüentaram o seu entorno (*fato jurídico-circunstancial*), igualmente ocorridas naquele mesmo tempo e naquele mesmo espaço, os quais admitem a produção de mensagens probatórias (*fato jurídico-probatório*).

Seja por delimitação da *mensagem de ataque*, seja por invocação conveniente da defesa que estará sendo proximamente confeccionada, ainda na *fase do conhecimento*, a realidade situacional admite identificar dois aspectos relevantes para o encaminhamento lingüístico probatório:

(i) *identifica-se sobre qual aspecto terá assento o embate* processual administrativo-tributário. Nas *mensagens de ataque* contra a conduta lícita, dizendo respeito ao aspecto pessoal (o *receptor* e a *predicação do receptor*), conduta (o *agir* e seu *objeto*), quantitativo (a *quantificação*), espacial (o *espaço*), temporal (o *tempo*); ou, na *mensagem de ataque* à vista de conduta ilícita, em relação ao aspecto pessoal (o *devedor* e a *predicação do devedor*), conduta (o *agir*, o *objeto*, o *motivo* e a *circunstância*), espacial (o *espaço*) ou temporal (o *tempo*); e,

(ii) observa-se se as afirmativas contidas na *mensagem de ataque* poderão ser resolvidas com maior grau de distanciamento da *realidade do mundo*, ou seja, dos objetos, das condutas capturáveis na realidade circundante, ou, diferentemente, poderão, conveniente e necessariamente, exigir o auscultar-se da *realidade da vida*, para melhor compreendê-las e sobre elas referir-se.

(b) *Fase estratégica*

Na *fase estratégica*, o Administrado estará agindo interessada e partidariamente com o propósito de refutar algum elemento da afirmativa que lhe fora lançada pela *mensagem de ataque*, certeiramente voltado para uma *situação de fato*, para tanto centralizando a sua atenção em encontrar sobre o que dizer (a *descoberta*) ou em criar o que dizer (a *invenção*).

Na *descoberta*, empreende-se a verificação e a constatação sobre o que já existe, identificando-se o binômio *linguagem-objeto*, ou seja, a presença de um objeto sobre o qual haja expressão de linguagem, a qual se intromete entre a coisa e o desfrutuário da mensagem lingüística, empreendendo-se um *juízo constatativo*, cujo conteúdo identificado admite a elaboração de *mensagem-guia* que o conduzirá à ribalta onde serão tomados seriamente em consideração, no caso, nos domínios do processo administrativo.

Na *invenção*, há a identificação de uma coisa ou conjunto de coisas que servirão de referente para a confecção de uma mensagem especialmente elaborada com vistas a um processo administrativo-tributário. Poderá ter como referente objetos naturais, culturais, ideais ou metafísicos, invariavelmente identificados no tempo pretérito, aos quais se procura associar *códigos de consistência comunicacional*, que possam ser compartilhados com todos aqueles que venham a participar da relação comunicacional.

A *invenção* caminha paralelamente à *realidade do mundo*, podendo ora dela figurativamente aproximar-se (quando se refere a uma coisa passível de *reverificação*), ora distanciar-se (quando as condições de sustentabilidade circunscrevem-se aos domínios lingüísticos), sempre, contudo, de maneira que faça um determinado sentido minimamente suficiente para ser tomado seriamente em consideração, reunindo condições de potencial prosperabilidade no domínio do processo administrativo.

Tanto ao descobrir, quanto ao inventar, o agir do Administrado orienta-se por um raciocínio, que confere certa estabilidade e ordenação em como ele, Administrado, constata ou confecciona insumos que integrarão o veículo comunicacional a ser proximamente emitido. Para tanto empreende duas espécies de raciocínio, o *dedutivo* e o *indutivo*:

(i) a *dedução*, segundo uma visão clássica, é a forma de raciocínio através do qual, a partir de premissas *verdadeiras*, obtém-se conclusão igualmente *verdadeira*. No raciocínio dedutivo, portanto, há a pretensão de que as premissas fornecem uma prova *conclusiva*;

(ii) na *indução*, o raciocínio envolve a pretensão, não de que suas premissas proporcionem provas convincentes da verdade de sua conclusão, mas de que somente forneçam *algumas* provas disso. Na indução não se deseja demonstrar a verdade de suas conclusões como decorrentes, necessariamente, de suas respectivas premissas, bastando estabelecê-las como prováveis.

O raciocínio estabelece uma relação, sobretudo lógica entre premissas e conclusões, permitindo assentar-se um descrimem entre ambas as espécies clássicas de raciocínio (*dedutivo* ou *indutivo*) no grau de certeza que se atribui às conclusões. No dedutivo, elevadíssimo, a ponto de serem consideradas *verdadeiras*; no indutivo, não tão elevado, conferindo-se grau de incerteza, utilizando-se de apelos probabilísticos e consensuais.

Realiza-se um *raciocínio comunicacional*, partidário e deliberadamente voltado para servir de fator propulsor das mensagens comunicacionais que, a partir dele, se propagarão especificamente na quadra do processo administrativo-tributário. O *raciocínio comunicacional* alicerça-se no binômio *dedução-indução*, sendo arquitetado e executado com o propósito de, subseqüentemente, servir de fundamento para a elaboração da *mensagem de defesa* de índole jurídico-comunicacional, sob a forma do encadeamento de argumentos.

(c) *Fase comunicacional propriamente dita*

Na *fase comunicacional propriamente dita*, os atos são elaborados para materializar-se a *mensagem de defesa*, com o propósito de integrar um ambiente comunicacional, ou seja, trata-se da *fase comunicacional em sentido estrito*, pois todas as demais são, inegavelmente, partes integrantes de todo o processo comunicacional que terá o Administrado como um dos seus protagonistas. Esta, final, é aquela em que a comunicação é materializada e efetivamente divulgada, transitando num duto comunicacional.

Há, fundamentalmente, duas técnicas clássicas para obter-se o convencimento do julgador acerca de uma afirmativa, reveladoras de duas maneiras de manejar-se a linguagem: a da *demonstração* e a da *argumentação*:

(i) na *demonstração*, a intervenção do homem funda-se na idéia de *evidência*, ou seja, diante da qual todo homem normal e bem intencionado tem que ceder. Sendo assim, o que é evidente não necessita de prova, mas tão-somente de uma *apresentação*;

(ii) a *argumentação* ganha relevo diante de situação não evidente, revelando-se imprescindível para capturar-se a adesão de um auditório a uma determinada tese. Busca-se, portanto, a adesão de espíritos às proposições formuladas, daí contar com o característico marcante da persuasão, ou seja, de convencer-se por meio do discurso. Na argumentação, não se objetiva a adesão a uma tese exclusivamente pelo fato de ser verdadeira, mas por ser apropriada a uma determinada situação.

Na *fase da comunicação propriamente dita*, seja precedida por raciocínio dedutivo ou indutivo, seja utilizando-se técnica demonstrativa ou argumentativa, admite-se conceber uma *técnica comunicacional*, ou seja, uma maneira especial de manejar-se a linguagem, partidariamente voltada para ingressar-se num fluxo comunicacional, com o propósito de obter-se uma decisão com repercussões concretas.

15.1 A técnica jurídico-comunicacional

A *técnica comunicacional* configura-se como um conjunto de regras e diretrizes que permitem ao manejador de determinados meios de linguagem aumentar as possibilidades de modificar o ambiente comunicacional, nele introduzindo uma mensagem voltada deliberadamente para obter repercussões favoráveis ao seu emissor. E, quando freqüentadora do processo administrativo-tributário, têm-lhe acostado o predicado *jurídico*, daí admitir ser rotulada de *técnica jurídico-comunicacional.*

A *técnica jurídico-comunicacional* sofre reflexos inegáveis de (a) *fatores*, que são os elementos passíveis de referência em linguagem, que têm a aptidão de propiciar a obtenção de uma determinada repercussão num ambiente comunicacional, assim como de (b) *vetores*, que são os elementos exógenos, mas interferentes, em maior ou menor intensidade, no curso de uma comunicação, distraindo a atenção do seu destinatário e interferindo, de certa maneira, na repercussão que a mensagem obterá.

Tais *fatores* e *vetores* que influenciam a *mensagem de defesa* exigem ser examinados e dominados pelo emissor da comunicação que se encontra prestes a ser emitida, sendo assim sumulados: (a) a *manipulação*; (b) os *recursos lingüísticos*; (c) a *concisão*; (d) o *desprendimento da mensagem*; (e) o *contexto jurídico*; (f) os *códigos relevantes*; (g) o *recorte da situação de fato*; (h) as *circunstâncias e os motivos*; (i) as *camadas de linguagem*; (j) o *estilo comunicacional*; (k) as *premissas consis-*

tentes; (l) a *relevância*; (m) a *composição*; (n) a *argumentação comunicacional*; e (o) as *armadilhas comunicacionais*.

(a) *A manipulação*

Os protagonistas que, ativamente, participam da formulação de mensagens, quer de ataque, quer de defesa, quer de decisão, são manipuladores potenciais da linguagem. E, se são da linguagem, o são da *realidade* a que a linguagem quer se referir. No caso, de uma linguagem técnica, com poderes suficientes para causar repercussões num ambiente específico.

Seu agir desencadeará reverberações comunicacionais, não só em relação ao seu próprio e particular interesse, como, inclusive, em relação aos circundantes e às gerações que lhe sucederão, como as decorrências que surgirão no âmbito da Administração Pública, no modelo paradigmático que a decisão obtida poderá estabelecer em relação às narrativas contidas na respectiva *mensagem de defesa* etc.

A manipulação admite graduação, tanto de extensão, quanto de intensão. Quando diminuta, especialmente no sentido da intensão, traveste-se de *imprecisão*, *ambigüidade*, *narrativa ofuscada* etc. Quando excessiva, transmuda-se para um sentido equivalente à *fraude*, à *simulação*, à *hipocrisia*, à *mentira*. As primeiras, quando surpreendidas, geram compadecimento, compreensão ou solidariedade; as segundas, repulsa, censuras e reações hostis.

Podem-se invocar diferentes motivos para tentar explicar-se as razões das manipulações. Saciamo-nos em identificar os *valores* e a *ideologia* como os fatores preponderantes para nortear tal comportamento. Se *vale*, e admite hierarquização (*ideologia*), arma-se a possibilidade da manipulação, a qual se hospeda no *ponto de vista*, do qual se parte para a *enunciação*, ou seja, para a elaboração de mensagens, no caso, *de defesa*.

(b) *Os recursos lingüísticos*

A *mensagem de defesa*, para poder propiciar a formação de um processo administrativo-tributário, necessariamente deve apresentar-se sob a forma escrita, para tanto contando com insumos lingüísticos, que são unidades culturais refletidoras de como um povo pensa, como age, como se comporta, como se relaciona, como se ordena, como se comunica, tudo segundo a sua própria história, plena de experiências e repleta de experimentações.

O Administrado emitirá uma *mensagem de defesa*, cuja afirmativa envolverá *situações de fato*; conseqüentemente, sua intervenção terá a preocupação de *provar*, perante terceiros, através de linguagem, a *consistência* de algo que afirma em posição francamente hostil à afirmativa contida na *mensagem de ataque*.

O entrelaçamento da linguagem com a coisa palpável potencializa as possibilidades favoráveis do emissor da mensagem em qualquer ambiente comunicacional. A comunicação, quando tem como referente a *coisa* que a experiência sensível prontamente reconheça, tem a sua função de convencimento do destinatário sobremaneira facilitada. Aproximar-se, em linguagem, do *mundo vivido*, equivale a contar com acréscimo de possibilidades de obter-se resultados favoráveis no plano repercussional.

No processo administrativo-tributário, o entrelaçamento da linguagem, relativamente às *situações de fato*, deve realizar-se com o acontecimento, ou seja, com a ocorrência que tenha tido lugar num certo tempo e num certo espaço; a qual, ganhando uma narrativa, pode tanto ocupar o assento do *fato-jurídico-central*, como do *fato-jurídico-circunstancial*.

(c) *A concisão*

Não se admite contemporaneamente que as comunicações sejam longas, exigindo curso penoso da interação com o destinatário, ainda que qualitativamente adequadas e pormenorizadas. A *técnica jurídico-comunicacional* no campo do processo administrativo-tributário, no tocante à composição da *mensagem de defesa*, recomenda que a intervenção em linguagem dê-se de maneira concisa.

A mensagem não pode ser longa e aborrecida, a ponto de propiciar distrações e, mesmo, antipatia por parte do julgador. É preciso ter-se presente que, atualmente, nos meios de comunicação disponíveis, observa-se uma movimentação constante em favor da simplificação da forma de comunicar-se, ao mesmo tempo em que se dá intensa ligeireza ao transporte comunicacional. Isto, em todos os segmentos culturais, logo, também nos domínios do processo administrativo-tributário.

(d) *O desprendimento da mensagem*

O fenômeno comunicacional é pautado por uma característica marcante: uma vez introduzida uma mensagem no circuito da comunicação, ela se desprende do seu emissor, ganhando o domínio do auditório que com ela tenha contato, ou seja, ganhando uma *vida autônoma*, ingressando num vácuo comunicacional inexoravelmente estimulador de *releituras* diferençadas por todos aqueles que a contataram, seja espontaneamente, seja em virtude da obrigação que se lhe é imposta, caso da intervenção que se avizinha por parte da Administração Pública-julgadora.

O destinatário, ao travar contato com *aquela* mensagem, não mais terá à frente *a mesma mensagem* emitida pelo Administrado, mas *uma outra mensagem*, *aquela* recebida pelo destinatário, e que, a sua vez, não será *a mesma* se confrontada com *a outra* recebida por outro destinatário e assim à frente. Uma mensagem, portanto, jamais será idêntica à *outra mensagem* (não obstante textualmente até possa ser considerada *a mesma*), mas, se tanto, aproximada, em relação àquela originariamente emitida.

(e) *O contexto jurídico*

Quando produzimos uma mensagem, seja de qual natureza for, ela é instruída, transitará e será potencialmente compreensível por tudo se dar dentro de um contexto comunicacional. A comunicação relevante para o processo administrativo-tributário ocorre num ambiente jurídico, ou seja, revestido por todo um corpo de arranjos lingüísticos que conferem organização e funcionalidade a regras que propiciam, num plano razoável, a possibilidade de convivência entre os seres e os objetos que os rodeiam, configurando-se, assim, um *contexto jurídico*.

O contexto jurídico é fundamental para a comunicação, pois interfere inexoravelmente na compleição e, conseqüentemente, nas mutações que os códigos comunicacionais possuem, atribuindo sentido ao que antes não fazia sentido, outorgando efeitos ao que antes não gerava efeitos, prescrevendo que algo hoje passa a ser proibido, quando antes fora permitido etc.

Na *mensagem de defesa*, o contexto jurídico gera inúmeras interferências. Sempre servindo de *repositório fundante* de disposições, vão desde a delimitação do sentido atribuído a vocábulos e expressões, até efeitos da catalogação aprioristicamente de regras que estabelecem a forma e o conteúdo das *mensagens de defesa*, assim como ao palco jurídico-comunicacional onde terão desenvolvimento e término, fixando-se, em arremate, repercussões às mensagens de decisão ali proferidas.

O Administrado, ao confeccionar a sua *mensagem de defesa*, através da qual refutará uma afirmativa que lhe fora endereçada pela Administração Pública-interessada através da *mensagem de ataque*, deverá pautar a sua atuação operativa segundo os limites impostos pelo contexto jurídico, sob pena de a comunicação produzida não trazer qualquer repercussão potencialmente favorável no ambiente jurídico.

(f) *Os códigos relevantes*

Para a *mensagem de defesa* integrar um contencioso administrativo, é necessário submeter-se a determinadas regras codificadas preestabelecidas, ou seja, às regras de natureza jurídica, que tanto disciplinam as relações de natureza tributária em sentido estrito e próprio, como àquelas que estabelecem as formas e maneiras pelas quais, havendo controvérsia, poder-se-á compor um litígio de natureza processual-administrativa. O Administrado depara-se, portanto, com, no mínimo, dois feixes de codificação jurídica: *codificação material* e *codificação processual.* Aqueles, preocupados preponderantemente com os *acontecimentos*; estes, com o *jogo* do processo administrativo-tributário, evidentemente sob o prisma das *situações de fato* ora examinado.

Tanto um quanto outro corpo codificado integra ambientes inseguros, com a linguagem constantemente em crise e potencialmente geradora de perplexidades e instabilidades, características que oneram e, às vezes, impedem um desempenho satisfatório por parte do Administrado com a finalidade de ver reconhecida a procedência das suas afirmativas.

O código relativo aos acontecimentos é aquele que foi adotado pela Administração Pública-interessada ao produzir a *mensagem de ataque*, voltando-se ou para uma conduta lícita, ou para uma conduta ilícita e que será provavelmente referido pelo Administrado ao emitir a sua *mensagem de defesa*, sem prejuízo deste utilizar outro conjunto codificado que, no seu entender, tenha conexão e relevância com os acontecimentos e com as refutações que se encontrem prestes a serem emitidas em linguagem.

O código atinente ao processo administrativo-tributário, assinala a forma pela qual deverá ser apresentada a *mensagem de defesa*, a quem deverá ser endereçada, onde deverá ser apresentada, quando poderá ser exibida, sobre o que deverá versar, de que matéria não poderá tratar, quais são as exigências imputadas ao Administrado no tocante ao ônus de comprovar o que afirmará etc. Em suma, estabelece as regras do *jogo processual*.

(g) *O recorte da situação de fato*

A *mensagem de ataque* certamente especificou toda uma gama de aspectos sobre a qual poderá o Administrado manifestar-se, delimitando, de certa maneira, a redoma onde o esgrimir lingüístico terá lugar, caso, evidentemente, haja esta disposição por parte do Administrado. Tendo em conta a profusão de acontecimentos e fatos que podem suscitar refutações envolvendo as chamadas *situações de fato*, o emissor da mensagem deverá centralizar a sua atenção nos aspectos catalogados na *mensagem de ataque* potencialmente passíveis, segundo elevado grau de probabilidade, de alojarem-se as controvérsias de natureza *fático-tributárias*:

(i) as *mensagens de ataque* contra a conduta lícita, dizendo respeito ao aspecto pessoal (o *receptor* e a *predicação do receptor*), conduta (o *agir* e seu *objeto*), quantitativo (a *quantificação*), espacial (o *espaço*), temporal (o *tempo*); e,

(ii) na *mensagem de ataque* à vista de conduta ilícita, em relação ao aspecto pessoal (o *devedor* e a *predicação do devedor*), conduta (o *agir*, o *objeto*, o *motivo* e a *circunstância*), espacial (o *espaço*) ou temporal (o *tempo*).

A partir deste cardápio de possibilidades prováveis, abre-se o exercício do *pêndulo do conteúdo*, ou seja, de uma movimentação dialética que se realiza a partir do binômio originário essencial *afirmação/refutação*, ampliando-se para um trinômio *afirmação/verificação/refutação*, concluindo-se no quadrinômio *afirmação/verificação/refutação/mensagem de defesa.*

O Administrado, ao formular a sua *mensagem de defesa* atinente às *situações de fato*, deve ter um mira não só o *fato-*

central, como também o *fato adjacente* ou *circunstante*, consultando-se o contexto e os códigos jurídicos aplicáveis, para identificar se as circunstâncias merecem ou não contar com maiores considerações. Isto porque a *mensagem de ataque* poderá atribuir relevância a certos acontecimentos circunstanciais ou, diferentemente, ser-lhe indiferente.

Empreendendo-se esta movimentação dialética entre os fatos (*centrais* e *circunstanciais*), o contexto e os códigos jurídico-comunicacionais, e concluindo ser relevante realçar-se o *fato circunstante*, o Administrado procurará trazer à *mensagem de defesa* a atmosfera dos acontecimentos que mais de perto cercaram o acontecimento central sobre o qual paira o embate *afirmação-refutação*.

(h) *As circunstâncias e os motivos*

A *mensagem de ataque*, no tocante às circunstâncias, integra, num só texto, dois feixes de linguagem (*fato-central* e *fato-circunstancial*), que procuram obter consistência e, portanto, prevalecer junto ao Administrado, unidos por vínculo de relevância, não só entre si, como ocorrências que se deram num certo tempo e espaço, como em relação ao contexto e aos códigos jurídicos, que os definem e atribui-lhes conseqüências específicas.

A estes dois acontecimentos, acostam-lhes os motivos, ou seja, a deliberação de o Administrado de, calcado em determinadas premissas, ter desatendido à obrigação que lhe fora imposta a partir do contexto e dos códigos jurídicos, assentando o foco da preocupação comunicacional no tripé *fato-central/fato-circunstante/motivo*.

As circunstâncias na lida tributária ganham importância formidável nas refutações veiculadas através de *mensagens de defesa* que enfrentam afirmativas que se refiram a certas condutas do Administrado que sejam pautadas por intenções de contornar-se, mediante artifícios, ou efetivamente negar-se ao cumprimento de obrigações tributárias. Referimo-nos às afirmativas de ataque que procuram surpreender condutas rotuladas como *fraude*, *simulação*, *sonegação* etc., e que têm o tom do diapasão de sugerir a vontade deliberada do Administrado de furtar-se ao cumprimento da respectiva obrigação de natureza tributária.

Caso o Administrado pretenda opor-se à afirmativa lançada, e, sobretudo, justificar o motivo que o levou a descumprir a prescrição jurídica dele exigida — desde que relevante, pertinente e conveniente, ao seu juízo — terá que demorar-se em consignar, detalhadamente, o entorno do acontecimento central, segregando, na medida do possível, fatores que sejam contextual e codificadamente considerados *nobres* o suficiente para justificar-se o descumprimento havido, o que, se não excluirá, ao menos atenuará o apenamento que o contexto e a respectiva codificação jurídica prescrevem em relação ao descumprimento de obrigações tributárias.

(i) *As camadas de linguagem*

A mensagem comunicacional, ao referir-se a um determinado acontecimento, estará permitindo o manejo de diversos conjuntos de linguagem, de autores, finalidades, conteúdos e tempos de elaboração diferentes, que necessitam ser adequadamente postos, para poderem repercutir efetivamente no âmbito do processo administrativo-tributário. Exige-se, pois, a eleição de um código que ordene tais mensagens, de maneira que *uma fale com a outra*, numa seqüência apropriada e conveniente, segundo, portanto, uma *técnica comunicacional*.

As mensagens, no tocante aos seus autores, poderão originar-se de categorias de *francamente interessados* no litígio ou, noutro extremo, *indiferentes* ao que se passará no palco processual. Quanto mais distantes do interessado nos resultados que o conflito administrativo proporcionará maior credibilidade reunirão para serem levadas seriamente em consideração pela Administração Pública-julgadora. Quanto mais próximos, enfrentarão desde logo algum preconceito por parte do decididor do processo administrativo, no sentido de considerar que tais mensagens já elaboradas — e agora colhidas — o foram de maneira partidária, isto é, com propósitos de efetivamente favorecer o interessado em questão.

É inegável que o corpo de mensagens que mais possui possibilidades de impressionar o julgador é aquele que dá noticia de algo de elevado consenso. E, havendo a possibilidade de intrometer-se nos planos de linguagem mensagens *reiterativas* no mesmo sentido da refutação que então tem início, amplia-se a possibilidade da boa sedimentação do sentido, conferindo reforço a todo o plexo de linguagem utilizada.

(j) *O estilo comunicacional*

O emissor da *mensagem de defesa* ao elaborá-la elege um estilo de expressar-se. O *estilo comunicacional da mensagem de defesa* é a forma e a maneira através do qual o Administrado, observando códigos apropriados, assenta vocábulos num texto, articulando-os segundo uma maneira muito particular e, em seu entender, apropriada, para suscitar a simpatia e arrebatar o destinatário da comunicação em relação a um aspecto relevante veiculado através da mensagem.

O estilo pode ser associado à idéia de encantamento, ou seja, o de, a partir do manejo estilístico, procurar-se encantar o destinatário, capturando-o numa redoma de convencimento favorável ao emissor da mensagem, tudo isto através da comunicação, sobretudo escrita, o que muito exige do Administrado, mormente se considerada a aridez das discussões travadas num processo administrativo-tributário.

A escolha de um estilo é deliberadamente partidária, posto que interessadamente voltada para identificar-se uma maneira que impressione o julgador, sensibilizando-o para a *mensagem de defesa*, para o fim de obter-se um decisório que lhe seja favorável, com repercussões concretas no plano repercussional. Como terá que levar em consideração *situações de fato*, sobre as quais há controvérsia, estabelece-se interessante cadeia associativa entre o *referente* e o *estilo*.

A linguagem, ao referir-se a *situação de fato*, pode direcionar-se diretamente a um *referente* encontrável na experiência ou ter que imediatamente apoiar-se num *referente* alojado na experiência, para dele promover uma associação lógica e em linguagem, para somente então atingir um outro *referente*. Naquele cenário, há um liame direto entre a linguagem e o *primeiro referente*; já no segundo, no mínimo, um liame entre *linguagem*, *primeiro referente*, novamente *linguagem e segundo referente*. No primeiro, há, portanto, uma *comunicação simplificada*; no segundo cenário, uma *comunicação complexa*:

(i) na *comunicação simplificada*, procura-se impressionar o julgador, chamando a sua atenção para a evidência do próprio *referente*, suas propriedades, suas características que, no ponto sob controvérsia, seriam suficientes para desencadear um arranjo lingüístico simples que relate o que necessário for (segundo o código apropriado) para sensibilizar o julgador, para tanto sobremaneira utilizando-se da linguagem na sua função descritiva, na qual o emissor tão-somente narra o acontecimento relevante, introduzindo-o no duto comunicacional do processo administrativo-tributário. Trata-se, basicamente, de uma *apresentação*, em linguagem, aos circunstantes, mas sobretudo ao julgador, de um *referente* relevante;

(ii) na *comunicação complexa*, exige-se mestria no manejo da linguagem, que se relaciona sucessivamente com diversos referentes, exigindo destreza para que o expressar do Administrado faça sentido; de início um sentido comum, igualmente fazendo sentido jurídico-comunicacional, ao mesmo tempo saturando os requisitos exigidos pelos códigos apropriados, para o fim de repercutir, favoravelmente ao emissor. Nesta modalidade, diminui-se o tom narrativo e descritivo da mensagem, aumentando-se a função persuasiva e lógica (ao menos na sua aparência) da intervenção que estará sendo elaborada, abrindo-se campo fértil para a retórica que, através da argumentação, volta-se certeiramente para capturar a atenção do auditório, com vistas à decisão almejada.

(k) *As premissas consistentes*

As mensagens de defesa usualmente estruturam-se numa cadeia associativa ou paradigmática, com a constante que *de premissas obtêm-se conclusões*. As premissas, como um efetivo princípio que norteia a conformação das mensagens atinentes às *situações de fato*, não são por nós consideradas *verdadeiras* ou *falsas*, mas, sim, *consistentes* ou *inconsistentes*, ou seja, que resistam ou não resistam a um esgrimir lingüístico que tem lugar num processo administrativo-tributário, quer em razão de propriedades compositivas e *irradiativas* próprias da mensagem, quer decorrentes de fatores e vetores exógenos à própria mensagem, e que prevaleçam e persistam prevalecendo no ambiente comunicacional em que tomam parte.

A consistência sinaliza ao menos um grau razoável de probalidade de que o que se diz possui potencialmente alguma possibilidade de fazer sentido, resistindo a uma refutação. Evidentemente esta possibilidade não decorre da mensagem em si, mas do tratamento que os freqüentadores do ambiente comunicacional habitualmente dispensam a comunicações semelhantes, às sob atenção, e que deverão decidir se dispensam ou não igual tratamento a esta mensagem comunicacional sob foco.

Todo o assentamento das premissas que integram a mensagem admite a elaboração e o oferecimento, também em linguagem, de comprovações de que tais premissas são consistentes. Cada uma das premissas utilizadas na mensagem admite ter para si um complemento lingüístico que a credencie a ser tomada seriamente em consideração por aqueles que com ela terão algum tipo de trato. A ocultação da consistência das premissas gera perplexidades e reações comportamentais preconceituosas por parte do destinatário da mensagem, o que deverá ser evitado para não se acarretar um ruído comunicacional.

Há arranjos de premissas que, ao remeterem à conclusão, fazem-no, no tocante à reverberação no plano repercussional, de maneira incisiva e agressiva, outras, mais amenas e serenas. O manuseio e disposição técnica de premissas que sejam fatores condutores dos raciocínios indutivos, como os provenientes dos exemplos e das analogias, produzem percussões comunicacionais adocicadas e suaves por parte do destinatário da comunicação. Já aqueles atinentes aos raciocínios demonstrativos, caso dos silogismos e entimema (silogismo *encurtado*) produz uma força vigorosa e perturbante, contundentemente afetando o destinatário da mensagem, intensidade esta que poderá ser favorável ao interessado na impressão causada.

(l) *A relevância*

As mensagens, ao orbitar em torno do valor *consistência*, devem, para obter tal predicado, contar com composições lingüísticas que se refiram ao que seja relevante, ou seja, o emblema que o homem atribua à coisa e aos homens, que assinala particularidades tais que os distinga dos demais circundantes, em virtude de, uma vez manuseada em linguagem, propiciar a compreensão e, conseqüentemente, uma repercussão efetiva, de um arranjo lingüístico, no caso, atinente a um acontecimento. A relevância, à evidência, revela dificuldades em ter seus domínios claramente especificados.

A *relevância* não se confunde com a *pertinência*, uma propriedade que, não obstante também integre uma relação com a coisa e com o homem, enfatiza o aspecto lógico do liame havido, diferentemente da *relevância*, que poderá estabelecer a união segundo fundamentos provenientes doutros setores da atividade humana, que não o da lógica, como daqueles de natureza cultural, sociológica, econômica, lúdica etc. A *pertinência*, ademais, poderá ser ou não ser relevante para a discussão que se trava num ambiente administrativo-tributário, pois nem tudo que é pertinente será relevante para o desate do contencioso lingüístico em curso.

A par deste ângulo — que se refere à *coisa* e aos *homens* — reclama-se relevância ao conteúdo da própria *mensagem de defesa*, pois este tipo de comunicação deverá ter em consideração a aceitabilidade do argumento ou a demonstração pela qual o fato, para explicar-se, é inferido da explicação proposta, tendo, ademais, necessariamente, um nexo com a *mensagem de ataque* a ser relevantemente refutada.

(m) *A composição*

Na *mensagem de defesa* que, desde o instante da sua própria concepção, sabe-se, estará sendo confeccionada para ser introduzida num ambiente processual-comunicacional com propósitos partidários, o emissor está deliberadamente preocupado em convencer o destinatário da mensagem acerca de algum aspecto que diga respeito às *situações de fato* que seja relevante para a defesa do Administrado, daí atribuir-se importância à maneira de expressar-se, à forma de expressar-se, ao conteúdo e a tantos outros conjuntos de linguagem que participam de alguma maneira na mensagem sobre a qual se debruça a *técnica comunicacional*. Daí mostrar-se a importância da *composição da mensagem*.

Por *composição* entende-se a forma e a maneira pela qual a mensagem apresenta um *começo-meio-fim*, no sentido horizontal, assim como uma intervenção de *aprofundamento-afloramento* da proposição que constitui o seu objeto, no sentido vertical, tudo com vistas a gerar conseqüências concretas.

A *mensagem de defesa*, no tocante ao embate sobre as *situações de fato*, possui uma arquitetura peculiar, que estabelece uma seqüência sintagmática e paradigmática, no formato de um quadripé, em que cada um deles depende do outro, para ter condições minimamente suficientes para repercutir com possibilidades de êxito no ambiente jurídico-comunicacional: (a) *afirmação do ataque*; (b) *refutação do ataque*; (c) *confirmação da refutação*; e (d) *requerimento*.

O Administrado deve ter em conta que tem o objetivo, dentre outras finalidades, de facilitar o trabalho a cargo do julgador. Esta facilitação, nos dias de hoje, eqüivale a assinalar, de maneira clara e cristalina, na parte introdutória da *mensagem de defesa*, qual é a afirmativa constante da *mensagem de ataque* que, endereçada a determinada *situação de fato*, sofrerá a oposição por parte do Administrado. Trata-se de um *recorte lingüístico* ou *requadro de linguagem*, se se preferir.

Este assentamento introdutório acerca do palco controverso tem a grande valia de causar repercussão pragmática no julgador, que se introduz nos domínios do embate, preparando-se para recepcionar, logo a seguir, uma pluralidade de enunciados e proposições em sentido oposto ao descrito na *mensagem de ataque*.

Há, na composição, no tocante à *afirmação do ataque*, a utilização predominante da linguagem na sua função descritiva, predomínio que em absoluto exclui a presença de alguma dose de função persuasiva. Inclusive de maneira reflexa, pois, ao recortar-se determinado trecho da *mensagem de ataque*, o emissor estará ocultando ou sombreando outra porção que não lhe convém realçar.

Seguindo a ordem natural, a composição assinala, de maneira seqüencial, os acontecimentos tal qual ocorridos. Há uma ênfase cronográfica e mesmo causal à mensagem. Do ontem, passa-se para o hoje; consigna-se a causa e a repercussão que lhe corresponde etc. Trata-se de encadeamento que facilita a compreensão acerca do acontecimento epicentral da disputa, pois mesmo tendo efetivamente incorrido na realidade circundante, ou simplesmente concebido em linguagem, há sempre a incidência do vetor temporal na composição lingüística envolvendo acontecimentos.

O Administrado, para consignar a refutação, poderá, diferentemente, utilizar-se da *ordem artificial*, ou seja, segregando-se acontecimentos no plano da linguagem em desacordo com a seqüência dos acontecimentos, o que permite começar exposições a partir da ocorrência efetivamente materializada, para regressar-se a considerações acerca dos motivos que precederam, ou começar a narrativa do fim para o começo etc.

O Administrado, prosseguindo, ocupa-se de confirmar a refutação já oferecida, para tanto transitando por um entrelaçamento de conjuntos de linguagem, que estabelecem riquíssimas combinatórias entre si, merecendo realce específico algumas das possibilidades que corriqueiramente são encontráveis nas discussões de natureza processual administrativo-tributária:

(i) *Mensagem sobre mensagem de defesa*. O Administrado utiliza-se de reafirmações de natureza lingüística, seja em razão da demonstração que empreende, seja da ênfase argumentativa que procura atribuir a sua intervenção. Trata-se de uma nova maneira de *reabordar* o que já fora dito na própria *mensagem de defesa*, só que evidentemente com propósitos *reforçativos* e *comprobatórios*;

(ii) *Mensagem sobre linguagem descoberta*. Na fase estratégica, o Administrado poderá encontrar corpos de linguagens já existentes, ou seja, *mensagens descobertas*, as quais serão utilizadas, nesta fase, com a finalidade de confirmar-se a refutação já consignada. Dá-se, poder-se-ia dizer, maior destaque à *mensagem descoberta*, razão pela qual a *mensagem de defesa deixa ela falar por si só*. Caso, contudo, esta mensagem seja aparentemente de menor repercussão, a *mensagem de defesa* tornar-se-á avantajada, justamente para o fim de pinçar e por méritos próprios potencializar um aspecto que, ainda que se encontre esfumaçado, com o devido brilho lingüístico, ganhe a aptidão de contribuir para confirmar a refutação;

(iii) *Mensagem sobre linguagem inventada*. Poderá a *mensagem de defesa* trazer à baila uma comunicação inventada especialmente para auxiliar a comprovação da refutação a uma *situação de fato* constante da *mensagem de ataque*. O referente da *mensagem de defesa* poderá ser, portanto, a mensagem irradiada a partir de uma declaração ou certidão especialmente elaboradas para atingir-se a finalidade pretendida pelo Administrado, como consubstanciar-se em relatórios finais resultantes de levantamentos trabalhosos e complexos que permitem à *mensagem de defesa* introduzir depoimentos escritos confirmatórios da refutação consignada pelo Administrado.

A *confirmação da refutação* é o momento crucial da *mensagem de defesa*, pois será dado destaque ao corpo de linguagem probatória, que poderá atribuir propulsão favorável à comunicação expedida, inclinando-a a favor do Administrado. Ou, mesmo, ocorrer o reverso, pois, se as mensagens produzidas forem tímidas e insuficientes para auxiliar o encargo refutatório, tal insuficiência poderá estimular o julgador a frustrar a pretensão do Administrado.

Segundo a *técnica comunicacional*, recomenda-se, na confirmação da refutação, iniciar-se a manifestação pelas mensagens mais fortes e contundentes, introduzindo-se, a seguir, as de menor intensidade e repercussão, para, no arremate, consignar-se outras mais de maior vigor e intensidade probatória. Trata-se de uma forma de compor e assentar as mensagens de uma maneira que, decididamente, volte-se para captar a atenção e o convencimento, se possível favorável, por parte daquele que representa a Administração Pública-julgadora.

No tocante ao *requerimento*, observa-se que, na parte final da *mensagem de defesa*, as *situações de direito* e *de fato* inegavelmente entrelaçam-se, integrando, por vezes, a mesma oração, a fim de que o requerimento possa repercutir efetivamente. De premissas com, no mínimo, boas probabilidades de serem consistentes, consigna-se, com a tonalidade própria de um requerimento formulado ao destinatário da comunicação, que seja acolhida a refutação introduzida pelo Administrado no processo administrativo-tributário, como também, no conseqüente, seja proferida uma decisão que termine o processo administrativo-tributário.

(n) *A argumentação comunicacional*

A *mensagem de defesa* a par de se referir, no essencial, a um acontecimento instalado no que se denomina *situação de fato*, para o fim de lançar um *projétil probatório*, deve inequivocamente estar voltado para gerar conseqüências práticas nos domínios do plano repercussional, donde ser conveniente a utilização de certas técnicas para divulgar a mensagem que entende ser a mais apropriada para consignar a prova que se acha adequada ao caso, à qual se associam, naturalmente, fatores e vetores colhidos a partir de um contexto jurídico-comunicacional, segundo códigos apropriados.

Para tal finalidade convém recorrer-se à *argumentação comunicacional*, a qual procura configurar um meio de agir deliberadamente voltado para atingir-se, pragmaticamente, um determinado resultado previamente almejado, em razão de um comportamento esperado pelo emissor da mensagem em relação a um determinado auditório.

Os *argumentos comunicacionais* consistem no manejo da linguagem, voltado para obter decisões concretas previamente identificadas, que permitem elaborar afirmativas que se apresentem como consistentes ou em condições de serem discutidas com seriedade num certo auditório, especificamente, no caso, integrado por aqueles interessados no processo administrativo-tributário. Admitem ser agrupados, segundo inspiração em Perelman e Olbrechts-Tyteca (*Tratado da Argumentação: a Nova Retórica*), em (a) *técnicas de ligação* ou de (b) *dissociação de noções*.

Nas *técnicas de ligação*, identificam-se os (a) *argumentos quase-lógicos*; (b) os *argumentos fundamentados na estrutura do real* (que utilizam as ligações por *sucessão* ou *coexistência*) e os que (c) *fundamentam a estrutura do real* (identificadores de leis ou estruturas do real, utilizando-se de argumentos assentados em *exemplos*, *modelos* e *analogias*).

Os argumentos quase-lógicos apresentam uma estrutura que lembra os raciocínios formais, lógicos ou matemáticos, merecendo destaque os *argumentos de reciprocidade*, de *transitividade*, da *inclusão da parte no todo*, da *divisão do todo em partes*, *comparação*, *sacrifício* e da *probabilidade*:

(i) através dos *argumentos de reciprocidade*, a *mensagem de defesa* explora comunicacionalmente a idéia de simetria situacional, de maneira que se aplique a um pólo desta relação o mesmo tratamento dispensado à situação integrante do outro pólo da relação simétrica;

(ii) na *mensagem de defesa*, utiliza-se o *argumento de transitividade* para manusearem-se relações, segundo conformações lingüísticas, as quais remetem a conclusões: "a" possui uma relação com "b" que, à sua vez, possui relação com "c". Logo, há relação entre "a" e "c". A argumentação de transitividade encontra-se presente no próprio silogismo e no entimema, pois de um termo transita-se para outro, até obter-se a conclusão;

(iii) no *argumento da inclusão da parte no todo*, procura-se transmitir ao destinatário da *mensagem de defesa* que o mesmo tratamento dado ao todo deve ser dispensado à parte deste todo;

(iv) a mensagem de defesa utiliza-se do *argumento de divisão do todo em partes* especialmente no embate relativo a operações aritméticas de adição, subtração e correspondentes combinatórias;

(v) no *argumento de comparação*, o cotejamento realizado sinaliza a idéia de medição de mais de um termo ou situação, a qual propicia conduzir, do manuseio da operação ocorrida, uma conclusão útil e relevante para a afirmativa que se pretende refutar;

(vi) o *argumento pelo sacrifício* remete à idéia de que há uma relação entre meio e fim, no qual aquele (meio) é um encargo que, uma vez transposto, permite atingir-se a finalidade que estimulou suportá-lo; e

(vii) o *argumento de probabilidade* possui extrema importância na *mensagem de defesa* na seara tributária, dado que as mensagens probatórias referem-se a acontecimentos ocorridos num certo tempo e num certo espaço, logo, tendo um referente sobre o qual a mensagem expressa-se e, por vezes, não são comprovados diretamente, mas, sim, segundo uma argumentação probabilística.

Os *argumentos fundamentados na estrutura do real* estabelecem ligações por *sucessão* ou *coexistência*. As ligações por *sucessão* dizem respeito aos acontecimentos que têm curso no fluir do tempo, prestando-se às ligações *causa-efeito*; na *coexistência*, há a ligação entre realidades de nível desigual e diferente, sendo uma a manifestação da outra, considerada mais estável e com um valor explicativo. É o que ocorre no liame entre a pessoa, sua intenção e os seus atos:

(i) a ênfase que se atribui ao *argumento do vínculo causal* é de que, ocorrido um certo acontecimento, lapida-se, através da linguagem, uma causa que o explicaria, para tanto afastando-se aquilo com pouca possibilidade de ter ocorrido, e centrando atenções naquilo que mais provavelmente tenha sido a razão do acontecimento. Pode-se, ainda, estabelecer-se um liame entre dois acontecimentos sucessivamente ocorridos, numa relação de dependência, ou, uma vez com o acontecimento à mão, realçar-se os seus efeitos, que poderão igualmente revelar-se interessantes para a disputa administrativo-tributária. Variações do vínculo causal são igualmente utilizadas nas mensagens de defesa, como a que se assenta no *método de variação concomitante*, de que há uma interdependência entre fenômenos, de sorte que a repercussão de um determinado fenômeno gera determinados efeitos no outro fenômeno que lhe é relacionado;

(ii) no *argumento pragmático*, utiliza-se a linguagem segundo uma movimentação dialética entre causa e efeito, para o fim de transferir-se valor de um destes pólos da relação, para o outro pólo, ou seja, transferir-se para a causa, o valor da conseqüência, e vice-versa. Poderá, ainda, consistir no rompimento deste liame, deslocando o fator causal para as circunstâncias, outras pessoas etc.;

(iii) na *mensagem de defesa, o argumento da autoridade* refere-se a atos ou juízos de uma pessoa singular ou coletiva como meio de prova favorável a uma determinada tese sob debate que poderá conter *situações de fato*;

(iv) a *mensagem de defesa* poderá interessar-se em evidenciar a integridade habitual do seu emissor, no tocante ao cumprimento de obrigações tributárias. Para esta modalidade do *argumento da interação entre ato e a pessoa*, o ato é uma trilha lingüística que permite construir a imagem da pessoa, de seus atos, das suas qualificações e dos fatos que o têm como protagonista;

(v) no *argumento de refreamento à interação ato-pessoa*, há o sentido de realizar-se, se não a ruptura absoluta, o refreamento da interação entre o ato e a pessoa, especialmente com o propósito de preservar esta última das repercussões advindas de tal interação.

No viés dos *argumentos que fundamentam a estrutura do real* há uma preocupação com o que seja *real*, valorizando-se os (a) *exemplos*, (b) as *analogias* e as (c) *metáforas*, para o fim de, a partir de um caso particular, divisar-se uma situação passível de receber afirmativas lingüísticas consistentes.

(i) segundo *a argumentação pelo exemplo*, invoca-se uma situação precedente (rotulada de *exemplo*), sobre a qual não pairam dúvidas por parte dos integrantes do auditório, que servirá de termo comparativo com outra situação sobre a qual há um interesse específico;

(ii) no *argumento por analogia*, explora-se, em linguagem, uma proporção entre termos que possuam similitude de estruturas, pertencentes a áreas diferentes, propiciando, no tocante aos seus efeitos comunicacionais, a transferência de valor entre termos;

(iii) a *mensagem de defesa* poderá socorrer-se de *metáforas*, mesmo que a expressão lingüística ocorra num ambiente tributário. A sua utilidade pragmática repousa na contribuição valiosa que dá para influir na apreciação, por parte do destinatário da mensagem, do quanto veiculado na comunicação, mediante um deslocamento de sentido de vocábulos ou expressões, enriquecendo ou empobrecendo o acontecimento em si mesmo considerado, ao qual lhe acosta vetores relevantes.

Os argumentos atinentes às *técnicas de dissociação de noções*, têm por objetivo essencial recusar-se o reconhecimento da existência de uma ligação que fora considerada aceita, que fora presumida ou desejada, o que se revela bastante importante para as *mensagens de defesa*, podendo ser aglutinados sob as designações de (a) par *aparência-realidade e* (b) *pares filosóficos*.

(i) relativamente ao par *aparência-realidade*, sabe-se que a aparência não coincide com a realidade, pois, se tal fosse, não seria *aparência*, mas *realidade*. A aparência é que nos toca imediatamente, tendo a vocação de nos sugerir um caminho que nos conduza ao que seja *real*, embora, muitas vezes, tal condução não se realize efetivamente, porque a aparência engana os circunstantes, se tomada a realidade como paradigma de aferição;

(ii) o operador do processo administrativo lida com pares de vocábulos e expressões (que predominantemente, mas não exclusivamente, são opostos), com a finalidade de promover, mediante convencimento do destinatário da mensagem, o desprestígio de um dos pólos dos pares e, reversamente, o prestígio do seu outro par. No tocante às *situações de fato*, tal qual o manejo que realiza em relação ao par *aparência/realidade*, lida-se com o par *consistência/inconsistência* da linguagem em vista da decisão de um auditório particular, de maneira que procurará, na *mensagem de defesa*, tornar evidente a inconsistência da *mensagem de ataque* no tocante a determinada afirmativa, sublinhando a sua inconsistência, conseqüentemente, procurando realizar-se o deslocamento da ênfase num dos pólos do par, para tanto utilizando-se, se necessário, doutros corpos de linguagem de natureza probatória.

(o) *As armadilhas comunicacionais*

A finalidade que uma mensagem probatória possui de auxiliar a aceitação de um determinado auditório acerca de alguma afirmativa que lhe é simultânea ou anteriormente já endereçada pode atingir seu propósito (a) através da composição lingüística adequada, com arranjos que estabeleçam relações associativas e paradigmáticas apropriadas, identificando-se premissas potencialmente consistentes por parte dos co-partícipes da irradiação comunicacional, que propulsionam conclusões específicas, fechando, assim, um circuito da comunicação com propósitos repercussionais, ou (b) atingir tais objetivos, não obstante a composição não se encontre tão aperfeiçoada quanto se recomendaria estivesse, por ruído ou deficiência comunicacional de um destes elementos integrante do circuito, podendo inclusive provir de deficiência técnica e até comunicacional, voluntária ou involuntária, por parte do emissor.

Nas situações em que tal ocorre (sem *mérito* próprio da mensagem) e não há intenção deliberada do emissor para que tal se dê, e, mais, sem que ele próprio, instado a perceber a deficiência, a efetivamente perceba, um exame atento do arranjo lingüístico poderá sinalizar a presença de *armadilhas comunicacionais*, que são arranjos em linguagem que tanto podem surpreender o emissor da mensagem, quanto o seu destinatário. Se presentes, *pulsando*, caso o destinatário as detecte é bem possível que a repercussão seja desfavorável à composição elaborada pelo emissor. Se, diferentemente, o destinatário não as detecte, perseguem reverberando, ou seja, repercutindo no duto comunicacional.

As *armadilhas*, portanto, podem surpreender o desatendo destinatário, capturando o seu convencimento e obtendo a sua adesão à afirmativa contida na mensagem emitida, materializando, em linguagem, o que a lógica designa *falácia*, sumariando-se aquelas que mais de perto podem ser observadas nas mensagens de defesa no ambiente processual-tributário: (a) a *falácia do recurso à força*, que dá um apelo à força para obter-se, por parte do destinatário da mensagem, uma determinada conclusão; (b) o *argumento contra o homem*, que possui um caráter ofensivo, no qual se hostiliza o homem e não a consistência da mensagem; (c) no *apelo à autoridade*, de quem se pretende obter uma decisão, sobretudo em razão do peso e prestígio de indivíduos; (d) no *apelo à piedade*, em que o emissor da mensagem tenciona obter emoção por parte do destinatário, para o fim de ver determinada conclusão ser por ele aceita; (e) invoca-se a *falácia do apelo ao povo* diante da ausência de provas consistentes; (f) na *generalização apressada*, a falácia da relevância que traz repercussões inequívocas do plano comunicacional, irradiando-se a partir da catalogação incorreta ou mesmo de catalogação correta de situações de certo tipo, mas que a tomada da posição generalizante, a partir daí, seja apressada; (g) na *falsa causa*, onde inexiste o nexo lógico e efetivo entre *causa* e *efeito*, para remeter a uma conclusão; (h) relativamente às *falácias de ambigüidade*, onde se observa a *falácia do equívoco*, na qual os vocábulos e as construções lingüísticas remetem a diferentes denotações e conotações no plano repercussional, dependendo do ambiente em que são levados em consideração; (i) a *falácia da anfibologia*, que remete à idéia de que se partem de premissas ambíguas, em função da sua construção gramatical, para atingir-se determinada conclusão.

As armadilhas comunicacionais são as *distrações lingüísticas* voluntárias ou involuntárias do emissor da comunicação que, parte ou toda a *mensagem de defesa* poderá conter, acarretando repercussões ao Administrado, quer favoráveis, caso permaneçam sem oposição, quer desfavoráveis, caso sejam surpreendidas e competentemente enfrentadas.

CADERNOS DE DIREITO TRIBUTÁRIO

DIREITO AO SILÊNCIO *VERSUS* DEVER DE CONTRIBUIR: UM CONFLITO ENTRE PRINCÍPIOS CONSTITUCIONAIS NO ÂMBITO TRIBUTÁRIO SANCIONADOR

EDUARDO MUNIZ MACHADO CAVALCANTI

Procurador do Estado de Minas Gerais, atuando nos Tribunais Superiores em Brasília-DF.
Mestre em Direito Público pela Universidade Federal de Pernambuco — UFPE.
Doutorando em Direito Financeiro e Tributário pela Universidade de Salamanca — USAL.
Professor de Direito Constitucional do Instituto de Ensino Superior de Brasília.
Professor Convidado da Escola de Advocacia Ruy Antunes OAB/PE

Introdução. Justificativa temática. 1. O "dever de pagar impostos" como dever fundamental de contribuir para a manutenção das despesas públicas. 2. O dever de "pagar impostos" versus *o direito ao silêncio: um conflito entre princípios constitucionais. 3. A nova interpretação constitucional como forma de superação da colisão entre princípios: a ponderação de interesses. 4. Conclusão. Bibliografia.*

Introdução. Justificativa temática

É uma constante em nosso ordenamento jurídico o conflito entre normas jurídicas. São diversos os embates jurisdicionais versando sobre direitos, devidamente apoiados em normas, que, em casos concretos, entram em rota de colisão. Nesse sentido, não se pretende enfrentar o conflito apoiado em um caso específico, mas sim, estudar a antinomia sob uma ótica abstrata e consubstanciada no confronto entre textos normativos de nosso diploma constitucional.

O conflito, em jogo, é o "dever de pagar impostos", expressão utilizada especialmente pela doutrina portuguesa para justificar o poder de investigação do Fisco, na busca da real capacidade contributiva dos cidadãos *versus* o direito ao silêncio,[1] princípio devidamente aceito no âmbito penal, e, que, em tese, confronta-se com a prerrogativa de fiscalização da Administração Pública.

Questiona-se: poder-se-ia aceitar um direito de não colaborar com a autoridade fiscal, quando tal exigência pudesse contribuir à incriminação do cidadão-contribuinte?

1. O "dever de pagar impostos" como dever fundamental de contribuir para a manutenção das despesas públicas

Os deveres fundamentais são institutos autônomos e jurídicos, não constituin-

1. A norma constitucional, segundo entendimento jurisprudencial e doutrinário, inserida no

do um mero apelo moral, mas, antes de tudo, configuram-se como obrigações impostas aos cidadãos que devem ser respeitadas, sob pena de repressões ou punições em face de sua transgressão.

O dever fundamental deve ser tratado não unicamente como aspecto ou faceta do direito fundamental, muito menos como instituto que delimita o contorno de tais direitos, mas, em verdade, refletir uma categoria constitucional própria e posta ao lado dos direitos fundamentais, mantendo-se, com este, o mesmo patamar de igualdade axiológica frente ao ordenamento jurídico.[2]

Em razão de tal autonomia, os deveres fundamentais expressam imediata ou diretamente valores e interesses comunitários diferentes e, em algumas medidas, contrapostos aos valores e interesses individuais consubstanciados nos direitos fundamentais. Admitindo-se, portanto, que há deveres fundamentais inerentes a cada cidadão, assim como há, da mesma forma, direitos fundamentais. O contorno dos direitos e deveres ligados ao cidadão será perfilado pela imbricação destes institutos, construindo barreiras recíprocas de atuação.

A expressão *deveres* não enfatiza necessariamente o aspecto de que, correlatamente à existência de um direito, há a criação de um dever, sobretudo no sentido de que os cidadãos têm vários direitos sem vinculação com nenhum dever.[3] Portanto, deve vigorar o princípio da simetria entre direitos e deveres, sendo ambos autônomos, não se estabelecendo, necessariamente, uma correspondência entre direitos e deveres fundamentais.[4-5]

A noção, acima exposta, de deveres fundamentais é decorrência do surgimento do Estado Social. Antes, a idéia de Estado Liberal, cujas diretrizes se baseavam no enaltecimento exagerado, e praticamente absoluto, dos direitos e liberdades individuais, cujas "mãos invisíveis do Estado" pouco interferiam na dinâmica social, cedeu espaço a um intervencionismo necessário para satisfazer o interesse da sociedade. O Estado deixou de ser observador para se tornar prestador e garantidor de condições mínimas vitais ao cidadão. Houve uma redefinição da ordem, na qual as relações entre Poder Público e o povo ganharam novo desenho.

inciso LXIII do art. 5º da Constituição Federal, assegura aos indivíduos, de uma forma geral, que os mesmos não podem ser compelidos a fornecer a sua própria base incriminatória.

2. José Casalta Nabais, *O Dever Fundamental de Pagar Impostos*, p. 36.

3. Peculiarmente, Cristina Pauner Chulvi afirma que embora não haja uma teoria da correlatividade entre direitos e deveres fundamentais, há que se entender que no Estado Social Democrático de Direito os direitos e deveres são categorias inseparáveis no sentido de que não existem direitos sem o cumprimento de um mínimo de deveres. Nem o outro extremo pode ser admitido, qual seja, um Estado baseado em um regime unilateral de deveres impostos aos cidadãos. Em continuação, a autora cita exemplos em que os deveres constituem verdadeiros pressupostos de proteção dos direitos fundamentais, como o direito à educação se garante graças aos recursos obtidos através do cumprimento dos cidadãos do dever de pagar impostos; ou mesmo o direito a tutela judicial, que se efetiva, ou se faz possível, com a observância do dever de ser jurado quando chamado; e ainda, o direito ao voto que só é praticável com a realização do dever de participação cidadã nas mesas eleitorais (Cristina Pauner Chulvi, *El Deber Constitucional de Contribuir al Sostenimiento de los Gastos Públicos*, p. 47).

4. J. J. Gomes Canotilho, *Direito Constitucional e Teoria da Constituição*, 2ª ed., p. 479.

5. A tese da correlatividade entre direitos e deveres é descartada atualmente, principalmente no âmbito tributário, pois os impostos, como se sabe, são tributos que inexigem a contraprestação do Estado, ao contrário das taxas e das contribuições de melhoria, e ainda, das contribuições sociais. Em sendo assim, descarta-se a idéia outrora construída de que a cada direito corresponde um dever, pois, especialmente à esfera tributária é preferível adotar, segundo a lição de Cristina Pauner Chulvi, a relação entre *Potestad administrativa* (Potestade administrativa, ou se preferir poder-dever) e os deveres dos contribuintes. Não há que se falar propriamente em direito subjetivo do Estado, mas em poder-dever tributário, pois caso fosse admitida a noção de direitos subjetivos, estes poderiam ser disponíveis, o que não é admissível no âmbito tributário, especialmente no Direito Público, cujos contornos, buscam evitar a possibilidade de renúncia do ente público de suas prerrogativas, pois este, está a serviço da coletividade (Cristina Pauner Chulvi, *El Deber Constitucional de Contribuir...*, cit., pp. 65-66).

E para que esse objetivo fosse alcançado, tais relações deveriam adequar-se a esta nova ordem social. Nesse sentido, as liberdades e direitos individuais, antes invioláveis em sua fase primogênita — Estado Liberal —, deveriam ceder espaço aos direitos coletivos, essencialmente dependentes da atuação estatal. Por isso, não se pode mais admitir a existência de direitos absolutos, plenamente resistentes frente às investidas estatais, posto que a tutela dos interesses individuais fica ensombrecida frente à necessidade da tutela do interesse coletivo, identificado, sobretudo, na redistribuição da riqueza.

Cristina Pauner Chulvi identifica a exaltação dos deveres constitucionais do cidadão a partir da fórmula de Estado Social e Democrático de Direito que supõe a consecução de fins e o estabelecimento de instrumentos necessários para alcançar tais objetivos. E para a compreensão e alcance de tais fins, tem-se que compreender a existência da solidariedade, cooperação e justiça social como deveres dos cidadãos. Apóia-se em Stuart Mill, ao transcrever suas palavras, em síntese, asseverando que, embora a sociedade não se baseie em um contrato e, ainda, de nada adiantaria inventar um para deduzir tais obrigações sociais, todos que recebem a proteção da sociedade estão obrigados a devolver algo em troca deste benefício.[6]

A mencionada autora, Cristina Pauner Chulvi, serve-se das palavras do Tribunal Constitucional Espanhol para refletir sobre o tema acerca do fundamento dos deveres constitucionais: "La configuración del Estado social y democrático de Derecho viene así a culminar una evolución en la que la consecución de los fines de interés general no es absorbida por el Estado, sino que armoniza en una acción mutua Estado-sociedad que difumina la dicotomía derecho público-derecho privado" como reflejo de la "interacción Estado-sociedad y la interpretación de lo público y lo privado".[7]

Portanto, como se vê, os deveres constitucionais são decorrências do Estado social. Estado este, pautado não só no dever de preservação das liberdades individuais dos cidadãos, mas também, responsável pela prestação de serviços que possam atender as necessidades e anseios sociais. Essa segunda perspectiva configura-se pela montagem de uma sociedade, na qual todos tenham condições dignas de sobrevivência, e, para que isto seja possível, é imprescindível que existam deveres constitucionais, posto que, a partir desses deveres, haja uma série de obrigações concretas que contribuam para a conformação desta nova ordem social. Por isso, todos os deveres constitucionais encontram sua fundamentação jurídica no amplo princípio do Estado social, que deve ser interpretado não sob uma perspectiva individualista, como era a concepção do Estado Liberal, mas na *idéia de solidariedade*, porque visa à proteção dos interesses de todos.

E é justamente na esteira da noção de solidariedade, como diretriz básica da estruturação do Estado social que derivam as noções de deveres fundamentais e suas conseqüentes espécies. Poder-se-ia, nesta perspectiva, idealizar o dever de solidariedade como gênero que abarca os deveres constitucionais como espécies, em especial, o "dever de pagar impostos", ou também conhecido como dever de contribuir.[8] Não é

6. Idem, p. 47.

7. Decisão do Supremo Tribunal Constitucional Espanhol 18/1984 (Cristina Pauner Chulvi, *El Deber Constitucional de Contribuir...*, cit., p. 58).

8. Cristina Pauner Chulvi em nota de rodapé (n. 135), expõe que a doutrina tem aceitado unanimemente esta vinculação entre o dever de contribuir (dever de pagar impostos) e o princípio da solidariedade, dentre eles: "F. Pérez Royo, 'Principio de legalidad, deber de contribuir y decretos-leyes en materia tributaria', *Revista Española de Derecho Constitucional* 13/67 e 68, 1985; C. Lozano Serrano, *Exenciones Tributarias y Derechos Adquiridos*, Madrid, Tecnos, 1988, pp. 47 a 49; Orón Moratal, 'Notas sobre el concepto de tributo y el deber constitucional de contribuir. En el sistema económico en

outra a concepção adotada por Cristina Pauner Chulvi: "El principio de solidariedad puede, por tanto, erigirse como valor que inspira el modo en el que el deber de contribuir se ejecuta en relación a y con respecto de los valores que inspiran el Estado social y democrático de Derecho que consagra nuestra Constitución: solidariamente. Gracias a ello, el deber de contribuir al sostenimiento de los gastos públicos se beneficia de una influencia 'casi-ética' o, mejor, de justicia, en primer lugar, en el sentido de que los ciudadanos saben que con sus contribuciones económicas están permitiendo el mantenimiento y la supervivencia de un Estado de que, a su vez, obtienen determinados servicios y, segundo lugar, este sentimiento social de justicia se ve aumentado por la función redistributiva que constitucionalmente se exige del sistema tributario en el art. 31.2 CE, generando un sistema de cooperación social basado en el principio de solidariedad".[9]

Nesse sentido, os deveres fundamentais descansam na noção de solidariedade que rege todo o sistema do Estado social e democrático de direito, adquirindo, portanto, indiscutível eficácia. O que se pode questionar, entretanto, será a condição imposta para se fazer valer tal dever fundamental, conforme elucida Pérez Royo,[10] pois como enfatizamos mais acima, a nova concepção de Estado, baseada na ideologia de um Estado prestador, com exaltação dos direitos sociais, não pode derrogar em definitivo os direitos e liberdades individuais, mas, em verdade, encontrar uma harmonização antes nunca vista.

Portanto, nessa nova remodelagem, os direitos individuais ganham companheiros constitucionais autônomos e independentes, os deveres fundamentais, que com aqueles devem harmonizar-se, na busca da convivência pacífica baseada na ponderação entre os bens ou interesses jurídicos em litígio.

E por isso, sob um ponto de vista conceitual, José Casalta Nabais, apresenta uma idéia de dever fundamental como instituto jurídico próprio e autônomo, independente da existência dos direitos fundamentais: "(...) os deveres fundamentais constituem uma categoria jurídico-constitucional própria colocada ao lado e correlativa da dos direitos fundamentais, uma categoria que, como correctivo da liberdade, traduz a mobilização do homem e do cidadão para a realização dos objectivos do bem comum".[11]

O dever de contribuir é um desses deveres fundamentais consubstanciado em nossa ordem Constitucional, embora o texto da Constituição Federal Brasileira nunca tenha abordado a expressão "dever de pagar impostos" como dever fundamental, tal ausência deve ser suplantada a partir de uma exegese constitucional sistêmica,[12]

la Constitución Española', Madrid, XV Jornadas de Estudio de la Dirección General del Servicio Jurídico del Estado, 1994, p. 1.602; M. J. Fernández Pavês, 'Implicaciones del principio constitucional de legalidad tributaria en el ámbito procedimental de tributo', in *Estudios de Derecho Público. Homenaje al Profesor J. J. Ruiz Rico*, v. I, Madrid, Tecnos, 1997, p. 264; L. M. Carzola Prieto, 'Consideraciones sobre el poder tributario: su estructura en la Ley General de 28 de diciembre de 1963', *Estudios de Derecho Tributario*, v. I, Madrid, Instituto de Estudios Fiscales, 1979, p. 107" (Cristina Pauner Chulvi, *El Deber Constitucional de Contribuir...*, cit., p. 72).

9. Idem, p. 73.

10. J. Pérez Royo, *Curso de Derecho Constitucional*, p. 277.

11. José Casalta Nabais, *O Dever Fundamental...*, cit., p. 64.

12. Por hermenêutica sistêmica entende-se a interpretação harmoniosa do ordenamento jurídico. Não se deve apartar a norma de seu contexto, levando o hermeneuta a aplicar o direito sistematicamente, sob pena de perda da dimensão global do ordenamento jurídico. Em suma, a interatividade entre as normas jurídicas é a solução para a coexistência do sistema jurídico de forma a integrar os princípios e deveres entre si, evitando uma visão limitada e muitas vezes injusta que a interpretação unitária e isolada de uma norma jurídica pode propiciar. Veja sobre o tema, Luís Roberto Barroso, *Interpretação e Aplicação da Constituição*, 5ª ed., p. 137; Carlos Ayres Britto, *Teoria da Constituição*, p. 155; Manoel Messias Peixinho, *A Interpretação da Constituição e os Princípios Fundamentais. Elementos para uma Hermenêutica Constitucional Renovada*,

cujas raízes estão relacionadas ao princípio da capacidade contributiva.[13] Desta forma, o "dever de pagar impostos" detém um suporte constitucional específico em nosso texto Constitucional, porém implícito, o que não lhe retira a configuração de dever fundamental.[14-15]

A ausência de norma expressa que determine um dever fundamental não pode ser entendida simplesmente como obstáculo a sua consecução, pois segundo a lição do mestre português, Casalta Nabais, os deveres fundamentais são observados, em muito dos casos, a partir de conceitos implícitos: "(...) os deveres fundamentais não carecem de uma consagração constitucional expressa, bastando-se com uma consagração implícita como acontece actualmente entre nós com o dever de pagar impostos, dever este que ninguém duvida que tem consagração na nossa Constituição, pois que ele resulta claramente, quer da ampla e desenvolvida 'constituição fiscal' que contém (arts. 106º e 107º), quer da própria natureza do estado fiscal que incorpora e que o reconhecimento e garantia dos direitos fundamentais pressupõe".[16]

Poder-se-ia, imaginar que o dever de contribuir seria uma decorrência lógica do princípio da eficiência estatal, pois sem os recursos financeiros suficientes para a manutenção das despesas públicas, certamente a Administração Pública estaria fadada à falência. Dessa forma, alguns teóricos costumam associar a idéia de que a fiscalização tributária e a imposição da colaboração com o ente fiscal para se apurar as obrigações fiscais são frutos desse preceito.

O que fundamenta a gestão tributária (obrigações tributárias, fiscalizações, etc.) ou mesmo a igualdade de que todos devem contribuir para a manutenção das despesas públicas e políticas sociais, decorrência do dever fundamental de pagar impostos, é, entretanto, muito mais a justiça tributária, inspirada e concretizada através da capacidade contributiva dos cidadãos, que qualquer significado de eficiência na gestão tributária, que, em verdade, em muitos dos casos, apenas esconde a comodidade dos serviços para as autoridades administrativas.[17]

Não há dúvidas, portanto, quanto à inserção deste dever fundamental específico de contribuir em nosso texto constitucional, cujas matizações estão intimamente relacionadas ao princípio da capacidade contributiva, e, cujos contornos, fomentam a idéia de solidariedade dos contribuintes,[18]

3ª ed., pp. 50-52. Não menos oportuna é a lição do Prof. Tercio Sampaio Ferraz Júnior ao afirmar que: "A primeira e mais importante recomendação, nesse caso, é de que, em tese, qualquer preceito isolado deve ser interpretado em harmonia com os princípios gerais do sistema, para que se preserve a coerência do todo" (*Introdução ao Estudo do Direito*, 3ª ed., p. 285).

13. Grande parte dos países adota a inserção do "dever de pagar impostos" como previsão no corpo constitucional atrelada a idéia de capacidade contributiva, como assim faz a Constituição espanhola no art. 31.1: "Todos contribuirán al sostenimiento de los gastos públicos de acuerdo con su capacidad económica mediante un sistema tributario justo inspirado en los principios de igualdad y progresividad que, en ningún caso, tendrá alcance confiscatorio".

14. Art. 145, § 1º, CF/1988: "Sempre que possível, os impostos terão caráter pessoal e serão graduados segundo a capacidade econômica do contribuinte (...)".

15. Posição contrária é adotada por Cristina Pauner Chulvi, da qual discordamos, pois segundo a autora, há uma diferença entre os direitos e os deveres fundamentais, pois estes últimos obedecem à condição de tipicidade ou *numerus clausus*, com o qual só se pode admitir como constitucionais se a Constituição os reconhecem explicitamente. Dentre os argumentos oferecidos para tal conclusão, explica a autora que a constituição, em regra, não faz abertura do catálogo de deveres assim como costuma fazer para os direitos (Cristina Pauner Chulvi, *El Deber Constitucional de Contribuir*..., cit., p. 40).

16. José Casalta Nabais, *O Dever Fundamental*..., cit., p. 63.

17. Antonio Galiardo Cayón, "Gestión tributaria y derechos fundamentales", *Revista Técnica Tributaria* 3/17.

18. Ricardo Lobo Torres destaca que a solidariedade é quem justifica a capacidade contributiva e fundamenta a cobrança dos impostos (Ricardo Lobo Torres, "Ética e Justiça Tributária", in Luís Eduardo Schoueri e Fernando Aurélio Zilveti (coords.), *Direito Tributário. Estudos em Homenagem a Brandão Machado*, p. 188).

pois, assim, todos devem contribuir com sua verdadeira possibilidade. É direito do cidadão exigir que todos colaborem com esse custo público de prestação social fornecida pelo Estado, havendo, em conseqüência, o dever fundamental de contribuir e o de colaboração com a Administração Pública nessa empreitada.[19]

Poder-se-ia pensar, ainda, em sistematizar a fundamentação do dever fundamental de pagar imposto na idéia projetada de Estado Fiscal,[20] entretanto, acreditamos que tal dever fundamental encontra sua fundamentação dogmática indireta amoldada com maior rigor ao princípio da capacidade contributiva, atualmente, matiz básica e sustentáculo do poder tributário estatal.

Assim sendo, o conceito de capacidade contributiva radica no pensamento de que deve haver igualdade no suporte à manutenção das despesas públicas, cujas considerações exige que cada um participe, segundo o seu grau de capacidade financeira, caracterizando, enfim, a justiça fiscal e tributária inerente ao sistema impositivo.[21]

Portanto, a noção de capacidade contributiva está edificada no preceito de que todos devem contribuir ("dever de pagar impostos") à manutenção das despesas públicas (sociais, econômicas, políticas, etc.), guardando-se estreita relação entre os institutos, tributo e gasto público. Esse é o norte a ser seguido pelo sistema impositivo, absorvendo a idéia de que "no puede haber prestación de bienes y servicios públicos si no existe un instrumento de financiación del coste de los mismos".[22]

A unanimidade doutrinal coaduna com este entendimento que nas linhas seguintes sintetizamos:

"Os impostos, quando ajustados à capacidade contributiva, permitem que os cidadãos cumpram, perante a comunidade, seus deveres de solidariedade política, econômica e social. Os que pagam este tipo de exação devem contribuir para as despesas públicas não em razão daquilo que recebem do Estado, mas de suas potencialidades econômicas. Com isso, ajudam a remover os obstáculos de ordem econômica e social que limitam, de fato, a liberdade e a igualdade dos menos afortunados."[23]

"A capacidade contributiva continua a ser o princípio mais importante de justiça tributária, podado, entretanto, nos seus excessos e ampliado no seu contacto com a *solidariedade*, o que leva ao equilíbrio no plano político entre o tributo e as prestações entregues pelo Estado, ou seja, o aspecto tributário passa a ser visualizado em conjunto com a questão da despesa pública, do tamanho do Estado e da participação comunitária."[24]

19. Betina Treiger Grupenmacher ressalta que é certo que o contribuinte tem direitos a serem respeitados no exercício da competência tributária do poder de tributar, mas é igualmente certo que o dever de pagar impostos é ínsito à cidadania, e decorre da idéia de solidariedade. Cita Francesco Moschetti, "Quando se fala em 'concurso para com os gastos públicos' se trata como veremos, de fazer patente o caráter solidário da contribuição e não de fazer uma distinção tão difícil de fundar a partir do ponto de vista jurídico" (Betina Treiger Grupenmacher, "Tributação e direitos fundamentais", in Octavio Campos Fischer (coord.), *Tributos e Direitos Fundamentais*, p. 12).

20. O Estado fiscal consiste na cobertura de suas necessidades financeiras basicamente estruturada em impostos. O Estado Fiscal surge como suporte ao Estado Social, assim como ao Estado Liberal, influenciado apenas pelo grau de interferência na economia privada, pois enquanto naquele, o Estado Social, a intervenção apresenta-se mais intensa que neste último, o Estado Liberal.

21. Antonio Galiardo Cayón, "Gestión tributaria y derechos fundamentales", *Revista Técnica Tributaria* 3/17.

22. Da mesma forma, a doutrina espanhola com base no art. 31.1 de sua Constituição oferece a fundamentação dogmática do dever que cada cidadão possui de pagar impostos, quando ressalva expressamente que é dever de todos contribuir para a manutenção das despesas públicas: "Todos contribuirán al sostenimiento de los gastos públicos de acuerdo com su capacidad económica mediante un sistema tributario justo inspirado en los principios de igualdad y progresividad que, en ningún caso, tendrá alcance confiscatorio".

23. Roque Antonio Carrazza, *Curso de Direito Constitucional Tributário*, 19ª ed., p. 78.

24. Ricardo Lobo Torres, *Liberdade, Segurança e Justiça no Direito Tributário. Justiça Tributá-*

Compreende-se da conceituação acima abordada que os cidadãos devem contribuir com sua real capacidade contributiva, suportando, cada um, uma fração pecuniária direcionada a manutenção das despesas públicas, configurando-se, por fim, o dever fundamental de contribuir, preceito diretamente relacionado ao princípio da solidariedade fiscal, materializado através do dever de colaboração tributário,[25] e, essencialmente, atrelado, como enfatizamos aqui, ao princípio da capacidade contributiva. Esse último servindo como instrumento para a concretização da justiça fiscal.

Em síntese, o princípio da solidariedade, fruto do Estado Social, desenvolve a idéia de deveres fundamentais, que quando inseridos no bojo constitucional, adquirem tal *status*, e ganham contornos mais concretos através das diferentes espécies, das quais destacamos o dever de contribuir à manutenção das despesas e investimentos públicos ou, simplesmente, "dever de pagar impostos", que em nossa Constituição encontra sua fundamentação dogmática no princípio da capacidade contributiva, inserido no § 1º do art. 145.[26]

Por fim, é desse dever fundamental de "pagar impostos" que surgem direitos correlatos à Administração Pública, na busca do interesse da coletividade, em especial, o dever de obtenção de informações fiscais, pois, em muito dos casos, seria praticamente inviável ao Estado subministrar ou obter declarações dos cidadãos. Com isso, poderíamos dizer que o dever de contribuir, ou de pagar impostos, não se resume especificamente ao efetivo recolhimento do tributo exigido, consubstancia-se, também, em atividades paralelas desempenhadas pela Administração Pública, na busca da verdadeira capacidade contributiva do administrado. Daí que, do desdobramento do principio da solidariedade, como vimos acima, derivam os deveres fundamentais constitucionais, e destes, podemos especificar como uma de suas vertentes (espécies), o dever de contribuir (ou pagar impostos), que, por sua vez, pode estar materializado no recolhimento do tributo (obrigação tributária principal) e nas atividades correlatas desempenhadas pela Administração Pública ("obrigações acessórias"), ou como exige a doutrina especializada, os deveres tributários instrumentais, como a obtenção de informações, fornecimento de declarações, etc.[27]

ria, 1º Congresso Internacional de Direito Tributário — IBET, p. 693.

25. Entenda-se dever de colaboração tributário, ou também conhecido como princípio da solidariedade fiscal, como gênero que abarca o princípio da capacidade contributiva. A jurisprudência do Tribunal Constitucional Espanhol em sentença de 26 de novembro de 1984, já citada, ressalta que dito dever se justifica no dever de contribuir à manutenção dos gastos públicos. Essa inspiração do Tribunal Espanhol adveio da doutrina Alemã que já mencionava a existência de um genérico dever de colaboração com a Administração Pública. Ver Ruiz J. R. García, *Secreto Bancario y Hacienda Pública (el deber de colaboración de las entidades bancarias en el procedimiento de gestión tributaria)*, p. 120; F. Escribano, *La Configuración Jurídica del Deber de Contribuir. Perfiles Constitucionales*, pp. 326-327.

26. "Sempre que possível, os impostos terão caráter pessoal e serão graduados segundo a capacidade econômica do contribuinte, facultado à administração tributária, especialmente para conferir efetividade a esses objetivos, identificar, respeitados os direitos individuais e nos termos da lei, o patrimônio, os rendimentos e as atividades econômicas do contribuinte."

27. Não nos cabe, em razão da delimitação a que demos ao trabalho, analisar em pormenores a distinção feita pela doutrina entre "dever de contribuir" ou "dever tributário" (pagar impostos) e as "obrigações tributárias", mas apenas enfatizar que estas últimas, a nosso juízo, correspondem a espécies daquele dever, consubstanciada quer seja no recolhimento do tributo (obrigação tributária principal) ou no desempenho de atividades consecutórias de tal objetivo ("obrigação tributária acessória"). Lago Montero chega ao extremo de identificar como coincidentes os termos "dever" e "obrigação" em razão da falta de acordo sobre a terminologia no Direito Financeiro e Tributário, preferindo o uso indistinto de ambos os conceitos (J. M. Lago Montero, *La Sujeción a los Diversos Deberes y Obligaciones Tributarias*, p. 50). Entretanto, a doutrina de uma forma geral, tem se preocupado com a distinção terminológica apresentada. Segundo Soler Roch, a obrigação tributária contém verdadeiros direitos subjetivos, enquanto que o dever tributário significa sim-

É justamente nesta segunda perspectiva dos deveres de contribuir, qual seja, referente aos deveres instrumentais, que a Administração Pública se mune na prerrogativa de exigir informações dos contribuintes: quer seja para comprovar informações, ou ainda, no intuito investigativo. Daí surge a problemática a ser analisada no tópico seguinte.

2. *O dever de "pagar impostos"* versus *o direito ao silêncio: um conflito entre princípios constitucionais*

Constata-se a existência de um princípio consagrado no âmbito penal que assegura o direito ao silêncio ao acusado, preceito extraído do inciso LXIII do art. 5º da Constituição Federal.

A consagração deste direito no processo penal é assegurada pela doutrina e pelo entendimento pacífico do Supremo Tribunal Federal,[28] admitindo-se, inclusive, o direito não só de calar-se, assim como o de mentir em razão de sua defesa.

A controvérsia surge ao admitirmos a existência de um dever de contribuir, consubstanciado na real capacidade contributiva do cidadão e, por outro lado, o direito à não se auto-incriminar, em tese, permitindo ao cidadão-contribuinte não fornecer quaisquer meios ou documentos fiscais que possam servir como meio de prova de sua culpabilidade.

Os preceitos colidem na medida em que um fundamenta o dever imposto a cada cidadão de contribuir à manutenção dos gastos públicos, inclusive, fornecendo uma base de dados, seguros e corretos, para que o ente fiscal assim possa efetuar o recolhimento do tributo, ou comprovar o *quantum* devido de cada contribuinte, segundo os ditames da real capacidade contributiva e, em contrapartida, o direito ao silêncio que assegura o não fornecimento, desses mesmos dados, quando possam servir como incriminatórios.

De feito, a legislação comporta contradições normativas ocasionando uma zona de incerteza e insegurança jurídica aos cidadãos. É impossível, ao menos até o momento, um ordenamento jurídico funda-

plesmente uma situação de sujeição (M. T. Soler Roch, "Notas sobre la configuración de las obligaciones y deberes tributarios con especial referencia al IRPF", *Revista Española de Derecho Financiero* 25/12). Para Casalta Nabais, os deveres fundamentais se configuram como posições jurídicas duradouras ou permanentes (José Casalta Nabais, *O Dever Fundamental...*, cit., p. 72). A posição de Cristina Pauner Chulvi, quem enumera quatro diferenças básicas, das quais destacamos: a de que os deveres de contribuir derivam da Constituição e as obrigações tributárias das leis; e ainda, a de que aqueles deveres são duradouros não se findando com o cumprimento, pois perdura para as relações futuras, enquanto que as obrigações são freqüentemente extintas ao serem adimplidas e seguidamente renovadas, segundo a concretização de novo fato gerador (Cristina Pauner Chulvi, *El Deber Constitucional de Contribuir...*, cit., p. 67). Berliri, autor da literatura clássica italiana, resume a distinção entre dever e obrigação tributária com base no caráter patrimonial (Antonio Berliri, *Principios de Derecho Tributario*, v. II, p. 82). Soler Roch critica a concepção de Berliri construída com base no aspecto patrimonial, preferindo afirmar que a diferença reside no fato das obrigações gerarem verdadeiros direitos subjetivos, enquanto que os deveres não (Maria Tereza Soler Roch, "Notas sobre la configuración de las obligaciones y deberes tributarios con especial referencia al Impuesto sobre la Renta de las Personas Físicas", *Cuadernos Españoles de Derecho Financiero* 25/5). No mesmo sentido de Soler Roch, encontra-se a doutrina, também espanhola, de Pérez de Ayala e Eusebio González García, *Curso de Derecho Tributario*, v. I, 5ª ed., p. 119. Ainda, na literatura brasileira, em obra recente, veja-se Roberto Wagner Lima Nogueira, *Fundamentos do Dever Tributário*, pp. 153-156.

28. "Qualquer indivíduo que figure como objeto de procedimentos investigatórios policiais ou que ostente, em juízo penal, a condição jurídica de imputado, tem dentre as várias prerrogativas que lhe são constitucionalmente asseguradas, o direito de permanecer calado. *Nemo tenetur se detegere*. Ninguém pode ser constrangido a confessar a prática de um ilícito penal. O direito de permanecer em silêncio insere-se no alcance concreto da cláusula constitucional do devido processo legal. E nesse direito ao silêncio inclui-se, até mesmo por implicitude, a prerrogativa processual de o acusado negar, ainda que falsamente, perante a autoridade policial ou judiciária, a prática da infração penal" (HC 68.929-9-SP, *DJU* 28.8.1992, p. 13.453).

do numa perfeita integração normativa. Essas tensões e antinomias axiológicas podem ocorrer das mais variadas formas na legislação. Em determinados momentos as normas em sentido estrito, ou também conhecidas como regras podem colidir. Esta divergência pode ser facilmente suplantada a partir de três critérios apontados pela doutrina clássica.

Primeiramente, deverá o intérprete se valer de uma compreensão cronológica, isto é, a *lex posteriori derogat priori*. A elaboração de uma lei posterior que contradita com uma outra anterior, pressupõe-se que exista um intento de derrogar a lei anterior, conforme prescreve o § 1º do art. 2º da Lei de Introdução ao Código Civil Brasileiro.[29]

Outro critério é o da prevalência, entre duas normas antinômicas, da hierarquicamente superior: *lex superior derogat inferiorem*. É o caso, na legislação brasileira, de uma lei ordinária e uma norma constitucional, prevalecendo esta última,[30] não em razão de uma ordem racional meramente dispositiva de um ordenamento, mas, antes de tudo, de um critério de relevância sobre a matéria. A doutrina mais moderna flexibiliza esta teoria a medida em que estabelece os campos ou áreas de atuação a determinada espécie legislativa. Exemplificando, uma matéria de pertinência legislativa de lei ordinária, pode perfeitamente ser regulada por lei complementar, tendo em vista que o rigor para se estabelecer esta última é maior, em nada prejudicando as formalidades exigidas para implementação. Como a matéria, entretanto, é originariamente de competência regulamentaria de lei ordinária, posteriormente, admitir-se-ia que a lei complementar que disciplinasse a matéria poderia ser revogada por aquela, tendo em vista a retomada de sua área de atuação. A lição da doutrina Constitucional moderna assim se posiciona: "Cada norma foi elaborada para desempenhar determinada função, não havendo a superposição de uma sobre a outra. As normas infraconstitucionais foram divididas segundo o critério de competência *ratione materiae* (em razão da matéria), em que cada uma delas ocupa um determinado espaço normativo. Portanto, a emenda não é superior à lei complementar nem à lei ordinária. A primeira serve para modificar a Constituição, a segunda para complementá-la e a terceira para disciplinar os demais casos de forma geral".[31]

Por fim, outro critério adotado entre a colisão entre regras é o da especialidade, segundo o qual *lex specialis derogat generali*. Ressaltasse que a antinomia atinge somente aquilo que há de comum entre as duas normas, aplicando-se a regra específica sobre a matéria.[32]

A antinomia pode ocorrer não exclusivamente entre regras, mas entre princípios e estas últimas.[33] Tal colisão é suplanta-

29. "A lei posterior revoga a anterior quando expressamente o declare, quando seja incompatível ou quando regule inteiramente a matéria de que tratava a lei anterior."

30. A Constituição de 1988 estabelecesse no art. 59, que trata do processo legislativo, uma hierarquia normativa: "Art. 59. O processo legislativo compreende a elaboração de: I — emendas à Constituição; II — leis complementares; III — leis ordinárias; IV — leis delegadas; V — medidas provisórias; VI — decretos legislativos; resoluções".

31. Walber de Moura Agra, *Manual de Direito Constitucional*, p. 385.

32. Há casos, entretanto, em que a antinomia não pode ser solucionada com os critérios apresentados, é o caso das normas antinômicas apresentadas entre normas contemporâneas, do mesmo nível e gerais. O critério apresentado por Bobbio parece fornecer parâmetros, pois segundo ele as regras podem ser imperativas, proibitivas e permissivas, admitindo-se que a solução da tensão normativa deve se dar com a aceitação da prevalência da regra permissiva, por ser mais benéfica ao cidadão (Noberto Bobbio, *Teoria do Ordenamento Jurídico*, trad. Maria Celeste C. J. Santos, 10ª ed., p. 98).

33. Eros Roberto Grau, por outro lado, afirma que as regras são concreções dos princípios ou especificações regulatórias deles, ou ainda, desdobramentos normativos dos mesmos. Dessa forma, entende o autor que não há antinomias, conflitos, colidências entre princípios e regras, pois elas são afastadas quando ocorre tal fenômeno, mesmo que permaneçam incorporadas e inteiramente validas no ordenamento jurídico (*apud* Ruy Samuel Espíndola, *Conceito de Princípios Constitucionais*, 2ª ed., p. 75).

da no plano da teoria geral do direito, pois os princípios são diretrizes de um ordenamento jurídico, não podendo ser superado por regras de comportamento, já que aqueles representam a fundamentação axiológica do sistema, enquanto estas estabelecem formas de conduta.[34]

A solução para a antinomia normativa parece encontrar maiores percalços quando se depara com a colisão principiológica ou também conhecida como *antinomias jurídicas impróprias*.[35] Por fugir do plano estritamente dogmático, a tensão entre princípios gera dúvidas a respeito da racionalidade estruturante dessa superação jurídica. Qual dos princípios deve se sobrepor, o princípio da capacidade contributiva ou o princípio da não auto-incriminação? Como o sistema jurídico[36] pode conviver com este conflito normativo?

Outrora, a discussão em torno a este tema não suscitaria relevância jurídica em razão da idéia projetada entre a relação Estado *versus* cidadão, cuja vinculação resumia-se a submissão entre súdito e soberano. Essa relação, advinda dos preceitos proferidos no início do século XX, essencialmente pela literatura alemã,[37] preconizava uma relação de poder como característica indispensável à formação do Estado, manifestada em ordens impreterivelmente obedecidas sob pena de culminações sancionatórias rígidas. Essa era a idéia despertada das relações gerais entre administrado e o Estado, que traspassava ao âmbito tributário.

Essas relações, perduradas durante o longo tempo de absolutismo, suplantaram definitivamente o Estado Antigo e Medieval na Região Ocidental. Posteriormente, com o advento da idade Moderna e Contemporânea, impulsionou-se o aparecimento dos atuais Estados Democráticos. Em definitivo, ao menos teoricamente, a submissão dos súditos frente aos soberanos tornou-se incompatível com a nova ordem democrática de direito, cujos matizes básicos consistem na submissão de ambos, Estado e cidadão (contribuinte), às legislações e ao cumprimento de suas respectivas obrigações.

Na moldura teórica da concepção do Estado Democrático de Direito, tanto o indivíduo como o Estado estão em condições de igualdade frente às normas constitucionais, devendo, ambos, preservarem os comandos estabelecidos pelo Texto Maior.

34. Karl Larenz define os princípios como normas de grande relevância para o ordenamento jurídico, na medida em que estabelecem fundamentos normativos para a interpretação e aplicação do Direito, deles decorrendo, direta ou indiretamente, normas de comportamento. Para esse autor, os princípios seriam pensamentos diretivos de uma regulação jurídica existente ou possível, mas que ainda não são regras suscetíveis de aplicação, na medida e, que lhes falta o caráter formal de proposições jurídicas, isto é, a conexão entre uma hipótese de incidência e uma conseqüência jurídica. Daí por que os princípios indicariam somente a direção em que está situada a regra a ser encontrada, como que determinando um primeiro passo direcionador de outros passos para a obtenção da regra (Karl Larenz, *Metodologia da Ciência do Direito*, trad. José Lamego, 3ª ed.).

35. "O conflito entre regras suscita a idéia das antinomias jurídicas próprias; a colisão entre princípios, as antinomias impróprias" (Ruy Samuel Espíndola, *Conceito de Princípios Constitucionais*, 2ª ed., p. 73).

36. O uso do termo "sistema", no presente trabalho, é deveras simples, não se preocupando em face da complexidade teórica da idéia de sistema. Tal complexidade é demonstrada nas obras de Herbert L. A. Hart, *O Conceito de Direito*, trad. A. Ribeiro Mendes, Lisboa, Fundação Calouste Gulbenkian, 1986; Claus-Wilhelm Canaris, *Pensamento Sistemático e Conceito de Sistema na Ciência do Direito*, trad. A. Mendes Cordeiro, Lisboa, Fundação Calouste Gulbenkian, 1989; Niklas Luhmann, *Sistema Jurídico y Dogmática Jurídica*, trad. Inácio de Otto Pardo, Madri, Centro de Estudios Constitucionales, 1983; Hans Kelsen, *Teoria Pura do Direito*, trad. João Baptista Machado, 6ª ed., São Paulo, 1998; Tercio Sampaio Ferraz Júnior, *O Conceito de Sistema no Direito*, São Paulo, Ed. RT, 1976; Lourival Vilanova, *As Estruturas Lógicas e o Sistema do Direito Positivo*, São Paulo, Ed, RT, 1977; Marcelo Neves, *Teoria da Inconstitucionalidade das Leis*, São Paulo, Saraiva, 1988; dentre outros.

37. A doutrina alemã, especialmente na figura de Hensel, fomentava este conceito. Ver artigo: "El Estatuto del Contribuyente y las facultades normativas de la administración", Jose Juan Ferreiro Lapatza, *Justiça Tributária*, 1º Congresso Internacional de Direito Tributário — IBET, pp. 313-328.

Schmidt-Preuss ressalta que a relação administrativa abandonou a velha postura do Estado de um lado e cidadão de outro, conformando-se com uma simples relação bipolar. O atual Estado Democrático de Direito desenha-se com a noção de relações poligonais, nas quais os direitos subjetivos defrontam-se entre si, destacando-se dentre esses os direitos fundamentais. Ou seja, dessa relação multilateral encontrar-se-ia a aplicação valorada da importância do bem comum, estando esses intimamente relacionados com os objetivos estatais, em conformidade com as normas de competência, com a definição precisa do conteúdo dos atos administrativos e, por fim, com os direitos fundamentais. Uma complexidade que não se pode generalizar em enunciados prescritivos, mas na análise sistêmica e ponderada da situação fática particular.[38]

O impasse gerado a partir do conflito entre leis que exalam princípios jurídicos não pode ser superado com a simples expressão utilizada pela maciça literatura jurídica, especialmente administrativa, "supremacia do interesse público sobre o privado".[39] Aceitar dedutivamente a inserção desse princípio é negar a permanente e lenta construção do processo inacabado da democracia ocidental. Em outras palavras, consentir a superioridade, sem discussão científica, do interesse público sobre o interesse privado é o mesmo que ratificar o poder antidemocrático, retrocedendo aos antigos modelos estatais. Não se pode deixar que a função tributária conserve restos absolutistas.

As atividades administrativas do Estado, muito menos a interpretação das normas jurídicas, não podem ser exclusivamente regidas e impulsionadas pelo princípio do interesse público sobre o privado. Sem dúvidas o interesse público possui seu significado jurídico, mas não pode ser descrito, sempre, como prevalente quanto aos interesses particulares.[40] Assim se manifesta a doutrina moderna: "O interesse privado e o interesse público estão de tal forma instituídos pela Constituição brasileira que não podem ser separadamente descritos na análise da atividade estatal e de seus fins. *Elementos privados estão incluídos nos próprios fins do Estado* (p.ex., preâmbulo e direitos fundamentais). Por isso afirma Häberle, referindo-se à Lei Fundamental Alemã, muito menos insistente na proteção da esfera privada que a brasileira: 'Exagerando: o interesse privado é um ponto de vista que faz parte do conteúdo de bem comum da Constituição'. Em vez de uma relação de contradição entre os interesses privado e público há, em verdade, uma 'conexão estrutural' (*ein struktureller Zusammenhang*)".[41]

É dessa postura inseparável entre interesse público e privado que se exclui a prevalência, em abstrato, de um sobre o outro, restando prejudicada qualquer tentativa conceitual contraditória entre ambos os institutos. Ressalta-se, contudo, a diferença que deve ser feita entre "interesse público como finalidade fundamental da atividade estatal" e "supremacia do interesse público sobre o particular", pois não apresentam o mesmo significado. É certo que na primeira das expressões citadas, converge o interesse público como objetivo da atividade estatal, mas isso não signi-

38. Ver Humberto Ávila, *Repensando o Princípio da Supremacia do Interesse Público sobre o Particular* 7, v. I, in <www.direitopublico.com.br>.

39. Celso Antônio Bandeira de Mello, *Curso de Direito Administrativo*, 9ª ed., p. 29. O grande publicista assim define este princípio administrativo: "Trata-se de verdadeiro axioma reconhecível no moderno Direito Público. Proclama a superioridade do interesse da coletividade, firmando a prevalência dele sobre o do particular, como condição, até mesmo, da sobrevivência e asseguramento deste último". No mesmo sentido, embora com ressalvas valiosas, Maria Sylvia Zanella Di Pietro, *Direito Administrativo*, 14ª ed., pp. 68-71: "O princípio do interesse público está expressamente previsto no art. 2º, *caput*, da Lei n. 9.784/99, e especificado no parágrafo único, com a exigência de atendimento a fins de interesse geral, vedada a renúncia total ou parcial de poderes ou competências, salvo autorização em lei".

40. Humberto Ávila, *Repensando...*, cit., n. 7, v. I, in <www.direitopublico.com.br>.

41. Idem.

fica que em todas as situações fáticas, o interesse público deva se sobrepor ao privado. Nada impede, entretanto, que "possam existir casos nos quais o interesse público ainda hoje receba a supremacia. Decisivo é apenas que os tribunais fundamentem normativamente esta superior hierarquia e não sucumbam à uma fórmula tradicional ou a postulados em vez de dar uma fundamentação".[42]

A aceitação automática de que o interesse público deva prevalecer ao interesse privado em razão da idéia daquele expressar o bem comum e este não, esbarra na indeterminabilidade empírica do que seja "bem comum", como ressalta Luhmann: "bem comum não é um fim pensável",[43] haja vista ser o interesse público objetivamente indeterminável, já que não se pode, antes de ponderar o caso concreto, medir a intensidade e dimensão deste bem tutelado e, ainda por cima, acaba por derrogar outros princípios, e, por óbvio, de mesma ordem hierárquica. Princípios esses já pacificamente admitidos na doutrina e jurisprudência brasileira como veremos em seguida: princípio da proporcionalidade e razoabilidade.

Nessa linha de pensamento as palavras de Ladeur coadunam este entendimento: "Ponderação de bens é uma figura dogmática que não mais submete os direitos a limites imanentes e explícitos, isto é, a regras de preferência estáveis (p.ex., em favor do interesse público), mas procura trabalhar situativa e estrategicamente um complexo, uma conexão de interesses de generalização limitada, sobretudo por meio da formulação de *standards* ou de valores flexíveis".[44]

Frustra-se, portanto, qualquer intuito radicalista de superar conflitos entre princípios pelo simples "interesse público sobre o privado". A complexidade social exige mais dos Estados Democráticos de Direito. E, portanto, esta antinomia principiológica[45] leva-nos a refletir sobre os critérios hermenêuticos e as soluções apontadas para superar os conhecidos "casos difíceis",[46] os quais acarretam sérios problemas decisórios aos processos judiciais.[47] Quais os critérios a serem utilizados pelo julgador para ultrapassar este problema jurídico? Existe um procedimento previamente estruturado para superar tal colisão?

Poder-se-ia buscar a solução do problema apresentado na teoria da hierarquia principiológica, destacando-se os princípios "protofundamentais" e os subprincípios ou, simplesmente, princípios fundamentais. Os subprincípios, em verdade, são uma complementação dos princípios "protofundamentais", como acontece com o princípio Republicano e o princípio da Moralidade Administrativa. Ocorrendo uma colisão entre princípios e subprincípios, por força da relevância daqueles, considerados estáveis e eternos, este último estaria prejudicado. Se a colisão, entretanto, se der entre princípios com a mesma dignidade sistêmica, nenhum poderá ser considerado subprincípio do outro, é o que ocorre, costumeiramente, entre a contraposição do princípio da liberdade de informação frente à intimidade e à vida privada das pes-

42. Idem, tradução feita pelo autor à Peter Häberle, *Öffentliches Interesse als juristisches problem*, p. 527.

43. Humberto Ávila, *Repensando...*, cit., n. 7, v. I, in <www.direitopublico.com.br>.

44. Idem; Karl-Heinz Ladeur, *Abwägung. Ein neues Paradigma des Verwaltungsrechts. Von der Einheit der Rechtsordnung zum Rechtspluralismus*, p. 218.

45. Segundo entendimento já esboçado, o dever fundamental de pagar impostos é um dever autônomo frente aos princípios fundamentais, possuindo frente a estes um mesmo peso axiológico diante do sistema jurídico.

46. Costuma-se mencionar a expressão quando os fatos e as normas relevantes permitem, pelo menos à primeira vista, mais de uma solução. V. Ronald Dworkin, *Taking Rights Seriously*, 17ª ed.

47. Destacamos neste momento que a atual teoria do direito tem que ser colocada como uma teoria dirigida não somente a juristas teóricos ou cientistas, senão aos juristas práticos, isto é, aos operadores jurídicos ou juristas profissionais que participam, de uma forma direta ou indireta, no processo de elaboração, interpretação e aplicação do direito.

soas naturais. Da mesma forma, a colisão que ocorre entre o dever de pagar tributos, consubstanciado na capacidade contributiva (igualdade) e direito de não produzir provas contra si mesmo, corolário do direito à defesa (dignidade da pessoa humana), encontrando-se no mesmo grau do sistema, prejudicando qualquer tentativa de superação do conflito através deste método.[48]

A partir deste momento, portanto, a utilização dos preceitos já tratados se volta no intuito de se estabelecer critérios decisórios aos conflitos entre princípios, dando margem, a que nos preocupemos com o desenvolvimento da ponderação de interesses, instrumento que proporciona uma nova leitura Constitucional, alcançando, enfim, um critério harmonizador para as colisões entre princípios consubstanciados nos chamados casos difíceis.[49] As situações concretas dão ensejo à aplicação de normas de mesma hierarquia que indicam soluções diferenciadas.[50]

3. A nova interpretação constitucional como forma de superação da colisão entre princípios: a ponderação de interesses

Durante muito tempo a aplicação do direito esteve restrita ao método *subsuntivo*,[51] cujos parâmetros estiveram sempre fundados em mecanicismos silogísticos de subsunção dos fatos à norma. O método silogístico representado pela lei, como premissa maior, os fatos como a premissa menor e a sentença como a conclusão, não mais absorve, na atual conjuntura político-econômica-social, os inúmeros litígios apresentados aos órgãos jurisdicionais.

Surgem, portanto, diversos modelos de interpretação constitucional, que sem o desprezo absoluto dos métodos clássicos, o *subsuntivo* e as regras tradicionais de hermenêutica (gramatical, histórica, sistemática e teleológica) estabelecem um novo padrão de interpretação e aplicação do direito, possibilitando, enfim, a superação dos já mencionados casos difíceis. Deve-se ressaltar que não houve um abandono dos clássicos modelos, continuando os mesmos a desempenharem papel relevante na solução dos casos concretos, muito, embora, esses métodos não sejam atualmente suficientes à nova ordem jurídica.

Nessa perspectiva, foge-se, portanto, do sentido unívoco das normas jurídicas, ou seja, de um modelo único, objetivo, vá-

48. Carlos Ayres Britto, *Teoria da Constituição*, p. 167; e do mesmo autor: "As cláusulas pétreas e sua função de revelar e garantir a identidade da Constituição", *apud* Cármen Lúcia Antunes Rocha, *Perspectivas do Direito Público. Estudos em Homenagem a Miguel Seabra Fagundes*, p. 503. Sobre o tema da hierarquização dos princípios constitucionais ver José Souto Maior Borges. O autor destaca que não há hierarquia exclusivamente entre normas e princípios, mas também entre princípios. Entende dessa forma pela própria disposição estrutural da Constituição vigente, que em seu título primeiro enumerou seus próprios princípios fundamentais. Diz haver "(...) uma hierarquia no inter-relacionamento desses princípios com outras normas da CF e sobretudo com outros princípios constitucionais (...) que põe a lume a maior importância dos seus princípios fundamentais no confronto com outros princípios". Dessa forma, Souto Maior Borges conclui que a hierarquia entre princípios é um fenômeno normativo, antes que axiológico (José Souto Maior Borges, "Pró-dogmática: por uma hierarquização dos princípios constitucionais", *Revista Trimestral de Direito Público* 1/145). Nesta mesma linha de raciocínio, Ivo Dantas destaca a hierarquia que existe entre os princípios com base no texto positivo (Ivo Dantas, *Princípios Constitucionais e Interpretação Constitucional*, p. 119). Admitindo-se também a hierarquia entre princípios, Juarez Freitas, expõe, ao contrário de Souto Maior Borges e Ivo Dantas, que tal fenômeno baseia-se no postulado que chama de princípio da hierarquização axiológica, que seria, à moda de Kelsen, uma metanorma, ou seja, uma norma pressuposta à ordem jurídica. Enfim, para Freitas, a estrutura escalonada existente entre os princípios era fruto de um parâmetro metafísico e já pressuposto, anterior a concepção das leis (Juarez Freitas, *A Interpretação Sistemática do Direito*, pp. 146 e ss.).

49. Do inglês *hard cases*, a expressão identifica situações para as quais não há uma formulação simples e objetiva a ser colhida no ordenamento, sendo necessária a atuação subjetiva do intérprete e a realização de escolhas, com eventual emprego de discricionariedade.

50. Ver Manuel Atienza, *As Razões do Direito*, trad. Maria Cristina Guimarães Cupertino, 2ª ed.

51. Ver Tercio Sampaio Ferraz Jr., *Introdução ao Estudo do Direito*, 3ª ed., pp. 31-314.

lido para todas as situações sobre as quais incidem, revelando um intérprete amarrado ao comando normativo, cabendo-lhe apenas uma atividade de mera revelação do conteúdo preexistente na norma, sem desempenhar qualquer papel criativo em sua concretização.

Na nova ordem interpretativa constitucional, assenta-se exatamente o oposto à proposição apresentada, ou seja, as normas constitucionais são abertas, retratam conteúdo principiológico e extremamente dependente da realidade, abandonando o sentido único direcionado a vários contextos. A norma apresenta-se como uma moldura sobre a qual se desenham diferentes possibilidades de interpretação à vista dos elementos dos casos concretos e dos fins pretendidos, produzindo a solução constitucionalmente adequada para o problema a ser resolvido.

É bem verdade, como ressaltamos acima, que a subsunção ainda é fortemente utilizada nos casos concretos, tendo em vista o grande número de dispositivos constitucionais que revelam apenas um conteúdo de baixo teor axiológico, como ocorre, por exemplo, com a idade para a aposentadoria compulsória, devendo o servidor público passar a inatividade (CF, art. 40, § 1º, II); a idade mínima de vinte e um anos para o Deputado Federal, Deputado Estadual ou Distrital, Prefeito, Vice-Prefeito e juiz de paz (CF, art. 14, § 3º, VI, *c*); Órgãos da Justiça Eleitoral (CF, art. 118). Portanto, a nova interpretação constitucional, quer seja através da ponderação de valores quer da teoria da argumentação, não está renegando o conhecimento convencional a importância das regras ou a aplicação do método subsuntivo.

Absorve-se, do método clássico subsuntivo, essencialmente, os pressupostos fáticos como indispensáveis à moderna interpretação constitucional, pois o impacto sobre a realidade não pode ser desconsiderado quando do processo interpretativo. A interpretação deve ser pautada e pesada diante da finalidade constitucional desejada. Imagine-se o conflito entre princípios, de um lado o princípio da liberdade de expressão e informação, e de outro, o princípio da intimidade e da honra. A colisão entre esses preceitos parece ser costumeira na Administração Pública, quando políticos desviam verbas dos cofres públicos, ou manipulam em desfavor da moralidade pública. A exibição das imagens flagradas quando da ilegalidade em veículos de comunicação de massa, em princípio, infringem a privacidade ou intimidade do agente infrator. A Constituição, entretanto, deve ser interpretada em razão e, na busca, de uma moralidade administrativa, sendo assegurado à sociedade identificar as pessoas e os criminosos que atentaram contra o patrimônio coletivo.

Pois bem, a dogmática jurídica, através da subsunção, não é mais suficiente para lidar com as situações, cada vez mais complexas. No caso citado, no parágrafo anterior, denota-se a complexidade que pode revestir as lides apresentadas ao poder judiciário, quando a uma mesma hipótese, há mais de uma norma incidindo, ou seja, várias premissas maiores, portanto, para apenas uma premissa menor. Dessa colisão, aponta-se valores distintos e soluções diversas e contraditórias para a questão. Ainda, utilizando-se do exemplo citado, pelo critério subsuntivo, somente poderia ser possível a aplicação de uma premissa maior, descartando-se as demais. Essa fórmula, não seria constitucionalmente adequada em razão do princípio instrumental da unidade da Constituição, na qual o intérprete não pode simplesmente optar por uma norma e desprezar outra, em tese, também aplicável, como se houvesse hierarquia entre elas. Por tudo isso, a interpretação constitucional viu-se na imperiosa missão de desenvolver técnicas capazes de lidar com o fato de que a Constituição é um documento dialético — que tutela valores e interesses potencialmente conflitantes — e que princípios nela consagrados freqüentemente entra em rota de colisão.[52]

52. Luís Roberto Barroso e Ana Paula de Barcellos, "O começo da história. A nova interpre-

Não propriamente retratando a ponderação de interesses, mas de importância ilustrativa ao que ora se examina, João Maurício Adeodato ressalta a questão do "problema jurídico", quando afirma que as relações jurídicas quase nunca confrontam o bem e o mal, o mocinho e o bandido, o lícito e o ilícito, uma vez que o direito, como comunicação humana interativa, reúne materiais axiológicos os mais diversos e antagônicos.[53]

Em obra do mencionado autor, traz-se um exemplo em que se depara com a idéia de problema, sem, contudo, haver uma resposta certa ou errada. No caso em que uma das partes, uma mulher irrepreensível, cujo único problema é não conseguir viver com um homem, da mesma forma exemplar, que, por seu turno, também não quer mais viver com a mesma, tendo como objeto do litígio, a guarda dos filhos amorosos e extremamente unidos, mas acontece que a mãe acaba de receber proposta profissional irrecusável para mudar-se para a Austrália e o pai não pode abandonar seus negócios no Brasil. Um vai ver os filhos crescerem ao longo dos anos, o outro passará férias com eles, em maravilhosos hotéis em Iterlaken ou Aruba, mas apenas férias. O juiz tem que dirimir esta lide, mas o problema é irresolúvel.[54]

A idéia de problema, para Viehweg, é: "toda questão que aparentemente permite mais de uma resposta e que sempre exige um entendimento preliminar, de acordo com o qual assume o aspecto de questão que é preciso considerar com seriedade e para a qual é preciso buscar uma única resposta como solução".[55]

Surge, portanto, como nova forma de interpretação constitucional para enfrentamento dos chamados casos difíceis ou problemas jurídicos, a técnica da ponderação, que consiste, portanto, "em uma técnica de decisão jurídica aplicável a casos difíceis, em relação aos quais a subsunção se mostrou insuficiente, especialmente quando uma situação concreta dá ensejo à aplicação de normas de mesma hierarquia que indicam soluções diferenciadas".[56]

Essa técnica, embora desenhe a idéia de balanceamento e sopesamento de bens, valores, interesses ou normas, deve revestir-se de um grau maior de raciocínio estruturante, como forma de se evitar arbitrariedades. Nesse intuito, descreve-se a ponderação como um processo trifásico. Na primeira etapa, cabe ao intérprete detectar no sistema as normas relevantes para a solução do caso, identificando eventual conflito entre as mesmas. Vale ressaltar que o conflito normativo pode operar-se entre regras e/ou princípios, explícitos ou implícitos. Ainda neste momento, deve atentar-se, o interprete, para a distinção entre dispositivos e normas, pois aqueles apenas resguardam um enunciado prescritivo, podendo conter uma ou mais de uma norma. O intuito desta etapa é facilitar o trabalho posterior de comparação entre os elementos normativos em jogo. Na segunda etapa, cabe o exame fático, ou seja, as circunstâncias concretas do caso e sua interação com os elementos normativos. Neste momento, não se revela solução alguma aos casos, mas apenas a identificação dos mesmos. Em seguida, na terceira etapa, é que a ponderação irá singularizar-se, em contraposição à subsunção, pois, neste momento, devem-se apurar os pesos atribuídos aos diversos elementos em disputa e, portanto, o grupo de normas que deve preponderar no caso e o conseqüente grau de intensidade apropriado de aplicação. Todo esse processo intelectual tem como fio condutor o

tação constitucional e o papel dos princípios no Direito Brasileiro", in Luís Roberto Barroso (coord.), *A Nova Interpretação Constitucional, Ponderação, Direitos Fundamentais e Relações Privadas*, p. 345.

53. João Maurício Adeodato, *Ética e Retórica, para uma Teoria da Dogmática Jurídica*, p. 218.

54. Idem. p. 217.

55. Manuel Atienza, *As Razões do Direito*, cit., p. 66.

56. Luís Roberto Barroso e Ana Paula de Barcellos, "O começo da história...", in Luís Roberto Barroso (coord.), *A Nova Interpretação Constitucional*, cit., pp. 345-346.

princípio instrumental da proporcionalidade ou razoabilidade.[57]

O método da ponderação é extremamente impregnado de subjetivismo, pois poderá variar em função das circunstancias pessoais do intérprete, não atingindo, portanto, o padrão desejável de objetividade, dando lugar a uma ampla discricionariedade. Destacam-se, entretanto, algumas ponderações doutrinárias apontadas a seguir sobre um mínimo de objetividade possível na aplicação desta técnica.

Para que não se perca de vista o tema central, recapitulamos a indagação outrora feita: como conciliar dois princípios contrapostos dentro de um mesmo ordenamento jurídico? Em particular, quem deve ceder espaço: o princípio do *nemo tenetur se detegere*, consubstanciado aqui simplesmente pelo direito de não se auto-incriminar no âmbito tributário ou o dever fundamental (princípio) de pagar tributos, enraizado em outro princípio específico, qual seja, o da capacidade contributiva?

Quando se fala em ponderação, a imagem que vem é a de um magistrado tendo que decidir diante de um complexo caso concreto para o qual não há uma solução pré-concebida pelo ordenamento jurídico, ou pior que isso, para o qual o ordenamento sinaliza com soluções contraditórias diante das quais caberá a ele decidir o que fazer.

Ana Paula de Barcellos[58] chama a atenção de que esses casos correspondem apenas a um momento da técnica da ponderação, mas apenas a um, ou a uma das formas possíveis de sua manifestação. Para ilustrar que há uma outra forma de ponderação cita a autora o caso dos professores que se reúnem para debater sobre o conflito potencial que existe entre, *e.g.*, a liberdade de imprensa e de informação e a intimidade, honra e vida privada. No encontro, diversos questionamentos são formulados na tentativa de demarcar as fronteiras de convivência desses bens protegidos constitucionalmente: a) quem se encontra em local público está em sua esfera pessoal de intimidade? b) atos considerados criminosos pertencem à esfera de privacidade ou podem/devem ser denunciados à opinião pública? c) a informação verdadeira e obtida de forma lícita pode ser proibida? d) a proteção à vida privada de titulares de cargos eletivos e artistas é menor que a assegurada a cidadãos comuns?

Ora o que os professores em debate estão fazendo é uma ponderação, entretanto, uma ponderação em abstrato. Muitos dos conflitos normativos que o texto constitucional sugere são percebidos em tese, num plano abstrato: livre iniciativa *versus* proteção do consumidor e proteção do meio ambiente; liberdade de informação e de imprensa *versus* intimidade, honra e vida privada, e, em especial, *o princípio de não se auto-incriminar versus o dever fundamental de pagar tributos*. Busca-se aqui proceder a um raciocínio de natureza ponderativa para propor um parâmetro de solução, independentemente de um caso concreto.

A relevância do estudo da ponderação dos conflitos, em abstrato, reside justamente na possibilidade de conferir harmonia ao sistema que se encontra com normas incongruentes, estabelecendo parâmetros que venham a ser propostos para conferir uma maior segurança e uniformidade à interpretação das normas constitucionais. Os cidadãos não podem depender cegamente de cada intérprete e de suas concepções pessoais. A história nos revela que depender de um poder ilimitado, sem controles, certamente, este tenderá sempre a ser exercido abusiva e arbitrariamente. Deve-se ressaltar, entretanto, que a criação destes parâmetros não funcionará como elementos rígidos e imutáveis, mas como preferenciais, ou seja, poderá o intérprete afastá-lo diante de um caso concreto por razões particulares que sejam capazes de ilidir a presunção estabelecida nos mesmos.[59]

57. Idem, pp. 345-346, 347-348.

58. Ana Paula de Barcellos, "Alguns parâmetros normativos para a ponderação constitucional", in Luís Roberto Barroso (coord.), *A Nova Interpretação Constitucional*, cit., pp. 60 e ss.

59. Nesse momento em que o intérprete e o aplicador do Direito afasta um dos parâmetros

Aderimos à tese de Ana Paula de Barcellos, a qual estabelece dois parâmetros básicos para a superação dos conflitos normativos em abstrato. Segundo a mesma, dois parâmetros gerais devem ser utilizados: *a preferência das regras (constitucionais e infraconstitucionais) que exalam princípios sobre os princípios em si e a preferência das normas constitucionais relacionadas com os direitos fundamentais e com a dignidade humana sobre as demais.*[60] À medida que formos analisando a proposta apresentada, abordaremos tais premissas diante do interesse de nossa investigação, qual seja, a superação do conflito em nosso sistema jurídico do direito de não produzir provas contra si mesmo e o dever fundamental de pagar tributos, este último aqui visualizado a partir do dever de prestar informações fiscais quando requeridas pela autoridade pública.

O primeiro parâmetro proposto é o de que as regras, constitucionais e infraconstitucionais, têm preferência sobre os princípios constitucionais. Tal afirmação parece encontrar-se em desarmonia com tudo o que vimos expondo no presente trabalho, tendo em vista que defendemos a superioridade axiológica dos princípios dentro do sistema jurídico, e que estes servem como diretrizes ao ordenamento jurídico, segundo as linhas ainda não abordadas de Celso Antônio Bandeira de Mello: "Princípios é, por definição, mandamento nuclear de um sistema, verdadeiro alicerce dele, disposição fundamental que se irradia sobre diferentes normas (...) Violar um princípio é muito mais grave do que transgredir uma norma. A desatenção ao princípio implica ofensa não apenas a um específico mandamento obrigatório, mas todo o sistema de comandos. É a mais grave forma de ilegalidade ou inconstitucionalidade, conforme o escalão do princípio atingido, porque representa insurgência contra todo o sistema, subversão de seus valores fundamentais".[61]

À medida que formos evoluindo na construção deste parâmetro, ver-se-á, entretanto, que a indicação das regras como preferenciais sobre os princípios, não está em desacordo com quaisquer axiomas da moderna teoria dos princípios.

Pois bem, vimos que as regras descrevem comportamentos, sem se preocupar diferentemente dos fins que as condutas descritas procuram atingir. Já os princípios, ao contrário, estabelecem estados ideais, objetivos a serem alcançados, sem explicitarem as condutas necessárias que devem ser realizadas para que esse fim seja atingido. Seguindo os passos da mencionada autora, Ana Paula de Barcellos, as regras produzem efeitos concretos, enquanto que os princípios visam atingir efeitos relativamente indeterminados. Cita, como exemplo, para ajudar a esclarecer o que se afirma: a regra que proíbe o trabalho noturno, perigoso ou insalubre aos menores de dezoito anos, a qual pretende produzir efeito específico, qual seja, nenhum menor de dezoito anos poderá realizar trabalhos noturnos, perigosos ou insalubres, mesmo que ainda seja necessário uma definição técnica do que seja insalubre. O mesmo acontece com a regra que afirma que aos sindicatos caberão a defesa, judicial ou extrajudicial, dos direitos e interesses coletivos ou individuais da categoria. O efeito pretendido pela norma é que o sindicato possa participar de uma demanda judicial, administrativa, ou de qualquer outra natureza, em nome da categoria. Com isso demonstra-se o efeito concreto e específico das regras.

Por outro lado, os princípios possuem efeitos relativamente indeterminados porque visam preservar ou alcançar determinado fim, mas não especifica meios indis-

preestabelecidos, deve-se primar, como única forma de racionalizar o direito, pela descrição analítica da motivação, pois sem a mesma, o direito estará sujeito a critérios puramente sentimentais dos julgadores.

60. Ana Paula de Barcellos, "Alguns parâmetros normativos...", cit., in Luís Roberto Barroso (coord.), *A Nova Interpretação Constitucional*, cit., p. 62.

61. Celso Antônio Bandeira de Mello, *Elementos de Direito Administrativo*, p. 230.

pensáveis ou necessários para se alcançá-lo. Para que fique mais claro, o princípio da dignidade da pessoa humana, proíbe, certamente, que matar alguém é uma conduta reprovável pelo mesmo, entretanto, não há uma descrição no texto normativo de condutas que visem preservar tal preceito, mas sim regras que caminham nesse sentido. Há, em verdade, uma indeterminação quanto às variadas formas de se alcançar aquele efeito. É o que ocorre com o princípio, inserido no contexto da ordem econômica, que consiste na busca do pleno emprego. Não há propriamente uma indeterminação dos efeitos pretendidos, pois estes estão nítidos, ou seja, o de que todos tenham emprego. Em tese, entretanto, esse efeito pode ser atingido das mais variadas formas: através das frentes de trabalho pelo Estado; o incentivo a pequenas e médias empresas; o aparelhamento da infra-estrutura, que atrairá as empresas que, por sua vez, gerarão empregos; o investimento no turismo. Em outras palavras, o dispositivo que exala um princípio, geralmente não aponta um meio a ser empregado. Nada impede, contudo, que o princípio estabeleça comandos descritivos de condutas. E isto é o que ocorre com o princípio ora em destaque em nosso trabalho, o princípio de que ninguém é obrigado a se auto-incriminar, produzindo provas contra si mesmo.

O inciso LXIII do art. 5º da Constituição Federal estabelece que "o preso será informado de seus direitos, entre os quais o de permanecer calado (...)". Esse dispositivo reflete o princípio do *nemo tenetur se detegere*, ou simplesmente, o de que o cidadão não pode ser coagido a produzir provas que futuramente lhe possam ser desfavoráveis. Por outro lado, à medida que resguarda tal princípio fundamental, assegura diretamente uma forma de se alcançar tal objetivo, qual seja, a de que a autoridade pública deverá informar ao acusado de que lhe está sendo imputado alguma tipificação penal, e que, em tal procedimento, poderá o mesmo resguardar-se em silêncio.

Em verdade, alguns princípios resguardam um núcleo específico, quando assim estabelecem, a princípio, no plano constitucional, condutas a serem objetivamente observadas pelos destinatários. Dito de forma direta, certos princípios podem ter sua estrutura, quanto aos efeitos que pretende produzir, como dois círculos concêntricos. O círculo interior, correspondendo a um núcleo mínimo de sentido do princípio, que, por decorrer do consenso geral, acaba por se tornar determinado e, conseqüentemente, adquire a natureza de regra. E, o círculo intermediário entre o círculo interno e o externo (a coroa circular) seria o espaço reservado à deliberação democrática; esta é que definiria o sentido, dentre os vários possíveis em uma sociedade pluralista, a ser atribuído ao princípio a partir de seu núcleo. A estrutura, portanto, destes princípios, na realidade, funcionam não só como princípios propriamente ditos, mas também como regras em relação a sua área nuclear.[62] Tendo em vista tal raciocínio, ilustramo-lo a partir do emprego do princípio do direito ao silêncio, esculpido no inciso LXIII do art. 5º da Constituição Federal:

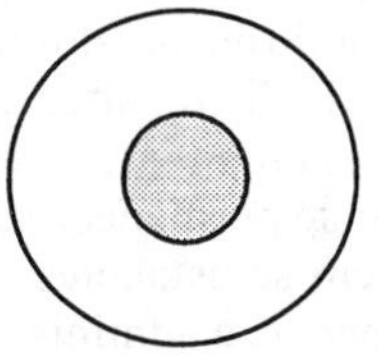

▨ O preso será informado de seu direito de permanecer calado

☐ O princípio do *nemo tenetur se detegere*

A partir desta estrutura do princípio jurídico, pode-se ainda, conceber mais facilmente o modo de aplicação dos princípios e das regras jurídicas. A noção, em particular de Dworkin assevera que as regras são aplicadas do modo "tudo ou nada",

62. Ana Paula de Barcellos, "Alguns parâmetros normativos...", cit., in Luís Roberto Barroso (coord.), *A Nova Interpretação Constitucional*, cit., p. 75.

em contra partida, os princípios admitem ponderações, admitindo-se uma aplicação "mais ou menos" ampla de acordo com as possibilidades fáticas e jurídicas. Daí surgem as ponderações, em especial, referentes ao segundo círculo, ou seja, aquele não correspondente ao núcleo.

Pois bem, sabendo-se que a área não nuclear de um princípio jurídico pode ser ponderada, para uma perfeita otimização dos mesmos, surgem outros princípios opostos que procuram igualmente maximizar-se, daí a necessidade eventual de ponderá-los. Por outro lado, as regras também podem excepcionar a aplicação de um princípio em determinado ponto. Frise-se no tocante a área não nuclear.

Portanto, diante dessas constatações sobre a estrutura das espécies normativas, explicita-se um dos parâmetros em abstrato para a possível solução de uma colisão principiológica, em especial do confronto entre: o princípio de não produzir provas contra si mesmo *versus* o dever de pagar tributos.

Constata-se que no princípio de não produzir provas contra si mesmo, extraído do preceito contido em um dos incisos constitucionais, já citado, do art. 5º, o núcleo é, essencialmente, uma regra que garante *ao preso* o direito de permanecer calado. Ora, no momento em se estabelece a distinção entre ilícitos penais e administrativos, embora sob a perspectiva estritamente formal, e que a incidência de uma norma penal pode estabelecer a privação de liberdade de um indivíduo, resguardado através do devido processo judicial, chega-se a conclusão de que somente as normas penais podem ser revestidas desta espécie de pena. Isso significa que toda norma jurídica penal que venha recair sobre o descumprimento da relação jurídica tributária, quer seja através do não recolhimento do tributo, ou mesmo da desobediência aos deveres tributários instrumentais, dentre eles, o dever de fornecer dados ao fisco, torna o ilícito administrativo-tributário em ilícito penal-tributário, pois como "pano de fundo" há a incidência da sanção penal. Nada mais é que um procedimento administrativo-tributário sob ameaça de um futuro processo penal em caso de desobediência da norma tributária.

A essas situações, o núcleo essencial do princípio que resguarda o direito de não produzir provas contra si mesmo não pode ser turbado, pois a incidência deste preceito é devidamente reconhecida segundo intimidação de uma sanção penal, em especial da pena privativa de liberdade.

Em contrapartida, o núcleo não essencial do preceito, desenhado na ilustração acima, faz com que o preceito também possa ser aplicado a outras vertentes jurídicas, dentre elas a esfera administrativo-tributária. Por se tratar da área não nuclear do círculo proposto, significa que pode haver restrições impostas pela conjugação de outros princípios consagrados em nossa ordem constitucional. E neste momento, surge o dever fundamental de pagar tributos, princípio de nosso sistema jurídico, concorrendo diretamente, especialmente, na esfera administrativo-tributária, como diretriz básica.

Em verdade, o preceito que determina o *nemo tenetur se detegere* esbarra no princípio da capacidade contributiva que irá frear a aplicabilidade irrestrita daquele princípio, defendendo valores importantes que estão em jogo, pois não se trata de pura fiscalidade, mas, o fisco quando requer esclarecimentos ou informações ao contribuinte está na busca do verdadeiro potencial contributivo do administrado ao custeio das despesas e investimentos públicos, objetivando um fim maior: a redistribuição da renda, em busca dos mais altos dos valores, a dignidade da pessoa humana.

Desse modo, o dever fundamental de pagar tributos, como vimos, corolário do princípio da capacidade contributiva, embasa o exercício legal da autoridade fiscal na exigência de informações (dados, livros fiscais, planilhas,...) que possam mensurar a real capacidade contributiva dos cidadãos.

Essas exigências, entretanto, não podem turbar o núcleo do princípio do direito de não produzir provas contra si mesmo, ou seja, toda vez que o dever fundamental de pagar tributos estiver amparado em norma penal que possa conduzir o cidadão ao cometimento de um ilícito criminal, o princípio do *nemo tenetur se detegere* deve se sobrepor. Em termos práticos, quando o descumprimento de uma norma tributária (ilícito tributário), que defina a obrigação instrumental de prestar informações ao fisco, estiver amparada sob o manto de uma sanção penal através da pena privativa de liberdade (ilícito penal), deve-se sobrepor o direito de não produzir provas contra si mesmo. Todavia, quando o descumprimento da norma tributária (ilícito tributário) ensejar uma sanção administrativa (ilícito administrativo), consubstanciada em multa ou em restrição de direitos, cabe fazer a imbricação dos princípios de não declarar contra si mesmo e o dever fundamental de pagar tributos, sobressaindo-se este último em razão do interesse de que todos devam suportar um percentual da carga tributária, em obediência a outro princípio maior, a igualdade, privilegiando aqueles que honesta e voluntariamente cumprem com seus deveres.[63]

Em síntese, a nosso juízo, se o poder investigativo, materializado no pedido de informações do fisco, estiver adstrito ao âmbito administrativo-tributário, baixo uma sanção de multa ou restritiva de direitos, sem que qualquer descumprimento atinja ou tipifique uma norma penal (com pena privativa de liberdade), há que se levar em consideração os valores e princípios abrangidos por esta vertente do direito, incluindo, portanto, a capacidade contributiva como diretriz básica do Estado Democrático de Direito. Por outro lado, admitindo-se que a inobservância do dever de informar culmine em uma lei penal, inclusive sob ameaça da pena privativa de liberdade, como no caso brasileiro, o princípio da capacidade contributiva não poderá vulnerar o núcleo do princípio do *nemo tenetur se detegere*. Graficamente poderíamos assim definir:

ÂMBITO ADMINISTRATIVO-TRIBUTÁRIO

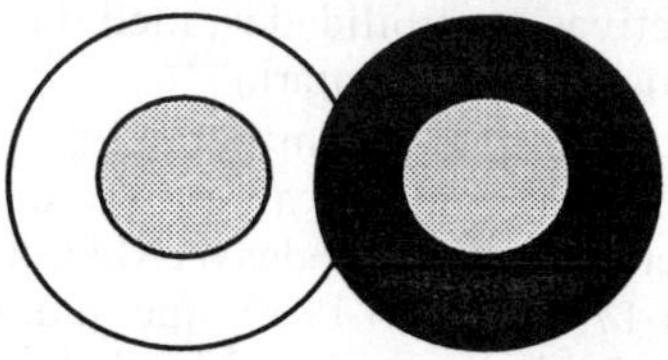

☐ *nemo tenetur se detegere*

▩ "permanecer calado"

■ princípio da capacidade contributiva

▩ regras — deveres instrumentais

ÂMBITO PENAL-TRIBUTÁRIO

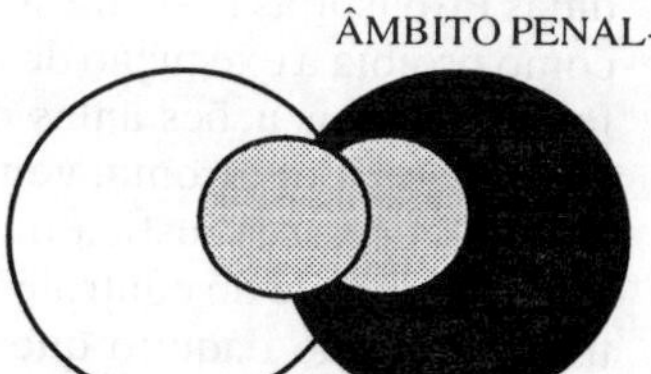

☐ *nemo tenetur se detegere*

▩ "permanecer calado"

■ princípio da capacidade contributiva

▩ regras — deveres instrumentais

63. A legislação brasileira estabelece que deixar de fornecer esclarecimentos quando exigidos pela autoridade pública é infração administrativo tributária, cita-se a alínea "a" do § 2º do art. 44 da Lei

Obs.1: No âmbito administrativo-tributário sancionador, a regra que determina o dever de prestar informações solicitadas pelo fisco não atinge o núcleo do princípio do *nemo tenetur se detegere*, pois neste caso, não há possibilidade dogmática de se impor a pena privativa de liberdade, mas sim, a multa ou a pena restritiva de direitos (1º gráfico).

Obs.2: No âmbito penal, a regra que determina o dever de prestar informações solicitadas pelo fisco atinge o núcleo do princípio do *nemo tenetur se detegere*, pois ninguém pode ser compelido a colaborar com sua incriminação no âmbito penal, ainda mais, quando tal vertente jurídica impõe a pena privativa de liberdade. Dessa forma, a regra não deve ser considerada válida (2º gráfico).

Em sendo assim, obedece-se ao primeiro parâmetro elencado, de que as regras inseridas no núcleo de um princípio devem se sobrepor sobre princípios contrapostos. É o que ocorre no âmbito penal, pois a regra que assegura ao preso o direito de permanecer calado não pode sofrer a interferência do princípio da capacidade contributiva, princípio este que tem sentido e alcance no âmbito administrativo-tributário. A ponderação não atinge o núcleo do princípio, mas sim a área não nuclear.

Em se tratando do âmbito administrativo-tributário sancionador, áreas não nucleares de princípios se chocam, pois tendo em vista que neste ambiente não se admite a pena privativa de liberdade deve-se haver uma ponderação entre os bens juridicamente tutelados: capacidade contributiva *x* direito de não se auto-incriminar. E dessa ponderação, a nosso juízo, conclui-se que no âmbito administrativo-tributário sancionador está em jogo a igualdade de que todos devem contribuir às despesas e investimentos públicos, e, de outro lado, o patrimônio individual do contribuinte (quer seja pessoa física ou jurídica). O direito para adquirir eficácia repressiva e preventiva contra abusos e fraudes fiscais, no intuito de se evitar impunidades amparadas no uso indiscriminado do direito de não declarar contra si mesmo, deve primar pelo efeito patrimonial que o sujeito passivo terá que suportar através das multas, das presunções e arbitramentos do crédito tributário. Veja-se a lição de Helenilson Cunha Pontes a respeito das sanções tributárias, de cujas linhas se depreende a conjugação necessária ao princípio da capacidade contributiva, fazendo com que possamos concluir em torno da ponderação entre o dever de pagar tributos e o *nemo tenetur se detegere* no intuito de se preservar a igualdade tributária, privilegiando aqueles que honram honestamente suas obrigações fiscais, principais ou "acessórias": "As sanções tributárias quase sempre objetivam realizar o interesse público consistente na arrecadação das receitas indispensáveis ao custeio dos serviços e investimentos públicos. Neste sentido, as sanções tributárias constituem nada mais do que um instrumento de busca da concretização do princípio da capacidade contributiva, consubstanciado no comando normativo segundo o qual todos devem concorrer para o custeio dos gastos públicos na medida das suas respectivas possibilidades, medida esta que é dada pela lei tributária".[64]

Fazendo-se um paralelo, o Supremo Tribunal Federal ao julgar o caso das inconstitucionalidades da Medida Provisória 173, de 18.3.1990, que vedava a concessão de liminar em Mandados de Segurança e em Ações Ordinárias e Cautelares decorrentes de um conjunto de outras Medidas Provisórias neste mesmo intuito, bem como proibia a execução de sentenças proferidas em tais ações antes de seu trânsito em julgado, por afronta, genérica, ao princípio do acesso à justiça ou o preceito da inafastabilidade do controle judicial, adentrou no mérito daquilo que se vem debatendo neste momento.[65]

9.430/1996. Entretanto, a legislação penal-tributária absorve este delito e tipifica-o no parágrafo único do art. 1º da Lei 8.137/1990, estabelecendo, inclusive, a culminação da pena privativa de liberdade de 2 (dois) a 5 (cinco) anos mais a multa.

64. Helenilson Cunha Pontes, *O Princípio da Proporcionalidade e o Direito Tributário*, p. 135.

65. Ana Paula de Barcellos, "Alguns parâmetros normativos...", cit., in Luís Roberto Barroso (coord.), *A Nova Interpretação Constitucional*, cit., pp. 82 e ss.

Entendeu, em síntese, o Supremo Tribunal Federal que as restrições impostas à concessão de liminares ou medidas congêneres, não impedia o acesso do cidadão ao Poder Judiciário, em outras palavras, e adaptando ao contexto em discussão, opinou o referido Tribunal pela não vulneração do núcleo do princípio da inafastabilidade do Poder Judiciário, tendo em vista que aos cidadãos ainda continua resguardado o direito, a qualquer tempo, de pleitear judicialmente as medidas que entenderem plausíveis. Ou seja, uma regra poderá validamente restringir um princípio até um determinado ponto, mas não além dele. E esta fronteira reside no núcleo do princípio.

Em conclusão, poder-se-ia assim dizer que há duas possibilidades em que as regras estão entrando em confronto com preceitos constitucionais. No primeiro caso o choque poderá se dar com o núcleo de um determinado princípio; no segundo, com a área não nuclear do princípio. Quando a regra viola o núcleo de um princípio constitucional haverá simples inconstitucionalidade da regra, e não ponderação, é o que ocorre com a norma penal que incrimina o indivíduo com a pena privativa de liberdade pelo não fornecimento de informações de interesse do Estado.[66] No segundo caso, quando a oposição se dá entre a regra e a área não nuclear de um princípio, em geral, a regra permanecerá sendo considerada válida, na qualidade de opção legítima do legislador democrático.[67] E neste último caso é o que ocorre com as disposições normativas administrativo-tributárias que exigem do contribuinte, deveres tributários instrumentais, como prestar informações, declarações, não dificultar fiscalizações, etc., ou seja, estas regras ao colidirem com a área não nuclear do princípio do *nemo tenetur se detegere* devem ser ponderadas a este princípio, fazendo com que aquelas possam conviver em harmonia na complexidade normativo-jurídica.

Em peculiar situação, entretanto, encontra-se nossa legislação penal, que na ânsia de coibir as infrações administrativo-tributárias, acabou por agasalhar tais delitos como infrações penal-tributárias, é o que se pode observar da Lei 8.137/1990 que define os crimes contra a ordem tributária, em especial do parágrafo único do art. 1º da mencionada norma. Em sendo assim, e conforme tudo o que vimos expondo no decorrer do trabalho, o *nemo tenetur se detegere* tem aplicação irrestrita em procedimentos penais que possam desencadear a incriminação do indivíduo à pena privativa de liberdade, pois a legislação penal absorve a infração antes puramente administrativo-tributária, para tipificá-la como delito penal, incluso com a pena privativa de liberdade. Nesse caso, há a nítida relação causal entre o não fornecimento de informações ao fisco e a tipificação penal, o que nos faz defender a inconstitucionalidade do parágrafo único do art. 1º desta lei.

Em síntese, a punibilidade pelo não fornecimento de informações fiscais por parte do contribuinte, sujeito passivo da relação jurídico-tributária, deve estar restrita ao âmbito administrativo-tributário, impondo a penalidade da multa, e para a apuração do crédito tributário, as medidas pertinentes como a presunção e o arbitramento do valor a ser percebido pelo Fisco. Afastando, portanto, a absorção desta conduta do contribuinte como delito, inclusive, com a pena privativa de liberdade, por afronta ao direito ao silêncio. Por outro lado, a única forma de se criminalizar a conduta de não fornecimento de informações fiscais quando solicitadas pelas autoridades públicas é através do delito de desobediência, tipificado no art. 330 do Código Penal, dirigido a terceiros que venham a ser notificados para que informem dados sobre o sujeito passivo da relação tributária, mas nunca ao próprio contribuinte. *Para que fique bem claro*, a despenalização aqui defendida é unicamente em razão da con-

66. É o caso do parágrafo único do art. 1º da Lei 8.137/1990.

67. Ana Paula de Barcellos, "Alguns parâmetros normativos...", cit., in Luís Roberto Barroso (coord.), *A Nova Interpretação Constitucional*, cit., p. 90.

duta de não prestação de informações pelo sujeito passivo da relação jurídico-tributária através da pena privativa de liberdade. Entretanto, sob tal inobservância, de não atendimento as notificações impostas pelo fisco, é perfeitamente possível coagir, sob pena da cominação da pena privativa de liberdade, os terceiros que com o sujeito passivo da relação jurídico-tributária mantenham conexão, devidamente enquadrados no art. 330 do Código Penal,[68] pelo crime de desobediência. E, ainda, no tocante ao crime propriamente de sonegação fiscal, este sim deve ser tipificado como delito da mais alta gravidade, punido com a pena privativa de liberdade nos moldes análogos aos crimes contra a Administração Pública.

Retornando aos parâmetros preferenciais propostos para se superar um conflito normativo entre princípios no sistema jurídico, apresenta-se a prevalência das normas que assegurem diretamente direitos fundamentais sobre as que não apresentam.

A igualdade hierárquica entre as normas constitucionais, no plano dogmático, já foi enunciada pelo Supremo Tribunal Federal no intuito de assegurar a preservação da unidade constitucional, ao rejeitar a alegação de inconstitucionalidade de normas do ADCT.[69] Entretanto, conforme registramos anteriormente, posição defendida por alguns autores,[70] é certo que determinadas normas constitucionais desempenham funções diferentes ou são dotadas de uma superioridade axiológica quando comparadas com outras.

Tal superioridade axiológica se destaca em razão do próprio conteúdo das normas constitucionais. Não há dúvidas de que algumas das normas inseridas no bojo da constituição apenas estão ali figurando por uma opção meramente formalista do legislador constituinte. Veja-se uma comparação entre o *caput* do art. 5º que revela o princípio da isonomia e o texto do art. 242, § 2º que reza: "o Colégio Pedro II, localizado na cidade do Rio de Janeiro, será mantido na órbita federal".

É de se notar que, principalmente na Constituição Brasileira, há normas que se revestem de maior importância ao sistema que outras. Ademais, dentre essas normas que espelham uma maior relevância ao ordenamento jurídico, destaca-se a centralidade dos direitos fundamentais e, principalmente, da dignidade da pessoa humana: "na realidade, o reconhecimento da centralidade da dignidade da pessoa humana e dos direitos fundamentais é um fenômeno global, sendo possível verificar que os autores que propõem as mais diversas formas de concepção e organização da sociedade trabalham sempre com esse axioma".[71]

A própria concepção atual do modelo democrático não pode mais estar atrelada unicamente como o governo da maioria, mas antes de tudo, deve refletir a dignidade da pessoa humana como paradigma principal de um Estado Democrático de Direito. A Constituição brasileira no Preâmbulo reflete o interesse prioritário dos direitos fundamentais, para logo em seguida, resguardar, dentre os princípios fundamentais da República Federativa do Brasil a dignidade da pessoa humana.[72] A idéia de dig-

68. "Desobedecer a ordem legal de funcionário público: pena — detenção, de 15 (quinze) dias a 6 (seis) meses, e multa."

69. RE 160.486-SP, Rel. Ministro Celso de Mello, *DJ* 9.6.1995.

70. Ivo Dantas, *Constituição Federal — Teoria e Prática*, v. I; Carlos Ayres Britto, *Teoria da Constituição*, p. 167 e, do mesmo autor, "As cláusulas pétreas...", cit., *apud* Cármen Lúcia Antunes Rocha, *Perspectivas do Direito Público*, cit.

71. Ana Paula de Barcellos, "O mínimo existencial e algumas fundamentações: John Rawls, Michael Walzer e Robert Alexy", in Ricardo Lobo Torres (org.), *Legitimação dos Direitos Humanos*.

72. "Nós, representantes do povo brasileiro, reunidos em Assembléia Nacional Constituinte para instituir um Estado Democrático de Direito, destinado a assegurar o exercício dos direitos sociais e individuais, a liberdade, a segurança, o bem-estar, o desenvolvimento, a igualdade e a justiça como valores supremos de uma sociedade fraterna, pluralista e sem preconceitos, fundada na harmonia social e comprometida, na ordem interna e internacional, com a solução pacífica das controvérsias, promulgamos sob a proteção de Deus, a seguinte Constituição da Re-

nidade da pessoa humana se profere em dois pilares básicos: condições materiais dignas de subsistência e liberdade. A percepção da centralidade do princípio chegou à jurisprudência dos tribunais superiores, onde já se assentou que "a dignidade da pessoa humana, um dos fundamentos do Estado democrático de direito, ilumina a interpretação da lei ordinária".[73]

Em sendo assim, verificando-se um conflito que exija a ponderação, terão preferência as normas que atribuam direitos fundamentais ou diretamente resguardem a dignidade da pessoa humana.

O objeto do nosso estudo se centra na colisão principiológica entre o direito do cidadão de não produzir provas contra si mesmo *versus* o dever de pagar tributos, consubstanciado este último no dever de colaborar com informações à autoridade fiscal.

O direito ao silêncio é um princípio fundamental (direito fundamental), apoiado na postura antinatural de se exigir do indivíduo que ele mesmo forneça a base de prova de sua incriminação, tendo como sustentáculo deste preceito diversas matizações como o devido processo legal, o contraditório, a ampla defesa e, essencialmente, a dignidade da pessoa humana.[74] E, seguindo a linha de raciocínio apresentada,[75] o parâmetro utilizado para dirimir uma colisão principiológica, é o dos direitos fundamentais como preferenciais, ou seja, em princípio, deve-se primar pela preponderância do direito de não produzir provas contra si mesmo ante o empreendimento fiscalizador que visa assegurar a capacidade contributiva, revestido sob o manto penal-tributário, que culmine a pena privativa de liberdade pela inobservância do dever de prestar informações.

4. Conclusão

Pode a Administração Pública coagir o contribuinte sob a ameaça da imposição da multa (ou outras medidas administrativas) a prestar informações fiscais? Ou, ainda: Pode a Administração Pública coagir o contribuinte a prestar informações fiscais sob a ameaça da pena privativa de liberdade?

A resposta à primeira das indagações é afirmativa, em atendimento a valores também consagrados pela ordem Constitucional, qual seja, o dever fundamental de pagar tributos, consubstanciado na capacidade contributiva. Pensar o contrário deixaria a Administração Pública de "mãos atadas" frente à sonegação fiscal, pois estaria dependente da boa vontade dos contribuintes em prestarem as devidas declarações. Por isso, faz-se imprescindível a imposição de multas (e outras medidas administrativas), como meio preventivo dirigido ao contribuinte, pois sabe este que, não cumprindo com suas obrigações tributárias principais, quando notificado a prestar declarações sobre o recolhimento dos tributos devidos, o seu descumprimento acarretará a imposição de multas, o arbitramento ou presunção do crédito tributário, afora as penalidades penais (privativas de liberdade, posteriormente apuradas em juízo sobre a falta de recolhimento dos tributos). Evitando-se assim futuras infrações. Em caso contrário, sabendo o contribuinte da impossibilidade jurídica de se apurar o verdadeiro *quantum* a ser recolhido pelo fisco, facilita-se a evasão fiscal, e a impunidade.

Nesse momento, prima-se pela técnica ponderativa entre os princípios em confronto, harmonizando-os conforme os valores ditados pela Constituição. É razoável impor a multa (e outras medidas adminis-

pública Federativa do Brasil" (Preâmbulo). "Art. 1º. (...); III — dignidade da pessoa humana".

73. STJ, HC 9.892-RJ, *DJ* 26.3.2001. Ver Luís Roberto Barroso e Ana Paula de Barcellos, "O começo da história...", in Luís Roberto Barroso (coord.), *A Nova Interpretação Constitucional*, cit., p. 372.

74. Maria Elizabeth Queijo, *O Direito de Não Produzir Provas Contra Si Mesmo (O Princípio "Nemo Tenetur se Detegere" no Processo Penal)*, pp. 68 ss.

75. Ana Paula de Barcellos, "Alguns parâmetros normativos...", cit., in Luís Roberto Barroso (coord.), *A Nova Interpretação Constitucional*, cit.

trativas) ao cidadão que não colabora com as exigências fiscais de prestar informações, mesmo que estas lhes forem desfavoráveis.

Por outro lado, em atendimento à segunda indagação, é inadmissível, que se utilize da pena privativa de liberdade (âmbito penal) como ameaça a que o contribuinte forneça tais esclarecimentos quando solicitados pela autoridade fiscal, pois assim, ofende o núcleo do princípio do direito de não declarar contra si mesmo, núcleo este delineado pelo inciso LXIII do art. 5º da Constituição Federal, "o preso tem o direito de permanecer calado", segundo exegese doutrinária e jurisprudencial. Entender possível essa exigência jurídica é extirpar o preceito do direito ao silêncio de nosso ordenamento jurídico. E, desse entendimento, acolhe-se a tese majoritária de que o parágrafo único do art. 1º da Lei 8.137/1990, que define os crimes contra a ordem tributária, deve ser rechaçado de nosso ordenamento jurídico a partir de sua declaração de inconstitucionalidade.[76]

A criminalização dos delitos de sonegação fiscal é uma verdade na realidade brasileira e que deve ser preservada pelo legislador, ou seja, quanto aos crimes de evasão tributária deve-se manter a mais dura das penas, a privativa de liberdade. Quanto à penalização da conduta de não colaborar com o fisco pelo sujeito passivo da relação jurídico-tributária, a sanção, pelo não atendimento, deve estar restrito ao âmbito administrativo-tributário, sob a ameaça de sanções de multa, restritivas de direitos, e o conseqüente arbitramento ou presunção do crédito tributário. O legislador ao criminalizar esses comportamentos do contribuinte só está demonstrando o fracasso do próprio sistema fiscal, buscando meios mais céleres e práticos de atemorizar o contribuinte, em total desrespeito a princípios constitucionais, em especial, do direito ao silêncio.

76. A majoritária doutrina coaduna o entendimento de que o parágrafo único do art. 1º da Lei 8.137/1990 é inconstitucional. Maria Elizabeth Queijo, *O Direito de Não Produzir Provas Contra Si Mesmo*, cit.; Helenilson Cunha Pontes, "O direito ao silêncio no Direito Tributário", in Octavio Campos Fischer (coord.), *Tributos e Direitos Fundamentais*; Hugo de Brito Machado, in Ives Gandra da Silva Martins (coord.), *Crimes Contra a Ordem Tributária*, 4ª ed.; Aristides Junqueira Alvarenga, in Ives Gandra da Silva Martins (coord.), *Crimes Contra a Ordem Tributária*, 4ª ed.; dentre outros.

Bibliografia

ADEODATO, João Maurício. *Ética e Retórica, para uma Teoria da Dogmática Jurídica.* São Paulo, Saraiva, 2002.

AGRA, Walber de Moura. *Manual de Direito Constitucional.* São Paulo, Ed. RT, 2002.

ALVARENGA, Aristides Junqueira. In MARTINS, Ives Gandra da Silva (coord.). *Crimes Contra a Ordem Tributária.* 4ª ed., São Paulo, Ed. RT, 2002.

ATIENZA, Manuel. *As Razões do Direito.* Trad. Maria Cristina Guimarães Cupertino. 2ª ed., São Paulo, Landy Editora, 2002.

ÁVILA, Humberto. *Repensando o Princípio da Supremacia do Interesse Público sobre o Particular* 7, Salvador-BA, out. 2001, Ano I, v. I, in <www.direitopublico.com.br>.

AYALA, Jose Luis Perez de, e GARCÍA, Eusebio González. *Curso de Derecho Tributario.* v. I, 5ª ed., Madri, Edersa, 1988.

BANDEIRA DE MELLO, Celso Antônio. *Elementos de Direito Administrativo.* São Paulo, Ed. RT, 1986.

______. *Curso de Direito Administrativo.* 9ª ed., São Paulo, Malheiros Editores, 1997.

BARCELLOS, Ana Paula de. "Alguns parâmetros normativos para a ponderação constitucional", in BARROSO, Luís Roberto (coord.). *A Nova Interpretação Constitucional. Ponderação, Direitos Fundamentais e Relações Privadas.* Rio de Janeiro/São Paulo, Renovar, 2003.

______. "O mínimo existencial e algumas fundamentações: John Rawls, Michael Walzer e Robert Alexy", in TORRES, Ricardo Lobo (org.). *Legitimação dos Direitos Humanos.* Rio de Janeiro, Renovar, 2002.

BARROSO, Luís Roberto. *Interpretação e Aplicação da Constituição.* 5ª ed., São Paulo, Saraiva, 2003.

______, e BARCELLOS, Ana Paula de. "O começo da história. A nova interpretação constitucional e o papel dos princípios no Direito Brasileiro", in *A Nova Interpretação Constitucional. Ponderação, Direitos Fundamentais e Relações Privadas.* Rio de Janeiro/São Paulo, Renovar, 2003.

BERLIRI, Antonio. *Principios de Derecho Tributario.* v. II. Trad. Narciso Amóros Rica e Eusebio González García. Madri, Editorial Derecho Financiero, 1971.

BOBBIO, Noberto. *Teoria do Ordenamento Jurídico.* Trad. Maria Celeste C. J. Santos. 10ª ed., Brasília, UnB, 1999.

BORGES, José Souto Maior. "Pró-dogmática: por uma hierarquização dos princípios constitucionais", *Revista Trimestral de Direito Público* 1, São Paulo, Malheiros Editores, 1993.

BRITTO, Carlos Ayres. *Teoria da Constituição.* Rio de Janeiro, Forense, 2003.

CANOTILHO, J. J. Gomes. *Direito Constitucional e Teoria da Constituição.* 2ª ed., Coimbra, Almedina, 1998.

CARRAZZA, Roque Antonio. *Curso de Direito Constitucional Tributário.* 19ª ed., São Paulo, Malheiros Editores, 2003.

CAYÓN, Antonio Galiardo. "Gestión tributaria y derechos fundamentales", *Revista Técnica Tributaria* 3, Madri, 1988.

CHULVI, Pauner Cristina. *El Deber Constitucional de Contribuir al Sostenimiento de los Gastos Públicos.* Madri, Centro de Estudios Políticos y Constitucionales, 2001.

DANTAS, Ivo. *Constituição Federal — Teoria e Prática.* v. I. Rio de Janeiro, Renovar, 1994.

______. *Princípios Constitucionais e Interpretação Constitucional.* Rio de Janeiro, Lumen Juris, 1995.

DI PIETRO, Maria Sylvia Zanella. *Direito Administrativo.* 14ª ed., São Paulo, Atlas, 2002.

DWORKIN, Ronald. *Taking Rights Seriously.* 17ª ed., Londres, Duckworth, 1994.

ESCRIBANO, F. *La Configuración Jurídica del Deber de Contribuir. Perfiles Constitucionales.* Madri, Civitas, 1988.

ESPÍNDOLA, Ruy Samuel. *Conceito de Princípios Constitucionais.* 2ª ed., São Paulo, Ed. RT, 2002.

FERRAZ JÚNIOR, Tercio Sampaio. *Introdução ao Estudo do Direito, Técnica, Decisão, Dominação.* 3ª ed., São Paulo, Atlas, 2001.

FREITAS, Juarez. *A Interpretação Sistemática do Direito.* São Paulo, Malheiros Editores, 1995.

GARCÍA, Ruiz J. R. *Secreto Bancario y Hacienda Pública (el deber de colaboración de las entidades bancarias en el procedimiento de gestión tributaria).* Madri, Cuadernos Civitas, 1988.

GRUPENMACHER, Betina Treiger. "Tributação e direitos fundamentais". In FISCHER, Octavio Campos (coord.). *Tributos e Direitos Fundamentais.* São Paulo, Dialética, 2004.

HÄBERLE, Peter. *Öffentliches Interesse als juristisches problem.* Bad Homburg, Athenäum, 1970.

LADEUR, Karl-Heinz. *Abwägung. Ein neues Paradigma des Verwaltungsrechts. Von der Einheit der Rechtsordnung zum Rechtspluralismus.* Frankfurt am Main, Campus Verlag, 1984.

LAPATZA, Jose Juan Ferreiro. *Justiça Tributária.* 1º Congresso Internacional de Direito Tributário — IBET. São Paulo, Max Limonad, 1998.

LARENZ, Karl. *Metodologia da Ciência do Direito.* Trad. José Lamego. 3ª ed., Lisboa, Fundação Caloueste Gulbenkian.

MACHADO, Hugo de Brito. In MARTINS, Ives Gandra da Silva (coord.). *Crimes Contra a Ordem Tributária.* 4ª ed., São Paulo, Ed. RT, 2002.

MONTERO, J. M. Lago. *La Sujeción a los Diversos Deberes y Obligaciones Tributarias.* Madri, Marcial Pons, 1996.

NABAIS, José Casalta. *O Dever Fundamental de Pagar Impostos.* Coimbra, Almedina, 1998.

NOGUEIRA, Roberto Wagner Lima. *Fundamentos do Dever Tributário*. Belo Horizonte, Del Rey, 2003.

PEIXINHO, Manoel Messias. *A Interpretação da Constituição e os Princípios Fundamentais. Elementos para uma Hermenêutica Constitucional Renovada*. 3ª ed., Rio de Janeiro, Lumen Juris, 2003.

PONTES, Helenilson Cunha. "O direito ao silêncio no direito tributário". In FISCHER, Octavio Campos (coord.). *Tributos e Direitos Fundamentais*. São Paulo, Dialética, 2004.

______. *O Princípio da Proporcionalidade e o Direito Tributário*. São Paulo, Dialética, 2000.

QUEIJO, Maria Elizabeth. *O Direito de Não Produzir Provas Contra Si Mesmo (O Princípio "Nemo Tenetur se Detegere" no Processo Penal)*. São Paulo, Saraiva, 2003.

ROCH, M. T. Soler. "Notas sobre la configuración de las obligaciones y deberes tributarios con especial referencia al IRPF", *Revista Española de Derecho Financiero* 25, 1980.

ROCHA, Cármen Lúcia Antunes. "Perspectivas do Direito Público", *Estudos em Homenagem a Miguel Seabra Fagundes*. Belo Horizonte, Del Rey, 1995.

ROYO, J. Pérez. *Curso de Derecho Constitucional*. Madri, Marcial Pons, 1994.

TORRES, Ricardo Lobo. "Ética e Justiça Tributária". In SCHOUERI, Luís Eduardo, e ZILVETI, Fernando Aurélio (coords.). *Direito Tributário. Estudos em Homenagem a Brandão Machado*. São Paulo, Dialética, 1998.

______. *Liberdade, Segurança e Justiça no Direito Tributário. Justiça Tributária*. 1º Congresso Internacional de Direito Tributário — IBET. São Paulo, Max Limonad, 1998.

CADERNOS DE DIREITO TRIBUTÁRIO

A TEORIA DAS PROVAS E O NOVO CADASTRO DE ISS EM SÃO PAULO

CHARLES WILLIAM MCNAUGHTON
Pós-Graduado em Direito Tributário pela PUC/SP (COGEAE).
Mestrando em Direito do Estado pela PUC/SP. Advogado em São Paulo

1. Palavras iniciais. 2. O fato jurídico: 2.1 Considerações iniciais; 2.2 O fato jurídico "stricto sensu" e "lato sensu"; 2.3 Reflexões sobre o fato jurídico e a verdade. 3. Um pouco mais sobre as provas. 4. O Novo Cadastro do ISS: uma proposta de interpretação normativa. 5. Nossa sugestão: 5.1 A Lei Complementar 116/2003; 5.2 A norma sob análise; 5.3 A presunção é relativa; 5.4 Os meios para se desfazer a presunção: a prova: 5.4.1 Prova; 5.4.2 Dinâmica da prova; 5.4.3 Mais sobre a sintaxe do procedimento probatório; 5.4.4 Princípios da prova; 5.4.5 Axiologia das provas. 6. Exame da legalidade da norma. 7. Conclusões.

1. Palavras iniciais

Em de 30 de agosto de 2005, foi editada a Lei 14.042 que introduziu alterações na sistemática do Imposto Sobre Serviços de Qualquer Natureza no Município de São Paulo.

Instituiu-se um cadastro destinado aos contribuintes que emitam nota fiscal por outros Municípios e prestem serviços a tomadores estabelecidos em São Paulo. A medida foi combinada com norma de retenção na fonte, exigida na ausência de inscrição do prestador não estabelecido.

Uma vez publicada a Lei no veículo de imprensa competente, os sujeitos de direito envolvidos resistiram à imposição. Ações judiciais foram propostas. O fundamento de direito material alegado foi a violação ao princípio da territorialidade.

Não houve manifestação uniforme oriunda do Poder Judiciário. Decisões de conteúdos opostos foram prolatadas: o direito, na qualidade de objeto cultural, não comporta respostas exatas.

Mas, possibilidade de trato rigoroso da matéria, sempre há. Por diferentes prismas. Cada um, possibilitando visão parcial do objeto, inesgotável, enquanto, dado-empírico-do-mundo.

Um dos ângulos de enfoque, bem pode ser oferecido pela teoria das provas. A Nota Fiscal, enquanto prova. O ato de cadastro, tomado na acepção de procedimento probatório. A falta de prova, justificando presunções que influenciam na percussão da incidência.

Outro é o da competência. A norma que diz *quem* pode dizer *o que*.

No primeiro enfoque, opera-se no plano da facticidade. Da concretude. No segundo, da abstração e generalidade, próprias das normas de hierarquia elevada.

A idéia do presente artigo é tratar da problemática da competência do ISS, agravada pela nova situação do cadastro, vinculando-a com as inovações dogmáticas introduzidas pela "teoria das provas", tal como articulada por Paulo de Barros Carvalho e Fabiana Del Padre Tomé. O resultado, bem ou mal, pode ser conferido pela leitura das linhas abaixo traçadas.

2. *O fato jurídico*

2.1 *Considerações iniciais*

Tratar do fato jurídico tributário é lidar com enunciados que relatam a ocorrência de eventos, previstos no antecedente da regra-matriz de incidência tributária, aptos a se sustentar, mediante a linguagem das provas.[1] Para que se compreenda a assertiva, mister que se estabeleçam premissas.

O direito bem pode ser estudado, enquanto texto. Como conjunto de enunciados prescritivos que regulamentam a vida social. Tomar o direito como texto, implica admitir linguagem como dado constituinte que se irradia em todo o processo de positivação normativa.

Operadores do direito examinam veículos introdutores de diversas ordens. A Constituição da República; Leis Complementares; Leis Ordinárias; Decretos etc. Invariavelmente, lidam com frases, palavras, lidam com texto.

Voltando-se às normas mais rentes à vida, nada se altera. Se se pretende impugnar um lançamento, examinam-se textos: texto do lançamento, o texto da contabilidade, o texto dos documentos que permitirão sustentar a defesa. Esta será empreendida por palavras, interpretadas por uma autoridade que formará sua convicção, sempre a partir do texto. Por esse prisma, direito implica linguagem.

Cabe, ainda, argumentar: se direito é exprimido por linguagem; se os fatos jurídicos são dados no interior do sistema, que é o direito; só tem relevo de juridicidade o fato constituído por enunciados competentes, mediante o processo adequado. Uma vez que são os fatos jurídicos a porta de entrada dos dados concretos aos domínios do ordenamento — como a hipótese abstrata é a porta de entrada de conceitos e conotações no direito — sem fato jurídico não há processo de positivação, nem aplicação normativa.

Mas, se o fato é a "porta" há um prévio "percurso" de entrada, que passa pela linguagem. É por meio dela que se tem acesso aos fenômenos da vida, ou eventos: o que se lê da linguagem é o que se presume acontecido. Resgatar *o que* aconteceu e *como* ocorreu é um exercício de leitura, interpretação e compreensão de tipos muito especiais de textos que passaremos a denominar "prova".

2.2 *O fato jurídico "stricto sensu" e "lato sensu"*

A prova é a ponte que medeia a realidade social e o universo do direito. Uma vez examinadas, o juízo do aplicador é condensado em um novo enunciado, o "fato jurídico".

O repertório do sistema jurídico, as normas, tem elementos constituídos por pressupostos fácticos (previstos no antecedente) que irradiam certos efeitos (embutidos no conseqüente), se ocorridos no plano concreto. O fato jurídico é o enunciado que relata uma situação prevista em pressuposto de norma abstrata.

O ato de enunciação do fato jurídico requer a leitura, interpretação e compreensão de outros enunciados, as "provas". Há uma relação de implicação: se os enunciados E, E1 e E2 relatam acontecimentos verdadeiros, confirmando um *fato, alegado* por *alguém* (Fal.), caberá à autoridade competente, constituir o fato jurídico (Fj). Ou então: (Fal.) E.E1.E2...En? Fj.

Argumentamos: os enunciados que ocupam o posto sintático de antecedente da

1. Paulo de Barros Carvalho, *Fundamentos Jurídicos da Incidência*, Saraiva, 1999, p. 98.

implicação acima exposta também relatam acontecimentos relevantes ao direito. São fatos jurídicos. Muito embora, nem sempre, antecedentes de normas. Com o que se opera a ambigüidade.

Para Fabiana Del Padre Tomé, há os fatos jurídicos *lato sensu* e *stricto sensu*. Os primeiros são as provas. Os segundos, os resultados da atividade probatória.[2] Esclarece-se o discurso.

2.3 Reflexões sobre o fato jurídico e a verdade

É intuitiva a relação entre o fato jurídico e a verdade. Há correspondência do haver-um-fato e do prevalecer uma versão da verdade.

Contudo, estando o direito regido pelos valores válido/inválido, não há cabimento na aplicação dos predicados verdade/falsidade, mesmo aos enunciados descritivos das hipóteses, abstratas ou concretas.[3]

O vocábulo "verdade" comporta, pelo menos, seis acepções. Resta a elucidação do sentido. Toma-se a verdade na acepção daquilo em nome do que se fala.

Um fato jurídico constitui uma realidade aceita perante o direito, independente de simetria para com o evento que relata. É próprio do giro lingüístico de que a linguagem, mesma, é auto-sustentável. Mas, há o problema da linguagem contestando a própria linguagem.

O Autor alega um fato. O Réu contesta, afirmando a situação contraditória. O Juiz aceita, ou um, ou outro. Por isso que um prevalece para fundamentar a sentença, tem-se que é verdadeiro.

Fabiana Del Padre Tomé sustenta que "havendo constituição de linguagem própria, na forma como o direito preceitua, o fato dar-se-á por juridicamente verificado e, portanto, verdadeiro".[4] Ela propõe, portanto, a acepção da verdade lógica — verdade em nome da qual se fala — aplicável ao fato jurídico. Então, o fato jurídico seria passível de duas valorações distintas: validade e verdade.

Propomos que a linguagem das provas não atua, diretamente, desconstituindo o fato jurídico *stricto sensu*, senão, mediante outro fato jurídico *stricto sensu*.

A prova não confirma ou infirma a verdade de um fato jurídico. O que é provado é o "fato alegado". Fato jurídico é jurídico por si só. A assunção da procedência do fato alegado é uma etapa própria do "processo de constituição do fato jurídico". Daí a assertiva de que o fato jurídico é o que se sustenta pelas provas. Com efeito: sem prova, não se confirma o fato alegado e não se constitui o fato jurídico (validamente, no direito).

Agora, infirmando-se a verdade — a do fato alegado — por meio da linguagem competente, dá-se o suporte fáctico da norma que desconstitui o fato jurídico. Norma revoga norma, retirando-lhe a validade. É um imperativo da homogeneidade do ordenamento.

3. Um pouco mais sobre as provas

As provas são signos que permitem a constituição de outros signos. Se partirmos da definição de Pierce, para quem os signos são os símbolos — criados artificialmente, sem qualquer relação com o objeto simbolizado —, os ícones — signos que tentam representar o objeto, por relação de semelhança — e os índices — signos que traçam relações de contigüidade com o objeto —, não seria exagero frisar que as provas são índices.

Os lançamentos contábeis, notas fiscais, extratos bancários, são rastros deixados pelo evento, gravados por um substrato

2. Fabiana Del Padre Tomé, *A Prova no Direito Tributário*, São Paulo, Noesis, 2006, p. 71.

3. Sobre a hipótese e verdade, v. Lourival Vilanova, *As Estruturas Lógicas e o Sistema do Direito Positivo*, São Paulo, Max Limonad, p. 107.

4. Ob. cit., p. 24.

de linguagem. Eles fornecerão *elementos de convencimento*, sobre a veracidade de um enunciado que atesta a ocorrência de um evento.

Existe um dado axiológico no exame das provas. Elas são valoradas pelo aplicador, em um ato de escolha. Selecionam-se elementos que embasam a constituição de um fato jurídico.

De qualquer sorte, tenhamos que as provas podem ser estudadas sob vários enfoques. Há, entre outros, o que prestigia o exame do procedimento probatório; o que se volta à sintaxe e morfologia das provas; ou a sua axiologia, ou mesmo, aos princípios jurídicos que exercem influência sobre o instituto.

A seguir, uma incursão de ordem prática: aplicaremos as categorias presentes no estudo das provas, para o exame concreto da legislação vigente, que regulamenta o cadastro de ISS em São Paulo, para os não estabelecidos. Para isso, porém, façamos reflexões sobre a norma que iremos nos deter.

4. O Novo Cadastro do ISS: uma proposta de interpretação normativa

Para fins de análise, segue a dicção do art. 9º-A da Lei 13.701/2003, que determina:

Art. 9º-A. *O prestador de serviço que emitir nota fiscal autorizada por outro Município para tomador estabelecido no Município de São Paulo, referente aos serviços descritos nos itens 1, 2, 3 (exceto o subitem 3.04), 4 a 6, 8 a 10, 13 a 15, 17 (exceto os subitens 17.05 e 17.09), 18, 19 e 21 a 40, bem como nos subitens 7.01, 7.03, 7.06, 7.07, 7.08, 7.13, 7.18, 7.19, 7.20, 11.03 e 12.13, todos constantes da lista do "caput"* do art. 1º desta lei, fica obrigado a proceder à sua inscrição em cadastro da Secretaria Municipal de Finanças, conforme dispuser o regulamento.

§ 1º. *Excetuam-se do disposto no "caput" deste artigo os serviços provenientes do exterior do País ou cuja prestação tenha se iniciado no exterior do País.*

§ 2º. As pessoas jurídicas estabelecidas no Município de São Paulo, ainda que imunes ou isentas, são responsáveis pelo pagamento do Imposto sobre Serviços de Qualquer Natureza — ISS, devendo reter na fonte o seu valor, quando tomarem ou intermediarem os serviços a que se refere o *caput* deste artigo executados por prestadores de serviços não inscritos em cadastro da Secretaria Municipal de Finanças e que emitirem nota fiscal autorizada por outro Município.

O artigo tem comportado interpretações de diversas ordens. Entre as mais divulgadas, a que outorga ao novo cadastro o *status* de dever do contribuinte estabelecido em outro Município, combinado com uma norma primária sancionadora que estabelece retenção a ser sofrida pelos que se recusam a adimplir com o dever legal.

Em via estritamente pragmática, sem qualquer compromisso científico, a postura é de saborosa utilidade. Bem se vê: (I) ela se apóia, embora de forma frágil, na literalidade da lei, o que lhe confere uma simplicidade invejável; (II) ela permite a aplicação, embora de forma acriteriosa, de ensinamentos corretos (ou que assim julgamos) da doutrina, obtendo uma vestimenta retórica repleta de atrativos; (III) a inconstitucionalidade da norma torna-se fácil de ser identificada — o que é um ponto negativo para sua sustentação, sob o ponto de vista dogmático, mas extremamente sedutor para o jurista prático.

A inconstitucionalidade seria explicável tendo-se em vista o art. 30, inciso II, da Constituição da República, que limita a competência dos Municípios para instituir e arrecadar tributos de sua competência. A norma geral e abstrata regida pelo modal "obrigatório", potencialmente, atinge prestadores de serviços não contribuintes do gravame, perante o Fisco paulistano. A ofensa é cabal.

Bem se vê. Nem todos os contribuintes que tentam a inscrição no Cadastro obtêm sucesso. Tão-somente, os que são aceitos como "não estabelecidos". Nem, por isso, a estes, o dever cessa. A inscrição deve ser mantida. Obrigatoriamente.

Sendo assim, de forma explícita, os contribuintes sem vínculo tributário com São Paulo tornam-se alvos de fiscalização por este Município. Eis o resultado da via explicada.

Porém, em que pese ao fato de a posição, acima exposta, aproximar-se, em parte, da literalidade dos enunciados prescritivos, sob análise, e de sua adoção ser muito conveniente aos que pretendem atacar a validade da norma em questão, pensamos que não resiste a uma reflexão mais paciente do direito positivo. Mas, como exercício de reflexão, façamos as vezes de defensores da tese.

Existe o dever de inscrição em São Paulo, do prestador que emite nota fiscal por outro Município, cuja omissão é punida pela retenção na fonte. O caráter imperativo decorre do "ficam obrigados" que explicita o modal deôntico obrigatório na relação. Se bem que nem sempre é válido inferir da forma gramatical do texto a forma lógica da norma.[5]

Por outro lado, o § 2º do art. 9º-A, da mesma Lei, estabelece a "sanção", instituindo o ISSQN ao tomador. Vejamos: art. 9º, § 2º: "As pessoas jurídicas estabelecidas no Município de São Paulo, ainda que imunes ou isentas, são responsáveis pelo pagamento do Imposto sobre Serviços de Qualquer Natureza — ISS, devendo reter na fonte o seu valor, quando tomarem ou intermediarem os serviços a que se refere o *caput* deste artigo executados por prestadores de serviços não inscritos em cadastro da Secretaria Municipal de Finanças e que emitirem nota fiscal autorizada por outro Município".

Sucede que o art. 3º do Código Tributário Nacional qualifica "tributo" como espécie de relação jurídica que não seja decorrente de fato ilícito. Em outras *palavras*, tributo não é sanção.

Mas, responsabilidade tributária, bem o é. Que se qualifique, então, a norma aventada como prescrição que institui "responsabilidade tributária" ao tomador de serviços, amparando-se na literalidade do texto, bastante generosa para os que assim concluem, como se infere do termo: "responsável pelo pagamento".

E os ensinamentos da doutrina comprovam a "pertinência" da interpretação. A responsabilidade tributária, muitas vezes, é imputada a alguém em virtude do descumprimento de um dever, como preleciona, em nossa visão acertadamente, Paulo de Barros Carvalho.[6]

Há, porém, de se fazer um breve ajuste. A norma de responsabilidade coíbe o comportamento do "responsável", que pratica uma conduta axiologicamente vedada pelo direito. Não é voltada ao contribuinte — tributo não é sanção. Que se conclua, então, que a "obrigação" é do tomador de serviços, devendo se omitir na contratação de prestadores de serviços não cadastrados em São Paulo. O cabimento da tese de responsabilidade "resta mais do que demonstrada", poder-se-ia pensar, inadvertidamente.

Se bem que se faz necessário explicar a razão pela qual o legislador cria uma retenção na fonte. A objeção é justificável: a responsabilidade pune o terceiro, não o contribuinte. Porém, ninguém é compelido a praticar uma conduta, quando o ônus é suportado por pessoa diversa. A lição doutrinária já não se encaixa com tanta precisão ao caso concreto. Que se investigue, então, de forma mais apurada, o instituto da responsabilidade.

Muito bem. A norma da responsabilidade é, invariavelmente, aplicada pela seguinte sistemática: (I) concretiza-se um fato jurídico tributário lícito — com o perdão da redundância que é utilizada para fins didáticos — que, isoladamente considerado,

5. Lourival Vilanova, ob. cit., p. 67.

6. Paulo de Barros Carvalho, *Curso de Direito Tributário*, 16ª ed., São Paulo, Saraiva, p. 320.

é suscetível de acarretar a obrigação tributária em face de um sujeito passivo S qualquer; (II) vem à tona a constituição de um outro fato que justifica a imposição da responsabilidade a sujeito passivo S', diferente de S. Consideremos, para facilitar o discurso, a relação de responsabilidade e relação jurídica tributária como espécies da classe denominada "relação tributária em sentido amplo" e teremos: se (I) + (II) = relação de responsabilidade. Se, (I) e não (II) = relação tributária em sentido estrito.

A relação jurídica tributária, em sentido amplo, *depende* da existência de um fato lícito, mas nem sempre requer a concretização de um outro fato, estranho à materialidade do tributo (ilícito ou não). A dependência se explica porque a relação jurídica tributária é um pressuposto para a constituição da relação de responsabilidade. O fato jurídico ilícito não contamina a licitude do fato jurídico tributário.

Por isso que não é contraditória a admissão da responsabilidade, como sanção, sem o ser o tributo. O tributo, enquanto relação, não pressupõe a ocorrência de um fato ilícito. Este é um *plus*, que interfere na sujeição passiva tributária. Não é condição para o nascimento do crédito em favor do Fisco.

Contudo, na interpretação posta sob teste, a relação jurídica é concretizada pela verificação de três condições necessárias (conectadas por um conjuntor) e previstas no antecedente da mesma norma: (I) a prestação de serviços, (II) a emissão de nota por outro Município (III), a ausência de inscrição, por parte do prestador.

A prestação de serviços associada à emissão de nota fiscal por outro Município são elementos insuficientes para fazer nascer a relação jurídica tributária em sentido amplo, sem que se ateste outra condição que é o suposto ilícito. O vínculo entre o prestador e a Municipalidade Paulistana, ou o tomador e esta, não surge sem a ilicitude.

Uma possibilidade é admitir a relação tributária com natureza dúplice: o de conseqüente de norma primária dispositiva e de norma primária sancionadora. Duas entidades formais, incompatíveis.

Eis o dilema a ser enfrentado: ou se abandona a idéia de que a relação tributária prescinde de um fato ilícito para que seja configurada; ou se tolera uma contradição no discurso. Como não admitimos o dilema, rejeitamos as premissas.

5. Nossa sugestão

5.1 A Lei Complementar 116/2003

O art. 146, inciso II, da Constituição Federal prescreve que cabe à Lei Complementar regular os conflitos de competência entre os Entes Tributantes. Definamos conflito de competência abstrato como a situação em que duas pessoas políticas de direito público criam normas gerais e abstratas, de caráter tributário em sentido estrito, que, potencialmente, incidam sobre fatos comuns, instituindo bitributação, repelida pela Carta Republicana; e conflito de competência concreto a situação em que duas normas individuais e concretas exigem tributos imputados por um mesmo fato, violando a mesma norma da não bitributação.

O ISS, por ser tributo municipal, é modalidade de imposto em que se verifica a propensão para o surgimento de circunstâncias, envolvendo conflitos de competência abstratos ou concretos. Os serviços são materialidades que guardam os mais variados critérios de conexão com os Municípios.

Por certo. É possível estabelecer relações de diversas ordens entre um serviço e um Município. A título de exemplo: o serviço é sempre prestado nos limites geográficos de uma, ou mais, Municipalidades; o prestador está estabelecido em um Município; também o está o tomador, ou o intermediário; os serviços produzem resultados que se verificam em um Município, ou em mais de um; o pagamento pode ser efetivado em um Município e o recebimento em outro. Apenas para ilustrar algumas dessas possibilidades.

Como se nota, diversos são os critérios que permitem a incidência de uma norma N a um fato F. Agora, se o critério material é a prestação do serviço, é este o elemento suscetível de identificação da localização geográfica do evento (o espaço no fato).

Nem sempre, porém é, facilmente, identificado. Um advogado pode ter escritório (real) em São Paulo, mas, alguns pareceres, realiza em sua residência, em Cotia; ou inicia em São Paulo, concluindo em Cotia. Nessa hipótese, a veracidade de um fato (o que afirma ter sido a prestação realizada em São Paulo, ou em Cotia) é muito difícil de ser *provada*. Ao menos hoje, não existem meios eficientes a ponto de, por um lado, permitir o Fisco comprovar que a prestação se realizou em um dado Município; e, por outro, garantir ao contribuinte a não tributação, provando que o serviço foi genuinamente desempenhado em outra Municipalidade.

Esta é uma das razões pela qual a Constituição previu a necessidade de Lei Complementar, criando prescrições que evitem os conflitos de competência, justamente, o que realizado pela Lei Complementar 116/2003, que em seu art. 3º reza:

> Art. 3º. O serviço considera-se prestado e o imposto devido no local do estabelecimento prestador ou, na falta do estabelecimento, no local do domicílio do prestador, exceto nas hipóteses previstas nos incisos I a XXII, quando o imposto será devido no local.

Do enunciado, infere-se que o serviço "considera-se" prestado no local do estabelecimento do prestador. Trata-se de uma presunção legal e não, meramente, da determinação do critério espacial do imposto. Fosse isso, e bastaria que um serviço fosse externo ao estabelecimento do prestador que não haveria incidência.

Segundo Fabiana Del Padre Tomé, na presunção legal, constitui-se um raciocínio dedutivo, no âmbito pré-legislativo, que "impõe uma relação artificial entre um fato F', provado, e o fato probando F''".[7] No caso sob análise, o fato probando é o local do estabelecimento, onde o prestador genuinamente realiza seus serviços; o fato provado é o local em que se efetivou a prestação, identificando-se a competência tributária do Ente Fiscal.

A presunção pode ser compreendida quando se leva em conta a diferença entre "ação" e "atividade" tal como o faz Robles. Atividade, segundo Gregório Robles, é uma repetição de ações, praticadas com habitualidade.[8] A atividade do advogado é exercer advocacia; a atividade do médico, medicina. A ação é uma conduta concreta, como uma prestação de serviços, individualizada.

Eis a presunção operada na norma: a ação é realizada no local em que se desenvolve, habitualmente, a atividade do contribuinte.

Importante frisar que a presunção não afasta o dever de prova do fato alegado. Afasta o de um, o fato presumido, muito mais difícil de ser comprovado. Não afasta o de outro, o que se presume: que o lugar X é o espaço geográfico, onde, regularmente um prestador concentra suas atividades de prestar serviços.

5.2 A norma sob análise

Partindo-se do pressuposto de que a norma tributária de retenção não é uma espécie de punição imposta ao prestador de serviços não estabelecido, há de se oferecer explicação que dê conta do fenômeno. É o que segue.

A norma de retenção, em verdade, cria, não uma nova modalidade de responsabilidade fiscal, mas, de presunção legal relativa. Expliquemos.

7. Fabiana Del Padre Tomé, *A Prova no Direito Tributário*, cit., p. 135.

8. Gregório Robles Morchon, *Teoría del Derecho (Fundamentos de Teoría Comunicacional del Derecho)*, v. 1, Madri, Civitas, 1999, p. 227.

Conforme discorrido, presunção legal é a norma que constrói prescritivamente, a relação entre um fato provado e um fato provando.

Muito bem. Pela dicção do enunciado veiculado pela Lei Complementar 116/2003, a relação se firma entre a localização do estabelecimento do prestador e o local da prestação. Na norma paulistana, o legislador retrocede um pouco: cria a presunção legal relativa de que todos os que desempenham serviços para tomadores em São Paulo estão estabelecidos em tal Município.

Não houve alteração direta do critério instituído pela LC 116/2003, que permite localizar, por meio de presunção, o Município dotado de competência tributária para exigir o ISS, a partir da localização do estabelecimento de um dado prestador. Mas, o que o legislador nacional atribui como fato provando passa a ser o fato presumido pela Lei Paulistana.

5.3 A presunção é relativa

Outra postura interpretativa seria a de sustentar que Lei 14.042/2005, simplesmente, inverteu a presunção criada pela LC 116/2003. Não é o local do estabelecimento do prestador, o fato provando para implicar a localização da prestação, mas o do estabelecimento do tomador.

A vertente não se sustenta. Por meio do "Cadastro dos Não Estabelecidos", a legislação paulistana concede ao prestador a oportunidade (ônus ou norma técnica) de *provar* que se encontra estabelecido em outro Município, por meio de elementos que serão analisados em item posterior.

O Cadastro não tem por escopo demonstrar *onde* foi a prestação, efetivamente, tributada. Esta se perde no tempo e no espaço, enquanto evento. O que é provado é onde, regularmente, os serviços são prestados, ou seja, onde se encontra o estabelecimento do prestador — que, para ficarmos com a idéia de Gregório Robles, corresponde ao local da "atividade" do contribuinte.

A presunção prevista pela Lei Complementar 116/2003 não foi, propriamente, invertida, como se poderia pensar, em uma análise menos profunda. Uma vez *provado* o local do estabelecimento, fica admitido, como conhecido, o local da prestação.

O que se opera é a presunção de que todos os que prestam serviços a clientes em São Paulo são lá estabelecidos. E esta é desfeita, mediante a linguagem das provas.

5.4 Os meios para se desfazer a presunção: a prova

5.4.1 Prova

A presunção veiculada por Lei pode ser desconstituída, desde que o prestador manipule a linguagem competente no direito e *provar* que seu estabelecimento está situado em local distinto de São Paulo.

Fabiana Del Padre Tomé trata, com mestria, sobre a prova do fato negativo. O fato negativo pode ser provado, desde que se demonstre a inexistência do fato contrário, ou seja, do fato positivo.[9]

Aplicando-se o conceito ao caso concreto, foi, justamente, a saída encontrada na Lei de São Paulo. Prova-se o não estabelecimento pela presença de estabelecimentos em outros locais. Em conformidade com o tipo de serviço realizado, a autoridade competente passa a analisar dados concretos que permitirão identificar (será uma atividade de convencimento) se o estabelecimento indicado pelo prestador seria apto à realização dos serviços.

Vejamos as disposições sobre a inscrição no Cadastro de São Paulo, para submetê-lo à apreciação da teoria das provas, tal como veiculado pela Portaria 101/2005:

> O "*Protocolo de Inscrição — Declaração*" terá validade de 30 (trinta) dias da data da transmissão do "*Requerimento de Inscrição — Pessoa Jurídica de outro Mu-*

9. Ibidem, p. 168.

nicípio", devendo o mesmo ser impresso e assinado pelo representante legal ou procurador e remetido por via postal, com aviso de recebimento, para a Praça de Atendimento, localizada no Parque do Anhangabaú, 206/226, CEP 01007-040, São Paulo/SP, ou entregue no mesmo local, em envelope lacrado com a mensagem "*Protocolo de Inscrição — Declaração n.___*" e a "*Razão Social do Remetente*" anotados na parte frontal do envelope, juntamente com os seguintes documentos:

a) cópia autenticada do RG e CPF do sócio responsável pelo pedido de inscrição;

b) cópia do CNPJ do estabelecimento;

c) cópia autenticada do instrumento de constituição (Contrato Social, Estatuto, Ata ou Declaração de Empresário — Firma Individual) e, se for o caso, suas alterações posteriores, regularmente registrados no órgão competente;

d) procuração, conforme modelo anexo a esta Portaria, com firma reconhecida, acompanhada dos documentos pessoais do procurador (cópia autenticada do RG e CPF), quando o signatário do protocolo de inscrição for procurador;

e) cópia do lançamento do Imposto Predial e Territorial Urbano — IPTU do estabelecimento, referente ao exercício mais recente;

f) cópia do recibo de entrega da Relação Anual de Informações Sociais — RAIS, relativa ao estabelecimento, dos 2 (dois) exercícios anteriores ao da solicitação da inscrição;

g) cópia do contrato de locação, se for o caso, com firma reconhecida dos signatários;

h) cópia das faturas de pelo menos 1 (um) telefone dos últimos 6 (seis) meses em que conste o endereço do estabelecimento;

i) cópia da última conta de energia elétrica em que conste o endereço do estabelecimento;

j) 3 (três) fotografias do estabelecimento, com o registro das seguintes imagens: as instalações internas, a fachada frontal e detalhe do número.

4.1 As fotografias tratadas na alínea "j" do item anterior poderão ser digitalizadas e transmitidas por meio da internet como parte integrante do "*Requerimento de Inscrição — Pessoa Jurídica de outro Município*".

5. A validação da inscrição no cadastro ficará condicionada à regular análise da unidade competente da Secretaria Municipal de Finanças, que terá o prazo de 30 (trinta) dias contado da data da recepção dos documentos de que trata o item 4, para deferir ou indeferir a inscrição, solicitar outros documentos ou esclarecimentos ao prestador de serviços.

5.1 Em caso de deferimento da inscrição no cadastro, a inscrição será considerada regular a partir da data de transmissão do "*Requerimento de Inscrição — Pessoa Jurídica de outro Município*".

Conforme enunciamos, as provas podem ser estudadas de diversas maneiras. Um dos enfoques é o da morfologia das provas, ou seja, como se dá a constituição das partes de enunciados.[10]

Morfologicamente, tem-se que as provadas estão dotadas de um objeto, de um conteúdo, de uma forma, de uma função, de uma finalidade. No caso concreto, é possível atingir o que segue:

(1) o objeto da prova é o fato cuja veracidade se pretende demonstrar.[11] No caso sob análise, é o fato de que o estabelecimento do prestador encontra-se em Município que não São Paulo;

(2) o conteúdo é o fato provado. No caso, os fatos provados são: (I) por meio do RG e CPF comprova-se que o emissor do Cadastro é a pessoa competente, prevista na legislação, para pleitear a inscrição; a Procuração faz prova análoga, em benefício do procurador, desde sejam combinadas com o contrato social da empresa; (II) o cartão do CNPJ prova que, no âmbi-

10. Fabiana Del Padre Tomé, *A Prova no Direito Tributário*, cit., p. 154.
11. Ibidem, p. 155.

to federal, o contribuinte declara-se estabelecido no Município X; pela cópia autenticada do instrumento de constituição (Contrato Social, Estatuto, Ata ou Declaração de Empresário — Firma Individual) e, se for o caso, suas alterações posteriores, regularmente registrados no órgão competente, demonstra-se o local, juridicamente constituído, em que se encontra a sede do contribuinte, bem como o poder de quem assinou o documento; (III) cópia do lançamento do Imposto Predial e Territorial Urbano — IPTU do estabelecimento, referente ao exercício mais recente, que demonstrará a posse ou propriedade do local apontado como estabelecimento; (IV) cópia do recibo de entrega da Relação Anual de Informações Sociais — RAIS, relativa ao estabelecimento, dos 2 (dois) exercícios anteriores ao da solicitação da inscrição, que demonstrará que existem profissionais ativos no estabelecimento indicado; (V) cópia do contrato de locação, se for o caso, com firma reconhecida dos signatários, poderá demonstrar, por exemplo, a existência de estabelecimento virtuais, em que são identificadas cláusulas típicas, como a de transferência de ligação telefônica e correspondências a outros endereços; (VI) cópia das faturas de pelo menos 1 (um) telefone dos últimos 6 (seis) meses em que conste o endereço do estabelecimento, provando a atividade econômica efetiva no estabelecimento; (VII) cópia da última conta de energia elétrica em que conste o endereço do estabelecimento, que indicará o nível de gasto de energia elétrica, sendo forte indicativo de atividade em um dado endereço; (VIII) 3 (três) fotografias do estabelecimento, com o registro das seguintes imagens: as instalações internas, a fachada frontal e detalhe do número; note-se que, nesse caso, entendemos que a prova toma a forma de ícone: a autoridade competente, por uma atividade de subsunção, compara o conceito de estabelecimento à imagem fornecida na foto.

(3) forma da prova: a prova é veiculada pelo documento específico que é o "Requerimento de Inscrição — Pessoa Jurídica de outro Município";

(4) função da prova: é a persuasão. Comprovar-se o fato alegado. No caso sob análise, o contribuinte terá por intuito persuadir a autoridade competente de que possui estabelecimento em outro Município. Note-se, contudo, que os documentos não foram previamente selecionados a partir de um ato de vontade do sujeito passivo. Há uma seleção prévia: a Autoridade Competente determina o que irá lhe convencer. A função, portanto, passa a ser a coleta de indícios que permitirão um convencimento pela autoridade municipal acerca da existência, ou não, de um estabelecimento em um Município que não São Paulo. Pensamos, que, talvez, sob a ótica do contribuinte, a linguagem ganhe *status* de função informativa. Tendo-se em vista a objetividade dos dados a serem apresentados, a preocupação dos que se cadastraram foi no sentido de cumprir as determinações legais, muita vezes, até mesmo, se incriminando, muito embora, a função persuasiva esteja sempre presente.

(5) finalidade da prova: a finalidade da prova do Cadastro é a desconstituição da presunção legal relativa, mais especificamente, a que impõe que dada uma prestação de serviço a um tomador situado em São Paulo, considera-se efetivada em São Paulo.

Acerca dos enunciados de prova, temos as seguintes observações a serem empreendidas.

Como os elementos são criados pela legislação infralegal, eles não podem coibir um direito previsto em Lei, que é o da efetivação do Cadastro, para quem não está domiciliado em São Paulo.

Ocorre que, muitas vezes, mesmo para o contribuinte que tem efetivo estabelecimento em outro Município, torna-se impossível cumprir com todos os requisitos da Portaria. Vejamos alguns exemplos.

A cópia do RAIS dos últimos dois anos, só pode ser limitada aos estabelecimentos em funcionamento há mais de dois anos. Tenha-se este elemento como um pressuposto objetivo para o deferimento do Cadastro e estar-se-á cometendo inúmeras ilegalidades, como: (a) para os contribuintes existentes há menos de dois anos, prestar serviço a tomador em São Paulo passa a ser presunção absoluta (e não mais relativa) de estar estabelecido em São Paulo e, conseqüentemente, de que presta serviço em tal Município; (b) negativa do direito ao cadastro: o cadastro é uma permissão (ou, quando muito, um ônus), ou seja, um direito do contribuinte, perante a Prefeitura, exercido mediante um processo previsto por Portaria. Agora, se para se provar um fato — que pode ser demonstrado por outras maneiras — é preciso fornecer elementos que não existem, então, o direito veiculado por norma inserta em Lei tornase mitigado pela Portaria, que exige conduta impossível, revelando-se patente ilegalidade; (c) impõe-se a bitributação, em violação à Constituição da República (princípio da não bitributação).

O mesmo raciocínio deve ser empreendido para os casos das contas de telefone, eis que o fato de não existir estabelecimento há mais de seis meses, não implica sua inexistência, atualmente.

Aliás, se o contribuinte prova que o estabelecimento foi constituído em um prazo recentíssimo e que pretende prestar serviços em São Paulo, a não apresentação da RAIS, de contas telefônicas ou de luz, não pode ser veiculado como óbice para a concessão do cadastro. Não há violação à legislação do ISS no fato de alguém iniciar, há pouco tempo, suas atividades. E a imposição infralegal de condições necessárias e impossíveis para o usufruto de um direito previsto por lei revela patente ilegalidade, capaz inclusive, de sustentar a impetração de Mandado de Segurança e outros remédios judiciais cabíveis, para contribuintes que tenham o direito violado.

Mais ainda. Se a par do fato de os documentos veiculados por Portaria não revelarem condições suficientes para a existência de estabelecimento, o contribuinte lograr êxito em demonstrar, por outros enunciados, a veracidade desse fato, a autoridade competente estará obrigada a deferir o Cadastro. Conduta oposta implicará violação aos seguintes elementos: (I) à norma que prevê o direito do contribuinte, efetivamente não estabelecido, de ser cadastrado; (II) à presunção prevista no art. 3º da Lei Complementar 116/2003, que institui a noção de que o serviço considera-se prestado no local do estabelecimento do contribuinte; (III) reflexamente, ao art. 146, II, da Carta Magna, que prevê a competência da Lei Complementar para regular conflitos de competência.

Além disso, se tratamos de presunção legal relativa, mesmo que não haja cadastro e emissão de nota por outro Município, caso o tomador seja autuado pelo imposto, poderá demonstrar o descabimento da cobrança, desde que comprove que o prestador não estava estabelecido em São Paulo. Para isso, bastaria indicar a presença de um estabelecimento em outro Município, apto ao desempenho dos serviços prestados (prova negativa), e desde que não provada, pelo Fisco, a existência de estabelecimento em São Paulo.

Isso se dá pelo princípio da ampla defesa, que norteia o processo administrativo. Agora, se adotássemos a vertente da retenção, enquanto, sanção — que buscamos refutar — a conclusão não poderia ser obtida. A sanção seria imposta sobre o ato de contratar contribuintes que emitam nota por outro Município, sem o cadastro. A presença efetiva do prestador em São Paulo seria irrelevante.

Como demonstramos, a interpretação acima relembrada está longe de ser a mais adequada. Daí por que se admite o direito de se comprovar que São Paulo não era competente para cobrança de ISS em uma dada circunstância, mesmo que a faculdade de cadastro não tenha sido exercida. O afastamento opera-se pelo seguinte fundamento: não há retenção em São Paulo, quando inexiste competência.

Aliás, a conclusão acima exposta pode ser argumentada, inclusive, em processo administrativo, eis que se trata, como pensamos, da adequada interpretação da legislação vigente. A argüição da inconstitucionalidade do dispositivo legal não teria maior valia no âmbito administrativo.

5.4.2 Dinâmica da prova

Se provas são enunciados, o ato de prova é ato de fala. E se insere no direito positivo, mediante a aplicação das normas gerais e abstratas que regulamentam a enunciação da prova, com a criação de normas gerais e concretas, veículos introdutores de provas. Exemplificando: no caso sob análise, as normas gerais e abstratas foram veiculadas pela Portaria 101/2005; a norma geral e concreta será produzida, a partir dos enunciados instituídos pelo veículo introdutor "Requerimento de Inscrição".

Mas, a prova, mesma, enquanto proposição antecedente de uma implicação cujo conseqüente é o fato provado, ganhará tal *status* a partir do momento em que a autoridade competente se *convencer* de que os dados juntados pelo contribuinte demonstram a existência de estabelecimento em outro Município. É a interpretação dos fatos e, ousamos acrescentar, a valoração dos mesmos, que permitirá à Autoridade inferir a existência do elemento.

No tocante à dinâmica das provas, reflete-se sobre a sintaxe interna da prova. Iremos nos aproveitar de alguns elementos tratados sobre tal sintaxe para retirar conclusões pertinentes ao caso sob análise.

Quando se pensa em um ato, vem a mente o conteúdo do ato, o ato e sua forma. Três instâncias co-implicantes, umas das outras.

Com fundamento na teoria de Husserl que distingue *noesis* e *noema* que são, respectivamente, o ato e o conteúdo do ato, Fabiana Del Padre Tomé[12] identificou os seguintes elementos referentes à prova: o ato de prova (I), que é o ato de alegar, ou seja, é a própria atividade enunciativa; (II) a forma da prova, ou a petição da parte; (III) o conteúdo do ato. No caso, a atividade enunciativa opera-se no ato de preenchimento do cadastro e enviar à Prefeitura, dos documentos previstos na Portaria; (II) a forma da prova é o próprio requerimento; (III) o conteúdo do ato são os enunciados veiculados pelo contribuinte, e que já indicamos anteriormente.

Por outro lado, uma análise sintática do procedimento probatório permitirá o alcance dos seguintes elementos: (I) um fato alegado; (II) enunciados probatórios; (III) o fato jurídico constituído.[13]

A aplicação é simples. O fato alegado é aquele indicado no requerimento cadastro: a existência de um estabelecimento fora de São Paulo; os enunciados probatórios são todos aqueles inseridos no "Requerimento de Inscrição. Pessoa Jurídica de outro Município"; o fato jurídico constituído será a linguagem do cadastro que é veiculada eletronicamente, por *internet* nos dizeres: "Pessoa Jurídica regularmente cadastrada junto à Secretaria Municipal de Finanças a partir de *dd/mm/aaaa*". Interessante que podemos aplicar à teoria da norma a este fato jurídico e observaremos: que o aspecto material do fato será a existência de um estabelecimento; o aspecto temporal é a data representada por dd/mm/aaaa; e o espacial, a localização do estabelecimento, ou no caso, a localização de qualquer local que não em São Paulo.

A indicação da data do fato é relevante, eis que as Notas Fiscais emitidas antes dele deverão condicionar o dever de retenção na fonte. Quanto a isso temos questões relevantes a serem assinaladas.

Primeiramente, o Professor Paulo de Barros Carvalho[14] faz importante distinção entre o "tempo do fato" e o "tempo no fato".

12. Fabiana Del Padre Tomé, ob. cit., p. 81.

13. Ibidem, p. 183.

14. *Fundamentos Jurídicos da Incidência*, cit., p. 123.

O primeiro refere-se ao tempo em que o fato é constituído linguisticamente; o segundo, ao tempo em que o evento ocorreu, tempo este, constituído pela linguagem.

Muito bem. A data que marca limite para a permissão de não retenção, que representamos por dd/mm/aaaa, tem de ser o tempo no fato e não do fato. Como discorremos, a norma que regulamenta a constituição de provas trata de elementos temporais que permitirão demonstrar a data de início de atividades de um dado estabelecimento. São estes elementos que devem ser levados em conta, para a desconstituição da presunção prevista em lei. A data em que se concluiu o Cadastro (tempo do fato) é irrelevante.

Se o contribuinte percebe que os documentos por ele juntados apontam uma data de início de atividades no estabelecimento anterior àquela indicada no enunciado do Cadastro, poderá interpor Recurso Administrativo, ou mesmo Mandado de Segurança, demonstrando que a Prefeitura não atentou para os elementos que indicam uma data "no fato" mais condizente com as linguagens da prova. Claro que, aqui, apenas a linguagem e a concordância de outra autoridade competente poderão demonstrar o "erro".

Disso, decorre outra conclusão importante: se um tomador não efetua a retenção, antes de haver Cadastro do Contribuinte e este, posteriormente, desfaz, perante a Prefeitura, a presunção de que não está estabelecido — mediante cadastro — o Fisco não poderá exigir o ISS do tomador, sob alegação de que deveria ter efetuado a retenção.

É o tempo no fato que deve condicionar a liberação de não retenção. Isso claro, desde que se elimine o raciocínio de que a norma de responsabilidade é sanção. Caso contrário, a simples emissão de nota por outro Município em São Paulo, sem retenção, já seria suficiente para a cobrança da prestação, independentemente das provas que demonstrem a localização efetiva do centro habitual de atividades do prestador.

5.4.3 Mais sobre a sintaxe do procedimento probatório

Para a constituição dos enunciados E1, E2... EN há um procedimento de ordenação a seguir seguido pelo contribuinte.[15] No caso sob análise todos os enunciados são produzidos em um único procedimento

O procedimento de ordenação é o previsto na Portaria 101/2005, mediante a consecução dos seguintes atos: (I) o preenchimento do "Requerimento de Inscrição — Pessoa Jurídica de outro Município"; (II) a impressão e guarda do "Protocolo de Inscrição — Declaração", que servirá como validação da operação de preenchimento e transmissão; (III) a assinatura pelo representante legal ou procurador e o envio por correio, com aviso de recebimento, para a Praça de Atendimento, localizada no Parque do Anhangabaú, 206/226, CEP 01007-040, São Paulo/SP, ou a entrega, no mesmo local, em envelope lacrado com a mensagem "*Protocolo de Inscrição — Declaração n.___*" e a "*Razão Social do Remetente*", juntando os documentos anteriormente mencionados.

Uma vez concluído, resta concluída a enunciação da prova que deverá ser objeto de análise da autoridade competente.

5.4.4 Princípios da prova

Tomemos princípios como normas que contêm elevado grau de força axiológica, condicionando o modo de aplicação e interpretação de inúmeras outras normas no sistema. Pois bem, passemos a analisar os princípios mais importantes sobre as provas e verificar como se ajustam no caso sob análise.

Um primeiro princípio inerente às provas, aplicável ao procedimento administrativo, que ora estudamos, é o princípio inquisitório, no qual a atividade administrativa independe da impulsão do particular.

15. Ibidem, p. 184.

Voltando-se o conceito ao caso concreto, poderemos concluir que, mesmo no silêncio do contribuinte, caso a administração possua elementos suficientes que indiquem a existência de estabelecimento do prestador em outro Município, o Cadastro deverá ser promovido de ofício pelo Fisco, evitando-se a retenção na fonte. Trata-se de um reforço da legalidade, eis que a presunção, instituída pela Lei, deve ser desfeita quando se tenha elementos suficientes para tanto.

Quanto ao devido processo legal, trata-se de princípio que se biparte em um caráter substantivo e adjetivo. Vejamos.

No primeiro caso, tem-se que as normas de índole constitucional, e outras do ordenamento, devem ser amplamente respeitadas e observadas, no processo de positivação do direito. Com isso, se vê que o Cadastro não pode ser um mecanismo para a violação do disposto no art. 3º da Lei Complementar 116/2003, invertendo-se, indiretamente, o critério de competência do imposto.

Conseqüentemente, o ato de apreciação das provas pelo Fisco não pode ser tendencioso, direcionando-se à negativa de Cadastro. Tem de revelar, ao máximo possível, uma imparcial constituição do fato jurídico "local do estabelecimento". Se a imparcialidade é um elemento inexistente, para o homem, ao menos que haja honestidade intelectual: que o deferimento ou indeferimento do cadastro sejam frutos da convicção da autoridade competente, a partir do exame das provas e não em função de outros interesses que não vem ao caso apontar.

Quanto ao elemento procedimental, volta-se para o processo previsto na Portaria 101/2005. Tanto o contribuinte como o Fisco devem observá-lo para cumprimento dos desideratos previstos na legislação vigente. Porém, como assinalado, está implícita certa flexibilidade quanto aos elementos que serão juntados: se todos os documentos levantados pelo contribuinte forem suficientes, no entender da autoridade competente, para demonstrar a existência do estabelecimento em outro Município, torna-se recomendável o deferimento da inscrição, pelo preenchimento finalístico da norma: a coibição de fraudes.

E isso tudo, em função do princípio da ampla defesa, que implica a idéia de que todos os documentos juntados pelo contribuinte relevantes para demonstrar o fato alegado devem ser considerados pela autoridade fiscal, independente da previsão na Portaria. O processo de Cadastro tem por intuito permitir a identificação da existência de um estabelecimento em outro Município. Limitar o exame das provas a alguns documentos previstos na legislação, ignorando-se outros que sejam relevantes para a constituição adequada do fato jurídico, significa mitigar o direito do contribuinte em desfazer a presunção prevista na Lei 14.042/2005.

Quanto ao contraditório, é o direito de se fazer contraprova à prova apresentada pela parte oposta. No caso em tela, todas as provas apresentadas pela Prefeitura que desconstituam os enunciados ofertados pelo contribuinte deverão ser objeto de análise para eventual refutação de tal pessoa, sob pena de violação do mencionado princípio.

Aliás, se assim não fosse, haveria violação ao princípio da publicidade. Com efeito, os atos produzidos no processo deverão ser públicos, ou seja, disponibilizados ao contribuinte, garantindo-se a comunicação própria do direito. Infelizmente, hoje, tem-se a mera indicação de despachos lacônicos, publicados na *internet*, muitas vezes, com sentenças incompletas — que nem sequer ganham o *status* de autênticos enunciados, dada a incompletude gramatical em que são expressas. Em casos de dúvidas, os particulares podem enviar *e-mails* que, muitas vezes, são respondidos após o prazo da interposição de Recurso. Situações de tal natureza devem ser repelidas pelo Poder Judiciário.

Quanto ao princípio da prova obtida ilicitamente, iremos analisar em momento oportuno, quando tratarmos do exame da legalidade do dispositivo.

Outrossim, o princípio da imediatividade requer o julgador tendo acesso direito às provas. Com efeito, no caso concreto, isso, facilmente, ser verifica, eis que os enunciados são enviados diretamente ao Fisco.

5.4.5 Axiologia das provas

Não é o simples envio dos documentos pelo contribuinte à autoridade competente que permitirão a concessão do cadastro a este sujeito de direitos. Haverá uma apreciação cognitiva de tais elementos por quem de direito, que buscará identificar se os dados fornecidos possibilitam a inferência da presença de um estabelecimento no local indicado pelo sujeito passivo. Ou seja, se o fato alegado pode se tornar um fato jurídico.

Nessa atividade de exame, poderá haver enunciados contraditórios, como: a indicação no Contrato Social da presença de um estabelecimento em determinado Município, confirmando o fato alegado, o que é ratificado pelo cartão de CNPJ; a presença de contratos de locação que indiquem a existência estabelecimentos virtuais; o consumo incompatível de energia elétrica, com o que seria necessário para a consecução da *atividade* do sujeito passivo; entre outros. Haverá, portanto, uma *escolha*, por parte do Fisco, sobre quais enunciados devem prevalecer. A escolha implica, necessariamente, a presença de valores.

O valor está embutido no mundo do dever-ser. Algo pode ser visto pelo que é, ou pelo que vale. E, por que valem, devem ser.[16]

Como ensina Miguel Reale, "a força contraditória que anima a vida jurídica, em todos os seus campos, reflete a bipolaridade dos valores que informam".[17] Com efeito, um valor implica um contravalor: o direito e o torto; o lícito e ilícito; o desejado e rejeitado.

O referido professor identifica nos valores as seguintes características dignas de nota: bipolaridade, implicação, referibilidade; incomensurabilidade, graduação hierárquica, além da objetividade, historicidade e inexauribilidade.[18] Apliquemos às características aos valores envolvidos nas atividades de prova pela Prefeitura de São Paulo.

A teoria dos valores distingue duas formas de princípios fundamentais, em cada região, que seriam o da causalidade e o da finalidade. A primeira trataria da relação de causa e efeito entre um fato e uma conseqüência, determinada por lei natural; a segunda, uma relação do tipo "Deve ser que se A, então B", posta para um fim, um objetivo pretendido.

A finalidade do Cadastro é o *controle* dos contribuintes que prestam serviços em São Paulo. Controle, segundo André Lalande é "um segundo registro, mantido à parte para verificação do primeiro. De onde, por extensão, assegurar-se que uma asserção é exata ou que um trabalho foi executado como *deveria ser*".[19]

Ou seja, pelo controle verifica-se se algo *foi* como *deveria ser*. Pensamos que o controle é um valor que permite a implantação de outros valores. Vejamos.

Há a bipolaridade, eis que o contravalor, a ser considerado, é o descontrole, que lhe implica reciprocamente. Sem descontrole, a idéia de controle perde sua significação.

Outra presença inerente aos valores é a referibilidade, tendo-se em vista que o valor é vetorial, direcionando-se para um ponto reconhecido como fim. A referibilidade é própria do valor que ora nos detemos eis que seu fim, como vimos em sua própria definição, é verificar se, o que deve

16. Miguel Reale, *Filosofia do Direito*, 1º v., São Paulo, Saraiva, 1975, p. 170.
17. Ibidem, p. 172.
18. Ibidem, p. 171.
19. *Vocabulário Técnico e Crítico da Filosofia*, São Paulo, Martins Fontes, 1999, p. 208.

ser, é. Quanto mais controle, mais instrumentos de prova há.

O controle, também, envolve a preferência, a orientação. A característica da preferência dos valores inspirou Miguel Reale ao enunciar a célebre frase o "fim não é senão um valor, enquanto reconhecido pelo motivo da conduta".[20] No caso concreto: a conduta "criar o cadastro" é motivada pelo fim, a saber, "a obtenção de controle".

Quanto à possibilidade de graduação hierárquica, esta, também se pode identificar. Ao se escolher o "controle", enquanto vetor axiológico que informou a instituição da norma, outros valores foram preteridos. Entre eles, o valor que anima o "princípio da presunção de inocência", eis que todas as notas fiscais emitidas pelos prestadores de serviços de outros Municípios são consideradas indignas de consideração, até a prova em contrário.

Pois bem, podemos resumir, aqui, nossa incursão pela teoria dos valores, eis que chegamos ao ponto relevante para o caso concreto. É pela graduação hierárquica entre valores que a autoridade administrativa poderá escolher, *em um ato de decisão*, entre as provas relevantes que permitirão o cadastro.

Se o valor informador é o *controle*, pensamos que as informações ou normas unilaterais produzidas pelos contribuintes serão preteridas em face de elementos que permitam demonstrar a prestação de serviços em um dado local. E, com efeito, temos observado que elementos como, conta de luz, telefone, fotos que revelem a estrutura do local estão sendo priorizados pela Prefeitura, a título de elementos de convencimento, do que outros, como declarações unilaterais dos contribuintes.

A existência de um estabelecimento está longe de ser um dado absoluto, como se a verdade por correspondência imperasse, dependendo da linguagem das provas para vir à tona. Uma sede meramente administrativa é estabelecimento? Será que ela apenas o é para justificar a cobrança de ISS, caso a Prefeitura Paulistana a encontre, mas não para demonstrar a presença de estabelecimento em outro Município? E se o prestador trabalha preponderantemente em casa, aquela estrutura administrativa, em que se anotam telefones e recados de clientes, em que são feitas reuniões e que se opera como centro comercial, passa a ser estabelecimento? Ou sua constituição é mera fraude?

Não há respostas únicas para essas perguntas. Elas dependem de um ato de interpretação, de uma decisão. Uma ação não é meramente um conjunto de movimentos físicos. Ela possui um significado: não existe sem interpretação.[21]

De qualquer sorte, entendemos que cabe ao contribuinte fornecer todos os elementos de prova que possam gerar um convencimento da autoridade administrativa.

6. Exame da legalidade da norma

Recuperemos as categorias que operamos no presente artigo, tais como "prova", "fato alegado", "fato jurídico", "presunção", "atividade" e "ação".

Quando um contribuinte requer o cadastro em Município, alega um fato: a existência de estabelecimento em tal Municipalidade. Deve prová-lo, indicando a localização do estabelecimento e outros enunciados emitidos por linguagem competente requerida pela Municipalidade.

A autorização de emissão de nota fiscal, portanto, é um fato jurídico: o de que o contribuinte tem suas atividades realizadas na Municipalidade.

Pois bem, como vimos no procedimento de prova instaurado em São Paulo, o fato alegado é demonstrado pela prova negativa. O contribuinte deve provar que suas atividades são realizadas em outro Muni-

20. Ibidem, p. 173.

21. Gregório Robles, idem, p. 229.

cípio, o que gera a presunção de que a ação foi nele realizada.

Tal circunstância é explicada, pois a administração pública não tem condições de fiscalizar a presença de estabelecimentos em São Paulo, por questões de ordem econômica, humanas etc. Ou seja, o fato a ser provado da presunção do art. 3º da LC 116/2003 (a existência de estabelecimento em algum local), não pode ser constituído pelo Fisco.

Logo, criou-se um ônus (uma norma técnica "ter que"), para que se comprove, mediante a constituição da prova negativa, a partir de um fato positivo (a presença de atividade em outro estabelecimento). Ou seja, o Ente, sem condições de fiscalizar, admite que se prove o não estabelecimento, pela presença de outro, em Municipalidade diversa.

Ocorre que tal prova já foi objeto de análise de outra Municipalidade, mediante a permissão de inscrição como contribuinte e autorização para emissão de notas.

Não caberia à Municipalidade de São Paulo desconstituir um fato jurídico já constituído em outro Município. Em termos mais simples: os fatos jurídicos veiculados no "cadastro de outro Município" e mesmo na nota fiscal emitida — da qual se infere a autorização para sua emissão — deveriam ser os únicos elementos exigidos pela legislação paulistana para desconstituir a presunção genérica de que os prestadores que realizam ações voltadas aos tomadores situados em São Paulo, estão estabelecidos em tal Municipalidade.

Que fique claro. Uma coisa é a relação do Fisco que identifica a presença de uma "ação" em seu Município. Outra, a que trata da presença de "atividades". A relação na qual um contribuinte presta atividades em outro Município é de ordem local, que tem que ver com o sujeito ativo e passivo. Este fato não pode ser contestado por outros Fiscos. O que outro Município deve proceder é fiscalizar para averiguar se há a presença de estabelecimento em seu território, sem desconsiderar a linguagem competente que atesta a existência de outros estabelecimentos.

Em outros esteios: a autoridade administrada não está dotada de competência para fiscalizar a validade da norma individual e concreta veiculada por outro Município, desqualificando a juridicidade de fatos jurídicos não constituídas sob a égide de seu território. O que poderia, sim, seria fiscalizar o prestador, buscando elementos que identificassem uma "atividade", dentro de seu território.

Daí, portanto, voltamos ao início do artigo. Existe violação ao preceito previsto no art. 30 da Lei Maior, eis que o Fisco cria presunção que mitiga a eficácia jurídica de fatos constituídos em outros Municípios. A inconstitucionalidade resta provada. Tudo isso, porém, sem precisarmos adotar a falsa premissa de "sanção de índole tributária".

Acreditamos, ainda, que independente da invalidade da norma, a "teoria das provas", elaborada por Paulo de Barros Carvalho e Fabiana Del Padre Tomé, fornece subsídios relevantes aptos a demonstrar como o processo probatório estudado no presente artigo deve ser desenvolvido e interpretado. E tudo, com aplicações que entendemos relevantes, obtendo-se a intersecção entre a teoria e a prática aclamada por Lourival Vilanova.

7. Conclusões

Diante do exposto pode-se concluir que:

1. os fatos jurídicos são os enunciados que introduzem realidades externas no interior do direito;

2. os fatos jurídicos são constituídos a partir das provas;

3. a verdade e falsidade não são atributos cabíveis aos fatos jurídicos *stricto sensu*, mas aos fatos alegados;

4. a Lei Complementar 116/2003 veicula enunciado prescritivo em seu art. 3º que cria presunção de que a consecução de uma "ação" opera-se no local em que habitualmente desenvolve-se uma "atividade";

5. a norma de cadastro cria outra presunção: a de que todos os que prestam serviços para tomadores em São Paulo, estão cadastrados em tal Município;

6. a presunção é relativa e pode ser desconstituída pela linguagem das provas, no ato de cadastro;

7. a interpretação da norma que trata do Cadastro não pode privar o contribuinte efetivamente não estabelecido de obter o registro em São Paulo;

8. a presunção operada pelo Município de São Paulo é inconstitucional, pois desconsidera um fato jurídico, cujo emissor foi outra Municipalidade, sem estar dotada de competência para tanto.

ESTUDOS & COMENTÁRIOS

MANDADO DE SEGURANÇA IMPETRADO POR FILIAL E O INCISO II DO ART. 253 DO CPC

CASSIO SCARPINELLA BUENO

Mestre, Doutor e Livre-Docente em Direito Processual Civil pela PUC/SP – Professor da Faculdade de Direito da PUC/SP nos cursos de Graduação, Especialização, Mestrado e Doutorado – Advogado em São Paulo

1. A importância do estudo do "direito processual tributário". 2. Uma interessante questão para estudo: mandado de segurança impetrado por filial em busca de solução mais vantajosa para o contribuinte. 3. A posição da doutrina mais recente. 4. O inciso II do art. 253 do CPC e sua aplicação à hipótese. 5. Considerações finais.

1. A importância do estudo do "direito processual tributário"

O nome "direito processual tributário" pode ser entendido de várias formas. No plano administrativo, levando em conta o modo pelo qual o Estado cria a obrigação tributária ou no plano jurisdicional, destacando a forma pela qual os contribuintes procuram questionar, em juízo, as mais diversas exações tributárias.

Este estudo toma como base de exposição a segunda destas feições. Para estas linhas, "direito processual tributário" deve ser entendido como as normas processuais civis alinhadas para resolver, em juízo, os conflitos de interesse travados entre Fisco e contribuintes. Várias destas "normas processuais civis" são propícias, embora não exclusivas, para resolver tais questões. O exemplo mais marcante do ordenamento jurídico brasileiro é o *mandado de segurança*. Outras não foram criadas ou concebidas para resolução de questões tributárias ou, mais amplamente, de questões envolvendo o direito público como um todo. São, no entanto, as normas que existem para resolver quaisquer conflitos de interesse, mesmo aqueles que envolvem o próprio Estado. Trata-se de uma decorrência imediata de um sistema de jurisdição una, como é o caso do brasileiro: as mesmas regras e o mesmo sistema processual civil que servem para resolver os clássicos e tradicionais conflitos entre pessoas de direito privado destinam-se também a resolver os conflitos entre essas e as pessoas de direito público.

Há algum tempo tenho insistido ser esta premissa metodológica indispensável para melhor compreender o próprio sistema processual civil, estudando-o a partir do "tipo" de direito material que nele é veiculado para resolução perante o Estado-juiz. Trata-se, em última análise, da aproximação máxima do que vem sendo destacado pela doutrina do direito processual: a necessária minimização do binômio "Direito/processo" – vale dizer, a assunção definitiva de que o direito processual é mero condutor de relações materiais conflituosas ao Poder Judiciário e que, de uma forma ou de outra, amolda-se (ou, quando menos, é desejável que se amolde) ao próprio direito nele veiculado ou reage diferentemente a cada espécie de direito material nele contido.[1]

Já escrevi, a este respeito, o seguinte:

"Esta observação poderia parecer desnecessária ou, quando mais, pouco útil, na medida em que não há mais dúvidas, nos dias atuais, de que o direito processual (inclusive o civil) é ramo do *direito público*. Trata-se, em última análise, da parcela do Direito que se predispõe a examinar o *modo* de solução dos conflitos por uma das *funções* estatais, a judiciária. E, se assim é, se seu objeto é o *modo* de exercício de *função* pelo *Estado* voltado à busca de uma finalidade pública – a apaziguação social –, está-se diante de uma disciplina *típica* de direito público.

"No entanto, o destaque, e a observação do *conteúdo* dos conflitos que são levados ao Judiciário para solução via processo civil, é pertinente menos para demonstrar que o processo civil não se confunde com o direito material nele veiculado (que há um continente e um conteúdo, portanto) e mais para evidenciar que, contemporaneamente, o direito processual *deve ser* examinado, sistematizado e *revisitado* a partir de uma ótica diversa daquela que obteve, com sucesso, sua desvinculação do direito material. Hoje, o estudo do processo civil deve partir *também* de seu conteúdo (o direito material conflituoso), e a partir daí é que devem ser pensadas suas formas, seus mecanismos, seus limites e tudo o mais.

"Quando o direito *material público* rende ensejo ao conflito de interesses qualificado por uma pretensão resistida, impõe-se verificar em que medida esta *qualidade* distinta do direito conflituoso – se comparada com o direito privado – tem aptidão para *modificar*, *alterar* ou *influenciar* as soluções milenares do direito processual civil, nascido, desenvolvido e sistematizado a partir do direito *material privado*.

"Quando o direito *material público* é posto em juízo, portanto, põe-se a toda prova a premissa da *instrumentalidade do processo*, na medida em que estreita a separação entre o direito material e o processual, relativizando, assim, o binômio Direito/processo, unindo-os para um fim comum, a apaziguação social. As relações entre continente (o processo) e conteúdo (o direito *material público*), pois, representam campo de análise, de pesquisa e de reflexões bastante útil para colocar à prova a *utilidade* e o grau de *eficácia* do processo, sempre voltado para a *realização* do direito material.

"Piero Calamandrei teve oportunidade de sistematizar realidade *conexa* à que ocupa estas linhas. Na sua visão de gênio, os direitos materiais *indisponíveis* ou de *interesse público* não podiam receber a mesma disciplina processual reservada para os direitos materiais *disponíveis*, de interesse exclusiva ou preponderantemente *privado*. Mister que o processo se manifestasse diferentemente ou, quando menos, se amoldasse para as características de cada direito material para melhor desempenhar seu papel e sua função. Daí a sistematização doutrinária que empreendeu, distinguindo

1. A respeito do assunto, José Roberto dos Santos Bedaque, *Direito e Processo – Influência do Direito Material sobre o Processo*, 2ª ed., esp. pp. 12-18. Logo às pp. 12-13 já se lê, de pertinente para a premissa referida no texto: "Com esta preocupação procurou-se desenvolver o tema da relativização do binômio Direito/processo como meio de acesso à ordem jurídica justa. Sustenta-se, aqui, que os aspectos fundamentais do direito processual são concebidos à luz da relação jurídica material. As questões maiores do processo são solucionadas com dados inerentes à relação da vida e ao direito substancial que a regula".

o processo civil *inquisitório* do processo civil *dispositivo*, consoante o grau de disponibilidade do direito material nele veiculado.

"É sua a palavra: 'Resulta de tudo quanto se disse até agora que a estrutura especial deste tipo de processo civil que estamos denominando de 'inquisitório' não é mais que uma conseqüência da natureza especial da relação substancial submetida ao juiz: também aqui se confirma a regra de que o processo, dado ser instrumento construído para a atuação do direito substancial, conforma-se de diferente maneira segundo as diversas exigências de seu objeto: é o espírito – adotando a enérgica frase de Wach – que se adapta ao corpo' (Piero Calamandrei, 'Líneas fundamentales del proceso civil inquisitorio', em *Estudios sobre el Proceso Civil*, Buenos Aires, Editorial Bibliográfica Argentina, 1945, p. 235).

"Embora Calamandrei não tenha se valido do 'direito público material' (o direito constitucional, o administrativo e o tributário, por exemplo) para comprovar o acerto de seu ponto de vista, o que deve ser extraído de suas lições é a *necessária* interferência do direito *material* no direito *processual*."[2]

O tema, é certo, não passou despercebido pela doutrina. Sobretudo quando o "direito material conflituoso" é o direito tributário. Um dos maiores estudiosos do tema entre nós, James Marins, escreve, com profundidade e exatidão, que uma marcante característica das ações que envolvem o particular e o Estado é a circunstância de que uma das partes do processo, por definição, é *criadora* do próprio direito material conflituoso. E mais: é ela quem *impõe* este direito à parte contrária (ao particular). Muitas vezes, trata-se de imposição *material e imediata* de determinada conduta, sem necessidade de acordo da outra parte ou prévio ingresso no Judiciário (a criação da certidão da dívida ativa, por exemplo, que é título executivo mesmo sem a prévia concordância do devedor). Ainda mais: quando se trata de conflitos com a União Federal, não há como deixar de trazer à tona um dado relevantíssimo. É à União Federal que compete, por força constitucional, o monopólio legislativo da criação das *próprias normas através das quais* o conflito de interesses será resolvido (CF de 1988, art. 22, I).

São bastante pertinentes, a este último propósito, as considerações do precitado jurista no trabalho que lhe deu o título de Doutor em Direito pela PUC/SP: "(...) agregue-se a condição de nos encontrarmos diante de uma situação em que surge *paradoxal identidade entre Estado como titular do interesse em jogo e, portanto, destinatário do mesmo comando*. Diante disso, formula advertência de grande gravidade e alcance: 'E não estou aqui a expor mais uma vez como esta dificuldade seja posta ou como deva ser superada; me basta afirmar que, se não a superar, esvanece-se não tanto o direito financeiro, quanto inteiramente o direito administrativo e em grandíssima parte o direito público'. Eis aqui denunciada uma das mais marcantes peculiaridades do direito tributário (recentemente denominada por Valdés Costa de a 'tríplice função do Estado'), *consistente na relevante e especial condição de o Estado, simultaneamente, figurar como criador da fonte material da obrigação tributária (através da função legislativa), destinatário da mesma norma, credor da obrigação resultante (enquanto ente fiscal) e juiz da lide tributária (assim – e principalmente – no âmbito administrativo, mas também no judicial). Além de credor, ressalte-se, é o Estado mesmo, em sua função de lançamento (*accertamento*), calçada no direito tributário formal, quem, por vezes unilateralmente, procede à identificação do fato tributável, do sujeito passivo e quantifica a obrigação, (...)*".[3]

2. V. meu "O Poder Público em juízo: uma proposta de sistematização", disponível in *www.cpc.adv.br*.

3. James Marins, *Princípios Fundamentais do Direito Processual Tributário*, p. 42.

Nestas condições, não me parece despropositado considerar que toda vez que o Poder Público *está* em juízo pode existir um desejo, uma vontade, uma tentação, e lida a Constituição com os olhos voltados precipuamente às competências reservadas para cada uma das pessoas políticas por ela criadas , a *possibilidade* de uma das partes da relação processual querer *alterar* as regras de resolução de conflitos. Seja porque não quer perder uma ação ou, quando a derrota é inarredável, para *retardar* seu pronunciamento ou – o que parece ser mais freqüente – para *impedir* que a vitória do particular resulte em algo de concreto para sua esfera jurídica, seja, em última análise, *efetiva*, bandeira bastante comum entre os processualistas da atualidade. Impedir, em suma, que a vitória do particular signifique a possibilidade de *realizar* os direitos e as garantias constitucionais e, conseqüentemente, a cidadania.

O número de leis e medidas provisórias-com-força-de-lei, até hoje vigentes, mercê do art. 2º da EC 32/2001, que vedam *eficácia* imediata às decisões jurisdicionais propostas contra o Poder Público, inclusive o mandado de segurança, parece ilustrar bastante bem a afirmação do último parágrafo. As técnicas usualmente utilizadas para tal finalidade são, basicamente, a proibição da concessão de liminares ou da "execução provisória" da sentença que afirma ter o particular direito em face do Poder Público.[4]

É este um dos pontos cruciais e um dos maiores desafios que se põem perante aquele que pretende enfrentar o árduo estudo do direito processual civil *aplicado* ao direito público em geral e, como não poderia deixar de ser, também ao direito tributário. Muitas vezes, em nome de um *interesse público*, alterações são introduzidas no cenário jurídico processual com a aptidão de esvaziar a possibilidade de ser concretizado direito reconhecido ao particular em face do Poder Público. A essa questão dediquei trabalho mais extenso, que é o citado na nota de rodapé 2, supra. Por isto mesmo, é desnecessário ir além, nesta sede.

2. Uma interessante questão para estudo: mandado de segurança impetrado por filial em busca de solução mais vantajosa para o contribuinte

O que releva para o presente trabalho é tema diverso, mas que parte da *mesma* premissa metodológica, vale frisar, que enaltece soluções *para* o processo civil a partir *do* direito material público e, especificamente, a partir do direito tributário.

Como afirmei ao longo do título anterior, as ações envolvendo o direito material público têm cada vez mais chamado a atenção da doutrina especializada. Quando este direito material público é o direito tributário, este interesse é ainda maior. Talvez porque a experiência quase que traumática dos últimos anos nesse campo tenha advertido o contribuinte de algo que, como nunca, ganhou espaço no processo de redemocratização brasileira: que o Estado *tem limites* para sua atuação em quaisquer campos, e que tais limites podem ser exigidos, se for o caso, pelo particular contra o Estado. Justamente em função do sistema de jurisdição una, típica do Direito Brasileiro, essa exigência faz-se perante o Poder Judiciário por intermédio de ações judiciais; e, à exceção de uma ou outra hipótese, esse conjunto de ações judiciais é o mesmo que, cotidianamente, é usado para resolução de litígios entre os próprios particulares.

Érik Frederico Gramstrup, estudioso do tema, lista diversas razões pelas quais o interesse pelas "ações tributárias" – em especial, o *mandado de segurança voltado à*

4. Assim, por exemplo, as Leis 2.410/1955, 2.770/1956, 4.348/1964, 4.357/1964, 4.862/1965, 5.021/1966, 8.437/1992, 9.494/1997 e, mais recentemente, a Medida Provisória 2.180-35, de 28.8.2001, renumeração das Medidas Provisórias 1.796, 1.984 e 2.102, editadas desde janeiro/1999. Sobre o assunto, v., mais demoradamente, meu *Liminar em Mandado de Segurança: um Tema com Variações*, 2ª ed., pp. 78-81 e 187-197; e, mais recentemente, o meu *O Poder Público em Juízo*, 3ª ed., pp. 196-214.

solução de conflitos tributários entre contribuinte e Fisco – é tão grande. Vale a pena conferir sua lição: "a) o caráter vinculado de atos – *rectius*, da competência – como o lançamento, a inscrição, a expedição de certidões, que induz ao exame amplo pelo Poder Judiciário; b) a preferência no julgamento, com exceção do *habeas corpus*; c) a possibilidade de suspensão liminar da ilegalidade ou abuso, conquanto sujeito às restrições que comentaremos e, hoje, sofrendo a concorrência do instituto da tutela antecipada, mas com vantagens quanto à operacionalidade; d) a ausência de sucumbência e o menor rigor quanto ao controle do valor da causa, minimizando a antecipação de custas; e) a admissão da modalidade preventiva, possibilitando ao impetrante de boa-fé, mas inquieto quanto à solução do litígio, antecipar-se à imposição de sanções e à inscrição e cobrança do passivo fiscal; f) o rito simplificado, pouco oneroso e tendente ao rápido desate, aliado ao efeito meramente devolutivo da apelação interposta em face da sentença de procedência".[5]

Isto – continua o autor – sem levar em conta o que é ainda mais importante: o mandado de segurança é "direito-garantia" fundamental expressamente previsto na Constituição Federal e que, por isto mesmo, não pode ser frustrado por qualquer ato de menor escalão normativo.[6]

De resto, o mandado de segurança sempre se mostrou, ao longo de seu desenvolvimento histórico no Brasil, como mecanismo bastante eficaz para *impor* ao Estado os *limites* do sistema normativo em geral, desde a Constituição, inclusive no que diz respeito à implementação das normas tributárias. É certo, todavia, que o mandado de segurança não pode partir da premissa de que o particular tem sempre razão, em detrimento do Estado. É fundamental que o mandado de segurança – como, de resto, qualquer outra ação judicial – seja entendido no seu próprio contexto e na sua feição. Daí, por exemplo, ser inafastável a necessidade de eventual pedido de liminar ser estudado com rigor pelo magistrado, que deve buscar o maior grau cognitivo possível para aquele instante procedimental para admitir que, muito provavelmente, existe o direito reclamado pelo particular, e que ele deve ser satisfeito ou acautelado desde logo, sob pena da imprestabilidade do questionamento judicial derradeiro. De outro modo, toda vez que o magistrado não conseguir constatar tal necessidade, ele deverá declarar, desde pronto, que inexiste, ao menos naquele instante, qualquer direito do particular para ser tutelado, indeferindo a liminar.

O que pretendo estudar nesta sede é um tema bastante comum no foro, e que diz respeito ao mandado de segurança voltado ao questionamento de exações tributárias e que – adianto a conclusão – acaba querendo transformar o mandado de segurança (ou qualquer outra ação em que pedido de liminar ou, mais amplamente, de "tutela de urgência" seja possível) em verdadeira "aventura processual": pode a empresa "A" impetrar mandado de segurança contra determinada exação tributária federal na Seção Judiciária "1" e, mal-sucedida no pedido de liminar, repetir o mandado de segurança perante a Seção Judiciária "2" de outro Estado? Faz diferença, para admitir a "nova" impetração, que a encabece uma "filial", que tem sede naquele outro Estado? Tratar-se-ia de um "novo" mandado de segurança, ou da *mesma* ação que já não obteve sucesso, pelo menos liminarmente?

Um pensamento mais célere poderia dar a entender que a questão poderia ser enfrentada levando-se em conta *apenas* o direito processual civil e suas normas. Poder-se-ia estudá-la do prisma da "litispen-

5. Érik Frederico Gramstrup, "Do mandado de segurança tributário", in Cassio Scarpinella Bueno, Eduardo Arruda ALVIM e Teresa Arruda Alvim Wambier (coords.), *Aspectos Polêmicos e Atuais do Mandado de Segurança 51 Anos Depois*, pp. 317-318.

6. Idem, p. 318. Aprofundei-me sobre essa questão nos trabalhos citados na nota de rodapé 4, supra.

dência" ou da "coisa julgada". Sem dúvida que existe essa possibilidade. Mas não de forma suficiente ou exaustiva. A dificuldade que surge na questão diz respeito à *identidade* da parte que impetra o segundo mandado de segurança, o que é inerente ao fenômeno da litispendência e da coisa julgada. Somente se se tratar do "mesmo" impetrante é que o sistema processual civil rechaça a segunda impetração. Caso contrário, não. E a revelação de se tratar de "parte idêntica" é assunto que só o direito tributário pode esclarecer. O direito processual, no particular, é mero expectador da solução, que só o tributarista pode dar com segurança, embora a resposta encontrada no plano material acabe sendo incorporada ao processo através de um instituto processual.

Adianto que a clássica preocupação com quem seja o "réu" do mandado de segurança é impertinente para esse estudo. A uma, porque a questão tem mais interesse quando questionado tributo federal, que, por definição, atravessa as fronteiras dos diversos Estados brasileiros e é, por definição, exigido em todo o território nacional, consoante possa vir a se concretizar sua hipótese de incidência. A duas, porque estou com aqueles que entendem que "réu" do mandado de segurança é sempre a pessoa jurídica da qual faz parte a autoridade coatora, mera *representante* daquela pessoa em juízo.[7] No exemplo figurado para estudo, réu do mandado de segurança é a União Federal (o tributo é federal); e, por força da Constituição Federal, a União pode ser acionada em todo o território nacional (CF, art. 109, I e VIII, e § 2º). A "autoridade coatora", no máximo, é indicadora de competência do mandado de segurança. Nessas condições, a variação relevante que poderia ocorrer se daria, única e exclusivamente, no pólo ativo da impetração – na pessoa do impetrante, portanto. Por isso, o estudo limita-se a enfrentar a questão dessa perspectiva.

3. A posição da doutrina mais recente

A questão foi bastante bem enfrentada pela doutrina do "direito processual tributário". Em dois trabalhos recentes, seus autores chegaram à mesma conclusão: a segunda impetração não pode prevalecer, bem assim os efeitos de eventual liminar favorável pelo impetrante, diante da litispendência ou da coisa julgada com a anterior. A "variação" do impetrante não conduz a uma impetração diversa da originária, diante do que prescrevem as leis tributárias que incidem na espécie. Explicam suas razões com os olhos voltados menos para o sistema processual civil e mais para o sistema tributário.

As conclusões a que chega um desses autores, Nelton Agnaldo Moraes dos Santos, Juiz Federal em São Paulo, são as seguintes: "a) matriz e filiais de uma empresa não formam várias pessoas jurídicas, mas uma só; b) a legitimidade *ad causam* é definida pela personalidade jurídica; o domicílio tributário é útil para a determinação da competência do juízo; c) independentemente da corrente doutrinária que se adote a respeito da legitimidade passiva para o mandado de segurança, é a pessoa de direito público que resta jurídica e patrimonialmente atingida pelos efeitos da coisa julgada; d) não é possível que uma única relação jurídica material, envolvendo determinada empresa e a União, receba ou possa receber tratamentos e soluções diversas em sede jurisdicional; e) a empresa deve impetrar o mandado de segurança no foro onde estiver sediada a autoridade coatora, observadas as regras de competência da Justiça Federal; se mais de uma autoridade estiver praticando o ato reputado ilegal, a empresa deverá optar por qualquer dos respectivos foros; f) havendo reprodução indevida de mandados de segurança, prosseguirá o processo onde tiver ocorrido a primeira notificação, pela força do art. 219 do CPC; os

7. A respeito, v. meu *Mandado de Segurança: Comentários às Leis 1.533/1951, 4.348/1964 e 5.021/1966*, 2ª ed., pp. 20-26.

demais deverão ser extintos, em razão da litispendência; g) concedida ou denegada a segurança, a decisão liminar ou final atingirá a empresa como um todo (matriz e filiais) e, também, a União, devendo ser respeitada e cumprida por todos os seus agentes, mesmo que não tenham figurado na relação processual mandamental".[8]

A leitura destas assertivas revela, com exatidão, a *necessidade* de aquele que pretende questionar determinada exação tributária em juízo embeber-se das características e dos limites da relação jurídica existente entre contribuinte e Fisco no plano material. O processo não *cria* o direito material; aplica-o, nos exatos contornos em que ele existe *previamente* à *necessidade* do ingresso perante o Poder Judiciário. Daí o autor referir-se, na sua conclusão *sub* "d", a que uma relação jurídica tributária não se transforma e não se multiplica só porque é exercitada em juízo. Se, no plano do direito tributário, existe só uma exação tributária, não obstante a existência de diversas filiais de uma mesma empresa, quando questionada em juízo, a exação permanecerá uma só. Não é porque o contribuinte pretende ingressar com uma ação judicial que a relação tributária, que é uma no plano material, pode ser repartida ou multiplicada no plano processual.

Embora o tema receba soluções diversas no próprio plano do direito tributário[9] – o que somente enriquece o debate sobre ele –, não há como fugir da premissa que abre este breve estudo. É o direito material que define os lindes da relação jurídica tributária que se pretende questionar em juízo. Os sujeitos ativo e passivo desta relação bem como a eficácia espacial e temporal desta relação jurídica tributária não variam, e não podem variar, quando transportadas para juízo. A regra do direito processual civil é clara: aqueles que compõem o plano material é que têm legitimidade ativa e passiva para questionar o plano material em juízo. Somente nos casos admitidos expressamente pela lei é que pode haver uma *ruptura* do plano material no pla-

8. Nelton Agnaldo Moraes dos Santos, "O mandado de segurança impetrado por filial de empresa", in Cassio Scarpinella Bueno, Eduardo Arruda Alvim e Teresa Arruda Alvim Wambier (coords.), *Aspectos Polêmicos e Atuais do Mandado de Segurança 51 Anos Depois*, pp. 667-668.

9. Há, com efeito, diversos julgados dos TRFs em sentido radicalmente oposto, reconhecendo a possibilidade da impetração de mandados de segurança por matriz e filiais sem que haja "litispendência" ou "coisa julgada" entre eles. O que deve ser destacado para essa sede é que esses acórdãos, ao contrário da doutrina referida no texto, vêem dualidade de personalidades jurídicas na hipótese. Apenas para ilustrar a afirmação, vale ser consultados os acórdãos encimados das seguintes ementas: "Administrativo – Processual civil – CADIN – Decisão de juízes vinculados a Tribunais Regionais diversos – Agências bancárias de outros Estados – Litispendência – Ausência dos pressupostos. 1. Para fins tributários, as filiais entre si e a matriz são considerados estabelecimentos autônomos. 2. Decisão do Juiz Federal de São Paulo não faz litispendência em relação a processo de outra região, face à inexistência de identidade de partes e delimitação jurisdicional. 3. Apelação provida. 4. Sentença remetida ao primeiro grau, para o enfrentamento do mérito" (TRF-4ª R., 4ª Turma, Ap. cível 316.925-RS, rel. Juiz Alcides Vettorazzi, j. 28.3.2000, v.u., *DJU* 24.5.2000, p. 292). E: "Processual civil – Litispendência – Inexistência de seus pressupostos – Reforma. 1. A litispendência caracteriza-se pela existência de dois ou mais processos que tenham as mesmas partes, a mesma causa de pedir e o mesmo pedido, o que não ocorre no presente caso. 2. O presente *mandamus* refere-se a unidade fabril da empresa-filial, situada no Município de Itapevi, ao passo que o anteriormente ajuizado tem como impetrante a unidade fabril da empresa-matriz, com domicílio em São Paulo e com conta de energia elétrica e código de instalação diversos. 3. Inexistência de litigância de má-fé por parte da impetrante – Insubsistência da multa imposta pelo Juízo *a quo*. 4. Apelação provida" (TRF-3ª R., 6ª Turma, ApMS 94.03.0844582-SP, rela. Juíza Eva Regina, j. 7.4.1999, v.u., *DJU* 23.6.1999, p. 218). No âmbito do STJ, vale a análise do seguinte precedente: "Processual civil – Tributário – Medida cautelar – Filiais – Foro competente. 1. As ações tributárias intentadas por filiais de empresas devem ser propostas nos respectivos Estados onde elas têm o seu domicílio fiscal ou no Distrito Federal. 2. As filiais têm personalidade jurídica própria. 3. Medida cautelar improcedente" (STJ, 1ª Turma, MC 3.293-SP, rel. Min. José Delgado, j. 2.8.2001, v.u., *DJU* 10.9.2001, p. 273).

no processual (CPC, art. 6º).[10] Mesmo nestes casos, entretanto, a relação jurídica continua sendo, exata e rigorosamente, aquela que existe no plano do direito material. O que a lei processual admite, por exceção, é a ruptura daquele que pode questioná-la em juízo. Nada mais que isso.

Em suma: os contornos da situação jurídica de direito material impõem a configuração mínima da própria "ação". É o que a doutrina de direito processual civil usualmente chama de *elementos da ação*. Aqueles contornos de direito material refletem-se, necessariamente, e por definição, no plano do direito processual. Inclusive no que diz respeito à identificação da *legitimidade ativa* para a ação judicial.[11]

Daí a segura observação de Regina Helena Costa, Desembargadora do TRF da 3ª Região, e que é autora do segundo trabalho mencionado de início sobre a questão que aqui estudo:

"(...) para a perfeita identificação dos sujeitos no mandado de segurança relativo à matéria fiscal, bem como para a análise da posição que cada sujeito tributário pode ocupar nessa relação processual, há que se atentar para as peculiaridades de que se revestem as diversas relações de direito material tributário.

"Portanto, diante da pluralidade de vínculos que podem ser estabelecidos em função da exigência de um tributo, a definição da acertada natureza da relação jurídica questionada será, induvidosamente, determinante da caracterização da legitimidade ativa, da correta indicação da autoridade coatora e da admissibilidade da intervenção de terceiros."[12]

Assim – e voltando às questões que abrem esse título –, para se verificar se o segundo mandado de segurança é mera repetição do anterior – quase que uma "nova tentativa" de "liminar" perante juízo diverso –, é mister o exame da questão no plano do direito material. E, na linha do quanto sustentado por Nelton Moraes dos Santos e Regina Helena Costa, o *domicílio tributário*, definido pelo art. 127, II, do CTN, não se sobrepõe à noção de "personalidade jurídica da empresa". Não é porque matrizes e filiais podem ter domicílios tributários diversos e porque, para fins de fiscalização, inclusive tributárias, possuem contabilidades separadas e inscrições diversas, é que há uma pluralidade de "personalidades jurídicas", legitimando, assim, diversas impetrações para discussão de uma *mesma* exação tributária. Matrizes e filiais são a *mesma* pessoa jurídica. Assim sendo, podem questionar "uma vez só", e perante "um só juízo", uma determinada exação tributária.

Sem dúvida que a própria Constituição Federal deixa ao contribuinte que atua em diversos locais uma certa margem de liberdade para a escolha do juízo federal para acionar a União Federal, como revela o já mencionado art. 109, § 2º, da CF.[13] Tra-

10. Trata-se do fenômeno identificado pela doutrina do processo civil como *legitimação extraordinária* e, quando excludente da apresentação em juízo do titular do direito no plano material, *substituição processual*. Sobre o assunto, com algumas reflexões sobre as inegáveis intersecções dos planos material e processual, v. o meu *Partes e Terceiros no Processo Civil Brasileiro*, 2ª ed., pp. 14-16 e 50-58.

11. "A legitimidade processual nada mais é que reflexo da própria legitimação de direito material. Da mesma forma que a validade e eficácia de um ato concernente a relação jurídica substancial dependem de estar o agente investido de condição legal para praticá-lo, também o ato processual consubstanciado na demanda deve envolver sujeitos que, em tese, encontram-se naquela situação da vida trazida à apreciação do juiz. Se apenas o proprietário pode alienar, somente quem se diz proprietário tem legitimidade para reivindicar. É sempre a situação substancial afirmada que determina a legitimação" (José Roberto dos Santos Bedaque, *Direito e Processo – Influência do Direito Material sobre o Processo*, 2ª ed., p. 81).

12. Regina Helena Costa, "Anotações sobre os sujeitos do mandado de segurança em matéria tributária", in Cassio Scarpinella Bueno, Eduardo Arruda Alvim e Teresa Arruda Alvim Wambier (coords.), *Aspectos Polêmicos e Atuais do Mandado de Segurança 51 Anos Depois*, pp. 745-746.

13. "O § 2º do art. 109 instituiu, por outro lado, a competência concorrente eletiva para os casos em que a União for ré. O autor poderá escolher entre o foro em que é domiciliado, em que houver ocorrido o ato ou fato que deu origem à demanda ou onde

tando-se de mandado de segurança, nem há como negar que a "competência jurisdicional" variará consoante seja a autoridade que possa ser identificada como "coatora" e seu grau de hierarquia na máquina administrativa.[14] Uma vez mais – e, desta feita, tendo em vista o inciso VIII do art. 109 da CF –, pode ser que ocorra *concorrência* de foros competentes.

Se é certo que exista, em alguns casos, variedade de juízos igualmente competentes para questionar uma dada exação tributária, isto não pode querer significar, no entanto, ser lícita a existência de tantas ações quantos sejam, em tese, os juízos competentes. Muito menos que possa se buscar do Judiciário tantos resultados possíveis, favoráveis ou desfavoráveis a cada uma das partes, consoante seja o número de juízos competentes.

A questão, analisada do plano material, revela que, uma vez feita a "escolha" do foro, é ela irreversível. Justamente porque há uma "constante" na questão, que deriva do direito material: a personalidade jurídica e a própria exação tributária. Trata-se, a bem da verdade, justamente como decorrência inarredável do plano de direito material de uma só "ação".

Mesmo para os casos em que é possível, *por força do tipo tributário*, falar em "princípio da autonomia do estabelecimento" não há como colocar em dúvida, ainda com os olhos voltados para esse ramo do Direito, que a multiplicidade de mecanismos de cálculo e fiscalização de incidência tributária não significa a criação de uma multiplicidade de personalidades jurídicas *distintas*, cada qual com correlata "autonomia" para impugnar a exação tributária. Até porque não há espaço para questionar que, mesmo nesses casos, a questão relativa à exigibilidade, ou não, do tributo – vale dizer, a higidez da relação tributária – continua sendo, ainda aqui, uma só.[15]

Evidentemente que se, no plano material, for possível distinguir situações concretas que dizem respeito a uma só das filiais (por exemplo, uma tese tributária que, por qualquer motivo, alcança apenas um dos estabelecimentos), não há como negar que, na exata medida em que o ato diga respeito *só* a ela, é somente aquele ato que será questionado em juízo e, certamente, os efeitos do questionamento judicial só vão lhe dizer respeito. Mesmo aqui, entretanto, não há como fugir da premissa que abre o presente estudo: o hipotético ato só diz respei-

esteja situada a coisa, ou o Distrito Federal. Todos os foros previstos no § 2º são igualmente competentes, não havendo que se falar em (in)competência relativa, pois, em vez de prorrogação, haverá simples escolha pelo autor" (Aloísio Gonçalves de Castro Mendes, *Competência Cível da Justiça Federal*, p. 110). Na mesma linha de argumentação, mencionando tratar-se o art. 109, § 2º, da CF de hipótese de *concorrência de foros*: Raquel Fernandez Perrini, *Competências da Justiça Federal Comum*, pp. 292-300.

14. Sobre a relação entre o *status* da "autoridade coatora" e a competência jurisdicional para impetração de mandado de segurança, v.: Athos Gusmão Carneiro, *Jurisdição e Competência*, 9ª ed., p. 112; Aloísio Gonçalves de Castro Mendes, *Competência Cível da Justiça Federal*, pp. 73-74; e Raquel Fernandez Perrini, *Competências da Justiça Federal Comum*, pp. 223-225. Também enfrentei o tema em meu *Mandado de Segurança: Comentários às Leis 1.533/1951, 4.348/1964 e 5.021/1966*, 2ª ed., pp. 40-43.

15. Nesse sentido: "As pessoas jurídicas de direito privado e suas firmas individuais terão considerado como domicílio o lugar de sua sede, em relação aos atos ou fatos que deram origem à obrigação, o de cada estabelecimento (inciso II do art. 127 do CTN). Este critério deve ser aplicado de conformidade com as diferentes espécies tributárias, pois se o imposto de renda é lançado tendo em vista a autonomia de cada estabelecimento para apuração do *quantum* tributário (em face da aplicação do princípio constitucional da não-cumulatividade), muito embora a empresa seja considerada em sua integralidade, para os fins de responder pelo débito tributário" (José Eduardo de Melo, *Curso de Direito Tributário*, 2ª ed., p. 195). E: "O domicílio é importante para fixar o local do recebimento e quem deve fazer o pagamento, deduzindo-se do adimplemento da obrigação se a mora é do credor ou do devedor. (...). No imposto de renda, exação federal – pouco importando a existência de diversos estabelecimentos –, o domicílio do contribuinte é o da sua sede" (Sacha Calmon Navarro Coêlho, *Curso de Direito Tributário*, p. 598).

to à filial, desde o plano tributário. Não é uma criação ou uma "ficção" processual. É difícil, no entanto, imaginar tal hipótese no que diz respeito à *exigibilidade* de tributos, vale dizer, a higidez de dada relação jurídica tributária.

4. O inciso II do art. 253 do CPC e sua aplicação à hipótese

Reafirmando as premissas sobre as quais se funda este trabalho, não há como reconhecer a suficiência do direito processual civil para responder à questão aventada no título anterior. Principalmente porque saber se os dois mandados de segurança do exemplo figurado são "idênticos" é uma questão que, embora seja levada ao processo pela teoria da "tríplice identidade", tipicamente processual (CPC, art. 301, § 2º) – justamente os "elementos da ação" –, é resolvida pelo direito tributário. A doutrina e a jurisprudência tributárias que têm que definir se, *para fins tributários*, filial e matriz são a *mesma* pessoa. Embora a veiculação da resposta colhida no direito tributário para o plano processual se dê por institutos desse ramo do Direito, isto não pode impedir o que espero tenha ficado claro desde o início destas linhas: quem diz quem é que está sujeito à exação tributária e quais são os limites dessa sujeição é o direito tributário, não o direito processual civil. O plano material, destarte, *vincula* o que vai se dar no plano processual. Não há como fugir desta constatação.

De qualquer sorte, há um dado no direito processual civil que considero pertinente para mencionar e confirmar as conclusões até aqui lançadas.

Trata-se do inciso II do art. 253 do CPC, na redação que lhe deu a Lei 11.280, de 18.5.2006. De acordo com o dispositivo: "Distribuir-se-ão por dependência as causas de qualquer natureza: (...) II – quando, tendo sido extinto o processo, sem julgamento de mérito, for reiterado o pedido, ainda que em litisconsórcio com outros autores ou que sejam parcialmente alterados os réus da demanda; (...)".

O dispositivo destacado foi incluído no Código de Processo Civil pela Lei 10.358, de 27.12.2001, à época, com a seguinte redação: (...) II – quando, tendo havido desistência, o pedido for reiterado, mesmo que em litisconsórcio com outros autores".

O que a regra, na sua atual redação e na que lhe foi anterior, quer estabelecer, claramente, é que a repetição de uma *mesma* ação, mesmo que com *partes diferentes* (daí o emprego do termo "litisconsórcio"), deverá ser dirigida ao *mesmo* juízo. Em termos técnicos de direito processual civil, em "processualês", portanto, não há por que duvidar de que o novo dispositivo quer criar uma *nova* forma de *prevenção de juízo*, que se distancia – e bastante – do critério "tradicional" do Código de Processo Civil.[16] Até porque trata de "prevenção" de juízo para uma *mesma* ação (idêntica, embora sucessiva), e não para uma *diferente* ação (embora semelhante). A norma regula uma forma de "prevenção" que não implica a reunião de duas ou mais ações para julgamento conjunto, mas – bem diferentemente – que determina que várias ações idênticas, embora com autores ou réus diversos (litisconsortes ativos ou passivos, respectivamente), sejam todas encaminhadas ao mesmo juízo.

A expressão "prevenção de juízo" deve ser entendida como a *fixação concreta* de *um* entre mais de um juízo competente em abstrato. Naqueles casos em que há *foro concorrente* é possível verificar que um – e apenas um – dos juízos é que poderá julgar a ação, com exclusão dos demais.

Na hipótese prevista pelo art. 109, § 2º, da CF, por exemplo, o contribuinte pode optar pela propositura da ação em face da União no seu domicílio, na seção judiciária onde ocorreu o ato ou fato que pretende questionar em juízo, onde está situada a coi-

16. Neste sentido – e por força do *novo* critério de prevenção definido pelo art. 253, II, do CPC – é que a conclusão sob a letra "f" a que chegou Nelton Agnaldo Moraes dos Santos (v. texto a que se refere a nota 8, supra) pode merecer alguma ressalva.

sa ou no Distrito Federal. Trata-se, como visto no texto a que se refere a nota de rodapé 13, supra, de *escolha* que pode ser exercida, em cada caso concreto, pelo contribuinte. O mesmo se diga quando o caso é de mandado de segurança e a fixação da competência se dá consoante o *status* da autoridade coatora, *ex vi* do art. 109, VIII, da CF – desde que, evidentemente, nenhuma das autoridades tenha foro privilegiado.

Para definir qual juízo, entre vários, em abstrato, é o competente quando há mais de uma ação em curso, o Código de Processo Civil adotou os critérios constantes dos arts. 106 e 219, o "primeiro despacho nos autos" (assim entendido o juízo de admissibilidade da petição inicial, usualmente consubstanciado no "cite-se sob as penas da lei") e a citação válida, respectivamente. O Código de Processo Civil articula cada um destes dispositivos supondo a co-existência de ações assemelhadas, e não idênticas (conexas ou continentes, diz o Código), tratando de definir qual, dentre dois juízos, é o competente para processar ambas. Superando a *aparente* dicotomia entre os dispositivos, a doutrina nunca deixou de afirmar que o art. 106 tem aplicação quando duas ações conexas ou continentes correm no *mesmo* foro (vale dizer, mesmo território, comarca ou seção judiciária) e o art. 219 quando as ações correm em foros diversos. Daí ser comum, na doutrina processual civil, a afirmação de que *prevenção* é critério de *fixação* ou *modificação* da competência.[17]

Uma vez *fixado* o juízo, entretanto, nenhuma outra escolha pode ocorrer. O juízo *prevento* passa a afastar todos os demais, mesmo aqueles que, de início, teriam competência para conhecer e julgar a ação. Assim, seja o juízo que "despachou em primeiro lugar" (art. 106) ou aquele perante o qual se deu a primeira citação (art. 219), é ele o *prevento* para as demais causas, excluindo qualquer outro juízo que teria, em abstrato, idêntica competência para julgar aquelas causas.

À luz destas considerações é que ganha fôlego o entendimento de que o inciso II do art. 253 do CPC, desde a Lei 10.358/2001, passando, agora, pela Lei 11.280/2006, teria criado um *novo* critério de prevenção para a hipótese de haver sucessivas distribuições de uma *mesma* ação, embora com variação nos seus autores ou nos seus réus. Um critério que não se baseia mais no "primeiro despacho" ou na "citação válida", mas em um dado ainda mais concreto, objetivo e imediato: a mera *distribuição da ação*. Tudo para impedir – lê-se da Exposição de Motivos da Lei 10.358/2001 – que uma *mesma* ação seja distribuída tantas vezes quantas sejam suficientes para a obtenção de uma liminar ou, de forma mais ampla, de alguma providência jurisdicional favorável ao autor.[18] Este entendimento, de resto, fica ainda mais robustecido à luz do inciso III do art. 253, incluído também pela Lei 11.280/2006. De acordo com a regra, a distribuição por dependência ao "juízo prevento" dar-se-á "quando houver ajuizamento de ações idênticas".

José Rogério Cruz e Tucci, com a atenção voltada ao inciso II do art. 253 com a redação da Lei 10.358/2001, escreveu, em lição absolutamente válida para os dias de hoje, que, "em consonância com o novel inciso II do art. 253, a desistência da demanda mesmo antes da citação faz com que a simples distribuição gere prevenção para causa subseqüente. Parece, assim, que essa novidade afronta o tradicional preceito do *caput* do art. 219 do CPC ('A citação válida torna prevento o juízo ...') (...)".[19]

17. Analisei, com algum vagar, esse instituto no meu *O Poder Público em Juízo*, 3ª ed., pp. 159-192, a propósito do que hoje é o parágrafo único do art. 2º da Lei 7.347/1985 (ação civil pública) e o § 5º do art. 17 da Lei 8.429/1992 (improbidade administrativa), na redação dada pela Medida Provisória 2.180-35, de 24.8.2001.

18. Sobre a exposição de motivos do anteprojeto que se tornou a Lei 10.358/2001, consultar William Santos Ferreira, *Aspectos Polêmicos e Práticos da Nova Reforma Processual Civil*, pp. 46-47.

19. José Rogério Cruz e Tucci, *Lineamentos da Nova Reforma do Código de Processo Civil*, 2ª ed., p. 38.

Não é diverso o entendimento de Fredie Didier Jr. no particular: "Com a reforma do art. 253 cria-se nova modalidade de regra de prevenção, que passa a alcançar feitos já findos, e, por isto, dissociada do instituto da conexão. A propósito, parece ter sido essa a intenção, pois afirma-se que se criará outra hipótese de prevenção: a prevenção por ações repetidas".[20]

É desse entendimento, também, Cândido Rangel Dinamarco, que defende a tese de que o novo dispositivo cuida de uma causa de prevenção que denomina de "originária", em contraposição àquela, preexistente no sistema processual civil, que chama de "expansiva". Para ele, trata-se de típico caso de competência *absoluta*, porque fixada com base em critério *funcional*, e, portanto, apreciável até de ofício, com necessária declaração de nulidade de quaisquer atos decisórios (CPC, arts. 113, *caput* e § 2º, e 301, § 4º). São as seguintes as suas palavras: "Estamos diante de um caso muito nítido de competência funcional: o fato de aquele juízo, naquele foro, haver exercido sua função jurisdicional em determinado caso é suficiente para, de modo automático e direto, estabelecer sua competência para processos futuros, versando a mesma causa. *Mesma causa* (ou *causa igual*), segundo a notória regra dos três *eadem*, é aquela que apresenta os mesmos sujeitos, a mesma causa de pedir e o mesmo pedido já presentes em uma precedente demanda (CPC, art. 301, § 2º) (...)".[21]

Há aqueles – como Luiz Rodrigues Wambier, Teresa Arruda Alvim Wambier e José Miguel Garcia Medina – que criticaram veementemente o dispositivo desde a sua redação de 2001 e, mais recentemente, com a redação de 2006.[22] Para eles é possível, lícita e ética a "escolha" do juízo, mesmo que isto signifique propor uma ação judicial perante um juízo que já tenha, por algum motivo – ações repetitivas anteriores já julgadas ou, quando menos, apreciadas em sede tutela jurisdicional de urgência, por exemplo —, externado seu entendimento sobre o tema.

Não pretendo, nesta sede, concordar ou discordar desses processualistas. O que deve ser destacado da leitura de suas lições é que o dispositivo quis proibir uma prática, comum no foro, de "caça" ou "escolha" do "juízo bom". "Juízo bom" da perspectiva daquele que pede e sabe que vai obter determinada tutela jurisdicional, liminar ou final, em seu favor.

O fato, no entanto, é que, concordando ou não com a solução dada pelo direito positivo brasileiro, a possibilidade dessa "busca" está definitivamente afastada do sistema processual civil brasileiro. Como a opção do legislador mais recente afina-se aos princípios da isonomia e do juízo natural – de inspiração constitucional, não é desnecessário o destaque (art. 5º, *caput* e incisos II, XXXVII e LIII) –, não há como evitar a aplicação da lei, devendo eventuais críticas à sua *ratio* ser recebidas como *de lege ferenda*.

O que está muito claro diante da regra processual – que, vale a ênfase, é, no que interessa mais de perto para o presente estudo, Direito vigente desde 2001 – é que, uma vez proposta uma ação jurisdicional perante dado juízo – mesmo que haja outros igualmente competentes (foros concorrentes) –,já não é mais dado ao autor propor a ação em qualquer outro juízo. Se, porventura, a providência liminar que ele requerer for indeferida, a ele resta recorrer para o tribunal competente, em busca da tutela de seus direitos. Não mais – se é que

20. Flávio Cheim Jorge, Fredie Didier Jr. e Marcelo Abelha Rodrigues, *A Nova Reforma Processual*, p. 33.

21. Cândido Rangel Dinamarco, *A Reforma da Reforma*, p. 74.

22. Para a redação do inciso II do art. 253 de acordo com a Lei 10.358/2001, v. Luiz Rodrigues Wambier, Teresa Arruda Alvim Wambier e José Miguel Garcia Medina, *Breves Comentários à Nova Sistemática Processual Civil*, 3ª ed., vol. 1, pp. 157-164. Para a redação atual do art. 253, II, de acordo com a Lei 11.280/2006, v. Luiz Rodrigues Wambier, Teresa Arruda Alvim Wambier e José Miguel Garcia Medina, *Breves Comentários à Nova Sistemática Processual Civil*, vol. 2, pp. 46-58.

isso era possível antes do advento do inciso II do art. 253 por obra da Lei 10.358/2001 – tentar "melhor sorte" perante outro juízo que, *antes da propositura da ação*, também detinha competência para a questão. Isso mesmo quando a "nova" ação seja proposta por um litisconsorte. Mesmo quando a "nova" ação seja proposta por alguém que, na verdade, é o *mesmo* autor, não obstante rotular-se de filial. Mesmo quando há outros réus, prática comum para quem entende que o pólo passivo do mandado de segurança deve ser ocupado pela autoridade coatora, e não pela pessoa jurídica a que ela pertença (v. nota de rodapé 7, supra); mesmo quando a ação é rigorosamente a mesma, com identidade de partes, ativas ou passivas (inciso III do art. 253).

5. *Considerações finais*

O inciso II do art. 253 do CPC rende ensejo a uma infinidade de outras diversas questões processuais. Uma delas, talvez a mais importante, seja a relativa ao reconhecimento, pelo dispositivo, do que a doutrina, majoritariamente, hesita – e bastante – em reconhecer: a intervenção litisconsorcial (facultativa) ulterior. É a hipótese de alguém pretender beneficiar-se de liminar ou outra medida proferida em processo *inter alios* afirmando estar em situação fática idêntica.[23] Outra, que a Lei 11.280/2006 quis debelar, diz respeito ao alcance do dispositivo: a prevenção de juízo dá-se não só com a "desistência da ação" mas, mais amplamente, com qualquer forma de resolução do processo sem julgamento de mérito. A análise dessas questões, no entanto, transbordaria da proposta deste estudo, justamente porque não reclama qualquer conteúdo de direito material.[24]

O que releva para esta sede é o entendimento de que aquilo que parece derivar com singeleza do arcabouço processual tem raízes bastante profundas no direito material, que indica, com exatidão, as condições segundo as quais há ações idênticas, ou não, em virtude da variação do pólo ativo da relação processual. Se, ademais, há divergência ou dúvidas no plano material sobre qual seja o real domicílio tributário de uma empresa ou se, para fins tributários, matriz e filiais têm "personalidade jurídica própria", ao processo civil nada resta senão acolher a mais segura das lições que a doutrina e a jurisprudência daquele ramo jurídico venham a produzir.

É fundamental, destarte, que, independentemente das novidades trazidas para e pela *técnica processual*, o processualista, ou, quando menos, o aplicador da lei processual, tenha sempre em mente os lindes, as características e, como sói acontecer, as divergências que existem no plano do direito material que, por intermédio do processo, ele pretende aplicar. Não há processo sem direito material. Não há adequada aplicação do direito material sem que o processo perceba que não pode ir além do que o Direito a ser aplicado consegue ir.

Bibliografia

ABELHA RODRIGUES, Marcelo, CHEIM JORGE, Flávio, e DIDIER JR., Fredie. *A Nova Reforma Processual*. São Paulo: Saraiva, 2002.

ALVIM, Eduardo Arruda, SCARPINELLA BUENO, Cassio, e WAMBIER, Teresa Arruda Alvim (coords.). *Aspectos Polêmicos e Atuais do Mandado de Segurança 51 Anos Depois*. São Paulo: Ed. RT, 2002.

23. A este respeito, v. as considerações de: Fredie Didier Jr., Flávio Cheim Jorge e Marcelo Abelha Rodrigues, *A Nova Reforma Processual*, pp. 39-40; Leonardo José Carneiro da Cunha, *Inovações no Processo Civil*, pp. 35-37; e Daniel Assumpção Neves, Alberto Camiña Moreira, Luiz Orione Neto e Sérgio Shimura, *Nova Reforma Processual Civil Comentada*, pp. 75-82. Ocupei-me do assunto em meu *Partes e Terceiros no Processo Civil Brasileiro*, 2ª ed., pp. 142-146.

24. Para estes assuntos e outros que lhe são correlatos, tomo a liberdade de enviar o leitor para o meu *A Nova Etapa da Reforma do Código de Processo Civil*, vol. 2, pp. 99-108.

BEDAQUE, José Roberto dos Santos. *Direito e Processo – Influência do Direito Material sobre o Processo*. 2ª ed. São Paulo: Malheiros Editores, 2001.

CARNEIRO, Athos Gusmão. *Jurisdição e Competência*. 9ª ed. São Paulo: Saraiva, 1999.

CHEIM JORGE, Flávio, ABELHA RODRIGUES, Marcelo, e DIDIER JR., Fredie. *A Nova Reforma Processual*. São Paulo: Saraiva, 2002.

COÊLHO, Sacha Calmon Navarro. *Curso de Direito Tributário*. Rio de Janeiro: Forense, 1999.

COSTA, Regina Helena. "Anotações sobre os sujeitos do mandado de segurança em matéria tributária". In: ALVIM, Eduardo Arruda, SCARPINELLA BUENO, Cassio, e WAMBIER, Teresa Arruda Alvim (coords.). *Aspectos Polêmicos e Atuais do Mandado de Segurança 51 Anos Depois*. São Paulo: Ed. RT, 2002.

CRUZ E TUCCI, José Rogério. *Lineamentos da Nova Reforma do Código de Processo Civil*. 2ª ed. São Paulo: Ed. RT, 2002.

CUNHA, Leonardo José Carneiro da. *Inovações no Processo Civil*. São Paulo: Dialética, 2002.

DIDIER JR., Fredie, ABELHA RODRIGUES, Marcelo, e CHEIM JORGE, Flávio. *A Nova Reforma Processual*. São Paulo: Saraiva, 2002.

DINAMARCO, Cândido Rangel. *A Reforma da Reforma*. São Paulo: Malheiros Editores, 2002.

FERREIRA, William Santos. *Aspectos Polêmicos e Práticos da Nova Reforma Processual Civil*. Rio de Janeiro: Forense, 2002.

GRAMSTRUP, Érik Frederico. "Do mandado de segurança tributário". In: ALVIM, Eduardo Arruda, SCARPINELLA BUENO, Cassio, e WAMBIER, Teresa Arruda Alvim (coords.). *Aspectos Polêmicos e Atuais do Mandado de Segurança 51 Anos Depois*. São Paulo: Ed. RT, 2002.

MARINS, James. *Princípios Fundamentais do Direito Processual Tributário*. São Paulo: Dialética, 1998.

MEDINA, José Miguel Garcia, WAMBIER, Luiz Rodrigues, e WAMBIER, Teresa Arruda Alvim. *Breves Comentários à Nova Sistemática Processual Civil*. 3ª ed., vol. 1. São Paulo: Ed. RT, 2005; vol. 2. São Paulo: Ed. RT, 2006.

MELO, José Eduardo de. *Curso de Direito Tributário*. 2ª ed. São Paulo: Dialética, 2001.

MENDES, Aloísio Gonçalves de Castro. *Competência Cível da Justiça Federal*. São Paulo: Saraiva, 1998.

MOREIRA, Alberto Camiña, NEVES, Daniel A. Assumpção, ORIONE NETO, Luiz, e SHIMURA, Sérgio. *Nova Reforma Processual Civil Comentada*. São Paulo: Método, 2002.

NEVES, Daniel A. Assumpção, MOREIRA, Alberto Camiña, ORIONE NETO, Luiz, e SHIMURA, Sérgio. *Nova Reforma Processual Civil Comentada*. São Paulo: Método, 2002.

ORIONE NETO, Luiz, MOREIRA, Alberto Camiña, NEVES, Daniel A. Assumpção, e SHIMURA, Sérgio. *Nova Reforma Processual Civil Comentada*. São Paulo: Método, 2002.

PERRINI, Raquel Fernandez. *Competências da Justiça Federal Comum*. São Paulo: Saraiva, 2001.

SANTOS, Nelton Agnaldo Moraes dos. "O mandado de segurança impetrado por filial de empresa". In: ALVIM, Eduardo Arruda, SCARPINELLA BUENO, Cassio, e WAMBIER, Teresa Arruda Alvim (coords.). *Aspectos Polêmicos e Atuais do Mandado de Segurança 51 Anos Depois*. São Paulo: Ed. RT, 2002.

SCARPINELLA BUENO, Cassio. *A Nova Etapa da Reforma do Código de Processo Civil*. vol. 2. São Paulo: Saraiva, 2006.

——————. *Liminar em Mandado de Segurança: um Tema com Variações*. 2ª ed. São Paulo: Ed. RT, 1999.

———. *Mandado de Segurança: Comentários às Leis 1.533/1951, 4.348/1964 e 5.021/1966*. 2a ed. São Paulo: Saraiva, 2004.

———. *O Poder Público em Juízo*. 3ª ed. São Paulo: Saraiva, 2005.

———. "O Poder Público em juízo: uma proposta de sistematização". Disponível in: *www.cpc.adv.br*.

———. *Partes e Terceiros no Processo Civil Brasileiro*. 2ª ed. São Paulo: Saraiva, 2006.

———, ALVIM, Eduardo Arruda, e WAMBIER, Teresa Arruda Alvim (coords.). *Aspectos Polêmicos e Atuais do Mandado de Segurança 51 Anos Depois*. São Paulo: Ed. RT, 2002.

SHIMURA, Sérgio, MOREIRA, Alberto Camiña, NEVES, Daniel A. Assumpção, e ORIONE NETO, Luiz. *Nova Reforma Processual Civil Comentada*. São Paulo: Método, 2002.

WAMBIER, Luiz Rodrigues, WAMBIER, Teresa Arruda Alvim, e MEDINA, José Miguel Garcia. *Breves Comentários à Nova Sistemática Processual Civil*. 3ª ed., vol. 1. São Paulo: Ed. RT, 2005; vol. 2. São Paulo: Ed. RT, 2006.

WAMBIER, Teresa Arruda Alvim, ALVIM, Eduardo Arruda, e SCARPINELLA BUENO, Cassio (coords.). *Aspectos Polêmicos e Atuais do Mandado de Segurança 51 Anos Depois*. São Paulo: Ed. RT, 2002.

———, WAMBIER, Luiz Rodrigues, e MEDINA, José Miguel Garcia. *Breves Comentários à Nova Sistemática Processual Civil*. 3ª ed., vol. 1. São Paulo: Ed. RT, 2005; vol. 2. São Paulo: Ed. RT, 2006.

ESTRUTURA E FUNÇÃO DA DECISÃO EM CONTROLE ABSTRATO DE CONSTITUCIONALIDADE: OS EFEITOS SOBRE OS PRAZOS DE DECADÊNCIA E DE PRESCRIÇÃO NO DIREITO TRIBUTÁRIO DO BRASIL

ROBSON MAIA LINS
Mestre e Doutorando em Direito Tributário pela PUC/SP
– Professor do IBET – Advogado

1. Introdução. 2. O controle abstrato de constitucionalidade: 2.1 Instrumentos: ação direta de inconstitucionalidade (ADI), ação declaratória de constitucionalidade (ADC) e ação de descumprimento de preceito fundamental (ADPF) – 2.2 O controle abstrato de constitucionalidade exercido perante o STF. 3. A norma introduzida pela cautelar, a regra-matriz de incidência tributária (RMIT) e os créditos tributários constituídos e os não constituídos: 3.1 A medida cautelar e a suspensão de eficácia técnica da RMIT – 3.2 Ainda acerca da suspensão da eficácia técnico-sintática da RMIT – 3.3 A concessão da cautelar: créditos tributários constituídos e os não constituídos – 3.4 O efeito vinculante, "ex nunc", e a eficácia "erga omnes" da cautelar – 3.5 Os prazos de decadência e de prescrição do direito do Fisco – 3.6 Os prazos de decadência e de prescrição do direito do sujeito passivo de repetir o indébito – 3.7 A norma introduzida pela decisão de mérito, a RMIT e os créditos tributários constituídos e não constituídos – 3.8 Validade, vigência e eficácia da RMIT – 3.9 Quando há declaração de inconstitucionalidade – 3.10 Quando há declaração de constitucionalidade – 3.11 Os créditos tributários constituídos e a decisão de mérito – 3.12 O efeito vinculante e a eficácia "erga omnes" da decisão de mérito – 3.13 Art. 27 da Lei 9.868/1999: efeitos "ex tunc" e a possibilidade de disciplinamento na declaração de inconstitucionalidade pelo STF: os prazos de decadência e prescrição em direito tributário. 4. Limites constitucionais materiais à retirada de efeitos jurídicas de RMIT declarada inconstitucional: direito adquirido, ato jurídico perfeito e coisa julgada: 4.1 Direito adquirido – 4.2 Ato jurídico perfeito – 4.3 Coisa julgada. 5. Algumas conclusões.

1. Introdução

O entrelaçamento normativo dos temas *declaração de inconstitucionalidade* e *repetição do indébito tributário* demanda incursões pelo campo da Teoria Geral do Direito, visto que conceitos categoriais como *validade*, *vigência* e *eficácia* são caminhos inevitáveis para o equacionamento de questões reiteradamente levantadas pela doutrina e jurisprudência. Ainda mais quando os dois temas se entrecortam em cadeias normativas nebulosas e que, por dizerem de perto com o aspecto do tempo – e, portanto, com a dinâmica do Direito –, sempre provocam o espírito do intérprete à busca da "volta no tempo", para, das duas, uma: ou evitar que normas passíveis de vícios de inconstitucionalidade sejam postas nos sistema; ou resolver os efeitos da declaração de inconstitucionalidade em controle abstrato e as possibilidades de repetição do indébito tributário. Aqui, por outra aproximação, busca-se investigar até que ponto da estabilização do sistema normativo a declaração de inconstitucionalidade abstrata pronunciada pelo STF pode ser fundamento de validade para que o tributo pago possa ser constituído em indébito tributário.

Uma vez não obtido êxito na tarefa de evitar a produção de normas inconstitucionais, buscamos elaborar algumas proposições sobre a medida cautelar em controle abstrato de constitucionalidade e seu influxo normativo em relação aos prazos de decadência e de prescrição do direito do contribuinte de repetir o indébito tributário.

Vertente ainda pouco tratada pela doutrina e jurisprudência, a força normativa da cautelar em controle de constitucionalidade abstrato guarda, além de sua estrutura normativa, a característica de mexer com o curso dos prazos de decadência e prescrição no direito tributário, visto que o efeito vinculante e a eficácia *erga omnes* de que são dotadas essas medidas são normas jurídicas em sentido estrito e que, quando dão pela constitucionalidade de determinada regra-matriz de incidência tributária (RMIT), obrigam os Poderes Executivo e Judiciário de instâncias inferiores a aplicar aquela norma, restando também os contribuintes impedidos de, sob o fundamento de inconstitucionalidade, solicitar a repetição do indébito tributário. Por outro lado, quando a cautelar der pela inconstitucionalidade, os Poderes Executivo e Judiciário de instâncias inferiores ficam impedidos de aplicar a referida RMIT, ao mesmo tempo em que ficam obrigados a aplicar a regra-matriz de repetição do indébito tributário.

Ora, tanto numa como noutra hipótese – cautelar de constitucionalidade ou de inconstitucionalidade – os prazos de decadência e de prescrição, para o contribuinte na primeira hipótese e para a Fazenda Pública na segunda hipótese, podem sofrer alterações importantes. Para chegarmos a elas, percorremos o sistema de controle abstrato de constitucionalidade brasileiro, trazendo a atenção para as estruturas da medida cautelar, do efeito vinculante e da eficácia *erga omnes*.

2. *O controle abstrato de constitucionalidade*

2.1 *Instrumentos: ação direta de inconstitucionalidade (ADI), ação declaratória de constitucionalidade (ADC) e ação de descumprimento de preceito fundamental (ADPF)*

Nosso objeto de estudo, no pertinente às ações constitucionais de controle abstrato de constitucionalidade, fica restrito às ações direta de inconstitucionalidade (ADI) e declaratória de constitucionalidade (ADC) e à de descumprimento de preceito fundamental (ADPF), na forma autônoma, prevista no art. 1º, *caput*, da Lei 9.882/1999. O controle difuso de constitucionalidade somente nos interessa na medida em que haja decisão judicial transitada em julgado em sentido contrário à decisão do STF em ação direta de inconstitucionalidade, ação declaratória de constitucionalidade ou ADPF.

2.2 *O controle abstrato de constitucionalidade exercido perante o STF*

Se a lei ou qualquer outro ato normativo não pode ser dissociado de seu processo de produção, devemos retornar – ingressando um pouco na seara da história do Direito – ao início do controle concentrado de constitucionalidade no Brasil.

A Emenda Constitucional 16, de 26.11.1965, introduziu no ordenamento jurídico brasileiro o controle concentrado de normas federais e estaduais, já embrionário na representação interventiva.[1] Nessa época estava instalada a polêmica no intuito de saber se a improcedência da ação direta de inconstitucionalidade equivaleria à pronúncia de constitucionalidade da lei ou ato normativo atacado.

A mesma polêmica continuou com a Constituição Federal de 1988, restando fortalecida a tese que sustentava que o julgamento de improcedência da ação direta de inconstitucionalidade equivaleria à declaração de constitucionalidade com a promulgação da Emenda Constitucional 3/1993, que introduziu em nosso ordenamento a ação declaratória de constitucionalidade, nos atuais termos previstos no art. 102, I, "a" e seu § 4º.[2]

Finalmente, de forma expressa, a Lei 9.868/1999, art. 24, prescreve que: "Art. 24. Proclamada a constitucionalidade, julgar-se-á improcedente a ação direta ou procedente eventual ação declaratória; e proclamada a inconstitucionalidade, julgar-se-á procedente a ação direta ou improcedente eventual ação declaratória".

Consagrou-se em nível legislativo infraconstitucional aquilo que já constava do sistema de controle concentrado, previsto na Constituição: o *efeito dúplice*.[3] Assim, a procedência de ação direta de inconstitucionalidade equivale à improcedência da ação declaratória de constitucionalidade; e a improcedência de ação direta de inconstitucionalidade corresponde à procedência da ação declaratória de constitucionalidade. Ali, decisão pela inconstitucionalidade; aqui, pela constitucionalidade.

3. A norma introduzida pela cautelar, a regra-matriz de incidência tributária (RMIT) e os créditos tributários constituídos e os não constituídos

Compõe o campo das possibilidades normativas a seguinte situação: o STF, em análise superficial e não-exauriente,[4] conceder medida cautelar em controle abstrato de constitucionalidade, quer ratificando a constitucionalidade da RMIT, quer afirmando sua inconstitucionalidade.[5] Para tanto, deve-se observar a presença dos requisitos necessários ao deferimento de qualquer provimento de tutela provisório – quais sejam: a relevância dos fundamentos invocados (*fumus boni iuris*) e a garantia do efetivo resultado do processo ao final (*periculum in mora*).[6]

1. A *representação interventiva*, que já tinha sido prevista na Constituição Federal de 1934, voltou com novos contornos na Constituição de 1946.

2. Deve ser lembrado que o eminente jurista Gilmar Ferreira Mendes (*Direitos Fundamentais e Controle de Constitucionalidade*, 1999, p. 259) já de há muito sustentava o efeito dúplice da ação direta de inconstitucionalidade, sendo, pois, desnecessária, nesse ponto, a Emenda Constitucional 3/1993. Diz o ilustre autor, após sustentar a desnecessidade de o Procurador-Geral da República restar convencido da inconstitucionalidade: "Se correta essa orientação, parece legítimo admitir que o Procurador-Geral da República tanto poderia instaurar o controle abstrato de normas, com o objetivo precípuo de ver declarada a inconstitucionalidade da lei ou ato normativo (*ação declaratória de constitucionalidade ou representação de inconstitucionalidade*), como poderia postular, expressa ou tacitamente, a declaração de constitucionalidade da norma questionada (*ação declaratória de constitucionalidade*)".

3. Cf. análise crítica do *efeito dúplice* em Lênio Luiz Streck, *Jurisdição Constitucional e Hermenêutica: uma Nova Visão Crítica do Direito*, Porto Alegre: Livraria do Advogado, 2002, p. 440. Diz o autor que "a questão não possui uma dimensão singela como muitos pretendem dar à matéria, uma vez que não é pacífica a idéia de que no Direito Comparado a ação direta de inconstitucionalidade, e não pronúncia de inconstitucionalidade (eis que sequer existe ação declaratória de constitucionalidade) possam constituir duas faces de uma mesma moeda".

4. Cf. José Manoel de Arruda Alvim, *Manual de Direito Processual Civil*, vol. 2, 2001, p. 396.

5. Na verdade, a cautelar como norma introduzida não constitui a inconstitucionalidade da RMIT. Ela constitui a suspensividade da eficácia técnico-sintática (conseqüente da norma introduzida), sendo que o antecedente da norma introduzida contém a inconstitucionalidade. Quer dizer: o motivo da suspensão técnica da RMIT é sua aparente inconstitucionalidade.

6. Teori Albino Zavascki, *Eficácia das Sentenças na Jurisdição Constitucional*, São Paulo: Ed. RT, 2001, p. 61. Sobre esses requisitos o autor cita a

Numa e noutra hipótese a cautelar é o veículo introdutor de outra norma. Esta norma introduzida, todavia, tem funções distintas, conforme seja pela constitucionalidade ou pela inconstitucionalidade da RMIT.

Se pela constitucionalidade, a cautelar introduzirá norma que tem a seguinte estrutura:

Hipótese: dado o fato de a RMIT resultar de procedimento e órgão competentes e não contrariar o conteúdo da Constituição;

Conseqüente: deve ser sua constitucionalidade.

Nesse caso, a medida de urgência não inova a estrutura normativa da RMIT. Contudo, se se acrescentar à cautelar o efeito vinculante, outras são as conseqüências, que detalharemos a seguir. Por enquanto, mantenhamos a atenção apenas no provimento em si.

Se, todavia, a cautelar for pela inconstitucionalidade da RMIT, será outro o conteúdo da norma, conforme demonstraremos no item seguinte.

3.1 A medida cautelar e a suspensão de eficácia técnica da RMIT

Hipótese bem mais complexa em termos normativos ocorre quando a cautelar descreve no seu antecedente a inconstitucionalidade e prescreve no conseqüente a ineficácia técnico-sintática da RMIT. Com efeito, nessa hipótese, a Lei 9.868/1999 prevê a possibilidade de que a medida cautelar em controle abstrato de constitucionalidade suspenda a aplicação e a eficácia técnico-sintática da RMIT.

Trazendo a questão para os lindes do direito tributário, especificamente em relação à RMIT, tem-se que a concessão de cautelar introduz norma jurídica no sistema de direito positivo tributário. Urge, portanto, cotejar o(s) aspecto(s) que relaciona(m) a norma introduzida pela cautelar naquelas ações de controle de constitucionalidade concentrado e a RMIT. Enfim, a suspensão seria da validade, da eficácia técnico-semântica ou técnico-sintática, ou, ainda, seria da vigência ou da validade?

Estamos convencidos de que a suspensão é sempre da eficácia técnico-sintática da RMIT.

Desçamos aos detalhes que fundamentam a assertiva acima.

Com efeito, a norma introduzida pela cautelar, ainda que provisória, impede o agente competente de realizar a incidência da RMIT. Prescreve, portanto, a ineficácia técnico- sintática da RMIT.

Questão distinta diz respeito ao antecedente da norma introduzida pela cautelar e seus fundamentos para que a eficácia técnico-sintática da norma tributária seja suspensa (conseqüente). É que o STF, ao suspender essa eficácia, pode invocar a inexistência (ou probabilidade de inexistência, já que o juízo é provisório) de qualquer atributo da norma. Não é raro os acórdãos mencionarem que a norma atacada parece "invalidável" ou que "não seria norma vigente", ou, ainda, que "não apresentaria" a própria eficácia técnico-sintática suspensa pela decisão.

Nesse passo, é crível sustentar que a concessão de cautelar pela inconstitucionalidade nas ações de controle concentrado de constitucionalidade veicula norma que sempre suspende a eficácia técnico-sintática da RMIT. Esta proposição pode ser constatada na análise do enunciado-enunciado do texto normativo da decisão, precisamente no conseqüente da norma introduzida. Há sempre a prescrição de que a RMIT não deve ser aplicada.

Já os fundamentos do deferimento da suspensão da eficácia técnico-sintática, identificados no antecedente normativo, podem ser de diversas ordens: norma de duvidosa validade, norma que não teria sequer alcançado vigência ou, até, norma que não apresenta eficácia técnico-sintática (ou semântica). Esses fundamentos podem ser verificados também no enunciado-enun-

ADI 463 (rel. Min. Marco Aurélio, *RTJ* 137/559) como importante precedente do STF.

ciado da norma introduzida, mais precisamente no seu antecedente. É neste membro da norma jurídica onde se relata em linguagem o seu defeito, exsurgindo daí, por imposição da causalidade jurídica, a suspensão da eficácia técnico-sintática.

Em arremate, fazendo uma comparação com as estruturas possíveis das relações jurídicas, a norma veiculada pela cautelar seria biunívoca, do tipo:

Hipóteses: (i) dado que a RMIT não foi produzida pelo órgão competente ou procedimento adequado ou que regule conduta de forma incompatível com a Constituição; (ii) problema com a vigência; ou (iii) problema com a eficácia-técnica;

Conseqüente: deve ser a suspensão da sua eficácia técnico-sintática.

Veja-se que vários antecedentes são possíveis, mas o conseqüente da norma introduzida pela cautelar de inconstitucionalidade é sempre o mesmo.

3.2 Ainda acerca da suspensão da eficácia técnico-sintática da RMIT

Dessa forma, se combinarmos o antecedente normativo descrito no item 3.1, podemos propor a construção da seguinte norma jurídica:

Hipótese: dada a existência de problemas de ineficácia técnico-sintática ou semântica da RMIT;

Conseqüente: deve ser a suspensão da sua eficácia técnico-sintática.

E logo surgirá a perplexidade: como se pode, sob o argumento de que RMIT não apresenta eficácia técnico-sintática, pretender suspender a eficácia técnico-sintática da norma? Daí, no início desse trabalho, a ênfase dada à linguagem como único modo de o Direito se expressar. E não qualquer linguagem; mas apenas a competente. Assim, enquanto não for produzida a linguagem competente, "constituindo" a ineficácia técnico-sintática da norma tributária, ela se apresenta com esse atributo. É preciso que um órgão competente (STF), por intermédio de procedimento adequado (ação direta de inconstitucionalidade, ação declaratória de constitucionalidade ou ADPF), constitua a ineficácia técnico-sintática da norma tributária, como o faz o provimento cautelar.

Do contrário, por maior prestígio e seriedade que o intérprete da norma jurídica ostente na comunidade jurídica, não tem sua opinião natureza normativa, nem sequer é fonte do Direito. É nessa linha que Pimenta Bueno ensina: "Pela necessidade de aplicar a lei deve o executor ou juiz, e por estudo pode o jurisconsulto formar sua opinião a respeito da inteligência dela, mas querer que essa opinião seja infalível e obrigatória, que seja regra geral, seria dizer que possuía a faculdade de adivinhar qual a vontade e o pensamento do legislador, que não podia errar, que era possuidor dessa mesma vontade e inteligência; e isso seria certamente irrisório".[7]

Um exemplo pode melhor elucidar a questão. Se tomarmos em linha de conta que o sistema constitucional tributário estabelece, em algumas hipóteses, hierarquia normativa entre a lei complementar[8] e a ordinária, de modo que sem aquela esta não pode instituir licitamente o tributo, temos que admitir que a produção da lei ordinária antes que a lei complementar tenha sido produzida enseja um problema relacionado à ineficácia técnico-sintática. É dizer: a falta de lei complementar torna sem eficácia técnico-sintática a lei ordinária; advindo, daí, inconstitucionalidade. Nesse caso, eventual cautelar suspensiva da eficácia técnico-sintática da RMIT instituída pela lei ordinária (conseqüente) teria no antecedente o relato em linguagem da ineficácia técnico-sintática da RMIT.

7. José Antônio Pimenta Bueno, *Direito Público Brasileiro e Análise da Constituição do Império*, Brasília: Senado Federal, 1978, p. 69.

8. Cf., sobre o assunto, José Souto Maior Borges, *Lei Complementar Tributária*. São Paulo: Malheiros Editores, 1975.

3.3 A concessão da cautelar: créditos tributários constituídos e os não constituídos

De logo, é prudente deixar claro que tomamos em linha de conta dois marcos temporais quando do deferimento da cautelar: (i) a ocorrência/não-ocorrência do evento jurídico tributário e (ii) entre os eventos já ocorridos, quais créditos tributários foram constituídos e quais não foram constituídos.

Este cenário, apenas aparentemente simples, tem desafiado o jurista dogmático a realizar a intersecção entre a "ciência e a experiência" e entre a "teoria e a prática".[9] Com efeito, a estabilidade das normas individuais e concretas postas no ordenamento por derivação da RMIT e o respectivo crédito tributário, de um lado, e, de outro, a estabilidade das relações jurídicas impeditivas da ponência de tais normas no sistema jurídico, provocam uma espécie de tensão no sistema jurídico, nem sempre de fácil solução. Contribui para o agravamento (ou abrandamento, dependendo da perspectiva) do problema a circunstância de que o próprio direito tributário, para estabilizar as expectativas normativas e reduzir a complexidade do sistema jurídico-positivo,[10] cuidou de estabelecer prazos de decadência e de prescrição para que o crédito tributário seja constituído (arts. 150, § 4º, e 173 do CTN) e, uma vez constituído, para que seja executado (CTN, art. 174). De outro lado, também cuidou de fixar limites à repetição do indébito por parte do sujeito passivo, pela decadência e pela prescrição, nos termos dos arts. 168 e 169 do CTN. Daí a clarividente importância de se divisar esses estágios do crédito tributário quando do deferimento da cautelar e da decisão de mérito.

Mas, antes, estudemos um pouco dos efeitos da cautelar sobre as normas individuais e concretas.

3.4 O efeito vinculante, "ex nunc", e a eficácia "erga omnes" da cautelar

Temos assente a idéia de que o efeito vinculante é um membro da relação jurídica correspondente ao dever jurídico de o Fisco e o Judiciário aplicarem a RMIT, quando ela é declarada constitucional, ou o dever jurídico de não a aplicarem, quando declarada inconstitucional. De outro lado, completando a bimembridade do pólo da relação jurídica vinculante, há o efeito *erga omnes*, que corresponde ao dever jurídico dos súditos de suportar a incidência da RMIT quando julgada constitucional, ou o direito subjetivo de não suportar tal incidência, se julgada inconstitucional a RMIT.

Pois bem, nos termos do art. 11, § 1º, da Lei 9.868/1999 e na esteira da jurisprudência do STF,[11] a cautelar concedida em ação direta de inconstitucionalidade tem efeito *ex nunc*, isto é, vincula os atos a serem praticados a partir de sua concessão, salvo se o tribunal entender que deva dar efeito *ex tunc*. Noutras palavras, o efeito *ex nunc* significa que as normas individuais e concretas produzidas com base na RMIT cuja eficácia técnico-sintática fora suspensa pela cautelar, independentemente de terem sido produzidas por ato administrativo (lançamento) ou por ato do sujeito passivo (autolançamento), não devem ser desfeitas, mesmo que não haja qualquer empecilho ligado à decadência e à prescrição.

3.5 Os prazos de decadência e de prescrição do direito do Fisco

Em matéria tributária, seja nas hipóteses de lançamento, seja nas de constitui-

9. Ricardo Guibourg, *Derecho, Sistema e Realidad*, 1996, *passim*.

10. Niklas Luhmann, *Sociologia do Direito I*, Rio de Janeiro: Edições Tempo Brasileiro, 1983, p. 47.

11. A ADI/MC 1.434-SP (Tribunal Pleno, rel. Min. Celso de Mello, j. 20.8.1996, *DJU* 22.11.1996) decidiu que: "A medida cautelar, em ação direta de inconstitucionalidade, reveste-se, ordinariamente, de

ção do crédito pelo próprio sujeito passivo (autolançamento), a cautelar suspensiva da eficácia técnico-sintática da RMIT pode também influenciar no curso do prazo do direito do Fisco de lançar (art. 173 do CTN) e do direito de cobrar judicialmente o crédito (art. 174 do CTN). Concedida a cautelar de inconstitucionalidade, com efeito vinculante, o Fisco fica sem o direito de realizar o lançamento do tributo; e; se já realizado, fica impedido de exercitar o direito de, coativamente, enquanto perdurar a cautelar de inconstitucionalidade, buscar a realização do crédito tributário.

Nesse contexto, sobressai a importância do cotejamento dos aspectos ligados à decadência do direito de lançar em relação aos créditos ainda não constituídos e à prescrição do direito de cobrar em relação aos créditos já constituídos.

Entendemos que o STF, ao deferir a cautelar suspensiva da eficácia tecnico-sintática da RMIT, com efeito vinculante, suspende o curso do prazo decadencial em relação aos créditos ainda não constituídos, e do prescricional em relação aos créditos já constituídos, ainda que não conste tal comando expressamente na parte dispositiva da decisão.[12] É como se, diante da cautelar de inconstitucionalidade com efeito vinculante, as normas de decadência (arts. 173 e 150, § 4º, do CTN) e as de prescrição (art. 174 do CTN), para o caso específico daquela RMIT atacada pelo controle concentrado de constitucionalidade, restassem com as respectivas eficácias técnico-sintática suspensas.[13] É uma medida de contracautela cujo objetivo é eliminar os riscos advindos da suspensão da eficácia técnico-sintática da RMIT, quais sejam, os fatos jurídicos decadenciais e prescricionais.

Reconhecemos que a proposta apresentada está gizada em traços fortes e que, inversamente, muitos outros argumentos pesam em contrário. Pensamos, todavia, estar ela plenamente fundamentada no próprio Direito posto, conforme as razões já delineadas.

Com efeito, a decisão cautelar do STF suspensiva da eficácia técnico-sintática da RMIT, com efeito vinculante, tem a potencialidade de causar, quando da eventual decisão de mérito pela constitucionalidade, outras inconstitucionalidades decorrentes da estabilização de relações jurídicas, via de regra operada pela decadência e pela prescrição, se esses prazos não forem suspensos. Daí a ingente necessidade de se suspender também a eficácia técnico-sintática das normas de decadência construídas a partir do art. 173 do CTN, para os crédito

eficácia *ex nunc*, operando, portanto, a partir do momento em que o STF a defere" (*RTJ* 124/80). Excepcionalmente, no entanto, a medida cautelar poderá projetar-se com eficácia *ex tunc*, com repercussão sobre situações pretéritas (*RTJ* 138/86). A excepcionalidade da eficácia *ex tunc* impõe que o STF expressamente a determine no acórdão concessivo da medida cautelar.

12. Apesar de entendermos que os prazos de decadência e de prescrição restam suspensos mesmo sem que tal providência tenha sido expressa na parte dispositiva da decisão, não hesitamos em afirmar a utilidade de que tal providência seja disposta expressamente. Aliás, os órgão estatais responsáveis pela edição da lei ou ato normativo argüido de inconstitucional, já na audiência a que se refere o art. 10 da Lei 9.868/2000, estão aptos a requerer que o STF, caso entenda pelo deferimento da cautelar suspensiva da eficácia técnica-sintática da RMIT, suspenda igualmente a eficácia das normas de decadência e de prescrição.

13. Participa deste entendimento Teori Albino Zavascki (*Eficácia das Sentenças na Jurisdição Constitucional*, 2001, pp. 75-76), embora com outro fundamento, qual seja, o princípio do não-prejuízo. Diz o ilustre processualista: "Na verdade, a medida antecipatória deferida nas ações de controle concentrado importa a suspensão da eficácia do preceito normativo questionado, ou a imposição dela (o que significa, também, inibição da eficácia da eventual norma em sentido diferente). Ou seja, a liminar atua inclusive no plano da incidência da norma, inibindo, assim, não apenas o exercício dos direitos eventualmente sujeitos a prazos decadenciais, mas o próprio surgimento deles. Suspensa a incidência, não tem sequer início o prazo (decadencial) para o exercício do direito". E, na p. 76, arremata: "Assim, qualquer que seja a hipótese, não há como computar-se o prazo decadencial no período de vigência da liminar deferida na ação de controle concentrado".

ainda não constituídos; e das normas de prescrição construídas a partir do art. 174 do CTN, para os crédito já constituídos.

Portanto, o STF, ao suspender a eficácia técnica da RMIT, ao argumento de que ela estaria – em juízo precário e provisório – contrária à Constituição, teria que, para evitar a fluência dos prazos decadencial ou prescricional e, com isso, gerar situações futuras de inconstitucionalidade, suspender também a eficácia técnico-sintática dos arts. 173 e 174 do CTN, restringindo, evidentemente, o alcance dessa suspensão aos sujeitos ativo e passivo contemplados na RMIT igualmente com a eficácia suspensa.

Providência desse jaez evita que o STF, em eventual decisão de mérito pela constitucionalidade da RMIT, prescreva que os prazos de decadência e de prescrição comecem a fluir a partir da referida decisão final de mérito – o que representaria uma medida, a nosso sentir, em descompasso com a dinâmica do sistema normativo.

Destaque-se, ainda, que, a suspensão da eficácia técnico-sintática das normas de decadência e de prescrição teria o condão de estabilizar as expectativas normativas geradas pela inserção da cautelar no ordenamento, já que, nessa hipótese, a Administração e o Judiciário ficam impedidos de constituir a obrigação tributária por meio do lançamento.

Evita-se, com isso, que, ao final do processo, o STF, ao julgar constitucional a RMIT, venha a surpreender os administrados com a "reabertura" dos prazos de decadência e prescrição cujos respectivos fatos jurídicos (decadência e prescrição) já ocorreram. Realizam-se, dessa forma, a um só tempo, os sobreprincípios da certeza do Direito, da segurança jurídica e o da indisponibilidade dos bens públicos, preservando-se, de resto, a estabilidade das relações sociais, finalidade precípua do direito positivo.

3.6 Os prazos de decadência e de prescrição do direito do sujeito passivo de repetir o indébito

A mesma linha de argumentação, por coerência, deve ser seguida na hipótese de o STF conceder cautelar de constitucionalidade nas ações de controle concentrado, com efeito vinculante, em relação às normas de decadência e de prescrição do direito do sujeito passivo de repetir o indébito tributário. Isso porque, ao conceder a cautelar de constitucionalidade com efeito vinculante, ficam o Judiciário das outras instâncias e o Fisco impedidos de, ao argumento da inconstitucionalidade, constituir e devolver ao sujeito passivo o indébito tributário.

Assim, na concessão da cautelar, seria prudente que o STF, como contracautela, suspendesse, de forma expressa, a eficácia técnico-sintática das normas que estipulam os prazos de decadência e de prescrição em relação à repetição do indébito, construídas, basicamente, com os enunciados dos arts. 168 e 169 do CTN.

3.7 A norma introduzida pela decisão de mérito, a RMIT e os créditos tributários constituídos e não constituídos

A decisão de mérito, nas ações de controle concentrado de constitucionalidade, pode ser pela constitucionalidade ou pela inconstitucionalidade da RMIT. Num e noutro caso, a decisão tem potencialidade para mexer no arquétipo normativo da RMIT e nas normas individuais e concretas derivadas.

A esse tema serão dedicados os itens seguintes, procurando identificar como a RMIT se relaciona com a decisão de mérito, bem como a situação dos créditos tributários constituídos nas normas individuais e concretas e a prescrição do direito de cobrá-los judicialmente. Quanto aos créditos não constituídos, analisaremos a possibilidade de ainda o serem, considerando o influxo do prazo de decadência.

3.8 Validade, vigência e eficácia da RMIT

A decisão de mérito nas ações de controle concentrado de constitucionalidade tem provocado polêmica na doutrina e na jurisprudência, especialmente no pertinente à validade, vigência e eficácia da norma objeto do controle. Pensamos que tais polêmicas estão muito mais ligadas à falta de coerência na definição de tais conceitos que propriamente ao embate de idéias claramente contrárias. Falta, portanto, a estipulação clara dos conceitos de *validade*, *vigência* e *eficácia* das normas jurídicas para, só então, cogitar acerca da decisão no controle de constitucionalidade dos atributos das normas jurídicas.

Na tentativa de manter fidelidade aos conceitos de *validade*, *vigência* e *eficácia* que adotamos no início deste trabalho, temos que divisar, à semelhança do que traçamos em relação à cautelar, a decisão de mérito nas ações de controle concentrado quando há declaração de constitucionalidade e quando há declaração de inconstitucionalidade.[14]

Quando a decisão é pela constitucionalidade, temos que a RMIT ganha sobre seu comando normativo uma nova norma, que, neste caso, é de estrutura. E mais: como as decisões de mérito têm, necessariamente, efeito vinculante, temos que o STF, além de ratificar o comando normativo já válido no sistema por força da presunção de validade da RMIT, cria condições para incidência da norma de efeito vinculante sancionatória. Isso porque o Executivo e o Judiciário não podem afastar a validade da RMIT, deixando de aplicá-la ao caso concreto. Esses órgãos estão abarcados pela eficácia subjetiva do efeito vinculante.

3.9 Quando há declaração de inconstitucionalidade

As normas gerais e abstratas que ingressam no sistema de direito positivo – e não é diferente em relação à RMIT – carecem de processo de positivação para atingir o nível das normas individuais e concretas. É aqui, precisamente, que o direito positivo mais se aproxima do mundo da realidade social,[15] porque passa a dispor de instrumento hábil para disciplinar as condutas intersubjetivas: a relação jurídica. Com efeito – e já estamos reiterando a informação, pela importância do tema –, só há relação jurídica em sentido estrito quando o processo de derivação normativa atinge o nível das normas individuais e concretas. Antes, no nível geral e abstrato, há apenas critérios de constituição da relação jurídica em sentido estrito.

Na generalidade e abstração das normas temos critérios para que o aplicador do Direito constitua as normas individuais e concretas; nestas, não temos mais critérios, mas elementos que constituem a relação jurídica.[16]

Pois bem, o acórdão do STF, ao constituir a inconstitucionalidade da RMIT, introduz norma que se entrechoca com ela, mutilando sua vigência futura (desde que não preveja a possibilidade de continuar a surtir efeitos[17]) e, eventualmente, retirando-a do sistema, ceifando-lhe a validade.

14. Enfatizando a necessidade dessa distinção temos Ada Pellegrini Grinover (*A Marcha do Processo*, Rio de Janeiro: Forense Universitária, 2000, p. 7), ao estudar a ação rescisória e divergência de interpretação em matéria constitucional.

15. Cf. Paulo de Barros Carvalho, *Curso de Direito Tributário*, São Paulo: Saraiva, 2002, p. 365.

16. Na tarefa da aplicação do Direito, Karl Larenz (*Metodologia da Ciência do Direito*, 3ª ed., Lisboa: Fundação Calouste Gulbenkian, 1997, p. 519) deixa claro o papel criativo do Poder Judiciário, ao ensinar: "A interpretação da lei e o desenvolvimento judicial do Direito não devem ver-se como essencialmente diferentes, mas só como distintos graus do mesmo processo de pensamento".

17. Com efeito, a Lei 9.868/1999, em seu art. 27, parte final, prevê a possibilidade de que, por maioria de dois terços dos membros, o STF preveja

Assim, a decisão de mérito pela inconstitucionalidade, à semelhança do que dissemos em relação à cautelar, pode inserir no ordenamento jurídico várias normas jurídicas, a saber:

Antecedente: (i) problema com a vigência; (ii) problema com a eficácia técnico-sintática ou semântica; e (iii) problema com a validade;

Conseqüente: (i) deve ser a retirada da vigência futura (vigor); (ii) ou deve ser a retirada da vigência futura e da validade.

A vigência futura (ou vigor) da RMIT é sempre retirada pela declaração de inconstitucionalidade, mas a validade somente é extirpada quando a RMIT ainda não tenha entrado em vigor, ou, se já em vigor, quando for possível retirar todas as normas individuais e concretas derivadas da RMIT declarada inconstitucional, nos termos do item 4.13, infra.

3.10 Quando há declaração de constitucionalidade

A declaração de constitucionalidade da RMIT pode ser precedida das seguintes medidas no campo normativo: (i) não-concessão de cautelar; (ii) cautelar de constitucionalidade; e (iii) cautelar de inconstitucionalidade.

De outro lado, no mundo fenomênico é factível a ocorrência de eventos tributários: (i) antes da cautelar de inconstitucionalidade; (ii) depois da cautelar de constitucionalidade; (iii) antes da decisão de mérito de constitucionalidade, quando não tenha sido deferida cautelar. Também há créditos tributários constituídos: (i) antes do deferimento da cautelar; (ii) depois da cautelar de constitucionalidade; e (iii) antes da decisão de mérito de constitucionalidade, sem que tenha sido deferida cautelar. Enfim, há uma gama de variáveis normativas relativas ao processo de controle concentrado e ao estágio de positivação da RMIT que merecem ser consideradas.

Nesse quadro, o que parece simples, porque apenas há ratificação da constitucionalidade da RMIT, torna-se complexo, de um lado, em função das possibilidades normativas que antecedem a decisão de mérito pela constitucionalidade; de outro lado, pelo inevitável curso do tempo, que é tomado com fato jurídico cuja conseqüência mais notável é a estabilização das relações jurídicas. É nesse contexto que sobressaem os fatos jurídicos da decadência do direito de lançar e da prescrição do direito de cobrar o crédito tributário.

3.11 Os créditos tributários constituídos e a decisão de mérito

O julgamento da ação direta de inconstitucionalidade e da ação declaratória de constitucionalidade pode ser pela constitucionalidade ou pela inconstitucionalidade da RMIT. Se a decisão for pela constitucionalidade, considerando os créditos tributários já constituídos, não há maiores dificuldades, pois não há obstáculo à proposição e regular andamento da execução fiscal.

Quando se tratar de decisão de inconstitucionalidade, e considerando insertos no sistema os créditos tributários, a questão se resolve pelo exame das possibilidades e alcance do disciplinamento dos efeitos da declaração de inconstitucionalidade, nos exatos termos do art. 27 da Lei 9.868/1999.

3.12 O efeito vinculante e a eficácia "erga omnes" da decisão de mérito

Nos termos do parágrafo único do art. 28 da Lei 9.868/1999, que apenas reitera o que está disposto na CF, art. 102, § 2º, e na esteira da jurisprudência do STF, a deci-

um outro momento para que a declaração de inconstitucionalidade surta efeitos. Até esse momento, continuaria surtindo efeitos a RMIT declarada inconstitucional. Apesar de estar no sistema a referida norma, entendemos passível de declaração de inconstitucionalidade, porquanto essa "ultratividade" deferida pelo STF tem potencial violador dos princípios da legalidade (limite objetivo) e da proibição do enriquecimento sem causa (valor).

são de mérito em ação direta de inconstitucionalidade e ação declaratória de constitucionalidade tem efeito vinculante.[18] Significa dizer que os órgãos das outras instâncias do Poder Judiciário e os demais órgãos do Poder Executivo devem se portar de acordo com a decisão do STF.

Também, o efeito é *ex tunc*, o que significa que as normas individuais e concretas produzidas com base na RMIT declarada inconstitucional, independentemente de terem sido produzidas por ato administrativo (lançamento) ou por ato do sujeito passivo (autolançamento), devem ser desfeitas, desde que não operadas a decadência e a prescrição.

3.13 Art. 27 da Lei 9.868/1999: efeitos "ex tunc" e a possibilidade de disciplinamento na declaração de inconstitucionalidade pelo STF: os prazos de decadência e prescrição em direito tributário

Outra vez voltamos à "carga emotiva" de que falara Carlos Santiago Nino em relação à norma declarada inconstitucional no controle concentrado de constitucionalidade. A doutrina e a jurisprudência têm se debatido sobre esse tema no afã de encontrar caminhos seguros para disciplinar os efeitos produzidos pela norma declarada inconstitucional. Dizem alguns, transportando para o direito constitucional a teoria dos atos jurídicos, tratar-se de ato normativo inexistente;[19] outros entendem ser nulo;[20] e outros, ainda, entendem ser anulável,[21] sempre correlacionando a espécie de vício com a possibilidade, ou não, de manutença dos efeitos[22] do ato declarado inconstitucional no ordenamento jurídico.

Muitos sustentam – ora assentados na teoria da inexistência, ora na nulidade dos atos jurídicos – a automática expulsão de tais normas do sistema. É nessa linha que caminha Vicente Ráo quando afirma, sob o argumento de manter a unidade hierárquica do sistema normativo, que: "(...) a validade do sistema decorre da subsunção das normas inferiores às superiores, estando assim todo o sistema submetido à observância da norma fundamental orientadora de tal ordem jurídica. De sorte que, quando esta se modifica, revogam-se todas as leis, decretos, regulamentos anteriores, pelo fato de – sendo a Constituição a norma máxima do sistema e devendo o mesmo

18. Afora os dispositivos da Constituição Federal e da Lei 9.868/1999 que prescrevem o efeito vinculante da decisão em ação direta de inconstitucionalidade e ação declaratória de constitucionalidade pela inconstitucionalidade de determinada norma, entendemos que tal efeito decorre também de levarmos em consideração os ensinamentos que contém a matéria Teoria Geral do Direito. Ora, se a declaração de inconstitucionalidade retira a vigência futura (ou vigor) e, em algumas hipóteses, a validade da norma, não se pode aceitar a idéia de que outros órgãos (inclusive o próprio STF) realizem a incidência de norma sem vigência e sem validade.

19. Celso Ribeiro Bastos, *Curso de Direito Constitucional*, 20ª ed. São Paulo: Saraiva, 1999, p. 388.

20. Francisco Cavalcanti Pontes de Miranda (*Comentários à Constituição de 1967*, t. I, p. 377) aduz que, "no sistema jurídico brasileiro, a técnica da decretação de nulidade da lei ou de outra regra jurídica por infração à Constituição é de origem norte-americana. A técnica serve ao princípio da legalidade, é de origem mais remota e ligada, essencialmente, ao velho Direito Luso-Brasileiro. Os atos públicos, ainda que concebidos como enunciados de regras jurídicas, se ofendem a lei, são ilegais, e, pois, nulos". Também, com argumentos semelhantes, Francisco Campos, *Direito Constitucional*, vol. I, 1956, p. 430.

21. Hans Kelsen, *Teoria Pura do Direito*, trad. de João Baptista Machado, São Paulo: Saraiva, 1999, p. 304. É interessante anotar os comentários de Lourival Vilanova (*Causalidade e Relação no Direito*, 3ª ed., São Paulo: Saraiva, 2000, p. 307) sobre o pensamento kelseniano. Diz o saudoso jurisconsulto pernambucano que, "se ocorrer defeituosidade no percurso procedimental, a norma gerada não nasce nula. É anulável, o que requer outro procedimento, normativamente estruturado, para desconstituir a norma impugnável". Mais adiante, arremata: "substancialmente, o mesmo ocorre com a norma inconstitucional que violar o processo de produção".

22. Cf. Regina Maria Macedo Nery Ferrari, *Efeitos da Declaração de Inconstitucionalidade*, 4ª ed., São Paulo: Ed. RT, 1999, p. 117.

estar em total concordância com os ditames nela propugnados – todas as normas que vigiam validamente antes do seu aparecimento e que a partir de sua existência com ela discordam acharem-se a partir da data de sua entrada em vigor automaticamente revogadas".[23]

Não estamos, pois, com Ráo nesse ponto. Além de sustentarmos a necessidade de retirada das normas individuais e concretas que ainda puderem sê-lo, entendemos que nem todos os atos podem ser retirados pelo STF na decisão de inconstitucionalidade, nem por outras autoridades competentes e pelo procedimento adequado, em função da declaração de inconstitucionalidade.[24] Assim, em princípio, permanecem essas normas no ordenamento; umas ainda passíveis de expulsão; outras, não. Essa situação é que tem gerado controvérsias no Direito pátrio. Concordamos, neste ponto, com a solução proposta por Gilmar Ferreira Mendes quando, mesmo tendente a aceitar a teoria da nulidade da lei inconstitucional, afirma que: "*Conseqüência lógica da declaração de nulidade ex tunc da norma inconstitucional deveria ser a eliminação do ordenamento jurídico de todos os atos praticados com fundamento nela.* Todavia, essa depuração total (*Totalbereinigung*) não se verifica nem nos sistemas que, como o alemão, fixaram uma regra particular sobre as conseqüências jurídicas da declaração de nulidade, nem naqueles que, como o brasileiro, utilizam as fórmulas gerais de preclusão"[25] (grifos nossos).

Ademais, não é estranho à grande maioria dos constitucionalistas que o processo objetivo não tutela direitos subjetivos,[26] até porque não há relação jurídica no nível das normas gerais e abstratas, não sendo, pois, da índole da decisão resultante tratar amplamente das relações jurídicas construídas a partir de norma declarada inconstitucional.

Conforme assentado, no exercício de competência do controle abstrato de constitucionalidade, o STF insere no sistema jurídico norma geral e concreta quando decide pela constitucionalidade ou pela inconstitucionalidade. Na primeira hipótese, a norma introduzida ratifica, "calibra"[27] a constitucionalidade da RMIT, e, como é dotada de efeito vinculante, nenhum órgão do Executivo ou do Judiciário (exceto o próprio STF, noutro processo) pode deixar de aplicar a RMIT sob o fundamento de sua inconstitucionalidade. De outro lado, quan-

23. Gilmar Ferreira Mendes (*Jurisdição Constitucional*, São Paulo: Saraiva, 1998, p. 256) sustenta que este entendimento tem respaldo constitucional. Diz o eminente professor, com a acuidade que lhe é peculiar que, "o princípio do Estado de Direito, fixado no art. 1º, a aplicação imediata dos direitos e garantias fundamentais, consagrada no § 1º do art. 5º da CF, a vinculação dos órgãos estatais aos princípios constitucionais, que daí resulta a imutabilidade dos princípios constitucionais, no que concerne aos direitos fundamentais e ao processo especial de reforma constitucional, ressaltam a supremacia da Constituição. Do art. 5º, XXI, da CF, que assegura a qualquer indivíduo que seja impedido de exercer um direito constitucional, garantido em virtude da omissão dos órgãos legislativos, o direito de reivindicar uma atividade legislativa mediante a propositura do mandado de injunção, pode-se concluir que não apenas os direitos fundamentais, mas todos os demais direitos subjetivos constitucionais assegurados vinculam os órgão estatais".

24. Cf., nesse sentido, Regina Maria Macedo Nery Ferrari (*Efeitos da Declaração de Inconstitucionalidade*, 4ª ed., p. 126), ao sustentar que "reconhecer, portanto, que a norma inconstitucional é nula, e que os efeitos desse reconhecimento devem operar *ex tunc*, estendendo-os ao passado de modo absoluto, anulando tudo o que se verificou sob o império da norma assim considerada, é impedir a segurança jurídica, a estabilidade do Direito e sua própria finalidade". Também cf. José Afonso da Silva, *Curso de Direito Constitucional Positivo*, São Paulo: Malheiros Editores, 2000, p. 55.

25. Gilmar Ferreira Mendes, *Jurisdição constitucional*, p. 192.

26. Zeno Veloso (*Controle Jurisdicional de Constitucionalidade*, 2ª ed., Belo Horizonte: Del Rey, 2000, p. 61) aduz que "na ação direta de inconstitucionalidade não se estará julgando uma relação jurídica específica, uma situação particularizada, mas a validade da norma, *in abstracto*. Portanto, tem por objeto a regra jurídica, em si mesma, sem considerar sua aplicação a um caso concreto".

27. A expressão "calibração" é usada por Tércio Sampaio Ferraz Jr.

do declarada a inconstitucionalidade da RMIT, duas possibilidades são factíveis: (a) que sejam mantidos todos (ou alguns) efeitos da RMIT postos ou a serem postos no sistema cujos eventos tenham ocorrido até o "seu trânsito em julgado ou outro momento que venha a ser fixado",[28] ou (b) que todos os efeitos gerados pela RMIT declarada inconstitucional sejam retirados do sistema jurídico positivo. Na primeira hipótese, o STF, ao declarar a inconstitucionalidade, retirou a vigência futura (ou vigor) da RMIT; na segunda, retirou também a validade.

Pois bem, cremos que na hipótese "b", retromencionada, considerando que a norma introduzida pela decisão do STF, neste caso, retira da RMIT sua relação vinculativa com o sistema jurídico (validade), a decisão do STF tem necessariamente efeito vinculante (no sentido de relação jurídica vinculante), visto que tanto o Judiciário das instâncias ordinárias está proibido de autorizar a aplicação da RMIT quanto o próprio Estado-Administração está igualmente proibido de, *sponte sua*, aplicar a referida RMIT por meio de lançamentos. E a razão é que não se aplica norma sem validade.

De outro lado, quando o STF permitir que alguns ou todos os efeitos (reiteramos: que são normas jurídicas individuais e concretas) derivados da RMIT permaneçam no ordenamento jurídico, aí, temos que redimensionar o alcance do efeito vinculante da decisão, já que alguns (ou todos) atos normativos permaneceram no sistema jurídico, mesmo diante de uma declaração de inconstitucionalidade com ou sem pronúncia de nulidade.

Nesse arcabouço ganha relevância a questão dos efeitos normativos (isto é, das normas individuais e concretas) produzidos (ou com as condições de produção já cumpridas) pela derivação da RMIT declarada inconstitucional[29] antes da decisão de mérito e do possível disciplinamento desses efeitos pelo STF.

Atualmente, o tema é regido pelo art. 27 da Lei 9.868/1999,[30] que está assim enunciado: "Art. 27. Ao declarar a inconstitucionalidade de lei ou de ato normativo, e tendo em vista razões de segurança jurídica ou de excepcional interesse social, poderá o Supremo Tribunal Federal, por maioria de dois terços de seus membros, restringir os efeitos da declaração de inconstitucionalidade ou decidir que ela só terá eficácia a partir de seu trânsito em julgado ou de outro momento que venha a ser fixado".

Interpretamos este enunciado da seguinte forma: (i) existindo razões de segurança jurídica, ou (ii) existindo excepcional interesse social, e (iii) alcançada a maioria de dois terços dos membros, poderá o STF restringir os efeitos da declaração de inconstitucionalidade ou fixar outro momento a partir do trânsito em julgado para que a declaração de inconstitucionalidade produza efeitos. Os dois primeiros requisitos são alternativos; o terceiro é cumulativo com um dos dois primeiros.

Ocupa-nos, neste momento, a questão da restrição dos efeitos da declaração de inconstitucionalidade.

28. Lei 9.868/1999, art. 27, parte final.

29. Restringem-se as ponderações às hipóteses de declaração de inconstitucionalidade da RMIT, uma vez que, sendo a decisão pela constitucionalidade, mesmo que no curso da ação direta de inconstitucionalidade/ação declaratória de constitucionalidade/ADPF haja sido deferida liminar pela inconstitucionalidade. O disciplinamento dos efeitos ao final poderá recair sobre a possibilidade de introduzir novas normas no sistema, e não de retirar as que foram postas.

30. Não é nosso objetivo examinar a constitucionalidade desse dispositivo, porquanto estamos imbuídos apenas do ânimo de tornar possível sua aplicação, considerando os limites constitucionais estabilizadores de normas jurídicas (*v.g.*, coisa julgada, ato jurídico perfeito e direito adquirido). Mesmo assim, convém mencionar o lúcido entendimento de Paulo Roberto Lyrio Pimenta (*Efeitos da Decisão de Inconstitucionalidade em Direito Tributário*, São Paulo: Dialética, 2002, p. 99) no sentido de que, além de inútil, é inconstitucional o art. 27 da Lei 9.868/1999, pois "os efeitos da pronúncia de inconstitucionalidade indiscutivelmente são aspectos substanciais da decisão, escapando, por tal motivo, à regulamentação por lei ordinária".

Estamos em que, quanto aos efeitos ocorridos durante a vigência da norma declarada inconstitucional, o enunciado legal é expresso no sentido de que a regra é o não-disciplinamento, o que implica dizer, em princípio, que eles não devem ser mantidos[31] no sistema jurídico. Apenas por razões de segurança jurídica ou excepcional interesse social e tendo sido alcançada a maioria de dois terços é que tais efeitos (alguns ou todos) podem ser mantidos.

Vêem-se, ainda, os resquícios da teoria da nulidade *ab initio* da norma declarada inconstitucional, devendo, por isso, todos os seus efeitos ser retirados da ordem jurídica.[32]

Assim, os efeitos referidos, que são normas jurídicas individuais e concretas, somente permanecem no ordenamento jurídico se, declarado inconstitucional seu fundamento de validade, houver excepcional interesse social ou razões de segurança jurídica. Transportando para o direito tributário, a declaração de inconstitucionalidade da RMIT implicaria, necessariamente, a retirada das normas individuais e concretas derivadas daquela RMIT e veiculadas por atos administrativos de lançamentos tributários ou por "autolançamento" do sujeito passivo, a menos que excepcional interesse social ou razões de segurança jurídica laborem em contrário.[33]

Portanto, o alcance da remoção dos efeitos jurídicos da RMIT declarada inconstitucional é de fundamental importância para se saber acerca da retirada, ou não, da sua validade. Se a decisão do STF retirar todas as normas individuais e concretas derivadas da RMIT, entenderemos que, junto com a vigência (item seguinte), também resta ceifada a relação de pertinencialidade da RMIT com o sistema, restando, portanto, inválida.

Essa linha de argumentação levaria o intérprete mais apressado a concluir que, faltante um daqueles requisitos, ou não sendo alcançada a maioria de dois terços, o STF, automaticamente, retiraria a validade das normas individuais e concretas derivadas da regra-matriz de incidência tributária declarada inconstitucional. E mais: que a referida RMIT não mais estaria apta a ser positivada e gerar novas normas individuais e concretas se os "eventos tributários"[34] tiverem ocorrido antes da declaração de inconstitucionalidade.

É que a dicção do art. 27 da Lei 9.868/1999 não prescreve tudo acerca da retirada dos efeitos da RMIT declarada inconstitucional. Há outros limites impostos pela Constituição Federal, que sequer o STF pode olvidar em suas decisões de inconstitucionalidade. É o caso do ato jurídico perfeito, do direito adquirido e da coisa julgada. Presente uma dessas formas de preclusão, que tem o condão de estabilizar di-

31. Nesse sentido Lênio Luiz Streck (*Jurisdição Constitucional e Hermenêutica: uma Nova Visão Crítica do Direito*, p. 541), ao examinar o art. 27 da Lei 9.868/1999. Diz o eminente autor que "está-se diante, pois, de uma espécie de 'inconstitucionalidade por tempo certo' ou 'inconstitucionalidade interrompida', quebrando a tradição de dar efeito *ex tunc* às ações direta de inconstitucionalidade".

32. Demonstra a mesma preocupação Sacha Calmon Navarro Coêlho (*O Controle da Constitucionalidade das Leis e o Poder de Tributar na Constituição de 1988*, 3ª ed., Belo Horizonte: Del Rey, 1999, p. 203), ao assinalar que "restou arraigado o dogma de que as decisões da Suprema Corte, quer as pronunciadas no sistema difuso, quer as prolatadas no sistema concentrado – o que é grave –, possuem sempre efeito *ex tunc*. A combinação desse efeito com a possibilidade de rescisórias, mesmo sem ofensa à literal disposição de lei, como predicado no Código de Processo Civil, é simplesmente devastadora para a segurança jurídica dos jurisdicionados, sem falar na inutilização do processo difuso de controle de constitucionalidade (...)".

33. Como será melhor aprofundado, a retirada pelo STF dos efeitos da norma declarada inconstitucional deve obedecer a limites constitucionais (*v.g.*, o ato jurídico perfeito, a coisa julgada e direito adquirido).

34. Usamos a expressão "eventos tributários" por falta de melhor expressão. Com efeito, só ser "jurídico" e "tributário" o fato jurídico, enquanto enunciação-enunciada. O evento é do mundo real, fenomenológico, consumível no tempo e no espaço, não sendo de boa técnica predicá-lo de "jurídico", nem muito menos de "tributário".

reitos subjetivos, mesmo que ausentes alguns daqueles requisitos exigidos pelo art. 27 da referida lei, não poderá o STF, com a decisão de inconstitucionalidade, simplesmente "limpar" o sistema jurídico.[35] Portanto, ao invés de concordar com Moreira Alves,[36] que reconheceu expressamente que a validade de uma lei declarada inconstitucional representaria uma ruptura com o princípio da supremacia da Constituição, entendemos exatamente o contrário: o não-reconhecimento de validade de uma norma jurídica declarada inconstitucional, implicando, assim, manutenção de efeitos passados na ordem jurídica, quando presentes certas razões de natureza constitucional (*v.g.*, direito adquirido, coisa julgada e ato jurídico perfeito), é um imperativo do princípio da supremacia da Constituição.

Daí a importância crucial de se buscar um exame mais acurado desses limites constitucionais impostos à invalidação de normas jurídicas pelo controle abstrato de normas pelo STF. É o que pretendemos fazer nos itens seguintes.

4. Limites constitucionais materiais à retirada de efeitos jurídicas de RMIT declarada inconstitucional: direito adquirido, ato jurídico perfeito e coisa julgada

Nas premissas que fixamos no início deste trabalho ficaram assentados os conceitos de *norma jurídica*, de *relação jurídica*, de *direito subjetivo* e *dever jurídico*. Enfim, fixamos as categorias com as quais trabalharíamos ao longo da empreitada.

É chegada a hora de desenhar – ainda que sem pretensões de inovar no tema – os conceitos de *direito adquirido, ato jurídico perfeito* e *coisa julgada*, precisamente no âmbito tributário,[37] visto que são limites[38] à linguagem do STF em relação à desconstituição das normas individuais e concretas postas no sistema em decorrência da positivação da RMIT declarada inconstitucional.

4.1 Direito adquirido

A tentativa de manter a coerência interna do discurso leva-nos a tomar a expressão "direito adquirido" como direito subjetivo.

Ocorre que esse direito subjetivo pode ser de duas ordens: direito à aplicação de uma norma geral e abstrata, resultando uma relação jurídica em sentido estrito; ou o próprio direito subjetivo inserto na relação jurídica surgida com a positivação da norma. Na primeira hipótese teríamos o direito subjetivo geral e abstrato, ainda no altiplano das normas gerais e abstratas; e na segunda teríamos o direito subjetivo individual e concreto, já no plano das normas individuais e concretas.

É comum o sujeito reunir todos os elementos de ordem fática necessários e suficientes a desencadear a incidência da norma, mas não provocar tal mecanismo ou, mesmo provocando, não receber do órgão competente a norma individual e concreta positivada. Noutra aproximação, diríamos:

35. Vêm bem a calhar os ensinamentos de Márcio Augusto de Vasconcelos Diniz (*Controle de Constitucionalidade e Teoria da Recepção*, São Paulo: Malheiros Editores, 1995, p. 41), que, com base na segurança jurídica, sustenta a necessidade de ponderação acerca do dogma da nulidade *ab initio* da lei declarada inconstitucional.

36. Repr. 980, rel. Min. Moreira Alves, *RTJ* 96/496 (p. 508).

37. Estamos conscientes de que tais conceitos são categoriais – pertencentes, portanto, aos quadrantes da Teoria Geral do Direito.

38. Cabe bem advertir – nas palavras de Gilmar Ferreira Mendes (*Jurisdição Constitucional*, p. 192), *apud* Zagrebelsky – que, "em relação ao sistema italiano, o advento dos prazos de decadência e de prescrição e a formação da coisa julgada impõem limites à eficácia retroativa da declaração de inconstitucionalidade (*La Giustizia Costituzionale*). Só que na Itália o problema da eficácia *ex tunc* está inteiramente vinculado à possibilidade de impugnação dos atos singulares, não tendo, por isso, natureza constitucional. A amplitude da eficácia *ex tunc* é definida em lei (...)".

a não-provocação por parte do interessado (ou a provocação sem a devida resposta da autoridade competente) não permite a constituição em linguagem do seu direito subjetivo.

Nesse caso, não se tem ainda direito subjetivo, porque não há relação jurídica em sentido estrito. Há, é verdade, uma outra relação jurídica em sentido lato, em que o contribuinte tem o direito subjetivo de ver positivada a norma; esta sim, quando positivada, constituidora da relação jurídica em sentido estrito, com os seus respectivos elementos – quais sejam, respectivo direito subjetivo (que é direito adquirido!), dever jurídico e prestação.

Então, somente com a norma individual e concreta é que surge o direito subjetivo, que pode ou não ser adquirido, dependendo da estabilidade que o sistema jurídico garantir àquela norma jurídica.

Nesse passo, cabe advertir que a decadência e a prescrição, impondo limites à produção de normas individuais e concretas[39] (e não às normas gerais e abstratas), também são utilizadas pelo sistema para estabelecer direitos adquiridos. Ou seja, não são limites ao exercício da função legislativa, porque na sua generalidade a abstração do produto – norma jurídica geral e abstrata – inova originariamente a ordem jurídica; mas o são em relação às funções administrativa e judicial.[40] É precisamente nesse ponto que a decadência e a prescrição exsurgem como formas de estabilização de normas jurídicas individuais e concretas já produzidas; ou, quando não produzidas no tempo fixado, impede que sejam produzidas. É assim que a decadência e a prescrição estabilizam o ordenamento jurídico, fixando relações jurídicas.

39. Cf. Eurico M. Diniz de Santi (*Decadência e Prescrição no Direito Tributário*, São Paulo: Max Limonad, 2001, p. 143), que sustenta que a decadência e a prescrição operam sobre as fontes de produção das normas individuais e concretas.

40. Cf. Eurico M. Diniz de Santi, *Decadência e Prescrição no Direito Tributário*, p. 149.

4.2 Ato jurídico perfeito

Entendemos que o direito adquirido advém do ato jurídico perfeito, seja ele administrativo ou judicial. É, pois, ato de positivação do Direito, saindo das normas gerais e abstratas até as individuais e concretas, onde está o direito adquirido. Esse ato jurídico perfeito pode ser praticado por diversos sujeitos competentes, inclusive pelo próprio contribuinte. Mas quando praticado pelo Judiciário recebe o nome de *coisa julgada*.

4.3 Coisa julgada

O direito positivo pátrio trabalha com, pelo menos, quatro acepções da expressão "coisa julgada". São elas: (i) norma geral e abstrata; (ii) relação jurídica; (iii) direito subjetivo; e (iv) dever jurídico.

Como norma geral e abstrata, a coisa julgada pode ser construída a partir dos enunciados contidos na Constituição Federal (art. 5º, XXXVI) e no Código de Processo Civil (arts. 467 e ss.). Do enunciado constitucional construímos o seguinte conseqüente: deve ser a imutabilidade da norma inserida pelo Poder Judiciário.

Este conseqüente pode estar ligado a dois antecedentes, quais sejam: (1) decisão judicial transitada em julgado da qual não decorreram dois anos; e (2) decisão judicial transitada em julgado da qual decorreram dois anos.

A coisa julgada rescindível é a primeira norma; a segunda é a coisa soberanamente julgada.

Cada coisa julgada (norma geral e abstrata) possui critérios para que as relações jurídicas sejam construídas. Estas relações jurídicas também são coisas julgadas. Quando o Código de Processo Civil, art. 467, diz que "denomina-se coisa julgada material a eficácia que torna imutável e indiscutível a sentença (...)", está usando a expressão "coisa julgada material" no sentido de relação jurídica. Mas é relação jurídica de direito público em sentido *lato*, conforme os ensinamentos de Lourival Vilanova,[41] distinta da relação jurídica de direito material constituída pela decisão judicial, e que é imutável. Um dos sujeitos da relação em sentido estrito (aquela resultante da RMIT) tem o direito subjetivo frente ao Estado-jurisdição de não ser retirada a relação jurídica constituída anteriormente por decisão judicial. Esta, sim, relação jurídica em sentido *lato*, constituída por, no mínimo, um sujeito da relação de direito material; mas o sujeito passivo é distinto daquele da RMIT.

Acepção muito próxima da anterior é coisa julgada com um dos membros da relação jurídica – direito subjetivo. É o direito subjetivo uma espécie de direito adquirido, ou, melhor, "superadquirido". Isso porque, no caso da coisa julgada, o ato jurídico perfeito que a possibilita não é um ato administrativo passível de revisão ou um ato do contribuinte, mas um ato judicial.

Assim, a coisa julgada, à semelhança do direito adquirido, também é um direito subjetivo, só que sua imutabilidade decorre do sujeito competente que realiza o ato jurídico perfeito, que é o Poder Judiciário.

Ocorre que a validade de um direito adquirido pode ser questionada no Judiciário. Já proferida decisão que transite em julgado, afirmando a validade do direito adquirido, tem-se sobre o direito adquirido uma coisa julgada.

Um exemplo pode esclarecer melhor o raciocínio.

Nos tributos sujeitos a lançamento por homologação, decorridos cinco anos do evento tributário, opera-se a decadência do direito de lançar, fazendo surgir para o contribuinte o direito subjetivo (que, em função da decadência do direito de lançar, já é adquirido) de não ter contra si constituído crédito tributário decorrente daquele evento tributário. Mesmo assim, o Fisco, baseado na linha de que somente a partir da homologação é que tem início o curso do prazo de decadência previsto no art. 173, I, do CTN, efetua lançamento, sendo ele questionado no Judiciário. Proferida decisão favorável ao contribuinte e transitada em julgado a decisão, não mais cabendo ação rescisória, tem-se uma coisa julgada sobre um direito adquirido.

Nesse prisma, vemos que *ato jurídico perfeito*, *direito adquirido* e *coisa julgada* são conceitos bastante próximos, que diferem em razão do sujeito que produz a norma individual e concreta (coisa julgada é norma produzida pelo Judiciário, e direito adquirido é direito subjetivo contido numa norma individual e concreta produzida pela Administração ou pelo sujeito passivo).

5. Algumas conclusões

As assertivas que pretendemos expor à guisa de conclusões assumem foros de provocação, na esperança de que os efeitos da medida cautelar, pela constitucionalidade ou pela inconstitucionalidade, em matéria tributária possam ser instrumento normativo seguro para impedir o surgimento de efeitos jurídicos de normas inconstitucionais. Ei-las:

5.1 A medida cautelar em controle de constitucionalidade abstrato exercido perante o STF introduz no ordenamento jurídico norma jurídica que pode influenciar nos prazos de decadência e prescrição no direito tributário.

5.2 Quando pela constitucionalidade a medida cautelar tem a seguinte estrutura normativa:

Hipótese: dado o fato de a RMIT resultar de procedimento e órgão competentes e não contrariar o conteúdo da Constituição;

Conseqüente: deve ser sua constitucionalidade.

5.3 Quando pela inconstitucionalidade, tem a seguinte estrutura:

Hipótese: dada a existência de problemas de ineficácia técnico-sintática ou semântica da RMIT;

41. Lourival Vilanova, *Causalidade e Relação no Direito*, 3ª ed., p. 267.

Conseqüente: deve ser a suspensão da sua eficácia técnico-sintática.

5.4 A inconstitucionalidade prescrita pela medida cautelar sempre suspende a eficácia técnico-sintática da RMIT.

5.5 A medida cautelar, quer pela constitucionalidade, quer pela inconstitucionalidade, tem efeito vinculante e eficácia *erga omnes*, o que implica observância obrigatória pelos órgãos administrativos e do Judiciário de instâncias inferiores.

5.6 A medida cautelar que prescreva a constitucionalidade da RMIT, justamente em função de seu efeito vinculante e eficácia *erga omnes*, suspende os prazos de decadência e de prescrição do direito do contribuinte de repetir o indébito tributário com fundamento na inconstitucionalidade da RMIT, desde que os fundamentos utilizados pelo contribuinte sejam os mesmo que fundamentam a decisão cautelar.

5.7 Por outro lado, e também pelos fundamentos do efeito vinculante e da eficácia *erga omnes*, a medida cautelar que prescreva a inconstitucionalidade da RMIT suspende os prazos de decadência e de prescrição do "direito" da Fazenda Pública de constituir o crédito tributário, ou de, se já constituído, propor a execução fiscal.

5.8 A decisão de mérito em controle de constitucionalidade abstrato, dando pela inconstitucionalidade, tem efeito vinculante e eficácia *erga omnes*, retirando a vigência e, eventualmente, a validade da RMIT.

5.9 Esta decisão de mérito pode não ter efeito de limpar todo o ordenamento jurídico passado, isto é, pode não ter efeito *ex tunc*, mesmo sem aplicação do art. 27 da Lei 9.868/1999, visto que algumas das normas individuais e concretas onde estão constituídos os créditos tributários podem já ter sido estabilizadas pela coisa julgada (fora do prazo de rescisória), ato jurídico perfeito e direito adquirido. Neste caso – e somente neste! – a decisão de mérito em controle abstrato não retira a validade da RMIT.

5.10 Embora devamos registrar nossa discordância em relação à competência do STF para disciplinar os efeitos passados produzidos pela RMIT, a decisão de mérito que, mediante dois terços de Ministros do STF, e desde que presentes razões de segurança jurídica ou relevante interesse social, pode ter efeito *ex nunc*, o que, em matéria tributária, significa dizer que o STF pode não permitir a repetição de indébito mesmo que ainda não decorridos os prazos de decadência e de prescrição.

ESTUDOS & COMENTÁRIOS

ISENÇÕES FISCAIS DE ICMS NÃO CONTEMPLADAS EM CONVÊNIOS/CONFAZ – IMPACTOS NEGATIVOS DA GUERRA FISCAL

JOÃO CARLOS CSILLAG

Agente Fiscal de Rendas da Secretaria da Fazenda de São Paulo
– Representante Fiscal no Tribunal de Impostos e Taxas (TIT)
– Bacharel em Direito pela USP – Mestrando em Direito Tributário pela PUC/SP

1. Introdução. 2. Histórico. 3. Razões da renúncia fiscal. 4. O princípio constitucional da não-cumulatividade e sua utilização como benefício fiscal. 5. Conseqüências da guerra fiscal sobre os contribuintes e os entes federativos envolvidos. 6. O Comunicado CAT-36/2004 e sua repercussão na guerra fiscal. 7. Ganhos e prejuízos. 8. Conclusões.

1. Introdução

Tema extremamente atual, a *guerra fiscal* clama por uma solução urgente, por se tratar de um embate entre os Estados-membros da Federação, que, lançando mão do expediente da concessão de vantagens fiscais – aí se destacando a isenção do ICMS –, buscam atrair novas empresas para suas respectivas regiões.

O fulcro da questão é a concessão de isenções do ICMS – imposto sobre operações relativas à circulação de mercadorias e sobre prestações de serviços de transporte interestadual e intermunicipal e de comunicação –, imposto responsável pelo maior volume de arrecadação do país, à revelia de celebração de convênios no âmbito do CONFAZ.

Utilizada como política de desenvolvimento econômico, a concessão de incentivos fiscais de forma indiscriminada tem provocado mais perdas que ganhos para os Estados, sendo que a ausência de um planejamento econômico e fiscal em nível nacional contribui também com prejuízos para a União.

Na falta de um entendimento entre as unidades federativas, a escalada do conflito se dá, atualmente, pelo questionamento das concessões de isenções pelos Estados prejudicados, por meio de ações diretas de inconstitucionalidade, uma vez que o CONFAZ se tem mostrado incapaz de solucionar as disputas.

No presente ensaio pretendemos abordar os diversos aspectos da *guerra fiscal*, apresentando as origens desse conflito, as razões da renúncia fiscal, os mecanismos utilizados pelos Estados para atrair novos contribuintes, os ganhos e perdas decorrentes e nossas conclusões.

2. *Histórico*

O sistema tributário brasileiro, de caráter verdadeiramente nacional, surgiu a partir da Emenda Constitucional 18/1965, a qual delimitou a discriminação das competências tributárias da Federação, assim como a forma de distribuição das receitas tributárias entre a União, Estados, Distrito Federal e Municípios. Este sistema, que se caracterizava como extremamente rígido e centralizador, em contradição com o princípio federativo, vigorou durante a célebre fase do "Milagre Econômico" brasileiro.

Entretanto, a crise econômica que se instalou no Brasil, por toda a década de 80 e início da década de 90, deixou claro que o modelo econômico vigente exigia mudanças urgentes, o que implicava, também, reforma do sistema tributário. Os recursos econômicos externos, até então baratos e abundantes, tornaram-se escassos e caros para os países em desenvolvimento – a exemplo do Brasil –, fazendo com que as receitas tributárias ganhassem maior relevo no somatório de receitas auferidas pelo Estado.

A Constituição Federal de 1988 trouxe uma nova ordem política e um novo modelo econômico, o qual teve como conseqüência um novo sistema tributário. Este manteve a competência tributária da União, ampliando, porém, as competências dos Estados, Distrito Federal e Municípios. Na prática, o novo sistema se apresentava falho, na medida em que atribuía novas competências aos demais entes da Federação sem, contudo, transferir-lhes as receitas adicionais correspondentes, como seria de se esperar na vigência do princípio federativo, previsto no art. 1º da Carta Magna.

Entre os muitos tributos existentes no país, destaca-se, em termos de arrecadação, o ICMS, de competência estadual e distrital. É um tributo da modalidade de valor agregado, incidente no momento da venda de mercadoria ou da prestação de serviço, incorporado ao preço da operação. As principais regras deste imposto são definidas pela Carta Magna, a qual delega ao Senado o estabelecimento das principais diretrizes do ICMS – definição de alíquotas nas diferentes operações internas, interestaduais e de exportação, além da resolução de conflitos específicos envolvendo interesses entre Estados –, tendo em vista a relevância econômica da sua arrecadação para o país.

Um princípio constitucional essencial ao ICMS é o da não-cumulatividade, previsto no art. 155, § 2º, I, da CF, cuja supressão do texto constitucional causaria um sério impacto estrutural à economia do Estado e da sociedade. Explica-se esse efeito negativo, uma vez que a não-cumulatividade consiste num sistema operacional destinado a mitigar o impacto do tributo sobre os preços dos bens e serviços. A eliminação desse mecanismo tornaria os preços dos produtos e bens comercializados artificialmente mais onerosos e desvinculados da realidade, encarecendo o custo de vida da população.[1]

Voltando-se, então, à matéria objeto deste estudo, a renúncia fiscal – concedida por meio de incentivos fiscais à industrialização, fornecimento de crédito e infra-estrutura, isenções e diferimentos tributários, além de outros mecanismos –, praticada largamente no âmbito federal desde a década de 60, recrudesceu a partir dos anos 90, estabelecendo-se a guerra fiscal aberta entre os membros da Federação (Estados e Distrito Federal entre si).

A Lei Complementar 24, de 7.1.1975, recepcionada pela atual Carta vigente, já havia regulamentado a atuação do CONFAZ – Conselho Nacional de Política Fazendária, órgão que reúne as Secretarias de Fazenda de todos os Estados-membros da Federação e do Distrito Federal, sob a presidência de representantes do Governo Federal. Este Conselho só delibera por unanimidade, sendo que suas decisões têm validade e devem ser observadas por todas as

1. José Eduardo Soares de Melo, *ICMS – Teoria e Prática*, 7ª ed., pp. 209-211.

unidades da Federação. Assim, no que tange à isenção do ICMS, esta só pode ser concedida por um dos Estados-membros se ratificada, expressa ou tacitamente, pelo Poder Executivo de todas as unidades da Federação.

Porém, o CONFAZ, criado para eliminar o conflito entre Estados e Distrito Federal, passou a ser sistematicamente boicotado pelas unidades federativas, uma vez que estas principiaram por conceder incentivos fiscais, como a isenção do ICMS, de forma unilateral. No afã de atrair empresas, para que estas se instalassem em seus respectivos territórios, os entes federativos fizeram concessões fiscais sem a aprovação dos demais Estados-membros – à margem da celebração de convênios junto ao CONFAZ –, provocando, assim, uma verdadeira guerra fiscal. Este conflito, cujos efeitos danosos se têm disseminado por toda a Federação, tem repercutido com maior intensidade justamente nos Estados mais desfavorecidos, por serem aqueles que fazem as maiores concessões, a despeito de possuírem o menor volume de recursos.

Outro fator que deveria ter reduzido o ímpeto da guerra fiscal foi o advento da Lei de Responsabilidade Fiscal/LRF – Lei Complementar 101, de 4.5.2000 –, na medida em que esta tem como finalidade a adequação dos gastos públicos dos entes políticos às respectivas receitas. Esta lei surgiu como conseqüência do Neoliberalismo, o qual ganhou impulso com o chamado *Consenso de Washington*. Esta famosa reunião, realizada em 1989 na Capital Norte-Americana, buscou proteger os interesses dos países credores, por meio de uma política de redução do aparelho estatal das nações devedoras.

A Lei Complementar 101/2000 tem por objetivo exatamente o equilíbrio orçamentário do Estado Brasileiro, em todos os níveis da Federação. Esta norma destina-se também a deter o volume crescente de renúncias de receitas por parte dos Estados, que vem comprometendo a gestão pública. Neste sentido, o art. 14 da LRF impôs uma série de restrições ao administrador público, limitando a concessão de isenções tributárias e outros incentivos fiscais, buscando preservar o equilíbrio das contas públicas.

Em face da exacerbação da guerra fiscal, apesar da existência da Lei de Responsabilidade Fiscal, sete Estados da Federação (Rio Grande do Sul, Santa Catarina, Paraná, São Paulo, Rio de Janeiro, Minas Gerais e Ceará), na tentativa de conter essa concorrência destrutiva, assinaram, em 2.4.2004, sem a participação do CONFAZ, o Protocolo ICMS-19/2004. Por meio desse protocolo, os Estados signatários pactuaram a adoção, em suas legislações internas, de mecanismos de glosa de créditos do ICMS relativos a benefícios indevidos concedidos pelos Estados de origem das operações. Entendam-se como "benefícios indevidos" aqueles concedidos irregularmente pelas unidades da Federação, estando ausente a celebração de convênios no âmbito do CONFAZ.

No entanto, esta tentativa de contenção da guerra fiscal foi quase imediatamente rechaçada pelo próprio CONFAZ, que, em despacho de 4.5.2004, tornou sem efeito o Protocolo ICMS-19/2004, vez que este não havia sido referendado pelo Conselho.

Atualmente, essa concorrência predatória continua trazendo perdas econômicas e sociais consideráveis aos Estados-membros da Federação e à própria União, sem que uma solução pacificadora possa ser vislumbrada no horizonte.

3. Razões da renúncia fiscal

A isenção é uma importante ferramenta que o Estado tem à sua disposição, por meio da qual pode adequar a carga tributária, aliviando-a em determinados casos – quando os contribuintes de determinada área geográfica, estrato social, setor econômico, condições pessoais ou outras, eleitas pelo Estado, encontram-se em determinada situação econômica, na qual o Governo entenda justificada a isenção tributária

– ou, ainda, utilizando-a como estímulo ao desenvolvimento econômico de determinada região, setor econômico e outros.

A isenção pode ser considerada, também, como uma renúncia do Poder Público, em caráter excepcional, ao direito de tributar. Através de ato unilateral, e por meio de lei autorizadora, a Administração abdica de bens ou do referido direito, podendo ser a isenção entendida como uma autolimitação legislativa. A isenção configura-se, assim, numa renúncia do próprio ente público que tem o poder de tributar, mas que, por motivos de ordem social, econômica ou política, deixa de exercer este poder.[2]

A isenção como exceção ao *princípio da generalidade da tributação*, além do aspecto jurídico, tem conotação política, conforme se depreende da evolução histórica deste ramo do Direito – antes mesmo de ser identificado como tributário.[3]

A Constituição Mexicana de 1917, a primeira com inspiração genuinamente socialista e igualitária, justamente por causa deste viés, proibia a concessão de isenções tributárias, em repúdio ao mau uso de que foi objeto este instituto no período anterior à Revolução Mexicana. A classe dominante – latifundiários, clero e políticos –, justamente a camada com maior capacidade contributiva, havia feito da isenção um instrumento discriminatório para eximir-se da tributação.

Inobstante o caso do México ter sido único, observa-se que no Estado de Direito atual as isenções fiscais não podem ser concedidas livre e desproporcionalmente, visando a atender a interesses particulares. Ao conceder isenções, a Administração não pode perder de vista o *princípio da isonomia*, com o propósito de prevenir arbítrio, favoritismo, perseguição, casuísmo ou discriminação. Os valores a nortear as isenções devem ser, por exemplo, o desenvolvimento de regiões menos favorecidas, a proteção de setores econômicos em desenvolvimento, o auxílio a vítimas de calamidade – ou seja, valores constitucionalmente prestigiados, que buscam defender o interesse público. Pode-se traduzir a motivação das isenções como a adequação (ou atenuação) das leis tributárias genéricas a determinadas situações, sem as quais (as isenções) ter-se-ia, como conseqüência, graves injustiças.

Julgamos apropriado reproduzir o que disse sobre este tema o professor Heinz Paulick, da *Würzburg Universität*: "Os tribunais só podem se opor ao legislador quando não possam descobrir, em absoluto, motivos objetivamente convincentes para uma diferenciação por ele ordenada, de sorte que sua manutenção representaria violação do sentimento geral de justiça".[4]

E, mais adiante, concluiu: "O princípio da generalidade e igualdade da tributação é um dos princípios fundamentais da fiscalidade própria de um Estado de Direito. Seu significado pode resumir-se na afirmação de que *pressupostos econômicos iguais devem ser igualmente tributados*".[5]

No mesmo diapasão, anota José Souto Maior Borges, sobre as isenções:

"Podem ser estabelecidas em lei apenas isenções compatíveis com o sistema constitucional da tributação, isto é, não-violatórias do princípio da isonomia ou igualdade de todos perante o Fisco. Podem ser outorgadas isenções que não contrariem o princípio da generalidade da tributação, mas que tão-somente o excepcionem.

"Ao Poder Legislativo é defeso, conseqüentemente, isentar com violação da regra de igualdade."[6]

2. José Souto Maior Borges, *Isenções Tributárias*, 2ª ed., pp. 133-134.

3. Sacha Calmon Navarro Coêlho e Misabel Abreu Machado Derzi, "A isenção de serviço público concedido – Revogabilidade e caducidade – Isenção por prazo certo e sob condição. A interpretação jurídica do Tema", in *Direito Tributário Atual: Pareceres*, pp. 373-376.

4. Idem, p. 374.

5. Idem, p. 375.

6. José Souto Maior Borges, *Isenções Tributárias*, 2ª ed., pp. 40-41.

O ilustre Mestre pernambucano observa, portanto, que, apesar de as isenções se constituírem em exceções ao *princípio da generalidade dos tributos*, encontram-se vinculadas ao *princípio constitucional da isonomia*, uma vez que dependem de previsão em lei, e a lei jamais poderá violar os *princípios da isonomia* e da *igualdade de todos perante o Fisco*.

Entendemos como oportunos, também, os comentários do professor Roque Antônio Carrazza[7] acerca das isenções do ICMS. Para este ilustre Mestre, devido à vocação nacional desse tributo, ele deve ter as mesmas características em todo o território nacional, devendo, por isso, a concessão de sua isenção contar com a vontade unânime de todas as unidades federativas. Assim como a competência para criar o ICMS é obrigatória para Estados e Distrito Federal – ao contrário das competências para a criação dos demais tributos, de competências facultativas –, deixar de instituir e arrecadar o ICMS, ou seja, conceder sua isenção, deve estar condicionado a deliberação unânime (celebração de convênio-CONFAZ) dos entes federativos.

4. O princípio constitucional da não-cumulatividade e sua utilização como benefício fiscal

O instrumento da não-cumulatividade é utilizado nos impostos plurifásicos (ICMS e IPI) – aqueles em que o imposto incide em diversas etapas da cadeia econômica –, com a finalidade de impedir a cumulação do imposto. Assim, cada contribuinte recolhe efetivamente apenas o montante do imposto proporcional ao valor agregado à mercadoria fornecida ou ao serviço prestado por ele.

Esta técnica tem por objetivo impedir que o tributo recaia sobre o valor total da mercadoria ou serviço em cada fase do ciclo econômico, aumentando demasiadamente a carga tributária sobre o preço do produto, a qual é suportada pelo consumidor final.

Cabe esclarecer que há duas formas de se aplicar o princípio da não-cumulatividade: (a) a primeira se faz pela tributação tão-somente do valor adicionado em cada etapa da cadeia produtiva; (b) a segunda divide-se em duas fases: (b.1) a alíquota do tributo incide sobre o valor total da operação em cada etapa do ciclo econômico; e (b.2) abate-se o valor tributado, na etapa seguinte.

O sistema brasileiro adotou a segunda forma, para evitar a cumulação dos tributos, conforme se depreende do art. 155, § 2º, I, da CF, que dispõe que o ICMS "será não-cumulativo, compensando-se o que for devido em cada operação relativa à circulação de mercadorias ou prestação de serviços com o montante cobrado nas anteriores pelo mesmo ou outro Estado ou pelo Distrito Federal".

Quanto às operações de entrada isentas ou submetidas à não-incidência, o mesmo dispositivo constitucional, em seu § 2º, II, alíneas "a" e "b", prescreve que as referidas operações não gerarão crédito a ser utilizado para compensação com o montante devido nas operações ou prestações seguintes, "salvo determinação em contrário da legislação", bem como que será anulado o crédito relativo às operações anteriores.

A exceção constitucional citada, quando é admitida a manutenção do crédito das operações anteriores – sendo a operação anterior isenta ou excepcionada do campo de incidência da regra jurídica tributária –, ocorre por meio de convênio celebrado entre todos os Estados da Federação e o Distrito Federal, no âmbito do CONFAZ.

Uma das formas de benefício fiscal mais utilizadas na chamada *guerra fiscal* é a manutenção de parte do crédito pelo contribuinte beneficiado, quando este realiza operação interestadual de venda de mercadorias. O Fisco do ente federativo conce-

7. Roque Antônio Carrazza, *ICMS*, 8ª ed., p. 378.

dente da vantagem fiscal devolve, na verdade, ao contribuinte instalado em seu território parte do crédito utilizado por este na compensação com os débitos fiscais resultantes da operação de saída da mercadoria para outro Estado.

5. *Conseqüências da guerra fiscal sobre os contribuintes e os entes federativos envolvidos*

Considerando-se a hipótese em que um membro "E" da Federação (Estado ou o Distrito Federal) concede unilateralmente um crédito de "x%" a um contribuinte "A" ali instalado, à revelia do CONFAZ, por ocasião da remessa de sua mercadoria para contribuinte localizado em outro Estado, vamos examinar as implicações daí resultantes.

5.1 O contribuinte "A" realiza operação de saída de mercadoria, de seu estabelecimento no Estado "E", para o contribuinte "B", situado no Estado de São Paulo. O contribuinte "A" remete a mercadoria com destaque de 12% na nota fiscal, sendo que só pagou efetivamente (12-x)% ao Estado "E" de origem. Assim, o Estado "E" concede um crédito de "x%" ao contribuinte "A", por meio de um contrato unilateral, ausente a celebração de convênio/CONFAZ com os demais entes federativos, buscando, com essa vantagem, atrair ou fixar o contribuinte "A" em seu território.

5.2 O contribuinte "B", instalado no Estado de São Paulo, adquire a mercadoria de "A", creditando-se com a alíquota de 12%, quando teria direito apenas ao crédito pela alíquota de (12-x)% sobre o valor da operação de entrada, que foi o imposto efetivamente pago pelo seu fornecedor "B" ao seu Estado de origem ("E"). O contribuinte "B" sujeita-se, desta forma, à exigência da diferença adicional de alíquota de "x%" do imposto – além da diferença entre a alíquota interestadual de 12% e a alíquota interna do Estado, de 18% –, pelo Estado de São Paulo, mediante o respectivo lançamento de ofício pelo Fisco Paulista.

Por se ter se aproveitado de crédito indevido, vez que concedido à margem do CONFAZ, ferindo, assim, o princípio constitucional do pacto federativo e prejudicando, destarte, o Erário Paulista, o contribuinte "B" deverá ser autuado pelo Fisco do Estado de São Paulo, que exigirá, em auto de infração, o recolhimento do crédito indevido de "x%" sobre o valor da operação de entrada, acrescido dos correspondentes consectários legais.

5.3 Caso o crédito indevido não estivesse acobertado por concessão unilateral do Estado "E", o Fisco Paulista atuaria junto ao Fisco daquele Estado no sentido de obter sua colaboração para que o contribuinte "A" fosse autuado, sendo deste exigido o pagamento do imposto devido. Entretanto, tratando-se de flagrante violação ao pacto federativo pelo Estado "E", não há que se falar em colaboração entre os Estados "E" e São Paulo no tocante à coibição do crédito indevido, em pauta. Caberá ao Fisco Paulista, apenas, exigir o imposto adicional de "x%" devido do contribuinte paulista "B", decorrente das referidas operações interestaduais.

A relação entre os Estados "E" e São Paulo, conseqüentemente, fica restrita ao âmbito judicial, uma vez que o Estado de São Paulo passa a impetrar ações diretas de inconstitucionalidade junto ao STF, questionando a constitucionalidade dos benefícios fiscais concedidos por outros Estados sem a celebração de convênio/CONFAZ, conforme previsto na Lei Complementar 24/1975.

6. *O Comunicado CAT-36/2004 e sua repercussão na guerra fiscal*

Em 30.7.2004 a Secretaria da Fazenda do Estado de São Paulo publicou o Comunicado CAT-36/2004, tratando de restringir o aproveitamento de créditos de ICMS provenientes de operações ou prestações abrigadas por benefícios fiscais não abrigados por convênios celebrados no âmbito do CONFAZ.

Este comunicado limita o aproveitamento do crédito do ICMS ao montante efetivamente cobrado, descontados os incentivos fiscais obtidos no Estado de origem.

Esta norma legal inclui ainda, expressamente, os benefícios fiscais concedidos por outros Estados, em relação aos quais o Estado de São Paulo impetrou ações diretas de inconstitucionalidade, assim como os incentivos de outros Estados que não foram questionados judicialmente.

Alguns Estados resolveram responder a essa medida do Fisco Paulista com represálias, determinando que seus postos fiscais de fronteira passassem a cobrar à vista a diferença de alíquota interestadual relativa aos produtos provenientes do Estado Paulista que houvessem recebido incentivos fiscais.

O Estado de São Paulo defende a edição do referido comunicado, por se tratar, o mesmo, de uma medida complementar às ações diretas de inconstitucionalidade por ele abrangidas.[8]

A ação direta de inconstitucionalidade, que tem a finalidade de retirar uma lei inconstitucional – a qual instituiu benefícios fiscais sem amparo em convênio do CONFAZ – do ordenamento jurídico, pode demorar anos para ser julgada. Como a declaração de inconstitucionalidade tem efeito retroativo, os contribuintes que tiverem se beneficiado de créditos irregulares terão que corrigir sua escrita fiscal pretérita, devendo recolher de uma só vez todo o valor correspondente. O Comunicado CAT-36/2004 teria, assim, a função de alertar o contribuinte para que, visando a evitar futuras autuações pelo Fisco Paulista, melhor avalie seus fornecedores, quanto ao aproveitamento de benefícios irregulares de ICMS.

O Estado de São Paulo estaria, na verdade, prestando um serviço ao contribuinte, ao preveni-lo para que evite determinadas operações que se mostrem aparentemente mais vantajosas, mas que dissimuladamente escondam um enorme risco jurídico.

O Comunicado CAT-36/2004 justifica-se ainda, pela prática de alguns Estados, que, às vésperas do julgamento de ações diretas de inconstitucionalidade impetradas pelo Estado de São Paulo junto ao STF, ou logo após, têm editado novas leis idênticas, concedendo os mesmos incentivos de ICMS, prorrogando, assim, as concessões irregulares dos mesmos benefícios fiscais e comprometendo a eficácia das ações diretas de inconstitucionalidade.

Outra aplicação para o comunicado, não suprida pelas ações didetas de inconstitucionalidade, é combater a maneira perversa com que muitos benefícios fiscais irregulares são concedidos, não por leis ou decretos, mas por regimes especiais, que são, na verdade, contratos entre o Estado e um contribuinte, aí não cabendo a interposição de ações diretas de inconstitucionalidade.

Em que pese ao fato de o Comunicado CAT-36/2004 não ter natureza normativa, mas de esclarecimento da Lei 6.374/1989 – reguladora do ICMS paulista –, que tem supedâneo na Lei Complementar 87/1996, outros Estados, como Rio Grande do Sul, Paraná, Rio de Janeiro e Minas Gerais, já haviam publicado atos com conteúdo de esclarecimento nesse mesmo sentido.

Cabe ressaltar, ainda, que o STF já havia se posicionado quanto ao tema da guerra fiscal, em 31.3.1992, no julgamento do RE 0109486-9/210-SP, ao denegar o crédito fiscal de ICM relativo a matéria-prima adquirida no Estado do Paraná, objeto de incentivo concedido por aquele Estado sem a celebração prévia do necessário convênio.

7. Ganhos e prejuízos

Embora o efeito danoso da guerra fiscal seja de conhecimento geral, sua prática

8. H. Shiguemi Nakagaki, *Valor Econômico*, ed. de 5.1.2005.

pelos governantes estaduais continua se alastrando pelo Brasil, o que torna vital a compreensão de seus efeitos.

Inicialmente, como já vimos, a concessão de isenções e incentivos teve um papel positivo como instrumento de redução das desigualdades regionais, uma vez que sua adoção mais agressiva se restringia aos Estados menos desenvolvidos, o que teve o mérito de impulsionar a descentralização do parque industrial do país. Mas o surgimento de novos pólos econômicos criou uma nova demanda de mão-de-obra especializada, em regiões carentes de empregos, o que contribuiu para o desenvolvimento da cadeia econômica e a conseqüente geração de riquezas suplementares nessas regiões.

Na fase seguinte, no entanto, os Estados economicamente mais desenvolvidos resolveram também tomar parte na guerra fiscal, só que, em vez da atração de novas empresas, seu objetivo era outro, qual seja, o de manter em seus territórios as empresas ali instaladas. Com o prosseguimento desse contra-ataque, os Estados mais pobres tiveram que agir ainda mais agressivamente na concessão de incentivos fiscais. Ocorreu, porém, que, em face do menor poder de fogo de suas economias, esta política começou a se mostrar suicida, na medida em que passou a comprometer o orçamento desses Estados, bem como o cumprimento de suas metas fiscais e sociais, em vez de trazer ganhos adicionais às suas combalidas economias.

Esta disputa por novos investimentos entre os Estados deveria ser saudável ao país. No entanto, alguns governos estaduais passaram a proibir seus Estados de adquirir produtos de outros, em uma atitude de revanchismo pela perda de investimentos para aqueles Estados – o que só contribuiu para acirrar os ânimos entre as unidades da Federação.

No que diz respeito às economias regionais, a análise dos PIBs estaduais recentes demonstra que os Estados praticantes das políticas mais agressivas da guerra fiscal têm sofrido a redução de suas participações no PIB nacional.

Infelizmente, diversos Estados têm mostrado extrema generosidade na concessão de isenções de ICMS bem como na cessão de terrenos e instalações, financiamento de infra-estrutura e postergação do recebimento de impostos por até 20 anos. Os Municípios também têm se aliado aos Estados nesta empreitada, concedendo isenções de IPTU sobre o terreno das edificações, do ISS, da taxa de localização e funcionamento e da contribuição de melhoria sobre quaisquer serviços prestados pelas empresas.

Há Estados que, buscando atrair determinado setor industrial ao seu território, concedem diferimento de ICMS na aquisição de máquinas e equipamentos industriais, além de outros estímulos para os seus pólos econômicos.

Outra prática utilizada é o empréstimo subsidiado, em que o Estado devolve posteriormente parte do ICMS pago pelas empresas, para que elas se instalem no Estado.

A guerra fiscal também termina por reverter em prejuízo generalizado para os Estados. As empresas instalam-se nos Estados concedentes de benefícios fiscais, em condições de vantagem em relação às empresas já ali existentes, as quais não gozam dos mesmos benefícios. Como é previsível, essas empresas passam a reivindicar os mesmos benefícios do Governo, para que possam competir em igualdade de condições, o que provoca perdas ainda maiores ao Erário dos Estados.

Outra conseqüência negativa da concessão indiscriminada de benesses fiscais é o fato de muitas dessas empresas às quais são concedidos benefícios fiscais em determinado Estado possuírem plantas também em outros Estados, os quais passam a ser por elas pressionados, para que lhes concedam os mesmos benefícios. Verifica-se, assim, o "efeito dominó" das renúncias fiscais estaduais, o que resulta na redução constante dos recursos públicos. Esse crescimento inexorável do volume de renúncias fiscais leva os Estados, sobretudo aqueles que dispõem de menor poder financeiro, não só a comprometer seus gastos sociais, como a ter limitada sua capacidade de investir na infra-estrutura e na oferta de serviços prometidas às empresas recém-instaladas.

As isenções fiscais concedidas sem um planejamento consistente têm ainda outro efeito danoso. Ao conceder incentivos fiscais, o Governo Estadual visa ao crescimento regional, com o incremento de sua geração de renda e aumento da oferta de empregos, em troca da redução da receita imediata. Nota-se, entretanto, que geralmente esses objetivos não são atingidos, pois as empresas não repassam a redução dos impostos aos seus produtos; antes, a incorporam aos seus lucros. Em decorrência, a população perde investimentos públicos e adquire os produtos isentos como se tributados fossem, além de muitas vezes os novos empregos criados terem baixa remuneração, apenas se aproveitando de uma situação local de desemprego.

Quando todos os Estados passam a conceder incentivos e isenções, este fator isolado deixa de ser um atrativo, principiando as empresas a analisar adicionalmente a infra-estrutura disponível no local. Percebe-se, então, que justamente os Estados mais "ricos" voltam a ser os mais atraentes.

Assim, a guerra fiscal, originalmente um estímulo utilizado pelos governantes estaduais para conquistar novas empresas, acaba se convertendo em verdadeiro leilão, em que algumas empresas conseguem as melhores condições financeiras e fiscais para suas atividades operacionais, enquanto o Governo compromete seu orçamento – cuja finalidade primordial é o cumprimento de gastos e investimentos de interesse da sociedade. Ao renunciar à arrecadação, o Estado renuncia também à capacidade de prover os serviços esperados pela sociedade (saúde, educação, segurança, infra-estrutura etc.) e que se constituem em insumos do processo produtivo, ou compromete seu equilíbrio fiscal, o que contribui para a instabilidade macroeconômica. Perde, finalmente, o Governo Federal, uma vez que a ele restará financiar os Estados concedentes de benefícios, tendo em vista que estes não conseguirão arrecadar o suficiente para cobrir suas despesas orçamentárias.

A concessão indiscriminada de isenções do ICMS pelos Estados, em vez de estimular o crescimento da receita desse imposto, termina por acarretar a redução da sua arrecadação pelos Estados, o que resulta em perdas econômicas e sociais para a coletividade.

Cabe lembrar, ainda, que as isenções fiscais concedidas com tal voracidade provocam uma situação de desigualdade entre empresas do mesmo setor econômico, e às vezes até do mesmo Estado, o que é inadmissível em uma economia de livre mercado.

Percebe-se que esse conflito fiscal não traz o almejado desenvolvimento econômico para o país, consistindo num modelo já superado.

A conclusão óbvia a que se chega é que o resultado final da guerra fiscal tem sido o prejuízo econômico e social de todas as unidades federativas e, por conseguinte, também da União.

8. Conclusões

Há que se levar em conta que no início desse combate fiscal, há algumas décadas, a globalização ainda não havia surgido, nem a economia brasileira apresentava a pujança atual, sendo que a maior parte das operações comerciais do país era realizada no âmbito doméstico.

O cenário atual é totalmente diverso, com o Brasil possuindo um parque industrial moderno, diversificado e amplo, distribuído por vários pólos econômicos através do país, e em permanente desenvolvimento. O Brasil hodierno encontra-se capacitado a disputar o mercado comercial mundial em condições iguais e até, às vezes, superiores às dos países economicamente desenvolvidos.

Esta realidade, que inclui o fenômeno da globalização, obriga os empresários nacionais, assim como os gestores governamentais, a alterar suas estratégias. Não cabe, na época atual, a manutenção da guerra fiscal intestina. Antes, todos esses agentes econômicos deveriam unir esforços no sentido de otimizar a utilização da infraestrutura, da mão-de-obra, dos recursos naturais, da capacidade industrial, da oferta de serviços e da logística – enfim, de todos os fatores econômicos disponíveis no território nacional –, para poder atuar no cenário econômico internacional com maior competitividade.

Quanto aos entes políticos estaduais, distritais e federais, a estes caberia a importante função de conceder financiamentos, além dos mais diversos incentivos de natureza econômica e fiscal, visando a fomentar o desenvolvimento e o fortalecimento dos setores econômicos existentes, com o objetivo de tornar o país uma verdadeira potência econômica, em condições de igualdade para negociar no mercado livre internacional com os países mais desenvolvidos. Fica claro, portanto, que a manutenção – e até crescimento – da presente guerra fiscal é de uma miopia ímpar de todos os envolvidos. O que o Brasil necessita, no que tange ao aspecto fiscal, é da redução da carga tributária e da concessão de isenções, mas resultantes de um planejamento orçamentário e fiscal nacional, realizado pelo Governo Federal em parceria com os Governos Estaduais e Distrital, com a finalidade única de alcançar o melhor resultado para o país como Federação, assim como para as unidades federativas individualmente.

Depreende-se que o tão ansiado crescimento econômico do Brasil deve ser direcionado para o cenário global, tornando o país atrativo para os investimentos internacionais, o que não é tarefa fácil no atual estágio de competitividade do comércio internacional. Um passo importante neste sentido seria, portanto, o cessar-fogo imediato do atual conflito fiscal, mudando seu foco para o panorama internacional. O Brasil, como uma verdadeira Federação, deveria cerrar fileiras, num esforço comum, para empreender o combate que nos interessa, que é a guerra fiscal internacional.

A exemplo de muitos países europeus, das economias emergentes da Ásia e, até, de alguns países sul-americanos, o Brasil deveria conceber uma política de concessão de benefícios e isenções fiscais atraente, para que empresas estrangeiras se estabeleçam em nosso território. Os resultados econômicos e sociais amplamente positivos apresentados pelos países que vêm utilizando estes instrumentos corroboram o acerto dessas políticas fiscais.

Quanto à proposta de Reforma Tributária que ora tramita no Congresso Nacional – PECs 285 e 293/2004 –, acreditamos não ser esta a panacéia para os males da guerra fiscal. A legislação vigente, com fundamento na Lei Complementar 24/1975, é suficiente para coibir os conflitos fiscais, bastando sua observância por todas as unidades da Federação.

Entretanto, mesmo os defensores da Reforma Tributária reconhecem, relativamente ao ICMS, a dificuldade de se alcançar uma solução que não implique redução da carga tributária total nacional, tampouco traga perda de arrecadação a alguma unidade federativa. Há de se considerar, ainda, que a transição do sistema atual de tributação do ICMS para um novo sistema inevitavelmente trará uma série de fatores imprevisíveis, entre eles uma possível solução de continuidade na arrecadação dos novos tributos, decorrente da necessária fase de adaptação dos contribuintes.

Por isso, tratando-se do imposto de maior volume arrecadatório para os cofres nacionais e estaduais, é fácil entender a excessiva cautela que tem sido tomada por todos os Governos Federais e Estaduais recentes no que concerne à reforma da legislação do ICMS. Tal imobilidade não justifica, contudo, a inobservância da legislação vigente pelos Governos Estaduais e Distrital, assim como a falta de uma atuação mais firme do CONFAZ, no sentido de reprimir as isenções tributárias estaduais e distritais unilaterais.

Bibliografia

AFFONSO, Rui de Brito Alves. *Guerra Fiscal no Brasil: Três Estudos de Caso – Minas Gerais, Rio de Janeiro e Paraná. Série Estudos de Economia do Setor Público. FAPESP*. São Paulo: FUNDAP, 1999.

CARRAZZA, Roque Antônio. *ICMS*. 8ª ed. São Paulo: Malheiros Editores, 2002.

CARVALHO, Paulo de Barros. *Curso de Direito Tributário*. 14ª ed. São Paulo: Saraiva, 2002.

__________. "Isenções tributárias do IPI, em face do princípio da não-cumulatividade". *Revista Dialética de Direito Tributário* 33. São Paulo: Dialética, 1998.

COÊLHO, Sacha Calmon Navarro, e DERZI, Misabel Abreu Machado. "A isenção de serviço público concedido – Revogabilidade e caducidade – Isenção por prazo certo e sob condição. A interpretação jurídica do tema". In: *Direito Tributário Atual: Pareceres*. Rio de Janeiro: Forense, 1995.

DERZI, Misabel Abreu Machado, e COÊLHO, Sacha Calmon Navarro. "A isenção de serviço público concedido – Revogabilidade e caducidade – Isenção por prazo certo e sob condição. A interpretação jurídica do tema". In: *Direito Tributário Atual: Pareceres*. Rio de Janeiro: Forense, 1995.

MELO, José Eduardo Soares de. *ICMS – Teoria e Prática*. 7ª ed. São Paulo: Dialética, 2004.

NAKAGAKI, Henrique Shiguemi. In: *Valor Econômico* ed. de 5.1.2005.

PAULSEN, Leandro. *Direito Tributário*. 6ª ed. Porto Alegre: Livraria do Advogado, 2004.

SALES, Rômulo Agra Tavares de. "Limitações ao poder de isentar ICMS". *Jus Navigandi* 55. Ano 6. Teresina, março/2002 (disponível na Internet: *http://jus2.uol.com.br/doutrina/texto.asp?id=2770*, acesso em 17.8.2005).

SOUTO MAIOR BORGES, José. *Isenções Tributárias*. 2ª ed. São Paulo: Sugestões Literárias, 1980.

VARSANO, Ricardo. "A guerra fiscal do ICMS: quem ganha e quem perde". IPEA (disponível na Internet: *http://www.ipea.gov.br/pub/td/td0500.pdf*, acesso em 17.8.2005).

ACUERDOS PREVIOS ENTRE LOS OBLIGADOS TRIBUTARIOS Y LA ADMINISTRACIÓN TRIBUTARIA COMO MEDIDA PREVENTIVA DE SOLUCIÓN DE CONFLICTOS (ÉNFASIS EN ESPAÑA Y COLOMBIA)

FABIO LONDOÑO GUTIÉRREZ
Doctor en Derecho Tributario/Universidad de Salamanca

1. Acuerdos anticipados de precios: 1.1 Naturaleza jurídica: 1.1.1 Teoría contractualista – Los APAs como transacciones tributarias – 1.1.2 Teoría de los APAs como consultas vinculantes – 1.1.3 Teoría que se propone – 1.2 Breve descripción del procedimiento colombiano para tramitar un APA. Omisiones y posibles soluciones – 1.3 Combinación con otros procedimientos. 2. Acuerdos previos de valoración: 2.1 Naturaleza jurídica – 2.2 Requisitos y elementos: 2.2.1 Elementos subjetivos – 2.2.2 Elementos objetivos – 2.2.3 Elementos formales – 2.2.4 Aspectos procedimentales – 2.2.5 Combinación con otros procedimientos – 2.2.6 Casos especiales de valoración a regular en Colombia. 3. A manera de conclusión.

Una de las alternativas viables en los ordenamientos es la de llegar a aceptar e implementar acuerdos previos entre las Administraciones Tributarias y los obligados tributarios para ser realizados o materializados antes de la realización del hecho imponible, como medidas preventivas a la ocurrencia o planteamiento de conflictos tributarios. Los acuerdos a tratar están referidos a actos administrativos tributarios consensuales, intermedios o de trámite, en los que se soportará la actuación del contribuyente o la actuación oficial, teniendo como base solicitudes de aprobación de determinados hechos, como, por ejemplo, los *acuerdos previos de valoración*[1] en España, o las *solicitudes de aprobación de plazos de depreciación* en Colombia, o los acuerdos anticipados sobre precios de transferencia (APAs) en ambos países. Se trata de trámites previos, mediando solicitud del contribuyente, presentando hechos y una posición jurídica determinada para que la Administración apruebe o desapruebe. El trámite no es el de una consulta vinculante y deberá estar expresamente autorizado por la ley.

Estos acuerdos previos los denomino, también, acuerdos no-contractuales en cuanto no son transacciones tributarias, ni tienen por objetivo dotar de certeza elementos

1. Y. Martínez Muñoz: no presentan naturaleza transaccional (*Las Actas con Acuerdo en la Nueva LGT*, Madrid-Barcelona, Marcial Pons, 2004, p. 58).

fácticos o jurídicos que ofrezcan incertidumbre o correspondan a conceptos jurídicos indeterminados, sin descartar, claro está, que en sus modalidades puedan presentarse estas situaciones, lo que nos situará en el terreno de otra clase de actos administrativos como las llamadas "actas con acuerdo" que consagra la Ley General Tributaria española (en adelante LGT).

1. Acuerdos anticipados de precios

La doctrina y la jurisprudencia definen los *precios de transferencia*[2] como aquellos que se utilizan en operaciones entre empresas vinculadas, bien sea dentro de un país o fuera de él, para la distribución de sus ganancias; en algunos casos tienen por objeto contar con una herramienta de toma de decisiones y en otros minimizar la carga fiscal entre varios países o entre varias empresas. En Colombia la implementación de los precios de transferencia es relativamente nueva. Su primera reglamentación apareció en la Ley 788 de 2002 (27 de diciembre) en su art. 28, que adicionó el Capítulo XI del Título I del Estatuto Tributario (en adelante ET), con cobertura a las operaciones entre vinculados económicos y partes relacionadas nacionales y del exterior. Vino luego la Ley 863 de 2003 (29 de diciembre), que reglamentó íntegramente la materia, limitándolos únicamente a las operaciones con vinculados económicos

2. "(...) transacciones que se realizan entre partes no independientes (...), la existencia de vinculación entre sociedades, permite que éstas realicen operaciones en condiciones diferentes a las usuales del mercado y, consecuentemente, que transfieran beneficios de unas a otras" (C. García-Herrera Blanco, en *Precios de Transferencia y Otras Operaciones Vinculadas en el Impuesto sobre Sociedades*, Madrid, IEF, 2001, p. 23). En los "considerandos" de las conclusiones del Primer Simposio sobre Legislación Tributaria Argentina, Buenos Aires, marzo/1999, se dijo: "Los precios de transferencia son mecanismos utilizados por las empresas multinacionales para la atribución de ganancias entre unidades de negocios en distintos países con el objeto de minimizar la carga fiscal global, entre otros posibles propósitos (...). La estrategia global de las empresas para la fijación de los precios de transferencia considera a la organización administrada mundialmente: los diferentes regímenes aplicables en cada país, qué métodos utilizan, documentación que exigen, multas que aplican, cálculos, métodos de resolución de controversias" – tomado de *http://www.cpcecf.org.ar/Desarrollo/Pgs/1simposio_1.htm 25/08/2005*, p. 2). La Corte Constitucional Colombiana también dio su concepto en Sentencia C-690 de 2003, en la que expresó: "4.1. Se denominan precios de transferencia los que se utilizan en transacciones que se realizan entre empresas vinculadas. Desde la perspectiva tributaria han surgido diversas inquietudes en relación con tales precios, por cuanto, en la medida en que puedan fijarse libremente entre las empresas vinculadas, pueden producir distorsiones, que en ocasiones conducen a doble o múltiple tributación, o permiten que las empresas manipulen los precios con el objeto de obtener ventajas desde la perspectiva tributaria, principalmente las que se derivan de las operaciones que se realizan entre jurisdicciones con distintos niveles impositivos. Con el propósito de combatir esa situación, pero particularmente para hacer frente a la erosión de las bases impositivas que se produce cuando, con propósito netamente tributario, se fijan determinados precios de transferencia en operaciones que se realizan con partes localizadas en jurisdicciones de baja o nula imposición, los Estados han venido desarrollando herramientas que permitan a las Administraciones Tributarias revisar y objetar el valor de los bienes y servicios que haya sido fijado en operaciones entre partes relacionadas. Desarrollar un sistema para la fijación de los precios de transferencia no es una tarea sencilla, dada la gran cantidad de variables que inciden en la determinación del precio de los bienes y servicios en un mercado abierto. Sin embargo, se ha avanzado en la dirección de señalar que los precios acordados entre empresas vinculadas, típicamente, empresas de un mismo grupo económico, deben fijarse, para efectos tributarios, a partir de los que para operaciones similares y en condiciones también similares habrían sido establecidos por personas independientes. 'Esto es lo que se conoce en la actualidad como el principio del operador independiente (*arm's length principle*), el cual a su vez viene a determinar, tanto para las autoridades tributarias como para las compañías vinculadas, los rangos de precios que son aceptables – al menos para efectos fiscales – para las operaciones que realizan entre sí. La justificación de la aplicación del principio está dada, como ya se advirtió, en el derecho que se reconoce a los distintos Estados para que por la vía de los mecanismos de fijación de precios entre vinculadas no escapen ingresos de su poder de imposición, así como proveer paridad de tratamiento a las compañías multinacionales frente a otras empresas independientes'".

micos o partes relacionadas del exterior.[3] Esta es la primera gran crítica a la implementación de éste sistema de control al limitarlo únicamente a las operaciones con el exterior, dejando fuera el tratamiento para las operaciones nacionales entre similares partes. El sistema así diseñado no es completo y sigue tolerando alguna elusión fiscal entre algunos grupos económicos que tienen operaciones entre sí. Tiene verdadera vigencia desde el 1.1.2004 y en el año 2005 se presentó por primera vez la declaración informativa y se preparó la documentación comprobatoria. En ésta regulación se equiparan los conceptos de *precios de transferencia* y el de *operaciones con vinculados económicos y partes relacionadas* o simplemente *operaciones vinculadas*, sin considerar que las segundas son el género y los primeros la especie, como lo analiza la doctrina española, dejando constancia que de todas maneras en España se utilizan indistintamente por el común de la gente y hasta la jurisprudencia.[4] C. García-Herrera Blanco[5] define las operaciones vinculadas "como aquellas operaciones realizadas entre partes no independientes, en condiciones diferentes a las usuales del mercado". Como el tema de estas reflexiones no son los precios de transferencia en sí, sino los acuerdos a que puede llegar la Administración y el obligado para su manejo, me centraré en el análisis de los llamados *acuerdos anticipados de precios* ó APAs (*Advanced Price Agreements*) en terminología anglosajona.

Dentro de esta normativa se consagró en el art. 260-9 del ET los acuerdos anticipados de precios autorizando a la DIAN[6] a celebrarlos "con contribuyentes del impuesto sobre la renta, nacionales o extranjeros, mediante los cuales se determine el precio o margen de utilidad de las diferentes operaciones que realicen con sus vinculados económicos o partes relacionadas, en los términos que establezca el reglamento". Se consagra igualmente, en el mismo artículo, que la determinación de los precios se hará con base en los métodos de: precio comparable no controlado, precio de reventa, costo adicionado, partición de utilidades, residual de partición de utilidades, o el de márgenes transaccionales, descritos en el art. 260-2, ibidem, y con los criterios en ésta ley consignados. Se establece que tendrán vigencia en el año gravable en que se solicite y hasta por tres períodos siguientes, señalando su trámite, al que me refiero más adelante.

En su concepto jurídico nos auxilia nuevamente C. García-Herrera Blanco,[7]

3. El art. 260-1 del Estatuto Tributario colombiano (en adelante ET) define los vinculados económicos y partes relacionadas haciendo remisión a los conceptos del Código de Comercio, a los casos de vinculación económica del IVA (arts. 450 y 452 ET) y al art. 28 de La ley 222 de 1996.

4. C. García-Herrera Blanco, *Precios de Transferencia y Otras Operaciones Vinculadas en el Impuesto sobre Sociedades*, pp. 24-25.

5. Ibidem, p. 25. Y. Martínez Muñoz dice que "existen precios de transferencia, como afirma Cordón Ezquerro, cuando las transacciones entre dos o más entidades pertenecientes a la misma organización multinacional se realiza a un precio distinto al que hubieran pactado dos entidades independientes y con el propósito de transferir rentas a territorios con menor fiscalidad o paraísos fiscales" (en *Las Actas con Acuerdo en la Nueva LGT*, p. 41).

6. Unidad Administrativa Especial Dirección de Impuestos y Aduanas Nacionales, DIAN, adscrita al Ministerio de Hacienda y Crédito Público. Entidad que administra y recauda los impuestos nacionales y tributos aduaneros en Colombia.

7. C. García-Herrera Blanco, *Precios de Transferencia y Otras Operaciones Vinculadas en el Impuesto sobre Sociedades*, p. 161. M. L. González-Cuellar Serrano los considera "instrumentos adecuados para proporcionar seguridad respecto al tratamiento fiscal que sus operaciones tendrán en España, así como para evitar una doble imposición internacional" – en *Los Procedimientos Tributarios: su Terminación Transaccional, Los Procedimientos Tributarios: su Terminación Transaccional*, Madrid, Editorial Colex, 1998, p. 290, y en la p. 295 consigna la importante definición de la OCDE: "Un acuerdo sobre precios de transferencia es un acuerdo que fija, con carácter previo a que se realicen las transacciones entre empresas asociadas, un conjunto de criterios apropiados (concernientes, por ejemplo, a la metodología del cálculo, los elementos de comparación y los ajustes que podrían ser necesarios en la evolución de los precios) para la determinación de los precios de transferencia aplicables a esas transacciones con una vigencia para un período de tiempo determina-

quién los define como "la propuesta sobre la valoración de las operaciones vinculadas que, presentada por el sujeto pasivo con carácter previo a la realización de las mismas, ha sido aprobada por la Administración, con validez durante un determinado período de tiempo", que en el caso colombiano está circunscrita a dos elementos básicos: el precio y/o el margen de utilidad de tales operaciones. Frente a la descripción de los métodos aplicables en Colombia, no queda duda que se trata del precio de mercado al referirse la norma, por ejemplo, a "precios de bienes y servicios entre partes independientes en operaciones comparables" o a "precios de reventa a partes independientes".[8] Al igual que se trata en España, la reglamentación colombiana no infiere que se trate de "auténticos acuerdos fruto del consenso entre Administración y contribuyentes",[9] sino que el contribuyente debe solicitar la celebración del acuerdo, poniendo a disposición de la DIAN todos los datos y elementos de juicio, así como su propuesta de acuerdo, y ella dispone de nueve meses "(...), para efectuar los análisis pertinentes, solicitar y recibir modificaciones y aclaraciones y aceptar o rechazar la solicitud" (art. 260-9 ET)., sin que ello impida que la Administración pueda practicar pruebas o realizar cruces de información o verificaciones para constatar lo presentado.

Es de anotar que la ley colombiana (art. 260-9 ET) se refiere a la determinación del "precio o margen de utilidad de las diferentes operaciones que realicen con sus vinculados económicos o partes relacionadas, en los términos que establezca el reglamento", mientras que la legislación española habla de "valoración de las operaciones efectuadas entre personas o entidades vinculadas" (art. 16.6 LIS) y en Estados Unidos y México se habla de aprobar "la metodología apropiada".[10] Nótese que el legislador colombiano habló de determinar "el precio o margen de utilidad", delegando la parte técnica de la regulación al reglamento. En desarrollo de ésta facultad, el Gobierno expidió el DR 4.349 de 2004 (22 de diciembre), en el que reglamenta todo lo concerniente a los precios de transferencia (obligados, declaraciones informativas, tipos de operación, documentación y acuerdos anticipados de precios), y, en su art. 10º, varía el concepto de "precio o margen de utilidad", para decir que mediante los APAs "se determina, (...), un conjunto de criterios y una metodología para la fijación de los precios, montos de contraprestación o márgenes de utilidad (...)". Si bien el Gobierno quiere adecuar

do" (punto 4.124 Recomendación de 13.7.1995, confrontada en el libro *Directrices Aplicables en Materia de Precios de Transferencia a Empresas Multinacionales y Administraciones Tributarias*, Cámara de Comercio de Bogotá, en convenio con el IEF y la OCDE, Bogotá, 2003, en el artículo "Líneas rectoras de los acuerdos sobre precios de transferencia dentro del marco del procedimiento amistoso (APP PA)", p. AN-20. La firma Price Waterhouse Coopers los define como "un acuerdo entre el contribuyente y las autoridades fiscales sobre la metodología de precios de transferencia que será aplicada a una transacción entre partes relacionadas" (en "Acuerdos anticipados de precios de transferencia (*Advanced Pricing Agreements* – APAs)", tomado de *www.pwcglobal.com/mx*, p. 10). En las conclusiones del Primer Simposio sobre Legislación Tributaria Argentina, Buenos Aires, marzo/1999, se dice: "(...) debe admitirse la celebración de acuerdos anticipados de precios de transferencia (APAs) para favorecer la estabilidad y certidumbre de la actividad privada, y evitar controversias" (tomado de *http://www.cpcecf.org.ar/Desarrollo/Pgs/1simposio_1.htm 25/08/2005*, p. 4).

8. Art. 260-2 ET.

9. C. García-Herrera Blanco, *Precios de Transferencia y Otras Operaciones Vinculadas en el Impuesto sobre Sociedades*, p. 161. Para Y. Martínez Muñoz lo que se presenta es "una forma de colaboración con la Administración Tributaria" (en *Las Actas con Acuerdo en la Nueva LGT*, p. 44).

10. La firma Price Waterhouse Coopers explica que: "El programa de APAs fue diseñado para ser un proceso flexible de solución de controversias en materia de precios de transferencia, mediante el cual el contribuyente propone una metodología (...), proporcionando toda la información cuantitativa y cualitativa necesaria para demostrar que dicha metodología es la más apropiada de acuerdo a las condiciones de la transacción y de las disposiciones fiscales vigentes" (en "Acuerdos anticipados de precios de transferencia (*Advanced Pricing Agreements* – APAs)", tomado de *www.pwcglobal.com/mx*, p. 10).

los APAs a la técnica internacional, parece deducirse que nuestro legislador deberá revisar mejor el alcance[11] de los acuerdos para ajustarse a esquemas internacionales más apropiados.[12] En principio, la reglamentación expedida de esta manera, así cuente con todo el soporte técnico admisible, se torna violatoria de la ley al exceder su potestad reglamentaria, pues una cosa es determinar el precio o el margen de utilidad y otra, bastante diferente, determinar los criterios y la metodología para llegar a esos resultados. Digo "en principio", pues será necesario evaluar si la norma reglamentaria al precisar los aspectos técnicos se ajusta o no a la ley reglamentada, y ese juicio corresponderá al Consejo de Estado Colombiano en ejercicio de una acción pública de nulidad.

Siguiendo la doctrina española,[13] las características básicas de los acuerdos anticipados de precios para Colombia son:

• *Voluntariedad* – la norma no obliga a los contribuyentes a solicitar el trámite, es su voluntad hacerlo, dependiendo de sus necesidades o conveniencias.[14]

• *Discrecionalidad administrativa* – se deduce del texto que autoriza los APAs como facultad discrecional, al decir la DIAN "podrá celebrar" y de las otras facultades citadas de solicitar modificaciones y aclaraciones y de aceptar o rechazar. Ésta discrecionalidad, obviamente, hay que entenderla limitada a los propósitos de la norma, no podrá rechazarse sin razones válidas y justificadas.

• *Objeto de las propuestas* – se referirá a los precios de mercado o al margen de utilidad, de acuerdo al método seleccionado, sobre las operaciones con vinculados económicos o partes relacionadas.

• *Las solicitudes de acuerdo deben presentarse previamente a la realización efectiva de las operaciones* – sin embargo, en Colombia se autoriza aplicarlos en el mismo período impositivo en que se soliciten, lo que en mi parecer generará conflictos, cuando el trámite pase de un período gravable a otro, de un año a otro. Debería autorizarse a partir del año de su aprobación.

• *Los acuerdos pueden ser unilaterales, bilaterales o multilaterales*[15] – es unilateral el celebrado entre la Administración Tributaria y un contribuyente; el bilateral "se basa en un único acuerdo amistoso entre las autoridades competentes de dos Administraciones Tributarias en virtud del convenio correspondiente"; "un APP multilateral es una expresión utilizada para describir una situación en la que existen varios acuerdos amistosos".[16] En Colombia

11. Que analiza y expone M. L. González-Cuellar Serrano, *Los Procedimientos Tributarios: su Terminación Transaccional*, pp. 297-300.

12. OCDE: "Una uniformidad de las prácticas relativas a los APPs entre los países que los utilizan podría ser beneficiosa tanto para las Administraciones Tributarias como para los contribuyentes (...)" (Cámara de Comercio de Bogotá, *Directrices Aplicables en Materia de Precios de Transferencia a Empresas Multinacionales y Administraciones Tributarias*, p. AN-19).

13. C. García-Herrera Blanco, *Precios de Transferencia y Otras Operaciones Vinculadas en el Impuesto sobre Sociedades*, pp. 162-163.

14. La firma Price Waterhouse Coopers dice: "(...) es importante que los contribuyentes evalúen la posición costo/beneficio en cada una de estas jurisdicciones. Es decir, es necesario evaluar el riesgo de ser auditado y sufrir determinaciones o ajustes en materia de precios de transferencia o bien aplicar una política conservadora que aunque represente una distribución diferente de utilidades, reduzca los riesgos ante las autoridades" (en "Acuerdos anticipados de precios de transferencia (*Advanced Pricing Agreements* – APAs)", tomado de *www.pwcglobal.com/mx*, p. 2).

15. M. L. González-Cuellar Serrano: "(...) el pacto puede limitar sus efectos a la Administración (Colombiana) y al sujeto pasivo (acuerdo unilateral), o suponer el compromiso de otro u otros Estados (acuerdo bi- y multilateral) donde la empresa multinacional tenga alguna sede" (en *Los Procedimientos Tributarios: su Terminación Transaccional*, p. 290).

16. OCDE, Cámara de Comercio de Bogotá, *Directrices Aplicables en Materia de Precios de Transferencia a Empresas Multinacionales y Administraciones Tributarias*, p. AN-20. Y adiciona: "Los APPs unilaterales son la fuente de grandes preocupaciones en este campo, lo cual explica por

se contempla el acuerdo unilateral mencionado circunscribiendo el campo de aplicación a las operaciones con el exterior y, en el campo internacional, uno de los aspectos críticos para Colombia es la casi completa ausencia de acuerdos o tratados internacionales sobre doble tributación.[17] Hasta ahora, está vigente el Tratado con la Comunidad Andina de Naciones y se acaba de aprobar en el Congreso de la República la ratificación del Convenio Bilateral del 31.3.2005 celebrado con España,[18] lo que representa un estrecho límite de actuación para el país, el que deberá iniciar una agresiva actividad internacional para lograr múltiples tratados de doble imposición, o convenios que permitan los APAs bilaterales o multilaterales, máxime si en el DR 4.349 de 2004 se consagra que la solicitud de APAs deberá anexarse "a) información genérica de este tipo de acuerdos, convenios o propuestas de valoración aprobadas o en trámite ante Administraciones de otros Estados" (art. 11.8.a). Vale la pena observar que al negociar los tratados internacionales, a lo mejor el legislador colombiano se verá abocado a modificar el alcance de los acuerdos, como lo expliqué antes.

La doctrina plantea como ventajas de estos acuerdos: la de seguridad jurídica para las partes, disminución de la litigiosidad dada la determinación *a priori* del valor de mercado, eliminación de la doble imposición al asegurar el carácter bilateral del ajuste, previsión de sanciones; y entre sus desventajas encuentra que el contribuyente tiende a trasladar rentas al país con el que celebra el APA, creando problemas de doble imposición en el Estado en el que se le rechacen los costos y gastos, el peligro de revelar secretos industriales o información confidencial sin asegurar la confidencialidad y la estanqueidad de la información, y otras no menos importantes, pero que revisten mucha casuística para este trabajo.[19]

1.1 Naturaleza jurídica

Son múltiples y diversas las posiciones doctrinales acerca de los acuerdos anticipados de precios, que varían, dependiendo de las características que cada autor atribuya al contenido y trámite de los mismos. Así, tenemos:

1.1.1 *Teoría contractualista – Los APAs como transacciones tributarias*

Su principal exponente, M. L. González-Cuellar Serrano,[20] considera tres opcio-

que la mayor parte de los países prefiere los APPs bilaterales o multilaterales (§ 4.131 de las Directrices)" (p. AN-22).

17. Para evitar la doble imposición "existen cuatro procedimientos: los ajustes correlativos y el procedimiento amistoso; el arbitraje; las comprobaciones simultáneas; y los APAs. El más recomendable de ellos es este último, sobre todo porque resuelve definitivamente la controversia antes de que se produzca la operación mercantil y porque posibilita la incorporación del obligado tributario a la fijación del precio" (M. L. González-Cuellar Serrano, *Los Procedimientos Tributarios: su Terminación Transaccional*, p. 291). Al referenciar los mismos procedimientos C. García-Herrera Blanco considera que la gran virtud de los APAs "es que se desarrollan antes de que las autoridades fiscales efectúen cualquier corrección sobre los precios de transferencia del sujeto pasivo" (en *Precios de Transferencia y Otras Operaciones Vinculadas en el Impuesto sobre Sociedades*, p. 164). La firma Price Waterhouse Coopers expone que: "Estos acuerdos pueden negociarse y obtenerse para efectos fiscales en una sola jurisdicción (unilateral); o bien, pueden aplicarse bajo un ámbito de dos o más jurisdicciones (bilateral o multilateral), es decir en acuerdo con otras autoridades fiscales al amparo de los tratados que para evitar la doble imposición se tengan suscritos" (en "Acuerdos anticipados de precios de transferencia (*Advanced Pricing Agreements* – APAs)", tomado de *www.pwcglobal.com/mx*, p. 1).

18. Ley 1.082 de 31.7.2006, aprueba el "Convenio entre el Reino de España y la República de Colombia para Evitar la Doble Tributación y Prevenir la Evasión Fiscal en Materia de Impuestos sobre la Renta y sobre el Patrimonio" y su "Protocolo", firmado en Bogotá el 31.3.2005.

19. V. las posiciones de M. L. González-Cuellar Serrano (*Los Procedimientos Tributarios: su Terminación Transaccional*, pp. 300-309) y de C. García-Herrera Blanco (*Precios de Transferencia y Otras Operaciones Vinculadas en el Impuesto sobre Sociedades*, pp. 170-176) al respecto.

20. M. L. Gonzáles-Cuellar Serrano, *Los Procedimientos Tributarios: su Terminación Transaccional*, pp. 292 y 294.

nes posibles: (a) que la Administración apruebe la propuesta formulada por los sujetos pasivos; (b) que la Administración apruebe otra propuesta alternativa formulada por los sujetos pasivos en el curso del procedimiento; y (c) que la Administración desestime la propuesta formulada por dichos sujetos. Estima que la transacción tributaria se da en el segundo de los eventos formulados en el cual, cuando a la Administración no le convence la propuesta formulada y ante su incapacidad de "llegar unilateralmente a una valoración objetivamente cierta", acepta llegar a un "valor concordado" o fórmula concordada con los sujetos pasivos. Ilustra ésta tesis planteando "que los intervinientes se mueven en un halo de incertidumbre provocado por la propia inseguridad del concepto 'precio de mercado', dentro del cual, y en cada caso concreto, caben varias posibilidades. El resultado final será el producto de una negociación en la que a través de mutuas cesiones prevalece una postura intermedia. Así es, a pesar de que el valor de mercado parece basado en factores bien definidos, su objetividad se ve reducida como consecuencia de las apreciaciones subjetivas que se producen en toda operación mercantil, convirtiéndose en un concepto jurídico indeterminado". Encuentro admisible esta teoría, únicamente en el supuesto planteado,[21] pero tratada bajo el trámite de un acta con acuerdo o en una conciliación administrativa tributaria, en el que se darán las condiciones jurídicas de las transacciones o de los acuerdos administrativos tributarios consensuales, dependiendo de si hay o no concesiones recíprocas. No obstante estar de acuerdo con esta teoría desde el punto de vista jurídico y bajo los supuestos que menciono, me parece importante una reflexión más de tipo económico que jurídico: en un mundo completamente globalizado en el que las comunicaciones acercan al más remoto y lejano, en el que sin necesariamente acceder a secretos industriales, o violarlos, la información de precios de mercado está disponible en Internet, en catálogos, revistas especializadas o se puede obtener mediante cotizaciones internacionales, a todo lo cual tienen acceso los contribuyentes y las Administraciones Públicas, me parece bastante subjetivo decir que el "precio de mercado" sea un concepto relativo en toda operación mercantil. Tal vez variará de uno a otro proveedor o quizá de país a país, en porcentajes mínimos, o tal vez las variaciones obedezcan a tasas de cambio, por lo cual estimo que en las peticiones de los APAs deberán mostrarse esas variables y soportarse debidamente la propuesta. Las opciones para verificar los precios de mercado son múltiples.[22] Puede llegar a representar mayor subjetividad la determinación de "los márgenes de utilidad" que habla la ley colombiana y eso que el obligado que lo solicite deberá soportar, debidamente y con plenas pruebas, su rentabilidad, la que sí variará de país a país por múltiples circunstancias: costos de materias-primas, mano-de-obra, gastos indirectos, gastos de venta etc., de tal manera que es más rentable producir zapatos, de igual calidad, en China que en Colombia.[23] Aunque los costos y la calidad juegan papel importante en el precio, en mi parecer el "precio de mercado" es mucho más generalizado a nivel global para productos similares, que los márgenes de rentabilidad.

Quienes se oponen a ésta teoría lo hacen por similares razones a las que les sirven para rechazar el contenido transaccional de

21. C. García-Herrera Blanco se opone a esta tesis por parecerle "excesivo afirmar la naturaleza transaccional de este tipo de acuerdos (...)" (en *Precios de Transferencia y Otras Operaciones Vinculadas en el Impuesto sobre Sociedades*, p. 168).

22. M. L. González-Cuellar Serrano anota que en la Memoria del Proyecto del RIS en Estados Unidos se propuso que los APAs no aplicarán frente a un "mercado organizado referido a las mismas operaciones" (en *Los Procedimientos Tributarios: su Terminación Transaccional*, p. 311).

23. O al menos así lo demuestran recientes medidas proteccionistas de la DIAN en Colombia, aunque la disculpa es prevenir el contrabando de artículos chinos, porque no pagan tributos aduaneros.

algunas actas con acuerdo: que no se dan las recíprocas prestaciones o las concesiones mutuas[24] y, además, porque estiman que "en el ámbito del las valoraciones previas" no hay litigio, olvidándose que sí la Administración decide por sí misma imponer el precio, el sujeto pasivo lo va a cuestionar y propondrá el conflicto.

T. Rosembuj[25] toma una definición dada en los Estados Unidos que dice: "El APA (*Advanced Price Agreement*) es una resolución alternativa al conflicto donde una empresa se encuentra voluntariamente con el Servicio Administrativo para negociar un método de precios de transferencia que puede ser empleado sobre operaciones específicas durante un período de tiempo" (EDEN), la que no comparto para el modelo colombiano por la expresión 'negociar' que en lenguaje corriente significa transacción[26] y, como vemos, muy difícilmente en éste evento habrá transacciones tributarias.

1.1.2 *Teoría de los APAs como consultas vinculantes*

Esta teoría, aunque no defendida, aparece insinuada por Y. Martínez Muñoz,[27] en cuanto "tiene lugar una solicitud de cierta información a la Administración similar a la que se produce cuando se plantea una consulta tributaria", pero la desestima inmediatamente pues en este caso "la participación del contribuyente se produce más activamente".

M. L. González-Cuellar Serrano[28] se opone a esta tesis en cuanto que en la consulta no existe controversia sobre la cuestión, el particular sólo indaga la posición de la Hacienda; en cambio, "en los acuerdos sobre precios de transferencia existe un elemento incierto en sí mismo: el precio de mercado de un bien o de un servicio" y, además, el sujeto pasivo no queda vinculado a la contestación de la consulta.

Frente a las consultas sobre casos particulares y concretos existen diferencias con las solicitudes de APAs, pues aunque ambas, en el fondo, buscan obtener la posición jurídica de la Administración frente a un problema específico, debe considerarse que: (a) en las contestaciones a las consultas, la Administración puede considerar otros elementos no expuestos por el consultante. En las solicitudes de APAs es el obligado el que debe presentar todos los elementos de juicio, la labor de la Administración solamente es de verificación o comprobación y de aprobación o rechazo; (b) las contestaciones a las consultas no son vinculantes para los obligados, aunque pueden acogerse a ellas. Los APAs una vez aprobados deben ser respetados y acatados por ambas partes, excepto que los modifiquen de mutuo acuerdo o sean cancelados por la Administración; (c) el trámite de una y otra solicitud es diferente, ya que el segundo exige una especialización específica en su análisis; (d) las consultas particulares y concretas las puede elevar cualquiera que demuestre interés legítimo en el tema, al paso que la solicitud de una APA está restringida a las partes directamente afectadas y no podrán solicitarlos los eventuales responsables solidarios o subsidiarios, o los proveedores, o los clientes, ni mucho menos la competencia; (e) los efectos de una consulta cesan por cambios legislativos y hasta jurisprudenciales, en algunos países. Los APAs podrán modificarse si "se han presentado variaciones significativas de los supuestos tenidos en cuenta al momento de la celebración" (art. 260-9 ET); y, (f) por último, uno de los fines esenciales de las consultas generales y particulares es mantener la unidad doctrinaria, aplicando las contestaciones y "conceptos" a terceros que

24. Entre ellos: C. García-Herrera Blanco, *Precios de Transferencia y Otras Operaciones Vinculadas en el Impuesto sobre Sociedades*, p. 167; Y. Martínez Muñoz, *Las Actas con Acuerdo en la Nueva LGT*, p. 49.

25. T. Rosembuj, "La resolución alternativa de conflictos tributarios, notas sobre los actos de consenso", *Impuestos* 1/101, Año XVI, enero/2000.

26. *Diccionario de la Lengua Española*, 22ª ed., t. 10, Real Academia Española, 2001, p. 1.500.

27. Y. Martínez Muñoz, *Las Actas con Acuerdo en la Nueva LGT*, pp. 50-51.

28. M. L. González-Cuellar Serrano, *Los Procedimientos Tributarios: su Terminación Transaccional*, p. 294.

se encuentren en similares condiciones, lo que no es posible en los APAs por la especialidad y estructura de costos, gastos y precios de cada obligado en particular, o de las relaciones comerciales entre vinculados económicos de los diferentes países. Por ello, no comparto la teoría que los APAs puedan tramitarse como consultas vinculantes, con iguales efectos y condiciones.

1.1.3 *Teoría que se propone*

Acorde con la naturaleza jurídica de las alternativas planteadas en esta sección y con fundamento en la doctrina que a continuación expongo, estimo que los acuerdos anticipados de precios (APAs) son actos administrativos tributarios consensuales, que se producen por la actividad y la determinante participación del obligado y la aprobación de la Administración a la propuesta presentada. Dicho acto contiene un acuerdo administrativo tributario consensual, al que se llega mediante un trámite especial y con unos efectos muy propios y particulares. No son transaccionales, pero si convencionales.[29]

Sirven a la teoría expuesta algunas apreciaciones de la doctrina, como las que resumo a continuación. Para R. Falcón y Tella no hay "ningún inconveniente en admitir que estos acuerdos previos constituyen verdaderos contratos entre la Administración y los particulares".[30] Para C. Albiñana García-Quintana "tales acuerdos previos se clasifican entre los 'integradores' (...) de los correlativos actos de liquidación tributaria. Y, desde luego, no forman parte de un procedimiento arbitral (...), pero sí de un procedimiento convencional (...) en el que realmente no hay una transacción, (...)".[31] M. L. González-Cuellar Serrano, al tratar la opción que la Administración apruebe la propuesta formulada por los sujetos pasivos, dice que se "trata de un negocio jurídico compositivo unilateral, por el que la Hacienda Pública se adhiere al valor propuesto por el obligado tributario (...) se compone de una propuesta del particular y una aceptación de la autoridad fiscal".[32] Para C. García-Herrera Blanco, "no son transaccionales pero sí participan de una cierta naturaleza convencional, en el sentido de que en los mismos está presente el acuerdo de voluntades entre las partes en la determinación de un concreto valor y, además, porque en el procedimiento de valoración previa existirá una cierta negociación entre la Administración y los contribuyentes".[33] Para Y. Martinez Muñoz es "un procedimiento administrativo de valoración en el que la colaboración del contribuyente se produce en forma más intensa, puesto que propone una valoración a la Administración Tributaria, cuya función es aprobar o desestimar la misma, y que tiene lugar con anterioridad al momento en que habitualmente se realiza la comprobación del correspondiente valor con la finalidad de dotar de seguridad jurídica al contribuyente".[34] Y para la OCDE: "El término 'APP' se refiere a un acuerdo procedimental entre un contribuyente o unos contri-

29. T. Rosembuj está en contra de esta tesis, pues considera que se "conforma una actividad discrecional pura que desemboca en una manifestación de autoridad con independencia del concurso y de la colaboración del sujeto pasivo que la sufre, debilitando, al máximo, su interés legítimo, en modo imperativo" (en "La resolución alternativa de conflictos tributarios, notas sobre los actos de consenso", *Impuestos* 1/101-102).

30. R. Falcón y Tella, "Los acuerdos previos con la Administración en las operaciones entre partes vinculadas (I): posibilidad de recurso", *Editorial "Quincena Fiscal"* 17, octubre/1998.

31. C. Albiñana García-Quintana, "Soluciones pactadas y arbitrales en los conflictos tributarios", en AA.VV., *Transacción y Arbitraje en Materia Tributaria*, Seminario Fernando Sainz de Bujanda, Madrid, IEF, 30.11.2001, p. 287.

32. M. L. González-Cuellar Serrano, *Los Procedimientos Tributarios: su Terminación Transaccional*, p. 292.

33. C. García-Herrera Blanco, *Precios de Transferencia y Otras Operaciones Vinculadas en el Impuesto sobre Sociedades*, p. 168.

34. Y. Martínez Muñoz, *Las Actas con Acuerdo en la Nueva LGT*, p. 51.

buyentes y una Administración Tributaria cuyo objeto es resolver con antelación las controversias que se produzcan en materia de precios de transferencia".[35]

1.2 Breve descripción del procedimiento colombiano para tramitar un APA. Omisiones y posibles soluciones

Como crítica procedimental, el Gobierno de este País siempre escoge la vía más simple, sin considerar la importancia que para estos acuerdos reviste la bilateralidad o multilateralidad, consagrando sólo un procedimiento para acuerdos unilaterales, a los que preveo poca utilidad o aplicación práctica. La OCDE ha advertido sobre la inconveniencia de la unilateralidad,[36] y así Colombia no sea prolífica en tratados o acuerdos internacionales, debe, por lo menos, empezar a crear el ambiente propicio para un mejor actuar y ubicarse con herramientas útiles y determinantes en el contexto internacional. No obstante mi pesimismo, al menos se empieza a introducir el tema en el plano legal y reglamentario.

El DR 4.349, citado, regula, en primer lugar, los requisitos que debe contener la solicitud, empezando por uno absolutamente criticable: el plazo para presentar la solicitud escrita es sólo en los tres primeros meses del año gravable (art. 11), lo que es entendible ante la torpeza, ya comentada, de establecer que los APAs sean aplicables para el mismo año gravable en que se soliciten, y como para aprobarlos la DIAN dispone de nueve meses, el Gobierno interpreta que sólo pueden recepcionarse peticiones en el primer trimestre del año gravable. Repito, conociendo lo procrastinadora[37] que es la DIAN, debió consagrarse su aplicación desde el año gravable de su aprobación, y así no se limita el trámite ni se vulnera el debido proceso al limitar el ejercicio de un derecho en un plazo ilógico. Seguidamente, consagra en el mismo art. 11º la información y documentación exigida que está ajustada a los parámetros internacionales o, al menos, a los señalados por la OCDE.[38]

En segundo lugar, se señala el plazo de nueve meses para que la DIAN efectúe los análisis y solicite modificaciones o aclaraciones para aceptar o rechazar esta solicitud. Éste plazo en sí no es corto ni largo, parece suficiente.

En tercer lugar, se repite el requisito legal que, si la solicitud es rechazada, procede el recurso de reposición contra la resolución respectiva, dentro de los 15 días siguientes a su notificación, sin contemplar qué ocurre si la solicitud es parcialmente aprobada. Entendería que procede el recurso respecto de la parte no aprobada o parcialmente rechazada, ante la regla general del Código Contencioso Administrativo (en adelante CCA) que contra todo acto administrativo que ponga fin a una actuación[39] procede como mínimo el recurso de reposición, sin que sea obligatorio.[40] Lo que ocurre es que como la norma tributaria reglamentaria lo exige contra la resolución de rechazo, es mejor agotar debidamente la vía gubernativa, así la DIAN llegue a entender que podrá rechazarlo por improcedente. Sería ideal una mejor concreción al respecto.

En cuarto lugar, se le fija a la Administración Tributaria un plazo de dos meses

35. OCDE, Cámara de Comercio de Bogotá, *Directrices Aplicables en Materia de Precios de Transferencia a Empresas Multinacionales y Administraciones Tributarias*, p. AN-20.

36. Idem, pp. AN-22 y AN-24.

37. Del verbo "Procrastinar: (...) diferir, aplazar" (*Diccionario de la Lengua Española*, 22ª ed., t. 10, p. 1.838).

38. OCDE, Cámara de Comercio de Bogotá, *Directrices Aplicables en Materia de Precios de Transferencia a Empresas Multinacionales y Administraciones Tributarias*, pp. AN-31-AN-32.

39. Art. 50 CCA, inciso final: "Son actos definitivos, que ponen fina a una actuación administrativa, los que deciden directa o indirectamente en el fondo del asunto; los actos de trámite pondrán fin a una actuación cuando hagan imposible continuarla".

40. Arts. 50-51 CCA.

para resolver el recurso de reposición. Cualquiera sea la decisión en la resolución del recurso se agota la vía administrativa, y si fue confirmatoria del rechazo se abre la puerta a la acción contenciosa respectiva. En el evento que llegue a darse el silencio administrativo, será negativo, pues la norma legal no le da el efecto de positivo,[41] configurándose un acto presunto. Así, queda agotada la vía administrativa, ya que las normas no consagran recurso adicional alguno contra el acto presunto negativo. En las Vigésimoctavas Jornadas Colombianas de Derecho Tributario, celebradas en Cartagena de Indias en febrero/2004, planteé mi desacuerdo sobre éste punto en lo siguientes términos: "2. *Respecto de los acuerdos anticipados de precios:* Desde que se establecieron los precios de transferencia me quedó la inquietud de que no existía un procedimiento claro para su presentación y discusión anta la DIAN. Ahora, se establece un procedimiento que puede llegar a funcionar. Sin embargo: 'Un punto del cual advertimos desde ya nuestro desacuerdo es el no haberse consagrado el silencio administrativo positivo para los casos en que la DIAN deba resolver solicitudes de modificación de los acuerdos o el recurso de reposición contra las resoluciones que rechacen solicitudes de acuerdo, desestimen o rechacen solicitudes de modificación y las que unilateralmente cancelen o revoquen los acuerdos. Como está planteado el procedimiento, significará que si la DIAN no resuelve las solicitudes de modificación de los acuerdos o el recurso de reposición, en tiempo, operará el silencio administrativo negativo, acto presunto que indica que las solicitudes y/o recursos fueron negados, no teniendo el contribuyente otra opción que acudir ante la jurisdicción contencioso-administrativa. Se gesta así un gran semillero de pleitos de nunca acabar. Podría, incluso, haberse pensado en otra opción dentro de la vía gubernativa, como la posibilidad de recurrir al nivel central de la DIAN para apelar las decisiones iniciales, o solicitar su revisión extraordinaria por una subdirección especializada en la materia, o solicitar peritos o, incluso, un arbitramento técnico. Por su parte, la Dirección de Impuestos y Aduanas Nacionales deberá facultar y señalar los funcionarios que tendrán competencia para pactar los acuerdos'.[42] (...). *Recomendaciones al Gobierno Nacional y al legislador:* (...). 2. Presentar un proyecto de ley y aprobarlo en el que se reestructure el procedimiento de los acuerdos anticipados de transferencia para consagrar el silencio administrativo positivo y para establecer una instancia de revisión y/o apelación dentro de la misma vía gubernativa, más de carácter técnico que jurídica".[43] En las reuniones para aprobar las recomendaciones de ésta ponencia, la propuesta no fue aprobada por los delegados del ICDT. En el procedimiento tributario colombiano la figura del silencio administrativo positivo ha servido para presionar la actividad de la Administración en la resolución de los recursos de reconsideración contra los actos tributarios definitivos y otros (art. 720 ET), de una manera intensa y efectiva, al punto que muy

41. Art. 41 CCA: "**Silencio Positivo.** Solamente en los casos expresamente previstos en disposiciones especiales, el silencio administrativo equivale a decisión positiva".

42. Restrepo y Londoño, Asesores Tributarios y Jurídicos, S/A, *Reforma Tributaria – Ley 863 de 2003, Comentarios*, Cali, 2004, p. 61.

43. F. Londoño Gutiérrez, "Intervención sobre la ponencia Reforma Tributaria 2003 (Ley 863) Ponente Dr. Rafael Arenas Ángel", *Memorias XXVIII Jornadas Colombianas de Derecho Tributario*, Cartagena de Indias, Febrero/2004, pp. 286-287. M. L. González-Cuellar Serrano apoya esta tesis y dice: "No entendemos la razón que ha llevado al legislador a atribuir un carácter denegatorio al silencio en relación con los APAs cuando, por el contrario, se ha decantado por el silencio positivo en la regulación de otras instituciones transaccionales, como los planes de amortización (art. 5.7 RIS) o los planes de reinversión (art. 37.7 RIS). Esta misma crítica es realizada por Pascual Pedreño, quién alega que el establecimiento del silencio negativo en los APAs puede dejar a estas figuras sin relevancia práctica" (en *Los Procedimientos Tributarios: su Terminación Transaccional*, p. 320). Igualmente v. nota 64 en Y. Martínez Muñoz, *Las Actas con Acuerdo en la Nueva LGT*, p. 45.

escasas veces se configura este silencio, pues lo normal es que la Administración decide oportunamente. Por ello, considero viable insistir en que, en todos los casos en que proceda el recurso, en los trámites de los APAs, debe consagrarse ésta forma de silencio, que, además, brinda seguridad jurídica. También insisto en que deben plantearse opciones para que los APAs sean revisados en segunda instancia administrativa, o considerar las llamadas "Discusiones Preliminares" a que me refiero adelante.

En quinto lugar, se disponen los mecanismos de modificaciones, y las formas de terminación de los APAs: cancelación por incumplimiento; cancelación por la no presentación de la solicitud de modificación; revocatoria por suministrar información no real; y terminación por mutuo acuerdo. Lo que significa que, al menos, se establecen algunos mecanismos de control, faltando una verdadera ruta de seguimiento de tales acuerdos,[44] pues a la consagrada le falta ser más explícita.

Las llamadas "discusiones preliminares" que recomienda la OCDE[45] me parecen una buena opción a la segunda instancia administrativa de tipo técnico para revisar los APAs. Mediante éstas discusiones, en un proyecto de acuerdo unilateral se proponen reuniones preliminares antes de formular la petición, para tener "la posibilidad de discutir con la Administración Tributaria la pertinencia de una APP, la clase e importancia de la información que puede requerirse y el ámbito de los análisis que se soliciten para llevar a buen fin un APP (...). El proceso también ofrece al contribuyente la posibilidad de discutir cualesquiera problemas relativos a la revelación y confidencialidad de las informaciones o la duración del APP (...). también puede ser útil (...) si existen bastantes 'dificultades o dudas en cuanto a la interpretación o aplicación del convenio'",[46] y de paso conocer cual va ser la actitud de la Administración, o si el ambiente y las condiciones son favorables, pertinentes o adecuadas, o si se van a enfrascar en un trámite que no creará sino conflictos por la posición de ambas partes.[47] Incluso, se recomienda la participación de un tercero experto independiente, que pueda evaluar las metodologías a aplicar y la información a exigir.[48]

1.3 Combinación con otros procedimientos

Encuentro perfectamente posible y viable que del trámite de los acuerdos anticipados de precios surjan actos administrativos tributarios consensuales como actas con acuerdo si se está frente a transacciones tributarias y, además, se llegue a la conclusión de que se deben practicar otros procedimientos como por ejemplo declaraciones vinculantes y otros acuerdos no contractuales, y ante las dificultades que ofrezca una situación específica, las partes soliciten, presenten y decreten las pruebas que estimen necesarias tales como tasación pericial, dictámenes periciales o inspecciones, como actos de trámite para el buen desenlace del trámite en curso, todo de acuerdo a la regulación legal. Se trata de buscar acuerdos o tener certeza de datos, hechos o circunstancias de manera previa, para poder direccionar este tipo de acuerdos.

2. Acuerdos previos de valoración

Los acuerdos previos de valoración se han aplicado y utilizado en España frente a

44. OCDE, Cámara de Comercio de Bogotá, *Directrices Aplicables en Materia de Precios de Transferencia a Empresas Multinacionales y Administraciones Tributarias*, pp. AN-43-AN-48.

45. Idem, pp. AN-28-AN-29.

46. Ibidem.

47. V. los comentarios de M. L. González-Cuellar Serrano al respecto y su relación de cuestiones que se podrán abordar en esas reuniones, en *Los Procedimientos Tributarios: su Terminación Transaccional*, p. 312.

48. Price Waterhouse Coopers, "Acuerdos anticipados de precios de transferencia (*Advanced Pricing Agreements* – APAs)", tomado de *www.pwcglobal.com/mx*, p. 3.

varias posibilidades: como una opción para cumplir las obligaciones tributarias a cuenta, autónomas de la obligación principal, así lleguen a coincidir los sujetos pasivos. Estos acuerdos versan sobre una obligación tributaria a cuenta;[49] como opción para celebrar un acuerdo previo de valoración en materia de gastos de contribuciones a investigación y desarrollo entre vinculados económicos;[50] como opción para valorar los gastos de apoyo a la gestión prestados entre sociedades vinculadas;[51] y como acuerdo previos sobre el coeficiente de subcapitalización, en el impuesto a la sociedades.[52]

El concepto de estos acuerdos se centra en la posibilidad de que los obligados puedan solicitar a la Administración Tributaria la valoración de determinadas operaciones con incidencia fiscal, de manera previa a la realización de las mismas, de tal manera que la decisión vincule a ambas partes.[53] No se trata de una consulta, ni de una declaración vinculante, pues la valoración se impone ante la necesidad de definir, de común acuerdo entre obligados y Administración, los valores procedentes, en atención a varias causas: porque la ley así lo exige; o porque la misma ley limite su procedencia bajo ciertos requisitos exigiendo la valoración previa por la Administración; o porque la misma ley señale la opción de elegir entre alternativas posibles debidamente sustentadas para casos concretos; ó por la simple necesidad del obligado de tener certeza y solicita a la Administración su verificación previa. M. L. González-Cuellar Serrano dice que es "deseable sustituir la decisión unilateral de la Hacienda por un convenio en los supuestos en que la valoración sea incierta",[54] lo que nos trasladaría al campo de las transacciones tributarias y el escenario, pienso, es de las actas con acuerdo o la conciliación tributaria administrativa.

En España, el art. 9 de la Ley 1 de 1998 (de 26 de febrero), LDGC, prevé que los contribuyentes pueden solicitar la valoración "a efectos fiscales de rentas, productos, bienes, gastos, y demás elementos del hecho imponible", presentando la solicitud antes de la realización del hecho imponible, anexando su respectiva propuesta de valoración.[55] Similar norma se reproduce en la nueva LGT (art. 91.1), cambiando al final la frase "y demás elementos del hecho imponible" por "y demás elementos determinantes de la norma tributaria", con lo qué se amplía la cobertura para sus propuestas. En esta última norma se advierte que los acuerdos previos de valoración procederán "(...), cuando las leyes o los reglamentos propios de cada tributo así lo prevean", limitando a la reserva de ley las causales y eventos en los que podrán solicitarse.

En Colombia no tenemos normas semejantes, aunque si se consagran algunos

49. Y. Martínez Muñoz, *Las Actas con Acuerdo en la Nueva LGT*, p. 53.

50. C. García-Herrera Blanco, *Precios de Transferencia y Otras Operaciones Vinculadas en el Impuesto sobre Sociedades*, p. 206.

51. Idem, p. 213. Define los gastos de servicios de apoyo a la gestión como aquellos "que, relacionados con la gestión de las sociedades y prestados efectivamente por una entidad u otras entidades vinculadas, suponen para estas últimas una ventaja o beneficio real. (...) se conocen en el ámbito internacional como *management fees*" (pp.. 207-208).

52. M. L. González-Cuellar Serrano, *Los Procedimientos Tributarios: su Terminación Transaccional*, p. 330.

53. P. Vicente Arche-Coloma: son "actos administrativos de valoración previa, en cuyo procedimiento de adopción intervienen la Administración y el particular solicitante, cuyo contenido es vinculante para ambas partes" (tomado de la nota 101 en Y. Martínez Muñoz, *Las Actas con Acuerdo en la Nueva LGT*, p. 58).

54. M. L. González-Cuellar Serrano, *Los Procedimientos Tributarios: su Terminación Transaccional*, p. 328.

55. M. Carrobé Gené: "La valoración establece siempre una comparación entre diferentes bienes para poder asignar un valor a cada uno que refleje en términos comparativos la relación de valor que hay entre todos ellos. Valorar es, pues, en este sentido, 'comparar', y es a partir de ese verbo que hay que buscar el concepto de valor que interesa a efectos jurídico tributarios" (en la "Introducción" de AA.VV., *Valoración en Derecho Tributario*, Madrid, IEF, 1991, pp. 18-19).

eventos en los que el contribuyente debe solicitar autorizaciones a la Administración o hacer comprobaciones o demostraciones previas para la realización de ciertos hechos imponibles. Algunos de estos casos son:

• La solicitud de mayores deducciones por concepto de gastos de publicidad, para productos importados que correspondan a renglones calificados de contrabando masivo (art. 88-1). Según el art. 1º del DR 3.119/1997 se han calificado como tales "las siguientes mercancías: televisores, equipos de sonido, radios, neveras, lavadoras, cigarrillos y bebidas alcohólicas".

• La posibilidad de utilizar una vida útil para la depreciación de activos, diferente a la fijada en el reglamento, "con base en conceptos o tablas de depreciación de reconocido valor técnico" (art. 138 ET).

• Si el contribuyente va "a adoptar un sistema de depreciación de reconocido valor técnico diferente de los de línea recta, reducción de saldos", deberá presentar la solicitud con tres meses de anterioridad a la iniciación del período en que se vaya a aplicar (art. 134 ET y art. 4º del DR 1.649/1976).

• Igualmente, si va a "hacer uso parcial del sistema de inventarios periódicos o adoptar otro sistema de reconocido valor técnico o cambiar el método de valoración de los inventarios", deberá solicitarlo con cuatro meses de anterioridad al inicio del período gravable en que vaya a aplicarse (art. 3º del DR 1.333/1996).

En cada uno de estos casos, el contribuyente debe presentar su propuesta, la sustentación económica y jurídica de la misma, los antecedentes y la exposición de los motivos determinantes de su petición. La mayoría de los requisitos exigidos para estos trámites se fija, por autorización legal, mediante resolución de la DIAN.

Como puede observarse por la simple relación de los casos mencionados, el ordenamiento colombiano no es ajeno a fijar mediante leyes y reglamentos "el concepto jurídico-tributario de valor", cuya incidencia en el tributo está en la interdependencia entre la base y el tipo o tarifa, y puede ser igual o diferente según las finalidades de cada tributo.[56] Así, consagra para el impuesto sobre la renta y complementarios, en general, normas para la valoración de inventarios y del costo de los activos movibles, para la valoración de los costos de activos fijos y sistemas de depreciación, valoración aplicando el sistema integral de ajustes por inflación, hace alguna referencia al valor comercial de los bienes en la fecha de su enajenación, señala la forma de valorar los bienes para determinar la ganancia ocasional en sucesiones etc.; y para el impuesto sobre las ventas, IVA, también consagra normas de valoración de los productos vendidos (precio corriente en plaza, por ejemplo), o para valorar el retiro de bienes para uso propio, reglas para valorar y determinar la base gravable en servicios, la adición a la base gravable de la financiación ordinaria o extraordinaria y los costos de acarreos, fletes etc. Lo que sí no existen son normas especiales que se dediquen exclusivamente a la valoración en general señalando reglas o parámetros como marco de actuación, o autorizando alternativas, como por ejemplo, en diferentes supuestos: "Para los supuestos de transmisiones: el valor en venta (...). Para los supuestos de hecho que gravan la propiedad, el valor de rendimiento (...). Para los supuestos de hecho que gravan el beneficio efectivo, el precio de adquisición",[57] cuyas regulaciones corresponden más a ciencias contables o económicas. Es decir, los criterios y conceptos jurídico-tributarios de valor se han fijado ante la necesidad de gravar determinados hechos económicos y de una manera bastante casuística, pero no como producto de un estudio serio y analítico sobre los principios, métodos o sistemas de valoración tributaria.[58] Es muy deseable que en los proyec-

56. Idem, p. 19.

57. Idem, p. 21.

58. Al respecto v. las ponencias del citado libro AA.VV, *Valoración en Derecho Tributario*, pre-

tos de reforma estructural tributaria que se están gestando en Colombia se incluyan los marcos jurídicos de valoración mencionados.

2.1 Naturaleza jurídica

Los acuerdos de valoración previa, en mí opinión, no son de naturaleza transaccional,[59] ya que de serlo, se trasladaría la controversia al trámite de las actas con acuerdo o de las conciliaciones tributarias administrativas. Ello significa que es muy probable que, ante especiales situaciones de las valoraciones previas, surjan elementos inciertos, indeterminados o que exijan mediaciones o tasaciones particulares y precias, que impliquen que para llegar a ellas sea necesaria la mutua concesión de prestaciones entre los obligados y la Administración Tributaria, es decir, que se requeriría una transacción tributaria.

En éste caso, el panorama no es el de una transacción, pues, como anotaba, la valoración se impone ante la necesidad de definir, de común acuerdo entre obligados y Administración, los valores procedentes, en atención a varias causas antes señaladas. Es decir que se trata de actos administrativos consensuales que vinculan a ambas partes de la relación jurídica tributaria.[60] El art. 91.1 de la nueva LGT consigna expresamente el carácter vinculante de estos acuerdos.

2.2 Requisitos y elementos

2.2.1 *Elementos subjetivos*

Órganos o funcionarios competentes: Cada ordenamiento asignará, dentro de su organización interna, la competencia respectiva al funcionario o grupo de funcionarios encargados de confrontar y evaluar las propuestas presentadas. Es deseable que los funcionarios encargados de practicar las respectivas valoraciones tengan la formación técnica necesaria para su análisis y aprobación o para elaborar la propuesta de valoración al jefe o superior competente.

Legitimación para actuar: Para solicitar estos acuerdos previos de valoración, es necesario que quién lo haga tenga plena capacidad para actuar, que tenga plena capacidad para obligarse y obligar a sus representados, para dar plena fuerza, validez, certeza y eficacia al acto administrativo tributario consensual. Así, estarán legitimados para actuar el contribuyente u obligado tributario directamente, sus representantes legales o apoderados, debidamente legitimados o acreditada su representación, delegación o mandato. Podrá admitirse la agencia oficiosa, ante el inminente vencimiento del plazo para presentar la solicitud, debiendo ser ratificada oportunamente.

2.2.2 *Elementos objetivos*

Objeto de la figura: El objeto de los acuerdos previos de valoración tiene una cobertura bastante amplia respecto de los tributos a los que se podrán aplicar, que en mi opinión cubren todos los existentes en Colombia, bien sean los impuestos nacionales de renta y complementarios, IVA, tim-

sentadas por G. C. Croxatto, O. Oldman, A. Kostecki, H. W. Kruse, J. Russiness y Torregrosa, J. Eseverri Martínez, E. Simón Acosta, V. E. Combarros Villanueva, A. Agullo Agüero y M. Carrobé Gené.

59. M. García Caracuel, "Acuerdos y convenios con la Administración en el seno de los procedimientos tributarios en Italia y España", *Revista Española de Derecho Financiero* 121/106, enero-marzo/2004; Y. Martínez Muñoz, *Las Actas con Acuerdo en la Nueva LGT*, p. 58.

60. R. I. Fernández López y C. Ruiz Hidalgo: "(...), los 'acuerdos' (...), aún cuando en modo alguno pueden ser calificados de negocios transaccionales en sentido técnico-jurídico, no obstante sí presentan una base convencional (...) ese incipiente carácter negocial sólo se aprecia si la Administración se adhiere expresa o tácitamente a la propuesta del particular, pero no cuando la modifica" (en "La transacción en el derecho tributario español: situación actual y perspectivas de futuro. Especial referencia a los procesos de reestructuración empresarial", *Quincena Fiscal* 14/17, julio/2001).

bre, patrimonio, gravamen a los movimientos financieros; a los impuestos territoriales y a todos los tributos parafiscales. La ley indicará las causas, los eventos y requisitos que sean procedentes estos acuerdos previos.

2.2.3 *Elementos formales*

Plazo para actuar: Como en el caso de las consultas vinculantes, la petición, por regla general, deberá presentarse antes de la realización del hecho imponible, o como lo dispone la nueva LGT "en los plazos que establezca la normativa de cada tributo",[61] pues dependerá mucho de los eventos o casos específicos en que vayan a darse.

Requisitos: La solicitud deberá, por lo menos, cumplir con los siguientes requisitos: (1) debe formularse por escrito; (2) exponer claramente los hechos, antecedentes y demás circunstancias del caso; (3) propuesta de valoración; (4) interpretación jurídica propuesta por el propio interesado, si es del caso; (5) demás datos y elementos que puedan contribuir a la formación del juicio administrativo; (6) referencia a respuestas o "conceptos" anteriores aplicables al caso si "existe identidad entre los hechos y circunstancias", si es procedente; (7) invocación del Derecho aplicable; (8) acreditar la representación con que se actúa; (9) los demás que a juicio del peticionario estime pertinentes para la formación de juicio o el convencimiento del consultado.

Subsanación: La ley que autorice los acuerdos previos de valoración reglamentará las causas de inadmisión de la solicitud. Entre éstas se pueden considerar la falta de claridad en la exposición de la solicitud o deficiencias en acreditar la valoración propuesta; la falta de firma del escrito; falta de interés legítimo y el defecto de representación, entre otros que considere convenientes el legislador. Dicha ley señalará el plazo para que el peticionario los subsane, so pena de rechazo definitivo de la petición, sin perjuicio de que pueda presentarse nuevamente si está dentro del plazo legalmente establecido. La única causa de rechazo definitivo de la petición es su extemporaneidad. Éste acto administrativo de rechazo podrá ser recurrido por el consultante, si estima que actuó en los plazos legales.

Trámite e instrucción: La presentación de la solicitud no exime al obligado de su deber de cumplir con sus deberes formales y las obligaciones sustanciales propias de tributo. El trámite y formación de los acuerdos previos de valoración y, por ende, la expedición del acto administrativo aprobatorio deben tener unos trámites procedimentales intermedios, que deben ser reglamentados, para así tener claridad sobre el desarrollo del contradictorio y las pruebas que sea necesario practicar para acercar las posiciones de las partes.

M. L. González-Cuellar Serrano[62] distingue dos niveles en la determinación de un valor primario y en la comprobación de valores para la transacción, que no siendo el caso nos sirven para visualizar mejor estos acuerdos: (1) si la Administración puede discrecionalmente optar por elegir un método de valoración de los expresamente señalados en la ley y (2) si la aplicación del método elegido se hace en forma unilateral por la Administración o concordada con el obligado. Si se tratara de una transacción, habría que trasladar el caso a un trámite de un acta con acuerdo o a una conciliación tributaria administrativa.

La ley propia de cada tributo indicará las opciones, si las hay, de elegir entre varios métodos de valoración aplicables y delimitará la facultad de la Administración Tributaria de aceptar o rechazar el escogido por el peticionario. Serán deseables reglas de juego claras, con una muy estrecha facultad discrecional para que la Adminis-

61. Art. 91.2 vigente LGT.

62. M. L. González-Cuellar Serrano, *Los Procedimientos Tributarios: su Terminación Transaccional*, p. 402.

tración Tributaria no induzca a error al peticionario, o lo obligue a repetir trámites innecesarios.

En su instrucción, la Administración deberá llevar a cabo la comprobación de los hechos y demás circunstancias verificables aducidas por el peticionario, y deberá, si es del caso, decretar las pruebas de oficio que estime pertinentes.

2.2.4 *Aspectos procedimentales*

Terminación y notificación y publicidad: Concluida la instrucción, dentro del plazo que señale la ley, la Administración Tributaria expedirá el acto administrativo mediante el que aprueba o rechaza la valoración propuesta.

Al aprobarla, el acto administrativo indicará la valoración, el hecho específico a que corresponde, el tributo al que se aplica, su carácter vinculante y plazo de vigencia del acto aprobatorio, es decir, hasta qué período se aplica. En España la regla general es que la vigencia es de tres años, excepto si la normativa de cada tributo prevé uno diferente. Es importante anotar que los acuerdos previos de valoración estarán vigentes siempre y cuando no cambie la legislación aplicable o si varían las circunstancias económicas en que se basó la valoración.[63] Es destacable que, si la Administración no se pronuncia en tiempo, opera el silencio administrativo positivo y se entienden aceptados los valores propuestos por el obligado tributario. Este acto no es susceptible de recurso alguno. Lo serán los actos en los que se apliquen las valoraciones incluidas en el acuerdo.[64] Si es de rechazo, el acto administrativo indicará las razones de la negativa, en sus aspectos fácticos y jurídicos. Procederán los recursos ordinarios contra esta decisión de rechazo, para agotar vía administrativa y poder instaurar las acciones legales ante la jurisdicción contencioso-administrativa. Por sus implicaciones e importancia deberán notificarse éstos actos personalmente.

2.2.5 *Combinación con otros procedimientos*

Encuentro perfectamente posible y viable que dentro del trámite de los acuerdos previos de valoración se llegue a la conclusión de que se deben practicar otros procedimientos como por ejemplo declaraciones vinculantes y otros acuerdos no contractuales, y ante las dificultades que ofrezca una situación específica las partes soliciten, presenten y decreten las pruebas que estimen necesarias, tales como tasación pericial, dictámenes periciales o inspecciones, como actos de trámite para el buen desenlace del trámite en curso, todo de acuerdo con la regulación legal. Se trata de buscar acuerdos o tener certeza de datos, hechos o circunstancias de manera previa, para poder direccionar este tipo de acuerdos.

2.2.6 *Casos especiales de valoración a regular en Colombia*

En Colombia se pueden ilustrar varios casos en los que podrían introducirse estos acuerdos previos, de una manera formal y como opción de obtener consensos entre las partes, no sólo para prevenir litigios futuros, sino para brindar certeza, seguridad jurídica y justicia a la relación obligacional tributaria. Éstos podrían ser:

• *Pagos a la Casa Matriz:*[65] En la actualidad, los pagos que efectúen las filiales, sucursales o agencias en Colombia de sociedades extranjeras a la casa matriz, por concepto de gastos de administración o dirección y por regalías y explotación o adquisición de cualquier clase de intangibles, son deducibles en la medida en que se

63. Arts. 91.4-91.5 vigente LGT.
64. Art. 91.6 nueva LGT.

65. En la legislación colombiana son sinónimos los conceptos de *casa matriz* y *sociedad matriz*. No se distingue entre una y otra.

sometan a retención en la fuente a título de renta y remesas (art. 124 ET). Tales retenciones, por tratarse del pago a un no residente, son del 35% del pago total a título de renta y del 7% del 65% restante a título de remesas, para un total en general del 39.55%, lo que equivale a plantear que es igual hacer el pago por éstos gastos que generar las utilidades en el país y girar al exterior los dividendos. Para las operaciones internas entre una matriz y una filial o una subordinada no hay reglas ni limitaciones para compartir los gastos de dirección y de administración, excepto las generales aplicables a las deducciones sobre su razonabilidad, necesidad, proporcionalidad y relación de causalidad con la actividad productora de renta.[66] Lo que se consagra son limitaciones a deducciones por pérdidas en enajenaciones entre vinculados económicos y otras.[67] Tampoco existe una norma que siquiera discrimine tales conceptos y menos que fije parámetros para su valoración. Así, el terreno es propicio para entrar a definirlos, señalar los conceptos admisibles,[68] fijar los requisitos para su deducibilidad y, sobre todo, señalar parámetros para su valoración de común acuerdo con la Administración Tributaria, mediante los acuerdos aquí analizados, tanto para operaciones con el exterior, como internas. Cabe anotar que en la actualidad se autorizan pagos al exterior, deducibles, por concepto de comisiones por la compra o venta de mercancías, materias-primas u otra clase de bienes,[69] con un límite del 5% del valor de las operaciones por importaciones y del 10% del valor las exportaciones en cada año gravable, sin tener que practicar retenciones en la fuente por ser ingresos de fuente extranjera no gravados en el país, independientemente que el beneficiario sea la casa matriz o un tercero independiente. Tratándose de la casa matriz, podría pensarse en revisar la limitación impuesta e integrarla dentro de los gastos de apoyo de la gestión.

• *Gastos en el exterior:* Una de las limitaciones que más serios problemas causa a los contribuyentes colombianos para la producción de rentas en el país es la del límite de las expensas en el exterior, como costos y deducciones, hasta del 15% renta líquida computada antes de descontar tales costos o deducciones,[70] sin que se hayan practicado retenciones en la fuente. Es urgente evaluar tales expensas, conceptualizarlas, señalar requisitos para su deducibilidad, indicar parámetros de valoración y fijarse de común acuerdo con la Administración Tributaria a través de los acuerdos de valoración.

• *Valor comercial de los bienes en la venta:* El ET,[71] al tratar sobre la determinación de la renta en la enajenación de activos, hace una referencia al valor comercial de los bienes en la fecha de su enajenación, indicando que si el funcionario fiscalizador encuentra que el valor comercial asignado por las partes difiere en más de un 25% de los precios asignados en el comercio para bienes de la misma especie y calidad, considerando su naturaleza, condiciones y estado de los activos, "podrá rechazarlo para los efectos impositivos y señalar un precio de enajenación, (...) aten-

66. Art. 107 ET.

67. Arts. 85, 124-1, 145, 148, 151, 152, 153, 312 numerales 2 y 3, 372, 449, 450, 451, 452, 793 literal "d") ET.

68. C. García-Herrera Blanco considera como servicios de apoyo a la gestión los siguientes: "(a) Los de particular asesoramiento jurídico, fiscal, financiero, contable, técnico e informático. (b) Aquellos que se refieren a recursos humanos, su contratación, formación de personal, política laboral, distribución de efectivos, y demás relacionados con la plantilla de la entidad. (c) Los de *marketing*, publicidad, relaciones humanas, gestión de la cartera de clientes y proveedores, políticas de compras y aprovisionamientos, estrategias de almacenes, transportes de productos producidos o comercialización por la sociedad etc. (d) Todos aquellos otros que de alguna forma se pueda demostrar que benefician directamente a la filial, en aspectos concretos y siempre relacionados con la actividad que tienen encomendada en el grupo" (*Precios de Transferencia y Otras Operaciones Vinculadas en el Impuesto sobre Sociedades*, p. 210).

69. Art. 121 ET.

70. Art. 122 ET.

71. Art. 90 ET.

diendo a los datos estadísticos producidos por la Dirección General de Impuestos Nacionales, por el Departamento Nacional de Estadística, por la Superintendencia de Industria y Comercio, por el Banco de la República u otras entidades afines". Ni esta norma ni el ET ofrecen reglas ciertas de valor y su fiscalización y determinación oficial se tornan muy subjetiva, relativa[72] y esencialmente discutible. Será deseable, entonces, que la ley se aproxime mejor al concepto de valor comercial, señalando parámetros de valoración y aceptando los acuerdos previos en esta materia.

• *Bienes de empresas en período improductivo:* Este concepto presenta muchas dificultades para determinar la base sobre la qué se calcula la llamada *renta presuntiva*,[73] ya que el valor neto correspondiente a los bienes de las empresas en período improductivo puede ser excluido del patrimonio líquido base de dicha renta. De un lado, las normas no son claras pues estatuyen que una empresa deja de estar en período improductivo el día que realiza la primera venta o emite la primera factura de venta y la DIAN toma esta disposición de manera integral para cualquier persona jurídica, sin distinguir que en una sociedad comercial pueden existir varias empresas, pues en nuestro ordenamiento *empresa* es "toda actividad económica organizada para la producción, transformación, circulación, administración o custodia de bienes, o para la prestación de servicios. Dicha actividad se realizará a través de uno o más establecimientos de comercio".[74] Aún así y pese a la posición administrativa, las sociedades llevan sus centros de costos de manera separada por cada empresa y los bienes de las que están en período improductivo se restan del patrimonio líquido para el cálculo de esta renta. Tal es el caso de sociedades que paralelamente a sus empresas productivas o de servicios tienen cultivos de tardío rendimiento o empresas en las etapas de prospectación, montaje y puesta en marcha. Como las discrepancias con la DIAN se han presentado por el concepto de la unicidad empresarial y los costos mismos a descontar, sería oportuno un acuerdo de valoración previo para definir estas bases. Igual sucede, con el evento que la misma norma contempla, sobre bienes afectados por hechos constitutivos de fuerza mayor o caso fortuito, en los que la misma definición civilista de la fuerza mayor o el caso fortuito[75] crea incertidumbre y más su aplicación en el campo tributario, para no hablar de la medición o valoración que significa determinar "la proporción en que influyeron en la determinación de una renta líquida inferior". Así, la recomendación va dirigida a que la ley tributaria sea más específica en los casos permitidos – incendio, terremoto, inundación, huracán, asonada, acto terrorista etc. – y a que se fijen los requisitos para su comprobación y deducibilidad y los parámetros u opciones de

72. V. E. Combarros Villanueva dice que "el concepto de *valor* es un concepto sustancialmente subjetivo y relativo. Subjetivo porque depende de la persona que valore y relativo porque un mismo objeto tendrá valores diferentes en función de la finalidad que con el mismo se persiga" (en "Impuesto extraordinario sobre el patrimonio de las personas físicas. La valoración del patrimonio empresarial", en AA.VV., *Valoración en Derecho Tributario*, p. 228.

73. Art. 188 ET: "Para efectos del impuesto sobre la renta, se presume que la renta líquida del contribuyente no es inferior al seis por ciento (6%) de su patrimonio líquido, en el último día del ejercicio gravable inmediatamente anterior". Art. 189 ET: "Del total del patrimonio líquido del año anterior, (...), se podrán restar únicamente los siguientes valores: (...) b) el valor patrimonial neto de los bienes afectados por hechos constitutivos de fuerza mayor o caso fortuito, siempre que se demuestre la existencia de estos hechos y la proporción en que influyeron en la determinación de una renta líquida inferior; c) el valor patrimonial neto de los bienes vinculados a empresas en período improductivo".

74. Art. 25 Código de Comercio. Art. 515 Código de Comercio: "Se entiende por establecimiento de comercio un conjunto de bienes organizados por el empresario para realizar los fines de una empresa (...)".

75. Art. 1º Ley 95 de 1890 (noviembre 16): "Se llama fuerza mayor o caso fortuito el imprevisto a que no es posible resistir, como un naufragio, un terremoto, el apresamiento de enemigos, los autos de autoridad ejercidos por un funcionario público etc.".

valoración, permitiendo estos acuerdos de valoración previa.

• Existen otros más, como serían: la verificación previa de pérdidas fiscales a ser deducidas en períodos futuros y acortar el término de revisión de cinco años;[76] o permitir valorar los activos fijos para venta a vinculados económicos y aceptar la deducibilidad de las pérdidas ocasionales. No de los movibles que tienen valor de mercado.[77] Igual para admitir pérdidas por enajenación de activos de las sociedades a los socios.[78]

3. A manera de conclusión

En Colombia se debe revisar la regulación legal y reglamentaria de los acuerdos anticipados de precios o APAs, para ajustarla a normas más técnicas y precisas relativas a su contenido y a sus procedimientos administrativos. Se recomienda modificar su objeto (consistente en acordar precios o márgenes de utilidad) y aprobar la metodología para determinar los precios, y asimismo revisar y reestructurar el procedimiento administrativo de discusión de los actos administrativos tributarios consensuales que los aprueban, modifican o rechazan. Los acuerdos previos de valoración prevendrán conflictos tributarios, al introducirlos para definir aquellos factores o elementos sujetos a valoración, sobre los que se tenga incertidumbre o dificultades en su medición o cuantificación.

76. Art. 147 ET.

77. Art. 151, en concordancia con el art. 312, ambos del ET.

78. Art. 152 ET.

RELEVÂNCIA DA ANÁLISE DOS ASPECTOS ECONÔMICOS NA INSTITUIÇÃO DE UM TRIBUTO AMBIENTAL[1]

MARLI TERESINHA DEON SETTE

Assessora Jurídica do Tribunal de Justiça do Estado de Mato Grosso. Mestre em Gestão Econômica do Meio Ambiente pela Universidade de Brasília — UnB. Formada em Ciências Exatas pela Universidade Regional Integrada de Erexim, e em Direito pela Universidade de Cuiabá. Conselheira do Conselho Estadual do Meio Ambiente — CONSEMA. Professora de Direito Civil da Universidade de Cuiabá — UNIC Barão, de Direito Ambiental do Centro de Formação de Oficiais de Várzea Grande e do Curso de Especialização em Turismo da Universidade de Rondonópolis e de licitações e contratos administrativos e legislação urbanística no Curso de Especialização em Gestão Urbana e Desenvolvimento Municipal na Universidade de Brasília — UnB.

JORGE MADEIRA NOGUEIRA

Professor Titular do Departamento de Economia da UnB. Doutor em Economia pela Universidade de Londres, com Pós-Doutorado em Economia dos Recursos Naturais pela Universidade Cornell (EUA)

1. Introdução. 2. Base conceitual: 2.1 Porque instituir um tributo ambiental?; 2.2 Conceito econômico, fiscal e ambiental de tributo. 3. Eficácia de um tributo. 4. Vinculação das receitas tributárias. 5. Dificuldades na implementação dessa forma de tributação: 5.1 Princípios; 5.2 Finalidade. 6. Considerações finais. Bibliografia.

1. Introdução

O objetivo deste artigo é analisar os aspectos econômicos relevantes na instituição de um tributo ambiental e apresentar um modelo tributário a ser aplicado na gestão ambiental, diferenciado do que existente atualmente no Brasil. Isso porque partimos da premissa de que esse instrumento visa, eminentemente, a mudança de comportamento do agente econômico — tributação extrafiscal.

Destarte, para que essa premissa tenha possibilidade de apresentar-se eficaz, é mister que alguns aspectos sejam presença constante em todos os tributos ambientais. Dentre esses aspectos merece destaque o valor do tributo e a vinculação das receitas arrecadadas.

1. Este artigo tem como base a Dissertação de Mestrado defendida pela autora na Universidade de Brasília — UnB, sob o titulo Considerações sobre *Vinculação de Receitas e Eficácia de Tributos na Gestão Ambiental* (Deon Sette, 2006). Também foi apresentado pela autora em palestra realizada no Encontro Nacional para Avaliação de Políticas do Meio Ambiente, realizado em Brasília, em 28.6.2006.

O valor adequado do tributo é essencial para que o agente, ao fazer uma análise custo-benefício, considere de um lado o valor do tributo e de outro o *quantum* de lucros poderia auferir com a prática do comportamento degradador, e, chegue a conclusão de que é vantajoso tanto para o meio ambiente quanto para a sua economia privada que deixe de praticar referido comportamento de uso ou poluição ambiental.

A vinculação da receita é fator determinante tanto para atender ao princípio da eqüidade, quanto para dar transparência, confiabilidade e vontade de adequar-se ao tributo instituído.

Como até o momento não há tributo que atenda a essas características dentre os que estão relacionados na Carta Magna, vamos discutir os aspectos supracitados, mostrar a relevância destas considerações e apresentar uma sugestão de como instituir um tributo ambiental que venha a se adequar aos aspectos econômicos relevantes.

2. Base conceitual

Nesta seção, vamos esclarecer o porquê da análise da tributação ambiental, o que é um tributo, quando ele é dito eficaz e o que significa dizer que um tributo é vinculado. Em seguida, destacar os principais aspectos jurídicos de um tributo ambiental.

2.1 Porque instituir um tributo ambiental?

O uso dos recursos ambientais pode gerar externalidades positivas ou negativas. Como se trata de bens difíceis de definir direitos de propriedade,[2] seus usuários não internalizam[3] os custos sociais nas suas decisões. Assim, os preços de mercado não refletem os verdadeiros custos econômicos, computando apenas os custos privados. Para que o verdadeiro preço econômico seja considerado, faz-se necessário internalizar o valor dos custos sociais[4] ao custo privado. A tributação tem sido defendida como uma das maneiras de se incluir esse valor das externalidades nas decisões de uso do recurso ambiental, permitindo tornar os *trade-offs* entre crescimento econômico e pró-ambiental o menos custoso possível tanto para o usuário quanto para a sociedade (Seroa da Motta, 2000).

2.2 Conceito econômico, fiscal e ambiental de tributo

Para analisar este instrumento faz-se necessário o domínio dos conceitos do instrumento econômico tributação. No que tange ao conceito econômico temos que tributo é a parte que, na distribuição das riquezas, cabe ao Estado (Gastaldi, 2001, p. 407). É, pois, uma relação contratual entre os cidadãos e o Estado, em que os cidadãos pagam ao Estado um valor percentual sobre bens, serviços e riquezas para que este possa fazer frente às despesas com o forne-

2. O direito de propriedade é um conjunto de leis que descreve o que as pessoas e as empresas podem fazer com suas respectivas propriedades. P.ex., quando os indivíduos possuem direito sobre um terreno, eles podem construir nele ou vendê-lo, estando protegidos contra possíveis interferências em relação ao uso de seu direito de propriedade (Pindyck, 2002, p. 649). Cabe destacar que há um certo grau de diferença entre essa definição econômica daquela usualmente manifestada por profissionais do direito. A definição apresentada acima é muito próxima da definição utilizada pelos juristas, entretanto, estes acrescentam à definição ressalvas que devem ser observadas, consoante se verifica no art. 1.228, § 1º, do CC quando discorre que o direito de propriedade deve ser exercido em consonância com a função social da propriedade — disposto nos arts. 5º, XXIII, 170, III, e 186, II, da CF/1988 — evidenciando a defesa do meio ambiente e do bem-estar comum da sociedade (Nery Júnior, 2002, p. 1.227).

3. Internalizar significa fazer com que a empresa inclua em seus custos não só os custos privados mas também os custos sociais, de forma a assegurar que os preços do produtos reflitam os custos ambientais. É fazer com que as pessoas levem em consideração os efeitos externos de suas ações (Mankiw, 2001, p. 211).

4. Custos sociais são despesas feitas durante o processo de produção e que não são pagas pelos que as ocasionaram, mas por terceiros, ou são transferidas para toda a sociedade (Sandroni, 2001, p. 153).

cimento de bens e serviços que o mercado não oferece ou suboferta.

Na terminologia fiscal, a expressão contém todas as verbas de receita de natureza tributária, como, por exemplo, os impostos, as taxas e as contribuições de melhoria. Essas verbas são tidas como contribuições devidas por todo cidadão estabelecido, ou residente num Estado, ou que dele tire proveitos pecuniários, para a formação da receita pública, destinada a suprir os encargos públicos do mesmo Estado.

Já, tributo ambiental[5] é um instrumento de política ambiental baseado na cobrança dos poluidores ou degradadores de um valor equivalente aos custos sociais de suas externalidades (Perman, 1999, p. 307), valor esse que deve representar o "preço a ser pago" pelo poluidor ou degradador pelo uso do bem ou do serviço fornecido pelo meio ambiente (insumo, diluição, absorção, lazer). Desta forma, quem usa os bens ou os serviços prestados pelo patrimônio ambiental paga por eles, visto que tributos operam através da alteração dos preços relativos. O fato de ter que pagar por cada unidade usada do patrimônio ambiental incentiva o produtor ou consumidor a utilizar esses bens ou serviços tão eficientemente quanto possível. A hipótese, ao se propor um tributo ambiental, é a de que sem arcar com os custos pelo uso do bem ou serviço ambiental, não haveria incentivo para que agentes econômicos refletissem acerca das conseqüências ambientais de suas ações e fossem mais cuidadosos na utilização dos recursos ambientais (Jacobs, 1995, p. 268). Através dessa cobrança a autoridade ambiental consegue fazer cumprir com os objetivos propostos de regular a utilização dos recursos naturais e ambientais.

5. As expressões tributo, taxa, taxações ou imposto são utilizadas na literatura econômica nacional com o sentido das palavras inglesas *tax* e *taxation*. Entretanto, em inglês, essas palavras apresentam um conteúdo semântico mais amplo do que os vocábulos taxa, impostos e tributos na linguagem jurídica brasileira, na qual impostos e taxas são espécies do gênero tributo (Carneiro, 2001, p. 78).

3. Eficácia de um tributo

Um instrumento econômico é eficaz quando as metas estabelecidas são atingidas com um elevado grau de certeza. O tributo é um instrumento econômico muito eficaz tendo em vista que cobra direitos de uso dos produtos tributados desde a primeira unidade consumida.

Porém, para saber se determinado tributo está sendo eficaz deve-se averiguar qual a *finalidade da sua instituição*.[6] Um tributo que vise à obtenção de recursos tem como finalidade manter estável a receita, logo, sua *eficácia* está condicionada a efetivamente manter a estabilidade das receitas — finalidade fiscal. Por outro lado, um tributo que se destine a estimular a adoção de atitudes mais sustentáveis terá sua *eficácia* dependente da redução das receitas ao mínimo possível, sendo o ideal, uma receita nula. Receitas nulas indicam que todos os agentes econômicos teriam mudado seu comportamento e deixado de praticar o ato que gerava o recurso — finalidade extrafiscal.

Se a orientação do tributo não for correta, a finalidade restará distorcida, ocasionando situações de arrecadação, quando a finalidade era a mudança de comportamento do agente econômico e vice-versa.

Outra consideração que deve ser feita para evitar instituir tributos ineficazes diz respeito à *elasticidade preço da demanda*. Tributos que tenham por finalidade mudar

6. P.ex., um tributo "X" pode ter sido instituído com a finalidade de arrecadar recursos para os cofres públicos — finalidade fiscal. Neste caso o tributo será eficaz se efetivamente garantir a sustentação da arrecadação aos cofres públicos. Para que isso ocorra, o agente econômico deverá praticar o fato que dá origem ao tributo. Na instituição de outro tributo, o "Z", a resposta poderá ser que a finalidade do tributo é a intervenção no comportamento dos agentes econômicos — finalidade extrafiscal —, visando a diminuir a prática do fato que dá origem ao tributo. Neste caso a eficácia do tributo está relacionada à efetiva mudança de comportamento do agente econômico.

o comportamento dos agentes econômicos devem ser instituídos em produtos com demanda elástica a preço. Já, em produtos com demanda inelástica a preço o resultado seria inócuo. Isso porque os poluidores repassariam os custos aos consumidores e continuariam poluindo. Logo, não se atingiria o objetivo maior, qual seja, mudança de comportamento dos agentes econômicos. Para entender a situação supracitada, basta que imaginemos um doente dependente de morfina. Como a morfina é um produto essencial e sem substituto a altura, sua elasticidade preço da demanda é baixíssima, logo ter-se-ia uma situação em que não adianta tributar a morfina provocando um aumento de preço, pensando em mudar o comportamento do doente. Ele não tem outra saída e continuará a adquirir a morfina, ela é essencial e não tem substituto a altura. Destarte, o tributo estará sendo ineficaz.

Outra situação que poderia tornar o tributo ineficaz ocorre no caso de firmas sob condições de oligopólio ou monopólio, se o tributo tiver sido instituído com a intenção de mudar comportamentos. Segundo Oates e Baumol (1975, p. 104), os interesses da empresa podem entrar em conflito com o objetivo da tributação. Nesta circunstância, a empresa repassará todos os preços para o consumidor e continuará a praticar o ato gerador do tributo. Esta é uma situação que poderia ser interessante para arrecadação aos cofres públicos, mas não para mudança de comportamento.

O *cálculo adequado do valor do tributo*, também é fator determinante e essencial para a eficácia de um tributo, pois, para que ele desempenhe sua função como instrumento econômico, deve ter uma medida que afete o cálculo de custos e benefícios do poluidor, influenciando na sua decisão de melhorar a qualidade ambiental (Guerra e Suares, 1997, p. 100). Se o tributo aplicado não tiver impacto significativo sobre o comportamento do poluidor, ressalvadas outras possíveis condicionantes, é porque o valor do tributo fixado é muito baixo. Por outro lado, se o valor do tributo for muito elevado, pode inviabilizar as atividades econômicas de produção/consumo.

Destarte, tem-se que o valor do tributo deve ser tal que consiga atingir o nível ótimo da poluição, equiparando os custos privados aos sociais. Atingindo esse ponto ele permitiria um ajuste das atividades poluidoras com o nível maximizador do bem-estar social. Nesse diapasão, o cálculo do tributo baseia-se nos custos de degradação ambiental causado pelo poluidor, sendo que o valor do tributo deve ser exatamente igual aos custos externos marginais no ponto em que estes se igualem ao nível ótimo de poluição[7] (Turner *et al.*, 1993, in Guerra e Suares, 1997, p. 100).

Um dos maiores problemas enfrentados é quanto à mensuração monetária dos prejuízos causados pela poluição. Para essa mensuração, é necessário ter dados não só sobre a firma (poluidor), como também sobre os custos externos marginais da poluição — externalidades sofridas pela sociedade (Guerra e Suares, 1997, p. 96). Se a curva de custo marginal de redução é conhecida e se a curva de dano ambiental (benefício da redução — custo imposto à sociedade) também é conhecida, a teoria neoclássica nos diz que o tributo deve ser estabelecido ao nível eficiente de poluição, onde o custo marginal se iguala ao benefício marginal de redução (Nogueira, 2002).[8]

7. Aronsson e Blomquist (2003) apontam para uma situação específica, porém, muito interessante dado à freqüência com que ocorre no meio ambiente. Eles afirmam que o valor do tributo deve ser aumentado quando há incerteza sobre as conseqüências ambientais decorrentes da produção de determinado produto ambientalmente sujo e, o único objetivo do governo é internalizar as externalidades. Já, Metcalf (2003) atenta para o fato de que na presença de distorções tributárias preexistentes o valor ótimo sobre a poluição acaba ficando abaixo do valor "ideal" do que deveria ter a taxa pigouviana que, efetivamente, internaliza totalmente o dano marginal criado pela poluição.

8. É mister salientar que os cálculos destas externalidades devem ser realizados utilizando-se de métodos científicos. Para tanto, a teoria neoclássica relaciona alguns métodos, tais como: Método de Valoração Contingente — MVC (incluindo disposição a pagar — DAP e Disposição a Receber — DAR),

A Figura 1 mostra o ponto em que se teria o valor eficiente para o tributo. Esse nível seria em t*, com um nível de emissões em e*. Observa-se que os custos totais do controle das emissões da empresa podem ser divididos em dois tipos:

a) os custos totais da redução, e na Figura;

b) os pagamentos totais da taxa ambiental, representado na Figura 1 por a + b + c + d.

A redução das emissões de e_0 para e* representou a eliminação dos danos ambientais de um montante de e + f. Os danos ambientais que ainda permanecem podem ser representados pela área b + d. Da análise da Figura, fica claro que os danos ambientais que ainda permanecem após a redução são menores do que a empresa paga de taxas ambientais pelos serviços do meio ambiente que ela está usando (a + c). Por conseguinte, também fica evidente que a empresa está pagando mais do que o serviço que ainda utiliza do meio ambiente (Nogueira, 2002).

Esse fato pode levar a interpretação de que poderia ser determinada uma *taxa em duas partes*. Inicialmente seria permitida uma certa quantidade de emissões sem a cobrança de taxas; em uma segunda etapa, aplicar-se-ia a taxa somente sobre as emissões que excederem aquele limite inicial. No caso, na Figura 1, seria permitido um limite de emissões em e_1, até aí a empresa está livre do pagamento de taxa; a qualquer unidade de emissão superior a esse limite, a empresa paga a taxa t*. Entendemos que esta idéia não é apropriada porque defendemos que o uso dos bens ambientais de forma gratuita corresponde a um enriquecimento ilícito daquele que os utiliza.

O que nos parece traduzir-se em justo, além de eficaz, é fazer com que o tributo ambiental retorne para o ambiente degradado/utilizado. Isso garantiria àquele agente econômico, que pagou um valor acima da quantidade de poluição que impôs à sociedade, que o valor do tributo que recaiu sobre uso/poluição do bem ambiental seria reutilizado em melhorias ao próprio ambiente degradado, evitando o acumulo de degradação e aumentando o bem-estar daquele local. Ou seja, a vinculação das receitas aumentaria a satisfação do agente de forma a compensá-lo pelo dispêndio superior ao benefício que inicialmente auferiu.

Há que se registrar que a sociedade está disposta a suportar os custos a ela impostos até o ponto e* para ter o benefício da produção. Há deficiência quando a produção é inferior ou superior ao seu valor ótimo, no caso o ponto e*. Se a produção for inferior ou superior a este ponto há uma

FIGURA 1: CURVA REPRESENTANDO O VALOR EFICIENTE DO TRIBUTO

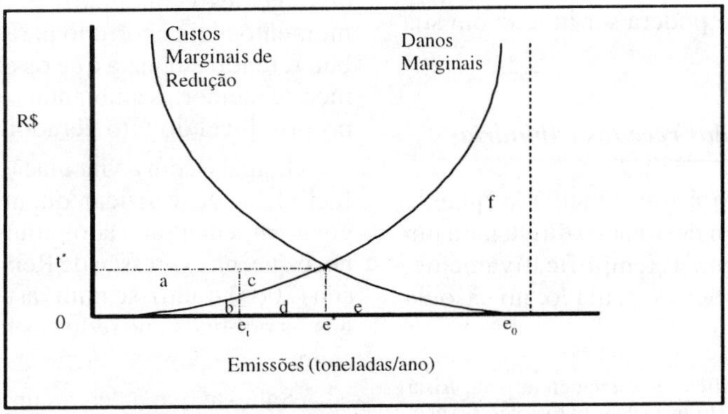

Fonte; Field, p. 273

Método de Preços Hedônicos — MPH, Método Dose Resposta — MDR, Análise Custo Benefício — ACB, entre outros. Para mais detalhes ver Seroa da Motta (1998a).

perda para a coletividade (Benakouche, 1994, p. 174).

No caso demonstrado na Figura 1, como o tributo foi instituído considerando as curvas de custo e de benefícios marginais, a empresa pode continuar poluindo até o ponto e*, reembolsando a "sociedade" pelas externalidades causadas por essa produção. E, mais, se o valor for revertido/vinculado em benefício do ambiente originário das externalidades que geraram o tributo, o agente econômico terá um tratamento mais equânime, pois o valor pago foi maior que o benefício auferido.

Além do que, como o cálculo dos custos marginais é individual para cada empresa, essa forma de cobrança de tributo está em acordo com o princípio da eqüidade, haja vista que, quanto menos inclinada a curva de custo marginal de redução da empresa, maior a redução e menor o pagamento de tributos. Quanto mais inclinada a curva de custo marginal de redução da empresa, menor a redução e maior o pagamento de tributos.[9]

Se, no cálculo do valor do tributo, fossem analisados todos os aspectos acima expostos, é muito provável que o tributo seria instituído, desde o começo, com o valor "ideal", logo, com grande possibilidade de atingir seu objetivo. Evidente, pois, que a eficácia do tributo está intimamente ligada a uma avaliação econômica ampla, do contrário ele poderá ser inócuo em sua finalidade.

4. Vinculação das receitas tributárias

Um tributo é dito vinculado quando suas receitas têm destinação direta para um determinado fim. Exemplificativamente, teríamos um tributo vinculado, no caso da instituição de um tributo sobre a água captada em um rio e fornecida, pelo Estado tributador, na residência "X", tendo previsão legal de ser destinado para a despoluição de determinado trecho do mesmo rio. Dizemos que este tributo é vinculado porque ao ser instituído ele já tem a previsão de onde irá ser empregado. Por outro lado, se um tributo for instituído sobre o corte de árvores de propriedade dos agentes econômicos, e o produto da arrecadação com o corte tiver previsão de ser destinado ao "caixa único" do Estado, em obediência ao princípio da unidade de caixa, diz-se tributo não-vinculado. Neste caso, não se teria a garantia de que o valor da arrecadação seria revertido em benefício da área que foi desmatada.

Para a economia, a vinculação das receitas seria uma forma de atender ao princípio da eqüidade, já que faz retornar ao local do fato gerador a parte dos tributos que os agentes econômicos pagaram a mais, em relação aos benefícios que auferiram.

Também aumentaria a confiabilidade dos agentes econômicos que cada vez mais olham com ceticismo para as "soluções" estatais. Isso porque os formuladores de políticas freqüentemente erram na dosagem e na duração da intervenção (Novaes, 2006). Haveria mais possibilidade de avaliar se o valor do tributo corresponde àquele valor que provoca mudança de comportamento dos agentes econômicos e, ainda, qual o momento mais oportuno para deixar de tributar, tendo em vista que os efeitos em termos de melhorias ambientais ocorreriam no próprio local do fato gerador.

E, mais, com a vinculação se teria mais facilidade de verificar quanto dos gastos governamentais alocados atingem seu destino, o que, na expressão de Reinikka e Svensson (2003) traduz-se num rastreamento dos gastos públicos que reduz as falhas de mercado.

Sabe-se que o "caixa único", é necessário ao Estado que precisa sobreviver e é através dele que o faz. Porém, já existem inúmeros tributos com esta finalidade e não

9. Para justificar esse raciocínio, vale frisar que, quando há a instituição do tributo, interessa economicamente ao poluidor parar de poluir em determinado ponto — o ponto ótimo, ou, pelo menos, o aceitável.

há como conceber bens ambientais sendo destruídos para arrecadar fundos para os cofres públicos.

Oliveira (1995, p. 91) assevera que é inegável a tendência de preestabelecer quais os recursos que devem ser captados e destacados para prover a determinada despesa e que a vinculação dá bons resultados e não significa, necessariamente, tirar o poder discricionário do Poder Público. Aliás, a vinculação das receitas é algo palpitante no meio social, entende-se, inclusive, que a principal finalidade dos tributos que surgirão não poderá ser a arrecadatória e sim servir como instrumento de intervenção estatal no meio social e na economia privada, principalmente porque a destinação das receitas tem sido vista com olhos aflitos pelos contribuintes, que exigem transparência, querem saber quem paga, quanto pagam, onde e quando serão usados os recursos.

A falta de transparência torna o contribuinte refém de uma cadeia burocrática e diminui a *eficácia* do instrumento (Mato Grosso, 2004, pp. 18-19).

Outro aspecto positivo da vinculação das receitas é o *quantum* de melhoria ambiental[10] poderia ser realizada, melhorias estas voltadas diretamente a atividades que elevam o bem-estar da sociedade em relação ao meio ambiente degradado. Poder-se-ia pensar que não há receitas tributárias porque o propósito do imposto é reduzir a contaminação a um nível adequado e que a esse nível não teria lugar a um pagamento de tributo.

Porém, há que se evidenciar que, ainda quando se alcança o nível acertado, ou seja, ainda que eficaz o tributo, sempre haverá arrecadação, porque o tributo se paga sobre toda a atividade nociva e não só pela porção que excede esse nível (Jacobs, 1995, p. 276).

Se não bastasse o *quantum* de melhoria realizável no meio ambiente com a vinculação das receitas há ainda a possibilidade de se concretizar o dividendo duplo. Nesse sentido, Brow (2003) defende a idéia que está em pleno vigor na Europa, de diminuir o tributo sobre a renda e tributar atividades destrutivas, afirmando que haveria mais investimentos em busca de tecnologias *ambiently friend*.

Da forma que hoje operam os impostos — espécie tributária mais ocorrente em relação a bens ambientais — não-vinculados — essa arrecadação não tem nenhum compromisso com o meio ambiente, sendo seu objetivo a pura e simples captação de riqueza para a Fazenda Pública (Borba, 2000, p. 25). Inexistindo qualquer vinculação dos tributos ambientais, o simples aumento dos preços, via tributação, não é medida segura de proteção ambiental, além do que a sua incidência nas atividades ambientais, isoladamente, indica apenas o apetite do Estado, não uma orientação ambiental da tributação.

E mais, a vinculação dos impostos é elemento legitimador da exação tributária. A simples arrecadação para o "caixa único" não justifica adoção de tributos ambientais. As normas desta tributação devem

10. Se essas receitas tiverem como característica a vinculação direta de uma atividade estatal voltada para o meio ambiente, poder-se-ia com elas fazer vários usos. Uma das alternativas poderia ser um *retorno para as empresas poluentes* para gastar com equipamentos de controle de poluição. Esta redistribuição ocorre na maior parte dos sistemas europeus.

Outra alternativa seria reverter essas receitas para melhorias ambientais, seja pela essencialidade e indivisibilidade dos serviços prestados pelo meio ambiente, seja para efetivamente fazer jus a afirmação de que o objetivo principal é a melhoria ambiental. Também poder-se-ia utilizar os tributos para *ajudar as pessoas cujo meio ambiente permanece afetado pela contaminação residual* (Jacobs, 1995, p. 277). Outro exemplo de melhoria é o caso do sistema adotado pela França desde 1969, em que em decorrência da vinculação direta a serviços ambientais, os tributos tiveram um efeito redistributivo muito importante: os recursos gerados pelos tributos destinaram-se à ajuda financeira para *os poluidores arcarem com os custos de medidas antipoluição* (Almeida, 1999, p. 94).

ter características eminentemente extrafiscais e não podem fazer parte da regra dos tributos, em especial, dos impostos, que se encaixam no princípio do caixa único (Oliveira, 1995, p. 93). A vinculação traz a vantagem de quem paga poder ver claramente o que está pagando e isto pode ajudar na aceitação pública[11] (Jacobs, 1995, p. 277), além de evitar demandas judiciais inacabáveis disputando o produto das receitas ambientais e, conseqüentemente, na melhoria da eficácia do instrumento econômico.

5. Dificuldades na implementação dessa forma de tributação

Atualmente há dificuldades jurídicas na implementação de um tributo no Brasil que atenda simultaneamente a necessidade de vinculação das receitas, aos princípios econômicos e jurídicos, a finalidade (que vise eminentemente a mudança de comportamento) e que não enseje a contraprestação estatal.

5.1 Princípios

Considerando que os bens ambientais são essenciais à sobrevivência da espécie humana, não há como imaginar uma cobrança que não seja eminentemente tributária, conforme previsão constitucional.

Assim, um tributo ambiental deve respeitar os princípios jurídicos e econômicos da tributação sob pena de perder sua legitimidade e ser declarado inconstitucional (Deon Sette e Nogueira, 2005). Porém, deve ser instituído nos moldes dos Princípios do Poluidor Pagador (PPP) ou do Usuário Pagador (PUP). Ambos têm na sua essência a aplicação da tributação aos bens e serviços ambientais, em cujas definições remanesce a idéia de que os agentes responsáveis pelas externalidades devem internalizar os custos sociais de suas atividades econômicas (Benjamin, 1993, p. 229).

Na aplicação de um tributo dessa natureza, nem sempre há como harmonizá-lo com os princípios econômicos da tributação. Por exemplo, não há como utilizar bens ambientais como *base de incidência* com o objetivo de atender ao princípio do *dimensionamento* da carga tributária. Por outro lado, há uma grande harmonia com os princípios da *eficiência* e *eqüidade*. No entanto, as diferenças supracitadas não tiram a legitimidade de um tributo ambiental, ao contrário, vem para demonstrar o quanto é peculiar o tratamento que se deve dar a essa forma de tributação, considerando que sua finalidade é única e exclusivamente extrafiscal.[12] A arrecadação que por ventura possa ocorrer não significa que o tributo ambiental tenha dupla finalidade — fiscal e extrafiscal, é apenas o elemento diferenciador do instrumento econômico que permite que o agente racionalize de forma a maximizar seus lucros ao invés de fixar padrões estanques. E, por decorrência lógica, haverá receitas ambientais já que ninguém visa a poluição zero, pois isso significa produção e consumo zero, e via de regra, isso não é viável nem desejável, pois a sociedade quer usufruir de bens de consumo e produção (Mueller, 2002, p. 108).

Em relação aos princípios jurídicos da tributação, destacamos aqueles que, em virtude de sua universalidade, podem ser considerados comuns à maioria dos sistemas jurídicos e que devem ser respeitados na

11. Como regra, a tributação ambiental é bem aceita pela população em geral, porém é altamente rejeitado pelos agentes produtivos, principalmente por tributar desde a primeira unidade de recurso utilizado. Essa rejeição pode estar relacionada com o fato de que os agentes entendam possuir direito de propriedade sobre seus bens ou ainda por não saberem porquê estão pagando e para onde esse valor está indo.

12. Um tributo é dito *fiscal* quando tem como principal objetivo a arrecadação de recursos financeiros para o Estado; e, *extrafiscal* quando atende a outros fins que não a arrecadação, tendo como objetivo principal a interferência no domínio econômico, atuando como condutor da economia, corretor de situações sociais indesejadas e um elemento decisivo para mudanças de comportamento dos agentes econômicos.

instituição de um tributo ambiental. São eles, os princípios da: a) *legalidade*; b) *anterioridade*; c) *irretroatividade*; d) *igualdade ou isonomia tributária*; e) *competência*; f) *capacidade contributiva*; g) *vedação do confisco* e h) *liberdade de tráfego*. Esses princípios têm a finalidade de proteger o contribuinte — cidadão — contra o abuso do poder estatal (Brito Machado, 2003, p. 45).[13]

5.2 Finalidade

No sistema tributário ora vigente, não há nenhuma espécie tributária que atenda aos Princípios do Poluidor Pagador e do Usuário Pagador e que tenha como finalidade a extrafiscalidade atrelada à característica da vinculação.

As espécies tributárias existentes relevantes para a análise da vinculação são as taxas e os impostos.[14] Porém, nenhuma delas possui as características supramencionadas. As *taxas* são instituídas sobre atividades que ensejam contraprestação do Estado. Como exemplo, poderíamos citar uma situação em que o Estado capta e fornece água nas residências, cobra o tributo e destina-o para investimento no local de onde capta a água. É um exemplo de cobrança de taxa, em que se verifica a característica constitucional de vincular as receitas, mas, por outro lado, exige uma atividade Estatal específica.

Os *impostos*, por seu turno, não ensejam contraprestação estatal, estando relacionados apenas ao livre agir do contribuinte. Ocorreria, por exemplo, no caso de corte de árvores da propriedade do próprio agente econômico, em que o Estado não desempenha nenhuma atividade, mas, por outro lado, tem proibição constitucional de vinculação de receitas, sendo que os valores arrecadados destinam-se a um "caixa único".

Além dos impostos e das taxas, poderiam suscitar a possibilidade de utilizar as contribuições especiais ou o chamado preço público, utilizados como denominação das cobranças ambientais por alguns doutrinadores.[15]

Dentre as hipóteses de incidências (fato gerador em abstrato) de contribuições sociais, a única que tem relação com o nosso trabalho são as *contribuições*[16] de intervenção no domínio econômico, as quais poderão se revestir da natureza jurídica de impostos, taxas ou até mesmo de contribuições de melhoria, respeitando-se sempre o regime jurídico tributário (Carrazza, 1997, p. 349). A respeito destas, Carrazza (1997, p. 347) assinala que a União deverá respeitar os princípios gerais da atividade econômica,[17] que são princípios que traçam o perfil da intervenção estatal. Assim, o domínio econômico poderá dar-se, por exemplo, para preservar o meio ambiente. Só que, continua Carrazza (1997, p. 347), tais contribuições só podem atingir setores delimitados da atividade econômica, por exemplo, os exploradores de soja, ou, os exploradores de recursos minerais, etc. E acrescenta que o legislador só poderá eleger sujeito passivo de tais contribuições dentre os que estiverem diretamente envolvidos[18] com a atividade econômica que se pretende disciplinar. Destarte, percebe-se que tais contribuições não se prestam para serem utilizadas, genericamente, em relação ao conjunto dos bens e serviços ambientais.

O *preço público* (ou *tarifa*),[19] também não se coaduna com as características ne-

13. Para um aprofundamento sobre esses princípios, ver Deon Sette, 2006.

14. As contribuições de melhoria, outra espécie tributária prevista no art. 145 da CF/1988, tem como fato gerador valorização imobiliária decorrente de obras públicas, situação que permite deixar de analisá-la neste trabalho.

15. Young e Young (1999) sugerem a denominação preço público.

16. Previstas no art. 149 da CF/1988.

17. Consoante dispõem os arts. 170 a 181 da CF/1988.

18. No caso de exploradores de recurso minerais, p.ex., só poderão ser obrigados a pagar tais contribuições as pessoas ou empresas que, mediante concessão ou autorização, a realizarem.

19. Tarifa e preço público são expressões similares.

cessárias à tributação ambiental. Isso porque a instituição do preço público não está adstrita à observância do regime jurídico tributário. Trata-se de preço/pagamento que deriva de contrato firmado, num clima de liberalidade pelas partes, com o fito de criarem direitos e deveres recíprocos. Logo, enseja a contraprestação. Não se confunde, pois, com a taxa, que nasce da Lei, é compulsória e resulta de uma atuação estatal desenvolvida sob a égide do direito público (Carrazza, 1997, p. 319). Ou seja, a tarifa vincula-se à idéia de efetivo fornecimento de bens ou serviços, variando o valor conforme a quantidade do consumo e está submetida ao regime jurídico do direito privado, cujos serviços realizados sejam de natureza comercial ou industrial (Dib, 2004). Ora, é evidente que os serviços públicos não comportam nenhum tipo de negociação, quer por parte do Estado, quer do contribuinte. Vale lembrar, tarifa não é tributo e por isso não precisa obedecer ao regime jurídico tributário. Com isso a entidade tributante, através da tarifa, pode atropelar os direitos do contribuinte, desdenhando dos princípios da legalidade, anterioridade etc. (Carrazza, 1997, pp. 320-321). A cobrança pelo uso e por serviços públicos envolvendo recursos naturais deve ser efetivada por tributo, pois, tratam-se de serviços públicos essenciais que não podem ser regidos pelas leis de livre mercado.[20] Podem ser concedidos e remunerados mediante preço público, aqueles serviços não essenciais e que, se não utilizados, disso não resulta dano ou prejuízo para a comunidade ou para o interesse público. Esses serviços são, de regra, delegáveis. Exemplo: serviço postal, serviço telefônico, telegráfico, distribuição de energia, de gás, etc. (Veloso, in Dib, 2004).

Como verificamos ao longo do desenvolvimento deste artigo, a vinculação das receitas advindas de tributação ambiental é essencial para a eficácia do instrumento. Como os impostos são a espécie tributária mais relevante, ambientalmente falando, a proibição constitucional da vinculação destes impostos deveria ser suprimida, permitindo-se a vinculação de toda a receita tributária oriunda de atividade ambiental. A procedência de tal raciocínio esbarra inicialmente no princípio da legalidade constitucional, na esfera tributária e não encontra sintonia com a natureza do tributo ventilado, uma vez que, a destinação universal dos impostos, característico de sua indivisibilidade, advém da sua não-vinculação aos fatos que os geraram.

Por outro lado, como o imposto é um tributo cuja obrigação tem por fato gerador uma situação independente de qualquer atividade estatal e, especificamente, o tributo ambiental não visa a arrecadação financeira, não existe nada que justifique a cobrança de tributos ambientais por parte do Estado, da forma que hoje operam, quando forem da espécie impostos.

Ao fazermos uma leitura com interpretação positivista[21] da norma, qualquer possibilidade de vinculação/destinação dessa espécie de tributo vem a desvirtuar a sua essência, transmudando tal hipótese em um terceiro gênero entre impostos e taxas. Tal o caráter imperativo do tema, que a CF/1988 estabelece expressamente as hipóteses de vinculação de receita advinda de impostos, limitando-a às áreas de saúde e educação, conforme se depreende do disposto no art. 167, IV[22] da Constituição Federal (CF/1988, 2004). Com certeza o legislador abriu essas exceções em função do caráter primordial no atendimento das ci-

20. Essa posição encontra-se na jurisprudência consoante se desprende, p.ex., no julgado da 1ª Turma do STJ, recurso especial 127.960-RS, 2002.

21. Escola jurídica que tem por base o direito positivo, ou seja, aquela que faz uma análise dogmática da norma.

22. "Art. 167. São vedados: (...). IV — A vinculação de receita de impostos a órgão, fundo ou despesa, ressalvada a repartição do produto da arrecadação dos impostos a que se referem os arts. 158 e 159, a destinação de recursos para as ações e serviços públicos de saúde e para a manutenção e desenvolvimento do ensino, como determinado, respectivamente, pelos arts. 198, § 2º, e 212 (...)" (CF/1988, 2004).

tadas áreas. Porém, na última década, a preocupação com o meio ambiente se tornou extremamente acentuada e emergencial de tal forma que entendemos ser perfeitamente plausível que o legislador passe a cogitar a idéia de inserir o meio ambiente, de forma ampla, como uma exceção no tratamento tributário da Carta Magna.

Para que isso possa se realizar, faz-se necessária uma alteração legislativa, através de uma emenda à Constituição, nos termos do art. 60[23] da CF/1988, na qual fosse acrescentada ao art. 145 da CF/1988 outra espécie tributária, adequada para destinar as receitas tributárias ambientais a melhorias e cuidados do próprio meio ambiente. Para essa espécie tributária deveriam ser instituídas novas regras entre impostos e taxas, efetivamente trasmutando a espécie tributária ligada aos bens e serviços ambientais, para uma espécie similar à contribuição de intervenção no domínio econômico, porém não restrita a determinada atividade e, sim, destinada a todos os bens e serviços ambientais. Assim, o art. 145 CF/1988 poderia ter a seguinte redação:

> Art. 145: A União, os Estados, o Distrito Federal e os Municípios poderão instituir os seguintes tributos:
>
> I — impostos;
>
> II — taxas, em razão do exercício de polícia ou pela utilização, efetiva ou potencial, de serviço público específico ou divisível, prestado ao contribuinte ou postos a sua disposição;
>
> III — contribuição de melhoria, decorrente de obras públicas;
>
> *IV — contribuição pelo uso do recurso ambiental, bem de uso comum do povo.*[24]

Considerando a hipótese de inserir o inciso acima citado, as regras a respeito dele poderiam dispor tratar-se de um tributo que: a) não enseja nenhum serviço prestado ou posto à disposição pelo Estado ao contribuinte, ou seja, não enseja a contraprestação Estatal;[25] b) que visa, eminentemente, a mudança de comportamento do agente que dele faz uso — extrafiscal;[26] e, c) destine as receitas dele advindas para benefício do próprio meio ambiente degradado — tributo vinculado.[27]

Como a defesa do meio ambiente é prioridade nacional porque o gozo de um meio ambiente sadio e que garanta a qualidade de vida é direito constitucionalmente assegurado,[28] fica não só justificada como é necessária a alteração sugerida, de forma a vincular as receitas dos tributos ambientais, inclusive dos impostos, até porque o § 1º do art. 225 da CF/1988 coloca como obrigação do Estado a tomada de um conjunto de ações em prol do meio ambiente (Oliveira, 1995, p. 91).

6. Considerações finais

As pesquisas e análises desenvolvidas ao longo deste trabalho nos mostraram que o instrumento econômico tributação é um instrumento muito eficaz em sua finalidade, qual seja, a mudança de comportamento dos agentes econômicos, principalmente porque permite que estes racionalizem

23. Art. 60, CF/1988: "A Constituição poderá ser emendada mediante proposta: I — de um terço, no mínimo, dos membros da Câmara dos Deputados ou do Senado Federal; II — do Presidente da República; III — de mais da metade das Assembléias Legislativas das unidades da Federação, manifestando-se, cada uma delas, pela maioria relativa de seus membros. (...). § 4º. Não será objeto de deliberação a proposta de emenda tendente a abolir: I — a forma federativa de Estado; II — o voto direto, secreto, universal e periódico; III — a separação dos poderes; e IV — os direitos e garantias individuais" (CF/1988, 2004). Os incisos citados são as cláusulas pétreas que, expressamente, não podem ser mudadas por emenda constitucional. Como se pode ver, a vinculação de receitas para ser destinada ao meio ambiente não fere nenhum desses incisos. Para mais informações sobre cláusulas pétreas ver Deon, 1999, pp. 45-55.

24. Texto nosso, meramente sugestivo.

25. No que seriam iguais à espécie tributária impostos.

26. Visariam apenas a mudança de comportamento dos agentes econômicos.

27. No que seriam iguais à espécie tributária taxas.

28. Art. 225 CF/1988.

suas decisões em busca da maximização de cada firma individualmente. Porém, para que isso ocorra, é condição *sine qua non* que na sua instituição sejam observados aspectos como: a) a elasticidade preço da demanda; b) o cálculo adequado do tributo de forma a influenciar na decisão do agente econômico; e, c) que as receitas advindas da tributação ambiental sejam revertidas em benefício do local do ambiente degradado/utilizado.

Para concretizar essa forma de tributação foi sugerida uma alteração no art. 145 da CF/1988, o que não encontra óbice nas disposições constitucionais vigentes.

Por tudo o que vimos a respeito dos tributos ambientais, acreditamos tratar-se de uma forma de intervenção em que se aplica a "Teoria dos Jogos" de John Nash,[29] em que, no final, todos os jogadores maximizam os resultados. Teríamos, de um lado, a sociedade em busca de um meio ambiente equilibrado, mas disposta a aceitar um pouco de poluição para poder usufruir da produção; de outro, o agente econômico em busca da produção máxima que, com a instituição do tributo, racionaliza a sua decisão para o ponto ótimo.

Destarte, o agente individualmente atinge o seu melhor — maximização de seu bem-estar —, ponto que coincide com o que a sociedade está disposta a aceitar em poluição para poder usufruir da produção — melhor para a sociedade. E, isso, indiscutivelmente é o melhor resultado para todos, inclusive para o meio ambiente.

Bibliografia

ALMEIDA, Luciana T. de (1999). *Política Ambiental: Uma Análise Econômica*. São Paulo, UNESP.

ARONSSON, Thomas, e BLONQUIST, Soren (2003). "On Environmental Taxation Under Uncertain Environmental Damage", *Environmental and Resource Economics* 24/183.

BENAKOUCHE, R., e CRUZ, R. S. (1994). *Avaliação Monetária do Meio Ambiente*. São Paulo, Makron Books, pp. 160-179.

BENJAMIN, Antônio Herman V. (1999). "Introdução ao Direito Ambiental Brasileiro", in *Manual Prático da Promotoria de Justiça do Meio Ambiente e Legislação Ambiental*. 2ª ed., São Paulo, IMESP, p. 229.

BORBA, Cláudio (2000). *Direito Tributário*. 5ª ed., Rio de Janeiro, Impetus, pp. 12-38.

BRITO MACHADO, Hugo de (2003). *Curso de Direito Tributário*. 23ª ed., São Paulo, Malheiros Editores, pp. 41-422.

BROWN, Lester (2003). "Diminuir impostos sobre a renda e aumentar sobre atividades destrutivas melhora o clima", *Jornal Gazeta Mercantil*, 19.7.2003.

CARRAZZA, Roque Antonio (1997). *Curso de Direito Constitucional Tributário*. 9ª ed., São Paulo, Malheiros Editores, pp. 345-353.

CARNEIRO, Ricardo (2001). *Direito Ambiental: Uma Abordagem Econômica*. Rio de Janeiro, Forense, pp. 78-83.

DEON, Marilise Ana (1999). *As Cláusulas Pétreas e a Constituição Federal de 1988*. Monografia de conclusão de Curso de Direito, Universidade Luterana do Brasil — ULBRA, Canoas/RS, 98 pp.

DEON SETTE, Marli T. (2006). *Considerações Sobre Vinculação de Receitas e Eficácia de Tributos na Gestão Ambiental*. Dissertação de Mestrado, UnB, Brasília, fev. 2006.

______, e NOGUEIRA, Jorge M.. "Direito Tributário, Meio Ambiente e Economia. Uma integração necessária", *Revista Jurídica*

29. A Teoria dos Jogos é uma teoria matemática sobre conflito e colaboração, de situações nas quais se pode favorecer ou contrariar um ao outro, ou ambos ao mesmo tempo. Para alguns jogos, a teoria pode indicar uma "solução" para o jogo, isto é, a melhor maneira a proceder para cada pessoa envolvida. Para aprofundamento sobre a Teoria dos Jogos, ver Chris Giles, 2002.

UNIVAG Centro Universitário 3/83-114 (nov. 2005), Várzea Grande, Ed. Atalaia.

DIB, Cristiano Cury (2004). "A inconstitucionalidade da tarifa de destinação de resíduos sólidos no Município de Uberlândia", *Jus Navegandi* 493, Teresina, a. 9, 12.11.2004, disponível em <http://www1.jus.com.br/doutrina/texto.asp?id= 5905>, acesso em 2.3.2005.

GASTALDI, J. Petrelli (2001). *Elementos da Economia Política*. 17ª ed., São Paulo,: Saraiva, pp. 407-423.

GILES, Chris (2002). *Jogos Mentais: "Mente Brilhante" Ignora Idéias e Economia*. <www.econ.puc-rio.br/gfranco/Nash-FSP.htm>, pesquisa realizada em 22.6.2006.

GUERRA, S. M. G., e SUARES, L. H. (1997). "Questões econômicas e implicações ambientais: visão introdutória", *Revista de Direito Ambiental* 8/83-107, São Paulo, a. 2, out.-dez. 1997.

JACOBS, M. (1995). Economía Verde. *Medio Ambiente y Desarrollo Sostenible: Estrategias Basadas en Incentivos: Impostos e Subsidios e as Emisiones*. Colombia, TM Editores/Ediciones Uniandes, pp. 227-342.

MANKIW, N. Gregori (2001). *Introdução à Economia*. 2ª ed. americana, Rio de Janeiro, Campus, pp. 207-266.

MATO GROSSO, Assembléia Legislativa de (2004). *Que Reforma É Essa?: Uma Crítica ao Sistema Tributário Brasileiro*. Série Desenvolvimento Sócio-Econômico. Cuiabá, PubliAL, 100 pp.

METCALF, G. E. (2003). "Environmental Levies and Distortionary Taxation: Pogou, Taxation and Pollution", *Journal of Public Economics*, article 87(2):313-322.

MUELLER, C. (2002). *Natureza das Políticas Sugeridas pela Teoria Neoclássica da Poluição*, Apostila de Análise Econômica para Gestão Ambiental, UnB, Capítulo 9.

NERY JÚNIOR, N., e NERY, R. M. (2002). *Novo Código Civil e Legislação Extravagante Anotados: Atualizada até 15.3.2002*. São Paulo, Ed. RT.

NOGUEIRA, J. M. (2002). *Instrumentos Econômicos de Gestão Ambiental: Instrumento de Política: Taxa*. Curso de Mestrado em Gestão Econômica do Meio Ambiente, notas de aula. Brasília, UnB.

NOVAES, R. de F. (2006). *A Economia na Política: Uma Revolução*. Extraída de <www.if.org.br>, em 13.1.2006.

OATES, Wallace E., e BAUMOL, Willian J. (1975). *The Instruments for Environmental Policy*. Nova Iorque, p. 104.

OLIVEIRA, J. M. D. de (1995). *Direito Tributário e Meio Ambiente: Proporcionalidade, Tipicidade Aberta, Afetação da Receita*. Rio de Janeiro, Renovar, 120 pp.

PERMAN, Roger; Yue MA; JAMES, McGilvrai e MICHAEL Common. (1999). *Natural Resource & Environmental Economics: Pollution Control Targets e Pollution control: Instruments*. 2ª ed., Inglaterra, Longman, p. 303.

PINDYCK, R. S., e RUBINFELD, D. L. (2002). *Microeconomia*. 5ª ed., São Paulo, Makron Books, 711 pp.

REINIKKA, R., e SVENSSON, J. (2003). *Survey Techniques to Measure and Explain Corruption*. The World Bank Development Research Group, site <www.cgu.gov.br>.

SANDRONI, P. (2001). *Novíssimo Dicionário de Economia*. 6ª ed., São Paulo, Best Seller, 649 pp.

SEROA DA MOTTA, R. (1998). *Manual para Valoração Econômica de Recursos Ambientais*. Brasília, Ministério do Meio Ambiente dos Recursos Hídricos e da Amazônia Legal.

______, e outros (2000). "Proposta de Tributação Ambiental. Atual Reforma Tributária

Brasileira", *Texto para Discussão* 737, Rio de Janeiro, IPEA.

TAPAI, Gisele de M. B., e outros (2004). *Constituição da República Federativa do Brasil*. 9ª ed., São Paulo, Ed. RT, pp. 17-250.

TURNER, R. K., PEARCE, D., e BATEMAN, I. (1993). "Environmental Economics: an elementary introduction", in *The Johns Hopkins University Press Baltimore*, p. 145.

YUNG, CARLOS E. F., e YUNG, Marcia C. F. (1999). "Aspectos jurídicos da aplicação de instrumentos econômicos na gestão ambiental: a nova política de recursos hídricos no Brasil", *Arché* 25:69-100.

ESTUDOS & COMENTÁRIOS

ESTUDO DAS NORMAS DE RESTITUIÇÃO DO ICMS RECOLHIDO POR SUBSTITUIÇÃO TRIBUTÁRIA

ODILO SOSSOLOTI
Bacharel em Direito – Especialista em Direito Tributário pela PUC/COGEAE – Mestrando em Direito Tributário pela PUC/SP

1. Introdução. 2. O Direito como sistema de normas jurídicas: 2.1 Conceito de "norma jurídica". 3. Sistema constitucional tributário brasileiro: 3.1 Princípios constitucionais tributários – 3.2 Competência tributária dos Estados e do Distrito Federal. 4. O ICMS e o conceito de "regra-matriz de incidência": 4.1 Os critérios da regra-matriz de incidência do ICMS. 5. A substituição tributária no Código Tributário Nacional: 5.1 Sujeição passiva e substituição tributária – 5.2 Espécies de substituição tributária – 5.3 O ICMS e a substituição tributária. 6. Substituição tributária progressiva e possibilidades de restituição do valor anteriormente recolhido: 6.1 O Convênio ICMS-13/1997 e a posição do STF – 6.2 A ADI 2.777, proposta pelo Governo do Estado de São Paulo, e a posição do STF. 7. Conclusão.

1. Introdução

O presente estudo aborda a substituição tributária e as possibilidades de restituição concernentes ao ICMS, tema sobre o qual existe grande divergência na doutrina no tocante à sua constitucionalidade.

Outro aspecto relevante é quanto à interpretação do dispositivo constitucional contido no § 7º do art. 150 da CF, que assegura a restituição do tributo quando não ocorrido o fato gerador presumido.

Considerando o Direito como sistema de normas, em face da Teoria Geral do Direito, a questão da substituição tributária do ICMS é tratada em consonância com os princípios constitucionais tributários.

Assim, por intermédio de uma interpretação sistemática das normas jurídicas, objetiva-se demonstrar as possibilidades de interpretação do disposto no § 7º do art. 150 da CF, no sentido de que a restituição da quantia paga possa abranger não só os casos de não-realização do fato gerador presumido, mas também as operações realizadas cujo valor seja inferior ao utilizado como base de cálculo presumida da retenção antecipada.

2. O Direito como sistema de normas jurídicas

"Direito positivo" pode ser definido como o conjunto de normas válidas em um determinado país que visa a estabelecer regras de conduta aos indivíduos que ali residem.

"Ciência do Direito" é o estudo que os juristas promovem a respeito das normas do direito positivo, procurando identificar seu conteúdo e sentido e, assim, obter sua significação, por meio de métodos de interpretação.

O eminente jurista Paulo de Barros Carvalho[1] enfatiza a necessidade de distinguir essas duas realidades.

O direito positivo, no entendimento do citado autor, utiliza uma linguagem prescritiva, isto é, estabelece regras de comportamento aos indivíduos, objetivando a harmonia no convívio social.

A lógica aplicada ao direito positivo é a Lógica Deôntica, ou seja, a lógica do dever-ser ou lógica das normas, que nesse sentido podem ser válidas ou não-válidas.

A ciência do Direito, por sua vez, utiliza uma linguagem descritiva, procurando interpretar e explicar as regras de comportamento, que constituem o direito positivo.

A linguagem da ciência do Direito é considerada de sobrenível, pois seu objeto – o direito positivo –, por sua vez, também é expresso em linguagem.

A lógica aplicada à ciência do Direito é a Lógica Clássica, cujas proposições podem ser verdadeiras ou falsas.

2.1 Conceito de "norma jurídica"

Os textos do direito positivo constituem o suporte físico que se refere ao comportamento humano, que é seu objeto ou significado.

A norma jurídica é a significação que se extrai do contexto dos textos de leis.

Contudo, os enunciados lingüísticos não contêm, em si mesmos, significações. A partir dos enunciados prescritivos, passa-se a construir na mente do intérprete as normas jurídicas. Assim, o conceito de "norma jurídica" não se confunde com "texto de lei" e nem com "enunciado prescritivo".

Nesse sentido o magistério de Paulo de Barros Carvalho: "Vê-se, desde agora, que não é correta a proposição segundo a qual dos enunciados prescritivos do direito positivo extraímos o conteúdo, sentido e alcance dos comandos jurídicos. Impossível seria retirar conteúdos de significações de entidades meramente físicas. De tais enunciados partimos, isto, sim, para a *construção* das significações, dos sentidos, no processo conhecido como *interpretação*".[2]

Assim, no entendimento do festejado Mestre, o texto de lei é o suporte físico, elemento material, sendo o ponto de partida da formação das significações e referência aos entes significados.

O texto de lei traz a mensagem transmitida pelo legislador na forma de enunciados prescritivos, na forma de proposição-hipótese referente ao antecedente e proposição-tese referente ao conseqüente.

Nesse sentido, *norma jurídica* é o conteúdo de significação que se forma em nosso pensamento a partir da leitura dos textos do direito positivo.

As normas jurídicas constituem um juízo hipotético condicional, ou seja, *dado o fato (x), então deve ser a prestação (y).*

A norma jurídica compõe-se de um antecedente e um conseqüente, ligados por um conectivo deôntico. No antecedente está a previsão de um comportamento, e no conseqüente as conseqüências que resultam de sua consecução. A norma jurídica pode ser geral e abstrata ou individual e concreta.

3. *Sistema constitucional tributário brasileiro*

Sistema é um conjunto de elementos que se acham vinculados debaixo de um princípio unitário ou como a reunião de partes orientadas por um direcionamento comum.

1. Paulo de Barros Carvalho, *Curso de Direito Tributário*, 16ª ed., p. 2.

2. Paulo de Barros Carvalho, *Direito Tributário: Fundamentos Jurídicos da Incidência*, 2ª ed., p. 17.

Os sistemas, segundo Paulo de Barros Carvalho,[3] subdividem-se em sistemas reais ou empíricos e sistemas proposicionais.

Os sistemas reais são constituídos por objetos extralingüísticos do mundo físico e social.

Os sistemas proposicionais são constituídos por proposições, o que implica emprego de linguagem, e subdividem-se em nomológicos e nomoempíricos.

Os sistemas nomológicos são meramente formais, compostos por entidades ideais, como a Lógica, a Matemática.

Já os sistemas nomoempíricos são constituídos por proposições com referência empírica e subdividem-se em descritivos e prescritivos.

O sistema do direito positivo é nomoempírico prescritivo e utiliza linguagem técnica.

O sistema da ciência do Direito é nomoempírico descritivo e utiliza linguagem científica. A ciência do Direito tem como objeto os enunciados prescritivos do direito positivo, regido pelo princípio da imputação.

3.1 Princípios constitucionais tributários

A noção comum de "princípio" é de "começo", "origem".

Roque Antônio Carrazza[4] define "princípio jurídico" como um enunciado lógico, podendo estar implícito ou explícito, de grande generalidade, vinculando a interpretação e aplicação das normas jurídicas a ele relacionadas.

Assim, os princípios constitucionais são normas qualificadas, veiculando diretrizes que interferem na ordem jurídica.

A Constituição Federal está no ápice do sistema jurídico, sendo fundamento de validade das normas infraconstitucionais.

Paulo de Barros Carvalho[5] enumera, entre outros, o princípio da estrita legalidade, o princípio da anterioridade, o princípio da irretroatividade da lei tributária, o princípio da tipologia tributária, o princípio da proibição de tributo com efeito de confisco.

O insigne jurista entende que o princípio da estrita legalidade tem para o direito tributário uma maior importância, na medida em que o art. 150, I, da CF veda a criação ou o aumento de tributo sem lei que o estabeleça.

Desse modo, o veículo introdutor da norma tributária no ordenamento jurídico haverá de ser a lei, que deverá trazer todos os elementos necessários ao nascimento da relação obrigacional – ou seja, a tipicidade tributária.

O princípio da anterioridade, nos termos do art. 150, III, "b", da CF, impede a cobrança de tributos no mesmo exercício financeiro da publicação da lei que os instituiu ou aumentou.

O princípio da irretroatividade da lei tributária, consubstanciado no art. 150, III, "a", da CF, determina que os entes tributantes – União, Estados, Distrito Federal e Municípios – só podem cobrar tributos de fatos geradores ocorridos após a lei que os instituiu ou aumentou.

A finalidade do citado princípio, em consonância com o princípio da irretroatividade das leis, é garantir o direito adquirido, o ato jurídico perfeito e a coisa julgada.

O princípio da tipologia tributária – que, de acordo com o citado jurista, está implícito na redação do art. 154, I, da CF – outorga competência à União para instituir, mediante lei complementar, outros impostos além dos discriminados no art. 153, desde que o fato gerador ou a base de cálculo sejam diferentes dos impostos já discriminados na Constituição.

3. Paulo de Barros Carvalho, *Curso de Direito Tributário*, 16ª ed., pp. 130-133.

4. Roque Carrazza, *Curso de Direito Constitucional Tributário*, 17ª ed., p. 31.

5. Paulo de Barros Carvalho, *Curso de Direito Tributário*, 16ª ed., pp. 157-160.

Desse modo, o tipo tributário é definido pela conjugação da hipótese de incidência e base de cálculo, servindo, inclusive, para diferenciar as espécies tributárias.

O princípio da proibição de criação de tributo com efeito de confisco, nos termos do art. 150, IV, da CF, não tem seus limites precisamente definidos, pois implica subjetivismo na sua valoração, sendo mais um sinal de alerta para o legislador.

3.2 Competência tributária dos Estados e do Distrito Federal

Por força do pacto federativo e da autonomia dos Municípios, a União, os Estados, o Distrito Federal e os Municípios gozam de autonomia política e financeira.

Desse modo, a Constituição Federal outorgou a esses entes políticos competência tributária, entendida como aptidão de criar tributos *in abstracto*, inovando a ordem jurídica.

Em decorrência do princípio da legalidade, a criação de tributos só pode ocorrer mediante edição de lei.

A competência tributária tem como características a indelegabilidade, a irrenunciabilidade e a incaducabilidade.

A Constituição Federal é rígida, traçando de modo bem definido a repartição de competências entre os entes políticos.

Desse modo, a possibilidade de delegação de competência tributária desfiguraria esse esquema traçado na Constituição, podendo suscitar conflitos entre os entes tributantes.

O mesmo se aplica à irrenunciabilidade, que, caso fosse possível, instalaria a desordem no sistema tributário.

Quanto à incaducabilidade, temos que a Constituição tem efeito duradouro. Assim, o não-exercício de uma competência tributária não pode acarretar sua perda.

A Constituição Federal do Brasil cuida minuciosamente do sistema tributário, estabelecendo as competências dos entes tributantes, assim como a materialidade dos tributos.

Assim, em relação ao ICMS, dispõe o art. 155 da CF:

"Art. 155. Compete aos Estados e ao Distrito Federal instituir impostos sobre: (...) II – operações relativas à circulação de mercadorias e sobre prestações de serviços de transporte interestadual e intermunicipal e de comunicação, ainda que as operações e as prestações se iniciem no exterior; (...).

"(...).

"§ 2º. O imposto previsto no inciso II atenderá ao seguinte: I – será não-cumulativo, compensado-se o que for devido em cada operação relativa à circulação de mercadorias ou prestação de serviços com o montante cobrado nas anteriores pelo mesmo ou outro Estado ou pelo Distrito Federal; II – a isenção ou não-incidência, salvo determinação em contrário da legislação: a) não implicará crédito para compensação com o montante devido nas operações ou prestações seguintes; b) acarretará a anulação do crédito relativo às operações anteriores; III – poderá ser seletivo, em função da essencialidade das mercadorias e dos serviços; IV – resolução do Senado Federal, de iniciativa do Presidente da República ou de um terço dos senadores, aprovada pela maioria absoluta de seus membros, estabelecerá as alíquotas aplicáveis às operações e prestações, interestaduais e de exportação; V – é facultado ao Senado Federal: a) estabelecer alíquotas mínimas nas operações internas, mediante resolução de iniciativa de um terço e aprovada pela maioria absoluta de seus membros; b) fixar alíquotas máximas nas mesmas operações para resolver conflito específico que envolva interesse de Estados, mediante resolução de iniciativa da maioria absoluta e aprovada por dois terços de seus membros; (...) IX – incidirá também: a) sobre a entrada de bem ou mercadoria importados do exterior por pessoa física ou jurídica, ainda que não seja contribuinte habitual do impostos, qualquer que seja a sua finalidade, assim como sobre o serviço prestado no exterior, cabendo o imposto ao Estado onde estiver situado o domicílio ou o estabelecimento do destinatário da mercadoria, bem ou serviço; b) sobre o valor total da operação, quando mercadorias forem fornecidas com serviços não compreendidos na competência tributária dos Municípios; (...)."

A competência tributária tem estrutura normativa prevista na Constituição Federal. Trata-se de norma de estrutura, voltada para o legislador infraconstitucional, que, ao instituir tributos, deverá observá-la. A Constituição Federal não cria tributos, de modo que é pelo exercício da competência tributária dos entes políticos que eles são instituídos, constituindo direito subjetivo das referidas pessoas políticas, que poderão exercê-lo ou não, exceto quanto ao ICMS, uma vez que, em decorrência do sistema federativo, não é facultativo o exercício da competência tributária dos Estados e do Distrito Federal em relação a esse tributo.

4. O ICMS e o conceito de "regra-matriz de incidência"

O ICMS é, na verdade, constituído por vários impostos, cujas hipóteses de incidência são distintas, em virtude de possuírem critério material, sujeito passivo e base de cálculo próprios.

Segundo o professor Roque Antônio Carrazza,[6] a Constituição Federal juntou vários impostos diferentes sob a sigla "ICMS".

Tal situação decorre das hipóteses de incidência estabelecidas no texto constitucional, que determinam critérios materiais diferentes, tais como: (a) promover operação de circulação de mercadorias; (b) promover operação de importação de mercadoria ou bem, ainda que destinados ao consumo ou ativo fixo; (c) promover prestação onerosa de serviço de transporte intermunicipal ou interestadual de pessoas ou bens. Pode também se iniciar no exterior, desde que contratado no Brasil; (d) promover prestação onerosa de serviço de comunicação; (e) promover produção, importação, circulação, distribuição ou consumo de lubrificantes e combustíveis líquidos e gasosos; (f) promover produção, importação, circulação, distribuição ou consumo de energia elétrica; (g) promover extração, circulação, distribuição ou consumo de minerais.

A regra-matriz de incidência tributária é uma norma jurídica que define como se dará a incidência tributária em seus vários aspectos.

Trata-se de uma construção lógica elaborada pela ciência do Direito, que permite a perfeita identificação da fenomenologia.

Segundo o magistério de Paulo de Barros Carvalho,[7] a regra-matriz de incidência é composta de um antecedente e um conseqüente.

O antecedente, ou descritor, compreende os critérios material, espacial e temporal.

O critério material compreende a hipótese de incidência tributária. Trata-se de juízo hipotético, que descreve de forma abstrata um possível evento do mundo real, que foi escolhido pelo legislador. Está ligado a um comportamento, é formado por um verbo.

O critério espacial compreende o lugar da ocorrência do possível evento, tendo implicações quanto à competência entre os entes tributantes.

O critério temporal determina o momento da ocorrência do citado evento.

No conseqüente, ou prescritor, estão presentes as informações que permitem identificar os elementos que compõem a relação obrigacional, que são: o critério pessoal e o critério quantitativo.

O critério pessoal indica os sujeitos ativo e passivo da relação obrigacional. O

6. Roque Carrazza, *ICMS*, 9ª ed., p. 34.

7. Paulo de Barros Carvalho, *Curso de Direito Tributário*, 16ª ed., pp. 241-340.

sujeito ativo é aquele a quem a lei outorgou o direito subjetivo de exigir do sujeito passivo o cumprimento de uma obrigação. O critério quantitativo está relacionado com o valor econômico da obrigação, que se compõe da base de cálculo e da alíquota.

A base de cálculo é o valor sobre o qual incidirá a alíquota, resultando no montante do valor a ser pago ao sujeito ativo. Sua função é medir a proporção do fato jurídico tributário, confirmando, infirmando ou afirmando o critério material da hipótese de incidência. Outra função é determinar a natureza do tributo, se imposto, taxa ou contribuição de melhoria, em virtude de, caso seja imposto, não ter como contrapartida qualquer serviço prestado pelo Estado, o que ocorre na taxa e contribuição de melhoria, atestando-se sua constitucionalidade.

A base de cálculo está relacionada com a capacidade contributiva objetiva, na medida em que o legislador elege signos que ostentem riqueza. Relaciona-se também com o fato jurídico tributário, na medida em que confirma o critério material da hipótese de incidência. A base cálculo está relacionada com o fato jurídico tributário, pois deve haver correlação entre a hipótese de incidência e a natureza da base de cálculo.

4.1 Os critérios da regra-matriz de incidência do ICMS

O conceito de "regra-matriz de incidência" pode ser aplicado ao ICMS, de modo que se conheça o fenômeno da incidência desse tributo.

Considerando o objetivo deste estudo, limitaremos a aplicação da regra-matriz de incidência às operações mercantis, que terão implicação posteriormente, quando do estudo da substituição tributária.

O critério material é a realização de operação de circulação de mercadorias.

Roque Antônio Carrazza[8] adverte que o ICMS incide sobre operações mercantis das quais resulta circulação de mercadorias, devendo tal circulação ser entendida em sentido jurídico, isto é, deve ocorrer a transmissão da titularidade sobre a mercadoria em questão.

O critério espacial é o território do Estado onde ocorreu a operação de circulação de mercadorias, independentemente de o destinatário estar, ou não, localizado nesse Estado.

O critério temporal é o momento da transferência da titularidade da mercadoria, ou seja, o momento da tradição que faz a transferência de domínio de bens móveis.

O sujeito ativo é o Estado onde se realizou a operação de circulação de mercadorias.

O sujeito passivo, em regra, é o comerciante, o industrial, o produtor ou assemelhado que realize operação de circulação de mercadorias, ou pessoa física que promova tal fato com habitualidade.

Pode a lei eleger outra pessoa, diversa do contribuinte, denominado "responsável". A figura do responsável será estudada posteriormente, quando da abordagem da substituição tributária.

A base de cálculo é o valor da operação referente ao negócio jurídico realizado. Em relação à alíquota do ICMS, os percentuais são variáveis.

Nas operações internas ocorridas no Estado de São Paulo a alíquota normal é de 18%. Nas operações interestaduais de contribuinte paulista com os Estados de Minas Gerais, Rio de Janeiro, Paraná, Santa Catarina e Rio Grande do Sul a alíquota a ser aplicada é de 12%. Em relação aos demais Estados, 7%.

Entretanto, existem outras alíquotas, dependendo do produto, como produtos supérfluos e derivados de petróleo, que são tributados à alíquota de 25%, nos termos da Lei estadual paulista 6.374/1989.

5. A substituição tributária no Código Tributário Nacional

O CTN trata da sujeição passiva em seu art. 121, *verbis*:

8. Roque Carrazza, *ICMS*, 9ª ed., p. 51.

"Art. 121. Sujeito passivo da obrigação principal é a pessoa obrigada ao pagamento de tributo ou penalidade pecuniária.

"Parágrafo único. O sujeito passivo da obrigação principal diz-se: I – contribuinte, quando tenha relação pessoal e direta com a situação que constitua o respectivo fato gerador; II – responsável, quando, sem revestir a condição de contribuinte, sua obrigação decorra de disposição expressa de lei."

Paulo de Barros Carvalho,[9] em crítica ao citado parágrafo único do art. 121, entende que é incorreta a distinção do sujeito passivo em "contribuinte" e "responsável".

Ocorre que na época em que foi editada a Lei 5.172/1966 prevaleceu o entendimento do emitente jurista Rubens Gomes de Sousa, que se utilizava de critérios econômicos para denominar categorias jurídicas, explicando que por vezes o legislador escolhia pessoa diferente, que seria a sujeição passiva indireta.

Com o desenvolvimento da ciência do direito tributário no Brasil, que tem como objeto o direito positivo, constatou-se que é irrelevante o grau de relação econômica que motivou a legislador a eleger determinada pessoa para fazer nascer o liame tributário, por se tratar de questão pré-jurídica.

Desse modo – assevera Paulo de Barros Carvalho –, o legislador nada substitui, e, sim, somente institui, considerando-se que, anteriormente à lei que elege o sujeito passivo, inexiste, juridicamente, outro sujeito, que seria o contribuinte direto.

Assim, em consonância com o jurista argentino Héctor Villegas, Paulo de Barros,[10] visando a superar dificuldades de ordem semântica, sugere a denominação "destinatário legal tributário", que é mais apropriada à compreensão da sujeição passiva tributária, por exprimir maior teor de racionalidade.

5.1 Sujeição passiva e substituição tributária

O CTN estipula, em seu art. 128: "Art. 128. Sem prejuízo do disposto neste Capítulo, a lei pode atribuir de modo expresso a responsabilidade pelo crédito tributário a terceira pessoa, vinculada ao fato gerador da respectiva obrigação, excluindo a responsabilidade do contribuinte ou atribuindo-a a este em caráter supletivo do cumprimento total ou parcial da referida obrigação".

O citado dispositivo legal deu origem à instituição da *substituição tributária* no ICMS.

5.2 Espécies de substituição tributária

Em relação ao ICMS, objeto do presente estudo, existem duas formas de substituição tributária: regressiva e progressiva.

A chamada "substituição tributária regressiva", também denominada "para trás", consiste na escolha, pelo legislador, de pessoa vinculada ao fato jurídico tributário, a responsabilidade pelo pagamento do tributo, que normalmente já deveria ter sido pago.

Quanto a esse tipo de substituição tributária não há controvérsia doutrinária.

José Eduardo Soares de Melo[11] entende que se trata de diferimento, uma vez que o pagamento do tributo fica postergado, por questão de praticidade fiscal, citando, em relação ao ICMS, o caso dos produtos agrícolas, como o gado em pé, em que o adquirente é o sujeito passivo por operação realizada pelo produtor rural, bem como as operações com sucatas, em que o ICMS é exigido do industrial que adquire essas mercadorias.

9. Paulo de Barros Carvalho, *Direito Tributário: Fundamentos Jurídicos da Incidência*, 2ª ed., p. 151.

10. Idem, p. 152.

11. José Eduardo Soares de Melo, *Curso de Direito Tributário*, 4ª ed., p. 202.

Nesse mesmo sentido, Paulo de Barros Carvalho[12] entende que, por ter o legislador eleito pessoa no espaço do acontecimento, não há discrepância com relação às diretrizes constitucionais.

A "substituição tributária progressiva", também conhecida como "para frente", consiste em eleger um sujeito que ficará obrigado ao pagamento de tributo sobre evento futuro.

As legislações estaduais determinam quais mercadorias estão sujeitas ao regime de substituição tributária e quem será o sujeito passivo, ou seja, o substituto tributário.

Exemplificando: uma indústria de cerveja, ao vender essa mercadoria a um supermercado, além de pagar o ICMS sobre a operação própria, deverá pagar o ICMS pela operação subseqüente, ou seja, a operação a ser realizada futuramente pelo supermercado com o consumidor final.

Para calcular o ICMS na substituição tributária, deve-se acrescer uma margem de lucro presumida.

Assim, o supermercado, ao adquirir essa mercadoria, já terá pago o ICMS referente à futura venda.

Nessa situação, a posição majoritária da doutrina é no sentido de que a substituição tributária progressiva, ao exigir tributo sobre fato presumido, está em desconformidade com diversos princípios constitucionais, que serão adiante considerados.

5.3 O ICMS e a substituição tributária

Anteriormente à edição da Emenda Constitucional 7/1993 já existia substituição tributária no ICMS, com base na Lei Complementar 44, de 7.12.1983, e no Convênio ICM-66, de 14.12.1988.

Estabelecia a Lei Complementar 44, em seu art. 6º: "§ 3º. A lei estadual poderá atribuir a condição de responsável: a) ao industrial, comerciante ou outra categoria de contribuinte, quanto ao imposto devido na operação ou operações anteriores, promovidas com a mercadoria ou seus insumos; b) ao produtor, industrial ou comerciante atacadista, quanto ao imposto devido pelo comerciante varejista; c) ao produtor ou industrial, quanto ao imposto devido pelo comerciante atacadista e pelo comerciante varejista".

O Convênio ICM-66, de 14.12.1988, estabelecia, em seu art. 25: "Art. 25. A lei poderá atribuir a condição de substituto tributário a: I – industrial, comerciante ou outra categoria de contribuinte, pelo pagamento do imposto devido na operação ou operações anteriores; II – produtor, extrator, gerador, inclusive de energia, industrial, distribuidor, comerciante ou transportador, pelo pagamento do imposto devido nas operações subseqüentes".

Com a promulgação da Emenda Constitucional 3, de 17.3.1993, publicada no *DOU* em 18.3.1993, a substituição tributária passou a ter previsão constitucional.

A citada Emenda estabeleceu:

"Art. 1º. Os dispositivos da Constituição Federal abaixo enumerados passam a vigorar com as seguintes alterações:

"(...).

"'Art. 150. (...).

"'(...).

"'§ 7º. A lei poderá atribuir a sujeito passivo da obrigação tributária a condição de responsável pelo pagamento de imposto ou contribuição, cujo fato gerador deva ocorrer posteriormente, assegurada a imediata e preferencial restituição da quantia paga, caso não se realize o fato gerador presumido.'"

Roque Antônio Carrazza[13] entende que o § 7º do art. 150, introduzido pela Emenda Constitucional 3/1993, é inconstitucional, porque viola o princípio da segu-

12. Paulo de Barros Carvalho, *Direito Tributário: Fundamentos Jurídicos da Incidência*, 2ª ed., p. 162.

13. Roque Carrazza, *ICMS*, 9ª ed., p. 233.

rança jurídica ao criar presunções de acontecimentos futuros que ensejam a incidência tributária.

No mesmo sentido o magistério de José Eduardo Soares de Melo,[14] que considera a substituição tributária progressiva inconstitucional, em que pese à Emenda Constitucional 3/1993, porque fere os direitos e garantias individuais, por ele considerados cláusulas pétreas.

Em contraposição, o magistério de Aires Fernandino Barreto[15] admite a constitucionalidade da substituição tributária no ICMS, desde que respeitados os limites estabelecidos pela Constituição Federal.

No entendimento do nobre jurista, o regime de substituição tributária deve estar em consonância com os princípios constitucionais. No caso do ICMS, deve-se garantir o direito ao crédito assegurado pelo princípio da não-cumulatividade.

Outro requisito a ser observado é em relação à aplicação da lei da data das operações substituídas, desconsiderando-se a data da operação do substituto.

Igualmente, deverá ser garantido o imediato ressarcimento do substituto quando não ocorrerem os fatos que ensejaram a substituição tributária.

Entendemos que assiste razão ao eminente jurista Aires Fernandino Barreto no sentido da constitucionalidade do regime de substituição tributária, desde que em consonância com os ditames constitucionais.

Embora a maioria dos juristas considerasse a Emenda Constitucional 3/1993 inconstitucional, por violar princípios tidos como cláusulas pétreas, a exemplo dos direitos e garantias individuais, o STF decidiu:

"Tributário – ICMS – Estado de São Paulo – Comércio de veículos novos – Art. 155, § 2º, XII, 'b', da CF/1988 – Convênios ICM n. 66/1988 (art. 25) e ICMS n. 107/1989; art. 8º, XIII, e § 4º, da Lei paulista n. 6.374/1989.

"O regime de substituição tributária referente ao ICM já se achava previsto no Decreto-lei n. 406/1968 (art. 128 do CTN e art. 6º, §§ 3º e 4º, do mencionado decreto-lei), normas recebidas pela Carta de 1988, não se podendo falar, nesse ponto, em omissão legislativa capaz de autorizar o exercício, pelos Estados, por meio do Convênio ICM n. 66/1988, da competência prevista no art. 34, § 8º, do ADCT/1988.

"Essa circunstância, entretanto, não inviabiliza o instituto, que, relativamente a veículos novos, foi instituído pela Lei paulista n. 6.374/1989 (dispositivos indicados) e pelo Convênio ICMS n. 10/1989, destinado não a suprir omissão legislativa, mas a atender à exigência prevista no art. 6º, § 4º, do referido Decreto-lei n. 406/1968, em face da diversidade de Estados aos quais o referido regime foi estendido, no que concerne aos mencionados bens.

"A responsabilidade, como substituto, no caso, foi imposta, por lei, como medida de política fiscal, autorizada pela Constituição, não havendo que se falar em exigência tributária despida de fato gerador" (acórdão do STF referente ao RE 213.396, recorrente: Estado de São Paulo, recorrida: Diasa Distrib. e Import. de Automóveis S/A, rel. Min. Ilmar Galvão, j. 2.8.1999, *DJU* 1.12.2000).

Assim, a matéria se encontra pacificada pela jurisprudência do STF.

Como já exposto, entendemos que a norma jurídica da substituição tributária é válida, desde que em consonância com os princípios constitucionais.

6. Substituição tributária progressiva e possibilidades de restituição do valor anteriormente recolhido

Existem duas situações que podem ensejar a restituição do ICMS recolhido

14. José Eduardo Soares de Melo, *ICMS – Teoria e Prática*, 5ª ed., p. 158.

15. Aires Fernandino Barreto, "Substituição tributária e restituição de diferenças de base de cálculo", *Revista Dialética de Direito Tributário* 84/7.

pelo substituto, em decorrência do regime de substituição tributária.

A primeira ocorre quando não se realiza o fato gerador presumido, como no caso de perecimento da mercadoria em poder do substituído.

A segunda ocorre quando se realiza o fato gerador presumido, porém por valor inferior ao utilizado como base de cálculo para retenção do ICMS por substituição tributária, a cargo do substituto.

A CF, em seu art. 150, estabelece: "§ 7º. A lei poderá atribuir a sujeito passivo de obrigação tributária a condição de responsável pelo pagamento de imposto ou contribuição, cujo fato gerador deva ocorrer posteriormente, assegurada a imediata e preferencial restituição da quantia paga, caso não se realize o fato gerador presumido".

Num primeiro exame, poder-se-ia concluir que somente no caso da não-realização da operação posterior, por parte do substituído, e que ensejou o pagamento do ICMS por substituição tributária, é que haveria possibilidade de restituição da quantia paga.

Entretanto, numa interpretação sistemática, verifica-se que é possível admitir que em ambas as situações acima descritas poderá ser reconhecido ao substituído o direito à devolução do imposto recolhido a maior.

Quando da não-ocorrência do fato gerador presumido, não existem maiores indagações, considerando-se que o texto constitucional é bastante claro a respeito.

Assim, embora muitos juristas considerem inconstitucional a substituição tributária progressiva, não divergem quanto a esse ponto, por entenderem que nesse caso a substituição tributária resguarda o direito do substituído.

No caso da segunda situação, em que há a ocorrência do fato gerador presumido, porém por valor inferior ao utilizado para base de cálculo do ICMS pago por substituição tributária, a posição dominante dos juristas é no sentido de que o texto constitucional deve ser interpretado em consonância com os magnos princípios da segurança jurídica e da capacidade contributiva.

Por conseqüência, o entendimento dominante é no sentido de que o substituído tem direito à restituição do valor pago a maior em decorrência de a operação subseqüente ter sido realizada por valor inferior ao utilizado para a base de cálculo do imposto na substituição tributária.

Nesse sentido, pondera o jurista Aires Fernandino Barreto[16] que a base de cálculo efetiva – ou seja, o valor da operação – deve prevalecer em relação à base de cálculo arbitrada, do fato futuro, considerando-se que a base de cálculo deve estar em consonância com o critério material da regra-matriz de incidência.

De igual forma, Roque Antônio Carrazza[17] observa que, à vista do Estatuto do Contribuinte, os valores que excedam o preço da operação ou prestação realizada devem ser restituídos, pois do contrário ocorreria tipificação de novo tributo, ferindo-se os princípios da legalidade e do não-confisco.

6.1 O Convênio ICMS-13/1997 e a posição do STF

Inicialmente os Estados admitiam a devolução de ICMS tanto na hipótese da não-realização do fato gerador presumido como na venda por valor inferior ao utilizado como base de cálculo do ICMS por substituição tributária.

Posteriormente, os Estados do Acre, Alagoas, Amapá, Amazonas, Bahia, Ceará, Espírito Santo, Goiás, Maranhão, Mato Grosso, Mato Grosso do Sul, Minas Gerais, Pará, Paraíba, Piauí, Rio de Janeiro, Rio Grande do Norte, Rio Grande do Sul,

16. Aires Fernandino Barreto, "Substituição tributária e restituição de diferenças de base de cálculo", *Revista Dialética de Direito Tributário* 84/31.

17. Roque Carrazza, *ICMS*, 9ª ed., p. 254.

Rondônia, Roraima, Sergipe e Tocantins e o Distrito Federal firmaram o Convênio 13/1997, que prevê a devolução de ICMS pago por substituição tributária somente quando não se realizar o fato gerador presumido.

O STF, ao julgar a ADI 1.851-4-AL, proposta pela Confederação Nacional do Comércio/CNC, firmou entendimento no sentido da constitucionalidade do citado convênio, conforme se depreende da ementa da decisão proferida:

"*Ementa:* Tributário – ICMS – Substituição tributária – Cláusula 2ª do Convênio n. 13/1997 e §§ 6º e 7º do art. 498 do Decreto n. 35.245/1991 (redação do art. 1º do Decreto n. 37.406/1998), do Estado de Alagoas – Alegada ofensa ao § 7º do art. 150 da CF (redação da Emenda Constitucional n. 3/1993) e ao direito de petição e de acesso ao Judiciário.

"Convênio que objetivou prevenir guerra fiscal resultante de eventual concessão do benefício tributário representado pela restituição do ICMS cobrado a maior quando a operação final for de valor inferior ao do fato gerador presumido – Irrelevante que não tenha sido subscrito por todos os Estados, se não se cuida de concessão de benefício (Lei Complementar n. 24/1975, art. 2º, inciso 2º).

"Impossibilidade de exame, nesta ação, do decreto, que tem natureza regulamentar.

"A Emenda Constitucional n. 3/1993, ao introduzir no art. 150 da CF/1988 o § 7º, aperfeiçoou o instituto, já previsto em nosso sistema jurídico-tributário, ao delinear a figura do fato gerador presumido e ao estabelecer a garantia de reembolso preferencial e imediato do tributo pago quando não verificado o mesmo fato a final. A circunstância de ser presumido o fato gerador não constitui óbice à exigência antecipada do tributo, dado tratar-se de sistema instituído pela própria Constituição, encontrando-se regulamentado por lei complementar que, para definir-lhe a base de cálculo, se valeu de critério de estimativa que a aproxima o mais possível da realidade.

"A lei complementar, por igual, definiu o aspecto temporal do fato gerador presumido como sendo a saída da mercadoria do estabelecimento do contribuinte substituto, não deixando margem para cogitar-se de momento diverso, no futuro, na conformidade, aliás, do previsto no art. 114 da CTN, que tem o fato gerador da obrigação principal como a situação definida em lei como necessária e suficiente à sua ocorrência.

"O fato gerador presumido, por isso mesmo, não é provisório, mas definitivo, não dando ensejo a restituição ou complementação do imposto pago, senão, no primeiro caso, na hipótese de sua não-realização final.

"Admitir o contrário valeria por despojar-se o instituto das vantagens que determinaram a sua concepção e adoção, como a redução, a um só tempo, da máquina fiscal e da evasão fiscal a dimensões mínimas, propiciando, portanto, maior comodidade, economia, eficiência e celeridade às atividades de tributação e arrecadação.

"Ação conhecida apenas em parte e, nessa parte, julgada improcedente" (ementa publicada no *DJU*-1 22.11.2002, p. 55, rel. Min. Luiz Galvão).

Dessa forma, em face da constitucionalidade da norma introduzida pelo Convênio 13/1997, os contribuintes que realizarem operações de circulação de mercadorias sujeitas ao regime de substituição tributária no território dos Estados signatários do citado convênio só terão direito à restituição da quantia paga quando não se realizar o fato gerador presumido.

6.2 A ADI 2.777, proposta pelo Governo do Estado de São Paulo, e a posição do STF

A Lei 6.374/1989, que instituiu o ICMS no Estado de São Paulo, estabelece, em seu art. 66-B:

"Art. 66-B. Fica assegurada a restituição do imposto pago antecipadamente em razão da substituição tributária: *[acrescentado pelo art. 3º da Lei 9.176, de 2.10.1995, DOE 3.10.1995]* I – caso não se efetive o fato gerador presumido na sujeição passiva; II – caso se comprove que na operação final com mercadoria ou serviço ficou configurada obrigação tributária de valor inferior à presumida.

"§ 1º. O pedido de restituição, sem prejuízo de outras provas exigidas pelo Fisco, será instruído com cópia da documentação fiscal da operação ou prestação realizada, que comprove o direito à restituição.

"§ 2º. O Poder Executivo disporá sobre os pedidos de restituição que serão processados prioritariamente, quer quanto à sua instrução, quer quanto à sua apreciação, podendo, também, prever outras formas para devolução do valor, desde que adotadas para opção do contribuinte."

Assim, verifica-se que a lei paulista admite a devolução da quantia recolhida a maior no caso de a base de cálculo efetiva ser superior à presumida; e, em virtude de o Estado de São Paulo não ter aderido ao citado Convênio 13/1997, a legislação paulista, acima citada, permanece em vigor.

Contudo, como conseqüência de o STF ter julgado constitucional o dispositivo constante do Convênio 13/1997, o Governo do Estado de São Paulo propôs uma ação direta de inconstitucionalidade, junto ao STF, contra o Governo do Estado de São Paulo e a Assembléia Legislativa, questionando a constitucionalidade da legislação paulista que admitia a devolução de ICMS na venda por valor inferior ao utilizado como base de cálculo do ICMS por substituição tributária.

Iniciado o julgamento pelo STF da ADI 2.777-SP, o Min. Cézar Peluso,[18] relator da referida ação, proferiu voto no sentido de julgá-la improcedente, declarando a constitucionalidade do art. 66-B da Lei 6.374/1989 de São Paulo, na redação dada pela Lei 9.176/1995.

Em seu voto o Relator salientou que o objeto da ADI 2.777 era diverso do tratado na ADI 1.851-AL, considerando que no Estado de Alagoas é opcional a adesão ao regime de substituição tributária, que não admite compensação ou contrapartida quando o fato gerador ocorre em valor menor àquele presumido, nem cobrança adicional se o valor efetivamente praticado é superior ao presumido.

Assim, a opção pelo sistema de substituição tributária implica concessão de um benefício fiscal, representado por redução da base de cálculo, de modo que afastou como precedente para o julgamento em questão a declaração de constitucionalidade do Convênio ICMS-13/1997.

Em seu entendimento, o efeito vinculante da decisão proferida na ADI 1.851-AL não impediria o STF de reinterpretar o § 7º do art. 150 da CF, de modo que, ao considerar a obrigatoriedade da substituição tributária no Estado de São Paulo, que não admite em contrapartida qualquer benefício fiscal, o Estado deve proceder à devolução do valor pago a maior, sob pena de incorrer em confisco.

Contudo, o Min. Nelson Jobim,[19] Presidente do STF, ao proferir seu voto em pedido de vista, divergiu do entendimento dado à matéria pelo Ministro Relator, ao considerar o fato de que a substituição tributária visa a otimizar a cobrança de tributos, inibindo a sonegação, e que o tributo retido antecipadamente é repassado no preço de venda da mercadoria como custo, declarando, assim, a inconstitucionalidade do art. 66-B, II, da referida lei paulista.

O Min. Nelson Jobim também considerou que o sistema da substituição tributária foi constitucionalizado para resolver problemas de ordem prática relativos à co-

18. Cf. *Boletim Informativo STF* 331, 24-28.11.2003.

19. Cf. *Boletim Informativo STF* 397, 15-19.8.2005.

brança do tributo, de modo que a venda por preço final inferior ao presumido seria opção do substituído, que por questões econômicas reduziria sua margem operacional.

Por fim, enfatizou o Min. Nelson Jobim que admitir interpretação extensiva ao art. 150, § 7º, da CF implicaria dar margem à "guerra fiscal", na medida em que cada Estado-membro poderia editar normas específicas no tocante à tributação do ICMS.

Por sua vez, o Ministro Relator, Cézar Peluso,[20] aditou seu voto, refutando os argumentos apresentados pelo Min. Nelson Jobim em seu voto-vista, que, em seu entendimento, só seriam válidos nos casos de incidência monofásica do ICMS, situação que não comportaria repercussão jurídica, mediante transferência do encargo tributário por meio da sistemática de débitos e créditos. Reafirmou, outrossim, as diferenças entre os regimes de substituição tributária paulista e o estipulado no Convênio ICMS-13/1997 no tocante à faculdade de opção e redução da base de cálculo, de modo que a carga tributária ficasse no percentual de 12% – situações não contempladas na legislação paulista.

Na seqüência, o Min. Ricardo Lewandowski pediu vista dos autos.

No tocante à ADI 2.675-PE, o relator, Min. Carlos Velloso,[21] votou pela sua improcedência, em face dos fundamentos do seu voto no julgamento da ADI 1.851-AL, no sentido de que a base de cálculo não tem caráter de definitividade.

7. Conclusão

O tema abordado no presente trabalho demonstra a grande importância do regime de substituição tributária aplicado ao ICMS, por afetar direitos dos contribuintes constitucionalmente assegurados, em contraposição à utilização desse instrumento pelo Governo como medida de racionalização da arrecadação de impostos.

Como foi afirmado na introdução do presente trabalho, o regime de substituição tributária é constitucional, desde que em consonância com os princípios constitucionais tributários.

Desse modo, a interpretação dos enunciados prescritivos deve ser feita de forma sistemática, em consonância com o sistema do direito positivo.

Com relação à ADI 2.675-PE e à ADI 2.777-SP, o STF terá que novamente examinar o disposto no § 7º do art. 150 da CF, quanto ao posicionamento adotado no julgamento da ADI 1.851-4-AL.

Nesse passo, julgando inconstitucional o art. 66-B da lei paulista, o STF estará reafirmando o posicionamento adotado no julgamento da ADI 1851-4-AL.

Noutro passo, julgando constitucional o disposto na lei paulista, o STF estará adotando outro posicionamento quanto à interpretação do § 7º do art. 150 da CF, considerando que a base de cálculo utilizada na substituição tributária não tem caráter de definitividade, de modo que o ressarcimento pode ocorrer caso não se verifique qualquer das condições que ensejaram o fato gerador presumido, estando esse posicionamento em consonância com o citado dispositivo constitucional.

Assim, a discussão no STF envolvendo as ações diretas de inconstitucionalidade supra-referidas adquire grande relevância, na medida em que afetará diretamente os direitos dos contribuintes, suscitando outras questões, que deverão ser objeto de novos debates – o que ultrapassa os limites do presente estudo, que se coloca para análise, crítica e reflexão.

Bibliografia

BARRETO, Aires Fernandino. "Substituição tributária e restituição de diferenças de

20. Cf. *Boletim Informativo STF* 428, 22-26.5.2006.

21. Cf. *Boletim Informativo STF* 331, 24-28.11.2003.

base de cálculo". *Revista Dialética de Direito Tributário* 84/7-32. São Paulo: Dialética, setembro/2002.

BECKER, Alfredo Augusto. *Teoria Geral do Direito Tributário*. 3ª ed. São Paulo: Lejus, 2002.

CARRAZZA, Roque Antônio. *Curso de Direito Constitucional Tributário*. 17ª ed. São Paulo: Malheiros Editores, 2002.

————. *ICMS*. 9ª ed. São Paulo: Malheiros Editores, 2002.

CARVALHO, Paulo de Barros. *Curso de Direito Tributário*. 16ª ed. São Paulo: Saraiva, 2004.

————. *Direito Tributário: Fundamentos Jurídicos da Incidência*. 2ª ed. São Paulo: Saraiva, 1999.

————. *Teoria da Norma Tributária*. 4ª ed. São Paulo: Max Limonad, 2002.

MELO, José Eduardo Soares de. *Curso de Direito Tributário*. 4ª ed. São Paulo: Dialética, 2003.

————. *ICMS – Teoria e Prática*. 5ª ed. São Paulo: Dialética, 2002.

SEVERINO, Antonio Joaquim. *Metodologia do Trabalho Científico*. 22ª ed. São Paulo: Cortez Editora, 2004.

ESTUDOS & COMENTÁRIOS

A TRIBUTAÇÃO POR IMPOSTO DE RENDA DOS GANHOS DE CAPITAL AUFERIDOS POR NÃO-RESIDENTES

ANA CLÁUDIA AKIE UTUMI

Advogada em São Paulo. Graduada em Direito (USP) e Administração de Empresas (FGV).
MBA em Finanças (IBMEC/SP). Mestre em Direito Tributário (PUC/SP).
Doutora em Direito Econômico-Financeiro (USP). Professora Assistente da Disciplina Direito Tributário Internacional (PUC/SP, Pós-Graduação). Professora Convidada em diversos Cursos de Pós-Graduação (Direito, FGV/RJ; MBA, FIPECAFI/USP; MBA, FIPE/USP; GV/PEC, FGV/SP)

1. Introdução

O ganho de capital de não-residentes é um tema recorrente no universo empresarial brasileiro, ainda mais considerando que o País tem, ao longo dos diversos anos, atraído investidores estrangeiros dos mais diversos países.

As Leis 9.249/1995, art. 18, e 10.833/2003, arts. 26 e 47, regulam o atual regime de tributação dos ganhos de capital auferidos por pessoas não-residentes. O art. 18 estabelece a aplicação, para a determinação do ganho de capital das pessoas não-residentes, das normas de apuração do ganho de capital vigentes para as pessoas físicas residentes no Brasil. O art. 26, por sua vez, estabelece a responsabilidade tributária pelo recolhimento do imposto sobre a renda devido. O art. 47 da Lei 10.833/2003 estabelece o aumento da alíquota do imposto de renda para 25% nos casos em que o vendedor for residente em país com tributação favorecida.

Vejamos com mais vagar a regra-matriz de incidência[1] do imposto de renda sobre o ganho de capital de não-residentes.

2. IRFonte sobre ganho de capital — Critério material

Como regra geral, o ganho de capital dos não-residentes deve ser calculado de acordo com as regras aplicáveis às pessoas físicas residentes, conforme dispõe o art. 18 da Lei 9.249/1995. Heleno Tôrres[2] ensina que "Sobre os regimes de equiparação entre residentes e não-residentes, a Lei 9.249/1995, art. 18, diz que 'o ganho de capital auferido por residente ou domiciliado no exterior será apurado e tributado de acordo com as regras aplicáveis aos residentes no País'. Isso é corolário do art. 2º, da Lei 4.131/1962, que disciplina o regime jurídico do capital estrangeiro: (...)".

1. Paulo de Barros Carvalho critica o uso da terminologia "fato gerador" para se referir tanto à previsão legal do fato, quanto aos fatos jurídicos. O autor prefere denominar "regra-matriz de incidência" à previsão abstrata normativa, já que a própria norma jurídica descreve uma hipótese normativa e sua correspondente conseqüência, e que "é, por excelência, uma regra de comportamento, preordenado que está a disciplinar a conduta do sujeito devedor da prestação fiscal, perante o sujeito pretensor, titular do direito de crédito" (Paulo de Barros Carvalho, *Curso de Direito Tributário*, 16ª ed., São Paulo, Saraiva, 2004, p. 242).

2. Heleno Taveira Tôrres, *Pluritributação Internacional sobre as Rendas de Empresas*, 2ª ed., São Paulo, Ed. RT, 2001, p. 352.

Desta forma, para entender a tributação dos ganhos de capital dos sujeitos não-residentes, mister se faz analisar as regras aplicáveis aos residentes no País, mais especificamente, às pessoas físicas.

Vejamos mais.

No tocante às pessoas físicas, dispõe o art. 117 do RIR/99 que se sujeita ao pagamento do imposto sobre a renda a pessoa *que* ***auferir*** *ganhos de capital* ***na alienação de bens ou direitos de qualquer natureza***.

Este é o primeiro ponto a se destacar no regime de tributação dos ganhos de capitais — estes são sempre oriundos da *alienação* de bens ou direitos de qualquer natureza. Não são, assim, resultados do trabalho, do capital, nem da combinação de ambos. O ganho de capital é o acréscimo patrimonial verificado quando existe a *alienação*, a disposição, ou a liquidação de determinado bem ou direito. É justamente o que encontramos se buscarmos a significação dessa locução em dicionários jurídicos:

"*Ganho de capital. Direito Comercial.* Lucro que se obtém num negócio mercantil."[3]

"*Ganho*. Derivado de *ganhar*, cuja origem se atribui ao baixo latim *ganeare*, tendo também as formas de *ganância* ou *ganhança*, em acepção geral quer exprimir todo *lucro*, *vantagem* ou *resultado pecuniário*, obtido pelo trabalho, pela aplicação de capitais, ou por outros meios, que venham proporcionar à pessoa um ***aumento em seu patrimônio*** (...)"[4] (destacamos).

Alberto Xavier[5] preleciona que: "Esta definição da lei corresponde plenamente ao conceito técnico e doutrinário de ganho de capital, que exprime o aumento de valor de um bem que já se encontrava previamente no patrimônio do seu titular, aumento esse que resulta da diferença entre o preço pelo qual foi alienado ou liquidado e o preço pelo qual foi adquirido".

O ganho de capital enquadra-se entre as espécies de *proventos de qualquer natureza* que representam *acréscimo patrimonial* e, assim, submetendo-se ao arquétipo estabelecido pelo art. 43 do Código Tributário Nacional, sujeita-se à tributação pelo imposto sobre a renda. Novamente, Alberto Xavier[6] destaca que, "Na sistemática do art. 43 do Código Tributário Nacional, o ganho de capital não é 'renda' (no sentido de 'produto de capital, do trabalho ou da combinação de ambos', que se refere a um fluxo periódico, conforme a 'teoria das fontes'), mas um 'provento', isto é, um 'acréscimo patrimonial não compreendido no conceito de renda".

Nesse mesmo sentido, ensina Henry Tilbery[7] que "Não há dúvida que a redação (...) do Código Tributário Nacional autoriza a tributação, pela lei ordinária, de ganhos de capital *realizados*, que são abrangidos pela expressão: 'proventos de qualquer natureza, assim entendidos os acréscimos patrimoniais (...)'. Estas palavras não dão cobertura à tributação da mais-valia acrescida ao valor anterior (*accrual basis*), ainda não realizada, mas referem-se ao acréscimo do patrimônio realizado pela alienação do bem por um preço que ultrapassa a reposição do capital (*realization basis*)".

Ora, o conceito de *acréscimo patrimonial* pressupõe, por natureza, a comparação de valores em momentos distintos no tempo: o momento em que um bem ou direito ingressou no patrimônio do seu titular e o momento em que dele se destacou por alienação ou título similar. Pode, assim,

3. Maria Helena Diniz, *Dicionário Jurídico*, v. 2, São Paulo, Saraiva, 1995, p. 642.

4. De Plácido e Silva, *Vocabulário Jurídico*, v. II, Rio de Janeiro, Forense, 1996, p. 341

5. Alberto Xavier, *Direito Tributário Internacional do Brasil*, 6ª ed., Rio de Janeiro, Forense, 2004, pp. 543 e 544.

6. Idem, ibidem.

7. Henry Tilbery, *A Tributação dos Ganhos de Capital, 1978: nas Vendas de Participações Societárias pelas Pessoas Físicas*, São Paulo, Resenha Tributária/Instituto Brasileiro de Direito Tributário, 1978, p. 27.

dizer-se, sem sombra de dúvida, que é da essência do conceito de ganho de capital a comparação entre o preço de venda e custo de aquisição.

O ganho de capital, definido como diferença positiva entre valor da alienação ou realização de determinado bem ou direito e seu custo de aquisição, não é uma inovação da legislação brasileira. Várias são as legislações ao redor do mundo que reconhecem este tipo e o submetem à tributação pelo imposto sobre a renda. Para que ocorra o ganho de capital, é essencial, assim, que exista a realização do bem ou direito, realização esta que pode ser total ou parcial.

O fisco americano, em suas orientações aos contribuintes, esclarece o conceito de ganho ou perda de capital, sempre atrelando ao evento de alienação ou realização de determinado bem. Vejamos os seus comentários, destinados às pessoas físicas residentes nos Estados Unidos:[8]

"*Tópico 409 — Ganhos e Perdas de Capital* — Quase tudo que você possui e usa para fins pessoais ou de investimento é um bem de capital. Exemplos são sua casa, seus móveis, e ações ou títulos detidos em sua conta pessoal. Quando você vende um bem de capital, a diferença entre o valor pelo qual você o vende e sua base, que usualmente é o que você pagou por isso, é um ganho de capital ou uma perda de capital. (...) Você terá um ganho de capital se você vender o ativo por mais do que sua base. Você terá uma perda de capital se você vender o ativo por menos que sua base (...)" (tradução livre do original em inglês).[9]

Outros países, como a Alemanha, não tributam certos tipos de ganhos de capital, Moris Lehner e Ekkehart Reimer[10] ensinam que, a Alemanha, desde a reforma do imposto sobre a renda das pessoas jurídicas, isenta, de maneira unilateral, os ganhos de capital obtidos pela empresa controladora alemã pela alienação de participação em empresas localizadas naquele país ou no exterior.

Continuando a análise da legislação pátria, o § 4º do referido art. 117 exemplifica quais são as operações que importam alienação e, assim, geram a obrigação de se calcular o ganho de capital: *compra e venda, permuta, adjudicação, desapropriação, dação em pagamento, doação, procuração em causa própria, promessa de compra e venda, cessão de direitos ou promessa de cessão de direitos e contratos afins*. Note-se que, esse dispositivo legal extrapola as situações em que existe a *alienação*, ao incluir, dentre suas hipóteses, a *promessa de cessão de direitos*. Ora, se é uma promessa de cessão, é porque esta — cessão, que representa a alienação do direito — ainda não ocorreu. E, não tendo ocorrido a efetiva alienação do direito, não há que se falar em determinação de ganho de capital, eis que este só surge quando existe a alienação de bens ou direitos.

A determinação do ganho de capital está expressa no art. 138 do RIR/99. Dispõe esse artigo que o ganho de capital será determinado pela diferença positiva entre: (i) valor de alienação; e (ii) custo de aquisição, a menos que se trate de permuta de imóvel com recebimento de torna em di-

8. Internal Revenue Services of the United States Department of Treasury, *Tax Topics for Individuals*, endereço eletrônico <www.irs.gov/taxtopics/tc409.html>.

9. "*Topic 409 — Capital Gains and Losses* — Almost everything you own and use for personal or investment purposes is a capital asset. Examples are your home, household furnishings, and stocks or bonds held in your personal account. When you sell a capital asset, the difference between the amount you sell it for and your basis, which is usually what you paid for it, is a capital gain or a capital loss. If you received the asset as a gift or inheritance, refer to Topic 703 for information about your basis. You have a capital gain if you sell the asset for more than your basis. You have a capital loss if you sell the asset for less than your basis. Losses from the sale of personal-use property, such as your home or car, are not deductible."

10. Moris Lehner e Ekkehart Reimer, "Source and residence: new configuration of their principles", in *Cahiers de Droit Fiscal International*, v. 90, Amsterdam, International Fiscal Association, 2005, p. 314.

nheiro — neste caso, o ganho de capital será calculado proporcionalmente ao valor da torna em relação ao valor de custo de aquisição do imóvel. Esta regra reflete justamente a definição de ganho de capital que comentamos.

Portanto, o critério material do imposto de renda sobre o ganho de capital das pessoas não-residentes é "auferir ganho de capital", assim entendido como a diferença *positiva* entre o valor de alienação e o custo de aquisição de determinado bem ou direito, objeto da alienação. O ganho de capital é, assim, a mensuração do acréscimo patrimonial do não-residente, nas transações em que este alienar bens ou direitos localizados no Brasil.

Ainda é importante destacar que o RIR/99, em seu art. 685, elenca duas espécies de ganhos de capital: (i) os ganhos de capital relativos a investimentos em moeda estrangeira; e (ii) os ganhos de capital auferidos na alienação de bens ou direitos. Os investimentos em moeda estrangeira referidos no item (i) são aqueles que tenham registro como tais junto ao Banco Central do Brasil.

2.1 IRFonte sobre ganho de capital — Critério temporal

O momento da incidência do IRFonte sobre o ganho de capital é quando ocorrer o pagamento, crédito, entrega, emprego ou remessa dos ganhos para o alienante, residente no exterior, devendo tal tributo ser recolhido no mesmo dia em que ocorrer qualquer desses eventos. Em havendo o pagamento parcelado, o IRFonte deverá ser recolhido proporcionalmente à parcela efetivamente disponibilizada para o beneficiário.

O art. 21 da Lei 7.713/1988, ao regular o ganho de capital das pessoas físicas — cujas regras também se aplicam aos não-residentes —, estabeleceu que "*Nas alienações a prazo, o ganho de capital deverá ser apurado como venda à vista e tributado na proporção das parcelas recebidas em cada mês*", calculando-se a relação percentual do ganho de capital sobre o valor de alienação, e aplicando-a sobre cada parcela recebida. Exemplificando, se o valor de alienação de determinado bem é estipulado em R$ 10 milhões, enquanto seu ganho de capital é R$ 6 milhões, então, este último representa 60% do primeiro. Desta forma, sobre cada parcela recebida, será aplicado o percentual de 60% para a determinação do ganho de capital tributável.

Várias são as transações de compra e venda, especificamente de participações societárias, nas quais o preço total não é conhecido, eis que depende de uma fórmula para estabelecê-lo, ou seja, o preço (valor de alienação) é total ou parcialmente fixado com base em critérios variáveis e, muitas vezes, imponderáveis, eis que se referem a valores que serão verificados no futuro, tais como lucro, endividamento, faturamento, etc. Na maior parte das vezes, existe uma parcela fixa e uma parcela variável de preço. O problema, nesses casos, é como estabelecer a proporção para o recolhimento do IRFonte, já que, normalmente, a parcela variável de preço será paga em data futura.

Nesses casos, nosso entendimento é que a proporção de preço deve ser calculada com base na parcela conhecida do preço, composta pela parcela fixa, adicionada do valor mínimo ajustado pelas partes para a parcela variável. Caso não seja possível identificar qual o valor mínimo da parcela variável, o cálculo da proporção de preço para determinação do recolhimento do IRFonte levaria em conta somente a parcela determinada. Quanto à parcela variável do preço que seja indeterminada, esta estará sujeita ao IRFonte sobre o seu valor total, sem dedução de custo de aquisição, quando disponível para o vendedor.

Outro tema também discutido nos negócios internacionais de compra e venda de participações societárias se refere à retenção de preço para cobertura de contingências futuras, retenção essa que é depositada em uma conta corrente bancária criada especificamente para esse fim — as chamadas *escrow accounts*.

Normalmente se pactua que essa retenção de preço, se não utilizada para a cobertura de contingências futuras, é liberada para o vendedor depois de um prazo avençado entre as partes. Essas contas correntes podem ser abertas em nome do vendedor, com recursos oriundos do comprador, ou então, em nome do próprio comprador. Os recursos depositados nessas contas ficam indisponíveis para o vendedor e para o comprador, somente podendo ser utilizados para os fins estabelecidos pelas partes. Quando da liberação dos recursos para o vendedor, ao final do período de retenção de preço, esse terá direito a receber o montante remanescente na conta bancária, ou caso os recursos tenham sido totalmente utilizados para a cobertura de contingências, o vendedor nada receberá dessa conta.

Na medida em que essas contas sejam abertas em nome do *vendedor*, entendemos que, no momento em que o comprador aí efetue o depósito dos recursos, haverá a incidência de IRFonte, eis que a indisponibilidade dos mesmos decorre de uma pactuação entre particulares que *não pode ser oposta ao Fisco*. Neste caso, temos claramente uma situação em que o vendedor adquire a *disponibilidade jurídica* do ganho, mas por questões negociais, abre mão da disponibilidade econômica. Diferentemente, se os recursos permanecerem em nome — e portanto, em propriedade — do comprador, indisponível para o vendedor, aí não há que se falar em *disponibilidade* dos recursos para o vendedor, ficando postergado o recolhimento do IRFonte sobre o ganho de capital para o momento em que os recursos forem liberados ao vendedor.

2.2 IRFonte sobre ganho de capital — Critério espacial

No tocante ao critério espacial, para fins de tributação do ganho de capital auferido por não-residentes, considera-se as transações ocorridas no País, bem como as transações ocorridas no exterior, que envolvam *bens localizados no País*.

Assim, o critério espacial do ganho de capital de não-residentes é o território nacional como regra geral, acrescido do território estrangeiro em se tratando de operações de alienação que envolvam *bens localizados no Brasil*.

2.3 IRFonte sobre ganho de capital — Critério pessoal

A Lei 10.833/2003, em seu art. 26, veio determinar a responsabilidade tributária do adquirente no caso de ganho de capital auferido por não-residente, na venda de bens localizados no Brasil. Esse artigo estabeleceu que, desde 1º de fevereiro de 2004, quando, em uma alienação de *bens localizados no Brasil*, vendedor e comprador fossem residentes ou domiciliados no exterior, *a responsabilidade pela retenção e recolhimento* caberia ao *procurador, no Brasil, do comprador*. Confira-se a íntegra do referido artigo:

> Art. 26. O adquirente, pessoa física ou jurídica residente ou domiciliada no Brasil, ou *o procurador, quando o adquirente for residente ou domiciliado no exterior, fica responsável pela retenção e recolhimento* do imposto de renda incidente sobre o ganho de capital a que se refere o art. 18 da Lei 9.249, de 26 de dezembro de 1995, *auferido por pessoa física ou jurídica residente ou domiciliada no exterior que alienar bens localizados no Brasil* (destacamos).

A Exposição de Motivos da Medida Provisória 135/2003 (cuja conversão resultou na Lei 10.833/2003) assim justifica o referido artigo:

> 21. O art. 24[11] tem por objetivo *reduzir a possibilidade de não pagamento*

11. Renumerado na Lei 10.833/2003 para art. 26.

pelo contribuinte não-residente do imposto de renda incidente sobre os ganhos de capital apurados na alienação de seus bens localizados no Brasil, pois atualmente cabe ao alienante a apuração e recolhimento do tributo, o que dificulta a fiscalização do cumprimento da obrigação tributária, sobretudo pela não-residência do contribuinte em território nacional (destacamos).

Neste último caso — responsabilidade do procurador no caso de alienante e adquirente de bens localizados no Brasil para o recolhimento do imposto de renda sobre o ganho de capital — há que se ressaltar que, o procurador depende do adquirente remeter os recursos para efetuar o respectivo recolhimento, eis que, em relação a operação de compra e venda *per se*, como as partes se localizam no exterior, não há trânsito de recursos no País, de tal forma que o procurador não tem como "reter" os recursos correspondentes ao tributo devido. Adicionalmente, o procurador depende da informação do alienante sobre o custo de aquisição do bem transacionado para calcular o imposto de renda devido.

Se o adquirente não transfere ao seu procurador os recursos para o recolhimento do tributo, não há como este cumprir com sua responsabilidade tributária. Ao mesmo tempo, o procurador, ao notar que o adquirente se recusa a transferir os recursos, não tem como impor essa obrigação ao adquirente. O máximo que cabe ao procurador fazer é renunciar sua procuração, correndo-se o risco, ainda, de ser futuramente chamado a cumprir a obrigação tributária se, na data da efetivação da compra e venda, ele ainda se revestia da condição de procurador do adquirente.

A legislação tributária deveria prever os casos em que o adquirente se recusa a transferir recursos para o adimplemento da obrigação tributária pelo procurador, estabelecendo que, nesses casos, a pena seria a execução do bem objeto da compra e venda para cobrir o valor do tributo devido, sem implicar conseqüências pecuniárias ao procurador.

2.4 IRFonte sobre ganho de capital — Critério quantitativo

2.4.1 Base de cálculo

A base de cálculo do ganho de capital está expressa no art. 138 do RIR/99, que dispõe que o ganho de capital será determinado pela diferença positiva entre: (i) valor de alienação; e (ii) custo de aquisição, a menos que se trate de permuta de imóvel com recebimento de torna em dinheiro — neste caso, o ganho de capital será calculado proporcionalmente ao valor da torna em relação ao valor de custo de aquisição do imóvel.

2.4.1.1 Valor da alienação

Para fins da apuração do ganho de capital, o valor da alienação corresponde, regra geral, ao *preço efetivo da transação*, a menos que (i) se trate de operações não expressas em dinheiro, situação na qual se considera o *valor de mercado* dos bens ou direitos alienados; ou (ii) o adquirente seja residente ou domiciliado em jurisdição com tributação favorecida, em que o valor da alienação será (ii.a) o preço efetivo da transação, ou (ii.b) o preço calculado com base nos métodos de apuração de preços de transferência para operações de exportação.

Ainda, esclarece o art. 123 do RIR/99 que, no caso de permuta, somente será considerado como valor da alienação a torna em dinheiro, recebida ou a receber, donde se dessume que, em não havendo torna, não existe valor de alienação a ser considerado para o cálculo do ganho de capital. Caso a alienação seja a prazo e o alienante cobre juros, estes não compõem o valor de alienação, devendo ser tributados separadamente e como *rendimentos financeiros*.

O valor de alienação também poderá ser objeto de arbitramento pelo fisco, se o valor informado pelo contribuinte não merecer fé, por ser notoriamente diferente do de mercado.

2.4.1.2 Custo de aquisição

2.4.1.2.1 Determinação do custo de aquisição — O custo de aquisição corresponde ao valor despendido pelo alienante para adquirir o bem objeto da alienação, valor esse que pode ter sido pago não apenas em dinheiro, mas também mediante a entrega de bens ou direitos (exemplos: integralização de bens ao capital de uma pessoa jurídica; permuta; aumento de capital mediante conversão de lucros em capital, etc.).

"Adquirir" não corresponde a, somente, "comprar" o bem ou direito que é objeto da alienação, mas também abrange as situações nas quais esse objeto foi produzido, construído ou constituído pelo alienante. Se uma determinada pessoa adquire um terreno por R$ 1 milhão, depois constrói ali um edifício, despendendo R$ 10 milhões, o custo de aquisição do imóvel não é somente de R$ 1 milhão, mas sim, de R$ 11 milhões, que representa o somatório do valor pago para a aquisição do terreno e do valor despendido para construir o imóvel.

Ainda, outros valores que sejam essenciais para que a pessoa seja proprietária do bem, nas condições em que ele se encontra quando da venda posterior, também podem ser elegíveis a compor o custo de aquisição. Exemplo disso são os montantes desembolsados para a reforma de um determinado imóvel, ou então a comissão do intermediário que atuou na transação.

Quanto aos bens adquiridos por arrendamento mercantil, o custo de aquisição corresponderá à somatória dos valores pagos a título de arrendamento e o valor residual do bem.

No caso de participações societárias, se estas forem adquiridas com a integralização de bens ou direitos ao capital da sociedade, o custo de aquisição será o valor originalmente despendido na aquisição dos bens ou direitos integralizados, a menos que tal integralização seja efetuada a valor de mercado. Neste caso, a diferença entre o valor de integralização e originalmente despendida será considerada como ganho de capital tributável e, assim, o valor da integralização será considerado como custo de aquisição das participações societárias adquiridas, para fins de futuras alienações.

O custo dos bens ou direitos recebidos de pessoa jurídica a título de devolução de participação societária corresponde ao valor atribuído nessa devolução, que pode ser valor contábil ou de mercado. Em sendo escolhido o valor de mercado, a diferença entre este e o valor contábil consistirá em ganho de capital tributável para a pessoa jurídica que efetuou a devolução.

Ainda, em se tratando de participações societárias, se estas tiverem sido adquiridas mediante incorporação de lucros e reservas, o custo de aquisição será igual à parcela do lucro ou reserva capitalizado, que corresponder ao sócio ou acionista.

No caso de alienação de imóvel rural que tenha sido adquirido a partir de 1º de janeiro de 1997, o custo de aquisição corresponderá ao valor da terra nua, constante do Documento de Informação e Apuração do Imposto Territorial Rural — "DIAT".

2.4.1.2.2 Atualização monetária do custo de aquisição — Como regra geral, o custo de aquisição de bens ou direitos detidos por pessoas físicas — e, conseqüentemente, por não-residentes — não sofre qualquer atualização monetária desde 1º de janeiro de 1996, por determinação da Lei 9.249/1995. Entre 1992 e 1995, vigorou a atualização monetária com base na Unidade Fiscal de Referência — UFIR e, anteriormente a 1992, os bens e direitos eram referenciados por seu valor histórico, sem qualquer atualização monetária.

No entanto, a Medida Provisória 2.158-35, de agosto de 2001, veio, em seu art. 24, estabelecer uma regra específica para a tributação dos ganhos auferidos por pessoas físicas brasileiras na alienação de bens ou direitos, e na liquidação ou resgate de aplicações financeiras, *adquiridos em moeda estrangeira* e *adquiridos com recursos oriundos originariamente de rendimentos auferidos em moeda estrangeira.*

Referido artigo determina dois tratamentos para o cálculo do ganho de capital na alienação desses bens ou direitos:

A) se adquiridos com recursos oriundos de rendimentos auferidos originariamente em Reais: o ganho de capital será calculado em Reais, considerando-se como custo de aquisição o valor da moeda estrangeira despendida, convertida em Reais *na data da aquisição*;

B) se adquiridos com recursos oriundos de rendimentos auferidos originariamente em moeda estrangeira: o ganho de capital será calculado em Dólares dos Estados Unidos, de forma a considerar como custo de aquisição o valor da moeda estrangeira despendida, convertida em Reais *na data da alienação*.

No primeiro caso — bens adquiridos com recursos oriundos de rendimentos auferidos originariamente em Reais — não existe qualquer atualização monetária para o custo de aquisição, tal como ocorre na regra geral de apuração do ganho de capital das pessoas físicas residentes.

No segundo caso, entretanto, a Medida Provisória criou a atualização monetária do custo de aquisição, com base na variação da moeda estrangeira. Atualização esta que pode tanto implicar o aumento, em Reais, do custo de aquisição, quanto a sua diminuição. Isto porque, se a moeda nacional se desvalorizar entre a data da aquisição e a data da alienação, então, o efeito dessa determinação legal é *isentar de tributação a variação cambial positiva*. No entanto, quando existe, nesse período, a valorização da moeda nacional, a variação cambial é negativa e, assim, o valor do custo de aquisição expresso em Reais na data da alienação será menor que o seu valor na data da aquisição.

Exemplificando, se uma determinada pessoa residente no Brasil prestou serviços a uma empresa localizada nos Estados Unidos, auferindo rendimentos em moeda estrangeira correspondente a, por exemplo, US$ 10.000,00 (dez mil Dólares norte-americanos), que correspondessem, na época, a R$ 10.000,00 (dez mil Reais), ao utilizar esses recursos para efetuar um investimento em moeda estrangeira (por exemplo, aplicação financeira naquele país), o custo de aquisição desse bem — investimento — passou a ser referenciado em moeda estrangeira. Assim, se essa pessoa resgatar o valor principal de sua aplicação financeira, que hoje correspondem a, aproximadamente, R$ 22.000,00 (vinte e dois mil Reais), nada terá a pagar de imposto sobre a renda. Em face da equiparação de não-residentes a residentes para fins de tributação do ganho de capital, essa determinação também é aplicável.

Uma vez que, por força do art. 18 da Lei 9.249/1995, aplicam-se aos não-residentes as mesmas regras de apuração do ganho de capital dos residentes, todas as vezes que os não-residentes efetuarem a alienação de bens ou direitos *adquiridos em moeda estrangeira*, há de se aplicar o tratamento tributário introduzido pela Medida Provisória 2.158-35/2001.

2.4.1.2.3 Custo dos investimentos estrangeiros registrados junto ao BACEN — De acordo com a Lei de Capital Estrangeiro (Lei 4.131/1962 e alterações subseqüentes), são considerados "capitais estrangeiros" *os **bens, máquinas e equipamentos**, entrados no Brasil sem dispêndio inicial de divisas, destinados à produção de bens ou serviços, bem como **os recursos financeiros ou monetários, introduzidos no país, para aplicação em atividades econômicas** desde que, em ambas as hipóteses, pertençam a pessoas físicas ou jurídicas residentes, domiciliadas ou com sede no exterior.*

Esses capitais estrangeiros são passíveis de registro junto ao Banco Central do Brasil quando se tratarem de investimentos direto em, ou empréstimos a, empresas brasileiras. Também são passíveis de registro as conversões de lucro em capital, com base no valor do lucro que poderia ser remetido ao exterior e que tenha sido capitalizado.

No tocante aos investimentos estrangeiros registrados junto ao Banco Central do Brasil — que abrange participações societárias diretas, os empréstimos e financiamentos — a dúvida é se o custo de aquisição deve ser o valor histórico em Reais, ou o valor em moeda estrangeira, convertido para Reais na data da alienação.

Como vimos, regra geral, o cálculo do ganho de capital da pessoa física brasileira leva em conta o custo de aquisição dos bens por seu valor original em moeda nacional, atualizado monetariamente só até 31 de dezembro de 1995.

No entanto, o inciso II, do art. 690, do RIR/99, afasta a incidência de Imposto de Renda Retido na Fonte sobre as remessas destinadas ao exterior relativas aos "valores, *em moeda estrangeira*, registrados no Banco Central do Brasil, como investimentos ou reinvestimentos, retornados ao seu país de origem". Note-se que, quando se busca a base legal do art. 690, acima referido, verifica-se que tal artigo não faz menção a nenhuma lei — ou seja, trata-se de dispositivo introduzido pelo próprio Decreto 3.000/1999, que consolidou as normas relativas ao imposto sobre a renda sob o RIR/99.

Esse mesmo tratamento já tinha sido objeto da Portaria do Ministro da Fazenda 550, de 3 de novembro de 1994, que esclarecia que, para efeito de determinação do ganho de capital na alienação de participações societárias detidas por não-residentes, o *valor de alienação*, redução de capital ou liquidação seria convertido em moeda estrangeira, tomando-se por base a taxa de câmbio fixada para venda, no dia da operação, enquanto que o *custo de aquisição* seria os valores em moeda estrangeira constantes dos itens Investimento e Reinvestimento do certificado de registro de capital estrangeiro emitido pelo Banco Central do Brasil. Ou seja, segundo a orientação do Sr. Ministro, o ganho de capital seria calculado em *moeda estrangeira*, e daí convertida para Reais para a determinação do imposto devido. Com isso, o custo de aquisição sofreria a correção cambial.

Apesar da ausência de base legal desse dispositivo, entendemos fazer sentido utilizar como base o valor do investimento registrado em moeda estrangeira. Tal critério permite que o ganho de capital seja calculado na própria moeda em que o investimento foi realizado, de forma a se determinar o efetivo acréscimo patrimonial por parte do investidor estrangeiro. Vejamos mais.

José Carlos de Magalhães[12] leciona que "A Lei 4.131, de 1962, *assegura o repatriamento dos investimentos e reinvestimentos registrados no Banco Central* do Brasil, bem como o pagamento de juros e de regalias, não exigindo autorização oficial para o ingresso de investimentos estrangeiros no país. Vigente há mais de 30 anos, essa lei permitiu a entrada livre de substancial volume de recursos do exterior, responsáveis pela implantação da indústria automobilística, de grande expressão, e de outras atividades igualmente relevantes" (destacamos).

Heleno Tôrres,[13] ao estudar a determinação da base de cálculo do ganho de capital do não-residente, assevera que, "Em vista disso, resta-nos identificar se a base de cálculo do ganho de capital auferido pelo não-residente, por investimentos que este possua no Brasil, com capital registrado no BACEN, será calculada em moeda nacional ou se pela quantidade de moeda estrangeira constante do certificado de registro de capital estrangeiro. Parece-nos induvidoso que, não se podendo chamar de ganho de capital as diferenças de variação cambial, o único critério prudente para se atribuir tal qualificação à diferença positiva dos valores seja tomar em conta o valor em moeda estrangeira".

12. José Carlos de Magalhães, "Acordos bilaterais de promoção e proteção de investimento", in *Revista de Informação Legislativa* 134, Brasília, Senado Federal, 1997, p. 16.

13. Heleno Taveira Tôrres, ob. cit., p. 353.

Em se tratando de investimentos estrangeiros registrados junto ao Banco Central do Brasil, há muito tempo o fisco entende que o valor correspondente à variação cambial não é tributável, quando se tratar de "retorno de investimento ao seu país de origem", como já proferiu em respostas à consulta, em que manifestou que "a incidência do imposto de renda sobre ganhos de capital auferidos por residente ou domiciliado no exterior, na alienação de participação societária, somente ocorre se o valor total pago, creditado, entregue, empregado ou remetido for superior ao montante registrado como investimento ou reinvestimento junto ao Banco Central do Brasil".[14]

Ensina Alberto Xavier,[15] com muita propriedade, que: "o critério do Fisco, ao eleger como base de cálculo o preço do custo *em moeda estrangeira* — embora não tenha base em nenhuma disposição expressa da lei — corresponde à melhor interpretação do sistema no seu conjunto, pois atribui ao registro expresso em moeda estrangeira um papel de meio probatório de um acréscimo patrimonial *na mesma unidade de valor* em que o bem ou direito foi adquirido pelo seu titular (...)".

Adicionalmente, o Conselho de Contribuinte já decidiu favoravelmente ao contribuinte, ao definir a base de cálculo de IRFonte calculado sobre ganhos de capital relativos a investimentos em moeda estrangeira, com base em valores em moeda estrangeira. Confira-se a seguinte decisão:

Órgão: 1º Conselho de Contribuintes/6ª Câmara

Acórdão 106-13552, em 15.10.2003

"Ganhos de capital de residentes ou domiciliados no exterior. Existem duas incidências distintas do imposto de renda: uma sobre ganhos de capital relativos a investimentos em moeda estrangeira, outra sobre ganhos de capital auferidos na alienação de bens e direitos; *na primeira espécie, a base de cálculo corresponde à diferença entre os valores em moeda estrangeira, de alienação e de aquisição convertidos para reais pela taxa de câmbio na data de alienação, sendo que o valor de aquisição será o registrado no Banco Central do Brasil*" (destacamos).

Órgão: 1º Conselho de Contribuintes/4ª Câmara

Acórdão 104-18.746, em 21.5.2002. IRF — Ano(s): 1995

"IRF. Aquisição de participação societária de sócio domiciliado no exterior. Remessa para o exterior de importância equivalente ao capital estrangeiro registrado no Banco Central do Brasil. *A remessa para o exterior de importância equivalente ao capital estrangeiro registrado no Banco Central do Brasil* em nome de pessoa jurídica com sede no exterior, sob o título de investimentos e reinvestimentos estrangeiros no País, *será procedida sem a incidência do imposto de renda na fonte* previsto no art. 745, do Regulamento do Imposto de Renda, aprovado pelo Decreto 1.041, de 1994, *quando a importância a ser remetida não superar o valor que for obtido pela aplicação do percentual representado pela participação societária alienada ou liquidada sobre o total do capital estrangeiro registrado.* O referido percentual será apurado tomando-se por base a participação societária alienada ou liquidada em relação à participação total do investidor no capital da empresa receptora do investimento estrangeiro. No repatriamento de capital deverá, obrigatoriamente, haver redução de investimento do capital estrangeiro no País, através da baixa do certificado de registro no Departamento de Capitais Estrangeiros do Banco Central do Brasil. Recurso provido."

Órgão: 1º Conselho de Contribuintes/4ª Câmara

Acórdão 104-16.508, em 18.8.1998 (*DOU* 8.12.1998). IRF — Ano: 1989

"IRF. Transferência para o exterior de capital registrado no Banco Central do Brasil. Retorno de capital estrangeiro. A

14. Decisão 8ª Região Fiscal 45/98.

15. Alberto Xavier, *Direito Tributário Internacional...*, 6ª ed., cit., p. 545.

transferência para o exterior de capital registrado no Banco Central do Brasil em nome de pessoa jurídica com sede no exterior, sob o título de investimentos e reinvestimentos estrangeiros no País, será procedida sem a incidência do imposto de renda na fonte prevista no item I do art. 555 do RIR/80, quando a importância a ser transferida não superar o valor que for obtido pela aplicação do percentual representado pela participação alienada ou liquidada sobre o total do capital registrado. O referido percentual será apurado tomando-se por base a participação societária alienada ou liquidada em relação à participação total do investidor no capital da empresa receptora do investimento estrangeiro. No repatriamento de capital deverá obrigatoriamente haver redução de investimento no País. Recurso provido. Por unanimidade de votos, DAR provimento ao recurso."

Como é o próprio art. 18 da Lei 9.249/1995 que estabelece a aplicação, aos não-residentes, "das mesmas regras aplicáveis aos residentes no País", na medida em que o art. 24 da Medida Provisória 2.158-35/2001 estabelece a possibilidade de correção cambial do custo de aquisição sempre que o bem, direito ou aplicação financeira é adquirida mediante a utilização de recursos decorrentes de rendimentos auferidos originariamente em moeda estrangeira, esta previsão deve igualmente ser aplicada para os não-residentes.

Deste modo, os bens ou direitos, ou aplicações financeiras, adquiridos por não-residentes em moeda estrangeira — ou seja, com registro de capital estrangeiro junto ao Banco Central atestando o ingresso de moeda estrangeira para tal aquisição — são afetados pela regra consubstanciada no art. 24 da Medida Provisória 2.158-35/2001. Isto porque, o registro de capital estrangeiro junto ao Banco Central demonstra que o investimento foi efetuado em *moeda estrangeira* e, em se tratando de não-residente, seu patrimônio terá se formado, primordialmente, de "rendimentos auferidos originariamente em moeda estrangeira", cumprindo assim as condições para que se possa adotar como custo de aquisição do bem objeto de alienação o valor da moeda estrangeira registrada.

O resultado disso é que, como as aquisições de bens, direitos ou aplicações financeiras no Brasil pelo não-residente são feitas em moeda estrangeira e decorrem da utilização de recursos resultantes de rendimentos auferidos — pelo não-residente — originariamente em moeda estrangeira, também o ganho de capital do não-residente na alienação de investimentos efetuados em moeda estrangeira deveria ser calculado com base no valor atualizado pela variação cambial sobre o custo de aquisição, e não com base no valor histórico em Reais.

Há casos, ainda, em que o real custo de aquisição supera o valor registrado no Banco Central do Brasil. Vejamos.

Como destaca Alberto Xavier, existem situações nas quais as participações societárias são transferidas no exterior — de um não-residente para outro não-residente — por valor superior ao capital estrangeiro registrado junto ao Banco Central do Brasil, e nesse caso, o adquirente somente sucede o alienante no registro de capital estrangeiro já existente. Nesses casos, entendemos que deve prevalecer o custo de aquisição efetivo, ou seja, o montante efetivamente despendido para a aquisição da participação societária, quando houver a alienação subseqüente.

Outro não é o entendimento do fisco — o art. 18 da Instrução Normativa SRF 208, de setembro de 2002, ao dispor sobre o custo de aquisição do não-residente para fins da determinação do ganho de capital, explicita que, o valor de aquisição do bem ou direito deve ser comprovado com documentação hábil e idônea e que, na impossibilidade de comprovação, o custo de aquisição é: (i) apurado com base no capital registrado no Banco Central do Brasil, vinculado à compra do bem ou direito; (ii) igual a zero, nos demais casos. Em outras palavras, o custo de aquisição é, primordialmente, o valor que puder ser comprovado pelo alienante como o desembolsado para a aquisição da participação societária alienada.

Quanto à atualização monetária já comentada — com base na moeda estrangeira — esta somente se aplicará à parcela albergada pelo registro de capital estrangeiro junto ao Banco Central do Brasil, ficando a parcela não registrada submetida à regra geral, qual seja, reconhecimento como custo de aquisição por seu valor original (valor da moeda estrangeira convertida em Reais na data da aquisição), sem qualquer atualização monetária, já que, em relação a essa parcela, não existe um reconhecimento efetivo por parte da autoridade monetária brasileira de que se tratou de um investimento em efetuado em moeda estrangeira.

2.4.2 Alíquota

Para as pessoas físicas residentes, a alíquota de imposto de renda incidente sobre os ganhos de capital é de 15%, enquanto que, para os não-residentes, além da tributação à alíquota de 15%, a Lei 10.833/2003[16] trouxe a previsão de aumento dessa alíquota para 25% quando o beneficiário (alienante) for residente em jurisdição com tributação favorecida.

2.5 Isenções de imposto de renda sobre ganhos de capital

Para as pessoas físicas residentes, os arts. 120 e ss. do RIR/99 elenca quais as isenções[17] e não-incidências[18] a elas aplicáveis.

Interessante destacar que o fisco manifestou o entendimento de que as isenções e exclusões de base de cálculo previstas para as pessoas físicas não se aplicam aos residentes no exterior.

Este entendimento foi exposto no § 5º do art. 26 da Instrução Normativa SRF 208, de setembro de 2002, dispondo que "*Na apuração do ganho de capital de não-residente não se aplicam as isenções e reduções previstas para o residente no Brasil*". Ainda, em seu endereço eletrônico, onde consta a seção de "Perguntas e Respostas" relativas à apuração de ganho de capital de não-residente, na questão 119 — *Como são tributados os rendimentos recebidos no Brasil por não-residente?* —, a resposta apresentada inclui o seguinte comentário: "*Na apuração do ganho de capital de não-residente não se aplicam as isenções e reduções do imposto previstas para os residentes no Brasil*". No entanto, não é isso que dispõe a legislação pátria.

Como já afirmamos e repisamos, o art. 18 da Lei 9.249/1995 estabelece a submis-

16. "Art. 47. Sem prejuízo do disposto no art. 10 da Lei 9.249, de 26 de dezembro de 1995, e no art. 7º da Lei 9.959, de 27 de janeiro de 2000, o ganho de capital decorrente de operação, em que o beneficiário seja residente ou domiciliado em país ou dependência com tributação favorecida, a que se refere o art. 24 da Lei 9.430, de 27 de dezembro de 1996, sujeita-se à incidência do imposto de renda na fonte à alíquota de 25% (vinte e cinco por cento)."

17. *Isenções*: • indenização por desapropriação para fins de reforma agrária; • indenização por liquidação de sinistro, furto ou roubo, relativo a objeto segurado; • ganho de capital na alienação de bens e direitos de pequeno valor, cujo preço unitário de alienação, no mês em que esta se realizar, seja igual ou inferior a vinte mil Reais, no caso de alienação de ações negociadas no mercado de balcão, e trinta e cinco mil Reais, nos demais casos; • ganho de capital na alienação do único imóvel que o titular possua, cujo valor de alienação seja de até R$ 440.000,00, desde que não tenha sido realizada qualquer outra alienação nos últimos cinco anos; • ganho de capital na venda de imóvel residencial, desde que o alienante, no prazo de 180 (cento e oitenta) dias contado da celebração do contrato, aplique o produto da venda na aquisição, em seu nome, de imóveis residenciais localizados no País.

18. *Exclusões da base de cálculo*: • as transferências *causa mortis* e as doações em adiantamento da legítima, exceto se tais transferências e doações forem efetuadas por valor superior ao custo de aquisição dos bens doados ou transferidos; • a permuta *exclusivamente de unidades imobiliárias*, objeto de escritura pública, sem recebimento de parcela complementar em dinheiro, denominada torna, exceto no caso de imóvel rural com benfeitorias.

são dos não-residentes às mesmas regras de apuração do ganho de capital aplicáveis aos residentes. Ora, como excluir dessa submissão as normas que vinculam isenções ou outros benefícios fiscais? Em homenagem ao princípio da legalidade, não cabe essa exclusão, se a lei assim não o fez.

Este também é o entendimento de Heleno Tôrres,[19] ao asseverar que "Os conceitos de apuração e tributação reportam-se, respectivamente, à base de cálculo e à alíquota *e isenções* que são idênticas as que vigoram quanto aos residentes no país" (destacamos).

A expressão maior do princípio da legalidade é o inciso II do art. 5º da Constituição Federal. A liberdade de conduta dos cidadãos somente pode ser restrita *através de diplomas legais*.

Através da edição de leis, a sociedade, em um Estado de Direito, se auto-regula, impondo normas vincularão a todos os integrantes dessa sociedade — inclusive os detentores do poder, legítimos representantes do povo, proibindo-os de agir contra os interesses da coletividade.

No campo tributário, o princípio da legalidade é reiterado pelo art. 150, I, da Constituição Federal. Esse princípio, na verdade, garante a segurança das pessoas diante do "apetite" do Fisco. Nas palavras de Roque Antonio Carrazza, "(...) O princípio da legalidade é um limite intransponível à atuação do Fisco (...).".

2.6 Regime convencional dos ganhos de capital

De acordo com os tratados para evitar a dupla tributação assinados pelo Brasil, os ganhos de capital são tributados: (i) em se tratando de alienação de bens imóveis, exclusivamente no país em que esses imóveis estão localizados; (ii) em se tratando de embarcações marítimas ou aéreas pertencentes a empresas de transporte internacional, exclusivamente no país de residência; (iii) em se tratando de alienação de outros bens, em ambos os países, competindo ao país de residência conceder o crédito do imposto sobre a renda pago no país da fonte. A exceção a essa regra é o tratado firmado com o Japão, que prevê a tributação exclusiva no país de residência no caso de alienação de *participações societárias*.

Os tratados não trazem limitação da alíquota de imposto de renda aplicável pelo país da fonte, nem tampouco previsão de crédito adicional de imposto no país de residência.

3. Conclusões

Com base em todo o acima exposto:

a) as pessoas físicas ou jurídicas não-residentes sujeitam-se à apuração do ganho de capital sempre que houver alienação de bens ou direitos localizados no Brasil, ou que efetuarem a alienação de quaisquer bens ou direitos para um adquirente aqui localizado, eis que a legislação tributária brasileira adotou como critérios de fonte o subjetivo (quando o adquirente se localizar no País) e o objetivo (quando o bem objeto da negociação se localizar no País);

b) a apuração de ganho de capital dos não-residentes deve seguir as mesmas regras de apuração aplicáveis às pessoas físicas brasileiras, o que implica afirmar que:

(b.1) ganho de capital é a diferença positiva entre o valor da alienação e o custo de aquisição;

(b.2) o custo de aquisição é determinado pelo valor, em Reais, originalmente despendido para a aquisição do bem ou direito alienado, exceto nos casos em que se tratar de investimento em moeda estrangeira, efetuada com recursos auferidos originariamente em moeda estrangeira (incluindo os casos de investimentos estrangeiros em capital ou dívida registrados junto ao Banco Central do Brasil). Nestes casos, a conversão para Reais do valor em moeda

19. Heleno Taveira Tôrres, ob. cit., p. 352.

estrangeira originalmente investido deve ocorrer na data da alienação do bem ou direito;

(b.3) a contribuição, por um não-residente, de bens ou direitos ao capital de uma pessoa jurídica brasileira, se efetuada com base no valor de mercado dos referidos bens, gera a obrigação de apurar o ganho de capital;

(b.4) a alíquota de imposto de renda sobre o ganho de capital é de 15%, ou 25% se o beneficiário for residente em país com tributação favorecida;

(b.5) o responsável pela retenção e recolhimento do imposto de renda é o adquirente dos bens ou direitos, ou caso o adquirente seja também não-residente, será o procurador no Brasil desse adquirente.

DOS ATOS NORMATIVOS EXPEDIDOS PELAS AUTORIDADES ADMINISTRATIVAS E SUA FUNÇÃO DE NORMAS COMPLEMENTARES DAS LEIS TRIBUTÁRIAS – DA ILEGALIDADE DO ART. 5º DA PORTARIA CONJUNTA PGFN/SRF-3, DE 25.8.2004

MARCOS ANTÔNIO NEPOMUCENO FEITOSA

Advogado em Teresina/PI e em São Paulo/SP
– Mestrando em Direito Tributário pela PUC/SP
– Especialista em Direito Tributário e em Direito Processual Tributário pela PUC/SP

1. Considerações iniciais. 2. Da hierarquia das normas. 3. Dos enunciados principiológicos. 4. Do princípio da legalidade e o alcance dos atos administrativos no âmbito tributário. 5. Do dever de moralidade e de eficiência da Administração Pública na prática de seus atos. 6. Considerações finais.

1. Considerações iniciais

A Lei 10.684/2003 instituiu o Parcelamento Especial, denominado "PAES", abrindo a possibilidade aos contribuintes inadimplentes de quitarem seus débitos tributários contraídos junto à União Federal[1] com vencimento até 28.2.2003, em prestações mensais e sucessivas, calculadas com base na receita bruta auferida no mês imediatamente anterior.

De acordo com os §§ 3º a 11 do art. 1º da Lei 10.684/2003, a consolidação dos débitos existentes em nome da pessoa jurídica, na condição de contribuinte ou responsável, para que sejam inseridos no parcelamento especial, abrangerá os créditos constituídos ou não, inclusive os acréscimos legais relativos a multa, de mora ou de ofício, a juros moratórios e demais encargos, determinados nos termos da legislação vigente à época da ocorrência dos respectivos fatos geradores.

Assim, todos os créditos tributários devidamente constituídos pelo contribuinte mediante a entrega de suas declarações junto à Secretaria da Receita Federal e ao Instituto Nacional do Seguro Social – DCTF e GFIP – são do conhecimento desses órgãos, e aqueles que não foram quitados dentro prazo legal pela pessoa jurídica que optou por esta modalidade de parcelamento,

1. Os débitos abrangidos pelo PAES são aqueles constituídos ou confessados junto à Secretaria da Receita Federal, à Procuradoria-Geral da Fazenda Nacional e ao Instituto Nacional do Seguro Social (oriundos de contribuições patronais) com vencimento até 28.2.2003.

desde que sejam créditos tributários vencidos até 28.2.2003, devem ser incluídos de ofício pela autoridade administrativa no Programa Especial de Parcelamento (PAES), tendo em vista o preenchimento de todos os requisitos impostos pela Lei 10.684/2003, isto é, que os débitos sejam anteriores a 28.2.2003 e de conhecimento da Secretaria da Receita Federal e do Instituto Nacional do Seguro Social.

Tal afirmação é construída a partir de uma interpretação sistemática do ordenamento jurídico, que nos levará, com elevado grau de segurança, à conclusão de que o Código Tributário Nacional confere aos particulares competência para, em muitos casos (tributos sujeitos ao lançamento por homologação), declarar, em linguagem competente, a ocorrência do fato jurídico e constituir a relação jurídica tributária, vínculo abstrato que confere ao sujeito ativo o direito de exigir determinada quantia em dinheiro do sujeito passivo, a título de pagamento de tributo.

Tratando-se de tributos sujeitos ao lançamento por homologação – o que se verifica com quase todos os tributos de competência da União Federal –, ocorrendo a declaração do contribuinte, por meio da DCTF e da GFIP, entre outras, e na falta de pagamento da exação no vencimento, mostra-se incabível aguardar o decurso do prazo decadencial para o lançamento. Tais declarações elidem a necessidade da constituição formal do débito pelo Fisco, podendo este ser imediatamente inscrito em dívida ativa, tornando-se exigível independentemente de qualquer procedimento administrativo ou de notificação ao contribuinte.[2]

Contudo, a Secretaria da Receita Federal e a Procuradoria-Geral da Fazenda Nacional, ao expedirem a Portaria Conjunta SRF/PGFN-3/2004, com o propósito de regulamentar o PAES, conforme dicção do art. 10 da Lei 10.684/2003, extrapolaram os limites que lhes são impostos por lei, no momento em que fixaram novos requisitos (necessidade de decisão administrativa sobre o(s) pedido(s) de compensação realizado(s) pelo contribuinte até o dia 28.11.2003) para que os débitos tributários confessados e não pagos pelo contribuinte no prazo legal adentrassem no PAES.

Diante de tal restrição ao direito do contribuinte, escolhemos o estudo do presente tema em virtude de sua grande relevância e do descaso das autoridades administrativas em observar os princípios constitucionais no instante de regulamentar as leis, esquecendo que a Constituição Federal impõe uma série de restrições à Administração Pública no momento do exercício de sua competência, olvidando-se a autoridade administrativa, a todo instante, dos direitos e garantias individuais dos contribuintes, impostos pela Constituição Federal.

2. Neste sentido vem decidindo o STJ em diversos julgados. Se não, vejamos: "Tributário – Execução fiscal – Exceção de pré-executividade – Obrigação tributária informada em declaração – DCTF – Débito declarado e não pago – Prescrição qüinqüenal – Termo inicial – Vencimento da obrigação. 1. Não se verifica o equívoco suscitado no recurso especial. O acórdão nada mais fez que analisar cada ponto da argumentação da recorrente, discorrendo sobre a possibilidade de compensação, sobre a ausência de lançamento e de notificação e, finalmente, sobre a decadência e prescrição. 2. Em se tratando de tributos lançados por homologação, ocorrendo a declaração do contribuinte, por DCTF, e na falta de pagamento da exação no vencimento, mostra-se incabível aguardar o decurso do prazo decadencial para o lançamento. Tal declaração elide a necessidade da constituição formal do débito pelo Fisco, podendo este ser imediatamente inscrito em dívida ativa, tornando-se exigível, independentemente de qualquer procedimento administrativo ou de notificação ao contribuinte. 3. O termo inicial do lustro prescricional, em caso de tributo declarado e não pago, não se inicia da declaração, mas da data estabelecida como vencimento para o pagamento da obrigação tributária constante da declaração. No interregno que medeia a declaração e o vencimento, o valor declarado a título de tributo não pode ser exigido pela Fazenda Pública, razão pela qual não corre o prazo prescricional da pretensão de cobrança nesse período. 4. Recurso especial improvido" (STJ, 2ª Turma, REsp 200400654280 (658138 PR), rel. Min. Castro Meira, *DJU* 21.11.2005, p. 186).

2. *Da hierarquia das normas*

O ordenamento jurídico é formado por um conjunto de normas dispostas hierarquicamente. As normas inferiores buscam validade nas normas que lhes são superiores, retrotraindo até a Constituição. Assim, as normas subordinadas devem harmonizar-se com as superiores, sob pena de deixarem de ter validade no ordenamento jurídico. Logo, afirmar que uma norma é hierarquicamente superior à outra é dizer que esta se encontra em um grau mais elevado na pirâmide do ordenamento jurídico, onde, no ápice, está a Constituição Federal.

É isso que Kelsen queria significar quando apregoava que o "fundamento de validade de uma norma apenas pode ser a validade de outra norma".[3]

A norma que determina a criação de outra norma é a norma superior; já a norma criada segundo esta regulamentação é a inferior. Regressando nesta sistemática, chegaremos à norma fundamental, a mais superior, que, sendo o fundamento supremo de validade de toda a ordem jurídica, constitui sua unidade.

De acordo com as lições de Kelsen, "a ordem jurídica, especialmente a ordem jurídica cuja personificação é o Estado, é, portanto, não um sistema de normas coordenadas entre si, que se acham, por assim dizer, lado a lado, no mesmo nível, mas uma hierarquia de diferentes níveis de normas".[4]

Nesse passo, podemos afirmar que a portaria deve buscar fundamento de validade na lei; e esta, na Constituição. Se, eventualmente, a portaria contrariar a lei, estará fora da pirâmide, que é o ordenamento jurídico, devendo ser expulsa do sistema.

3. *Apud* Roque Antônio Carrazza, *Curso de Direito Constitucional Tributário*, 19ª ed., São Paulo: Malheiros Editores, 2003, p. 27.

4. Hans Kelsen, *Teoria Geral do Direito e do Estado*, 3ª ed., trad. de Luís Carlos Borges, São Paulo: Martins Fontes, 2000, p. 129.

Conhecendo a estrutura hierárquica do ordenamento jurídico, fácil, para o aplicador do Direito, resolver qualquer conflito interno de normas. Quando se tratar de normas de hierarquia diversa, prevalecerá a superior, porque tem proeminência hierárquica em relação às normas inferiores.

Desse modo, não há como admitir que uma portaria possa criar restrições quanto à inclusão de débitos no PAES, indo além do alcance da lei que ela visa a regulamentar. A hierarquia da lei perante a portaria decorre de uma complexidade formal; complexidade, esta, prevista na Constituição Federal.

A Portaria Conjunta PGFN/SRF-3 – ao estabelecer, em seu art. 5º, que "o crédito tributário vencido até 28 de fevereiro de 2003 e objeto de compensação declarada à Secretaria da Receita Federal, na forma do art. 74 da Lei n. 9.430, de 27 de dezembro de 1996, integrará o débito consolidado do PAES, desde que, em 28 de novembro de 2003, já tenha ocorrido decisão definitiva de não homologação da compensação" – desrespeitou os ditames da norma de superior hierarquia, sendo algo totalmente inadmissível em nosso sistema jurídico, uma vez que as normas jurídicas não se encontram no mesmo plano hierárquico, mas sim entrelaçadas por laços de subordinação e hierarquia, encontrando-se a Constituição Federal no ápice da pirâmide do ordenamento jurídico, sendo fundamento de validade de todas as normas do sistema.

É de fácil conclusão reconhecer que uma portaria não pode inovar uma lei; uma resolução não pode inovar um decreto; uma lei ordinária não pode inovar uma lei complementar; e uma lei complementar não pode inovar a Constituição.

Assim, é totalmente descabido em nosso ordenamento jurídico que uma portaria tenha proeminência hierárquica em face de uma lei, não podendo seus comandos prevalecer sobre uma lei, que se encontra em patamar hierárquico superior, sob pena de afronta direta à Constituição.

3. Dos enunciados principiológicos

A noção de "princípio" está associado à idéia de ponto de partida ou fundamento de um processo qualquer.[5]

Segundo Eurico de Santi, *princípios jurídicos* seriam "fragmentos normativos, unidades de significação de enunciados normativos, que integram o arcabouço de normas jurídicas, alterando, constituindo (positiva e negativamente) e delineando a estrutura dual da regra, seja pelo seu antecedente, seja pelo seu conseqüente normativo".[6]

Ressaltando a importância dos princípios na composição do sistema de direito positivo, o professor Celso Antônio Bandeira de Mello pontifica que: "Violar um princípio é muito mais grave que transgredir uma norma. A desatenção ao princípio implica ofensa não apenas a um específico mandamento obrigatório, mas a todo um sistema de comandos. É a mais grave forma de ilegalidade ou inconstitucionalidade, conforme o escalão do princípio violado, porque representa insurgência contra todo o sistema, subversão de seus valores fundamentais, contumélia irremissível a seu arcabouço lógico e corrosão à sua estrutura mestra".[7]

Os princípios são normas jurídicas, porque são eles que dão base para a criação de outras normas; ou seja, são as linhas mestras das diretrizes magnas do sistema jurídico, pois espelham os postulados básicos e os fins da Constituição. São carregados de valor, refletindo o conjunto de preceitos tidos como fundamentais para a sociedade nas suas relações intersubjetivas.

5. Nicola Abbagnano, *apud* Tácio Lacerda Gama, *Contribuições de Intervenção no Domínio Econômico*, São Paulo: Quartier Latin, 2003, p. 141.

6. Eurico Marcos Diniz de Santi, *Lançamento Tributário*, 2ª ed. São Paulo: Max Limonad, 1996, p. 94.

7. Celso Antônio Bandeira de Mello, *Ato Administrativo e Direitos dos Administrados*, São Paulo: Ed. RT, 1981, p. 88.

As lições do professor Roque Antônio Carrazza vão ao encontro do nosso entendimento ao afirmar que os princípios jurídico-constitucionais "não passam de uma norma jurídica qualificada. Qualificada porque, tendo âmbito de validade maior, orienta a atuação de outras normas, mesmo as de nível constitucional, exercendo uma função axiológica mais expressiva, dentro do sistema jurídico".[8]

De acordo com os ensinamentos do professor Paulo de Barros Carvalho, os princípios podem ser classificados de acordo com o grau de objetividade das suas prescrições. Eles podem significar valores, marcados pelo seu grande teor de subjetividade, não dispondo o intérprete de critérios objetivos para aferir se o princípio foi ou não violado; ou limite objetivo, marcado por critérios incisivos para delimitação do seu conteúdo que se voltam para realizar valores, de forma indireta e mediata.[9]

Há vários princípios constitucionais inseridos na plenitude do ordenamento jurídico, influenciando diretamente todo ele. Entretanto, levaremos em consideração os princípios de maior expressividade para o desenvolvimento do presente trabalho.

4. Do princípio da legalidade e o alcance dos atos administrativos no âmbito tributário

O surgimento do princípio da legalidade remonta ao século XII, mais precisamente no ano de 1215 na Inglaterra, onde os barões normandos impuseram ao príncipe João-sem-Terra a inserção na Magna Carta que dali em diante toda tributação teria que passar pela aprovação do conselho de representação (*no taxation without representation*).

8. Roque Antônio Carrazza, *Curso de Direito Constitucional Tributário*, 19ª ed., p. 41.

9. Paulo de Barros Carvalho, *Curso de Direito Tributário*, 14ª ed. São Paulo: Saraiva, 2002, pp. 141-143.

A lei, desde então, é uma das manifestações mais solenes do Direito, tornando-se a sua expressão racional. Desde as fontes romanas, a lei "é a rainha de todas as coisas, assim divinas como humanas, critério do justo e do injusto; e, para aqueles que da natureza são chamados para a vida civil, preceptora do que se deve fazer, proibidora do que se não deve fazer" (*Digesto*, I, 3.2). Ou, ainda: *Lex est communis reipublicae sponsio*. "A lei é a fonte do poder democrático." A lei é a maior conquista dos cidadãos, todas as portas abriam-se "em nome da lei".[10]

Atualmente, o princípio da legalidade é uma viga mestra fundamental do Estado Democrático de Direito. Seu significado, importância e evolução no direito público marcam a história do Estado de Direito.

Para José Afonso da Silva o princípio da legalidade é "nota essencial do Estado de Direito. É, também, por conseguinte, um princípio basilar do Estado Democrático de Direito, como vimos, porquanto é da essência do seu conceito subordinar-se à Constituição e fundar-se na legalidade democrática. Sujeita-se ao império da lei, mas da lei que realiza o princípio da igualdade e da justiça não pela sua generosidade, mas pela busca da igualização das condições dos socialmente desiguais. Toda a sua atividade fica sujeita à lei, entendida como expressão da vontade geral, que só se materializa num regime de divisão de poderes em que ela seja o ato formalmente criado pelos órgãos de representação popular, de acordo com o processo legislativo estabelecido na Constituição. É nesse sentido que se deve entender a assertiva de que o Estado ou o Poder Público ou os administradores não podem exigir qualquer ação, nem impor qualquer abstenção, nem mandar e tampouco proibir nada aos administrados, senão em virtude de lei".[11]

É por meio da lei que são introduzidas no sistema do direito positivo limitações necessárias aos detentores do poder, em nome de certos valores e interesses sociais, à liberdade natural do cidadão. Ela nada mais é que a concretização e efetivação de direitos, sobretudo mediante a aplicação e dinamização dos princípios jurídicos.

Celso Antônio Bandeira de Mello ensina, a respeito da matéria, o seguinte:

"No interior das fronteiras decorrentes da dicção legal é que pode vicejar a liberdade administrativa.

"A lei, todavia, em certos casos, regula dada situação em termos tais que não resta para o administrador margem alguma de liberdade, posto que a norma a ser implementada prefigura antecipadamente com rigor e objetividade absolutos os pressupostos requeridos para a prática do ato e o conteúdo que este obrigatoriamente deverá ter uma vez ocorrida a hipótese legalmente prevista. Nestes lanços diz-se que há vinculação e, de conseguinte, que o ato a ser expedido é vinculado.

"Reversamente, fala-se em discricionariedade quando a disciplina legal faz remanescer em proveito e a cargo do administrador uma certa esfera de liberdade, perante o que caber-lhe-á preencher com seu juízo subjetivo, pessoal, o campo de indeterminação normativa, a fim de satisfazer no caso concreto a finalidade da lei.

"Não se há de pensar – advertiu a sabendas André Gonçalves Pereira – que a discricionariedade resulta da ausência de lei, posto que, contrariamente, ela procede da própria disciplina normativa, a dizer, da maneira pela qual se regula dada situação."[12]

10. *Apud* Marcelo Figueiredo, "A crise no entendimento clássico do princípio da legalidade administrativa e temas correlatos", *Estudos de Direito Público em Homenagem a Celso Antônio Bandeira de Mello*, São Paulo: Malheiros Editores, 2006, p. 426.

11. José Afonso da Silva, *Curso de Direito Constitucional Positivo*, 15ª ed., São Paulo: Malheiros Editores, 1998, p. 421.

12. Celso Antônio Bandeira de Mello, *Curso de Direito Administrativo*, 16ª ed., São Paulo: Malheiros Editores, 2003, pp. 844-845.

A Constituição Federal de 1988 arrolou inúmeros comandos e regras com o intuito de resguardar os interesses patrimoniais dos contribuintes contra os excessos do Estado, mediante a imposição de limitações à atuação estatal, por meio da fixação de diretrizes (princípios, competências – entre outros) que orientam a Administração Pública a todo instante.

Os interesses da Administração Pública hão de ser cumpridos na forma determinada pela Constituição e pela lei, respeitados os limites por elas impostos, que representam garantias e direitos fundamentais dos contribuintes.

É cediço que o ato administrativo, à luz do ordenamento jurídico pátrio, está subordinado ao princípio da legalidade, *ex vi* da CF de 1988, arts. 5º, II, 37, *caput*, e 84, IV.

Seguindo esta linha de raciocínio, a Administração poderá atuar apenas de acordo com o que a lei determina. Assim, ao expedir um ato que tem por finalidade regulamentar a lei (decreto, portaria, instrução normativa etc.), não pode a Administração inovar a ordem jurídica, impondo novas obrigações aos administrados.

Nessa vertente, oportuno trazer a lume as lições do renomado administrativista Diógenes Gasparini, *ipsis litteris*: "O princípio da legalidade significa estar a Administração Pública, em toda a sua atividade, presa aos mandamentos da lei, deles não se podendo afastar, sob pena de invalidade do ato e responsabilidade de seu autor. Qualquer relação estatal sem o correspondente calço legal, ou que exceda o âmbito demarcado pela lei, é injurídica e expõe-se à anulação. Seu campo de ação, como se vê, é bem menor que o do particular. De fato, este pode fazer tudo que a lei permite, tudo que a lei não proíbe; aquela só pode fazer o que a lei autoriza e, ainda assim, quando e como autoriza".[13]

O art. 100 do CTN dispõe sobre os atos administrativos expedidos pelas autoridades administrativas no exercício de suas atribuições no campo tributário, *verbis*: "Art. 100. São normas complementares das leis, dos tratados e das convenções internacionais e dos decretos: I – os atos normativos expedidos pelas autoridades administrativas; (...)".

Os atos normativos a que se refere o artigo são, basicamente, as instruções normativas e as portarias. Assim, não se pode negar o caráter complementar das instruções normativas e portarias, que se encontram absolutamente vinculadas ao disposto pela lei que pretendem regulamentar.

De acordo com os ensinamentos do professor Celso Antônio Bandeira de Mello, *portaria* "é fórmula pela qual autoridades de *nível inferior* ao de chefe do Executivo, sejam de qualquer escalão de comandos que forem, dirigem-se a seus subordinados, transmitindo decisões de efeito interno, quer com relação ao andamento das atividades que lhes são afetas, quer com relação à vida funcional de servidores, ou até mesmo, por via delas, abrem-se inquéritos, sindicâncias, processos administrativos. Como se vê, trata-se de ato formal de conteúdo muito fluido e amplo".[14]

Como se observa, as portarias expedidas pelas autoridades administrativas no âmbito tributário não devem encerrar qualquer direito ou obrigação aos administrados, mas apenas adotar critérios que explicitem o texto legal que estão regulando. Devem, portanto, os atos ordinatórios expedidos pelas autoridades administrativas guardar correlação fiel à letra do instrumento normativo que estão regulando, sob pena de serem expulsas do sistema.[15]

13. Diógenes Gasparini, *Direito Administrativo*, 11ª ed., São Paulo: Saraiva, 2006, pp. 7-8.

14. Celso Antônio Bandeira de Mello, *Curso de Direito Administrativo*, 16ª ed., p. 403.

15. Neste sentido já se pronunciou o STF. V., a respeito, o seguinte trecho do voto do Min. Celso de Mello: "(...). As instruções normativas, editadas por órgão competente da Administração Tributária, constituem espécies jurídicas de caráter secundário,

Não é cabível às portarias o papel de inovar o ordenamento jurídico. Elas dependem da existência de lei, pois forçosamente a pressupõem, sem o quê nada poderiam dispor. Sem a existência de diploma legal não há espaço para edição de portarias.

No nosso ordenamento jurídico, é a lei o instrumento apto a criar direitos e obrigações, só ela inova em caráter inicial a ordem jurídica. Apenas a lei pode indicar as condições de aquisição ou restrição de direito. A portaria, ao explicitar o conteúdo legal, só pode assistir, à vista das condições preestabelecidas, as suas especificações, atendo-se ao conteúdo significativo das palavras legais enunciadoras do teor do direito ou restrição e do teor das condições a serem preenchidas.

O ilustre professor cearense Hugo de Britto Machado é enfático ao falar sobre o tema em debate. Se não vejamos: "Diz-se que são normas 'complementares' porque se destinam a completar o texto das leis, dos tratados e convenções internacionais e decretos. Limitam-se a 'completar'. Não podem 'inovar' ou de qualquer forma modificar o texto da norma que complementam".[16]

O art. 5º da Portaria Conjunta PGFN/SRF-3, a pretexto de regulamentar o cumprimento do disposto na Lei 10.684/2003, fixou a necessidade de decisão administrativa até o dia 28.11.2003 sobre o(s) pedido(s) de compensação formulado(s) pelo contribuinte, para que os débitos não homologados pela autoridade administrativa nestes pedidos integrassem o débito consolidado do PAES, inovando, assim, a ordem jurídica, impondo requisito não previsto em lei, ou seja, impossibilitando que débitos anteriores a 28.2.2003 e de conhecimento da Secretaria da Receita Federal fossem inseridos no PAES.

A imposição de requisito para inclusão de débitos objeto de pedidos de compensação pelo contribuinte no PAES jamais poderia ser disciplinada por uma portaria, por isso que, não obstante seja ato administrativo de caráter normativo, subordina-se ao ordenamento jurídico hierarquicamente superior – ou seja, à Constituição Federal e à lei –, não sendo admissível que o poder regulamentar extrapole seus limites, ensejando a edição dos denominados "regulamentos autônomos", vedados em nosso ordenamento jurídico, a não ser pela exceção prevista no art. 84, VI, da CF.

5. *Do dever de moralidade e de eficiência da Administração Pública na prática de seus atos*

Com base no escólio de Marcelo Figueiredo, "a noção de Estado de Direito carrega igualmente uma intenção valorativa. Ele é limitado por uma Constituição. Esta, por sua vez, deve ser a síntese da vontade popular, fielmente representada. Qualquer Estado que pretenda ser rotulado de 'Estado de Direito' deve submeter-se à Constituição e ser responsável perante o Direito. A autoridade pública deve exercer seus poderes conforme o Direito, e jamais aplicá-la de forma prejudicial ou retroativa, respeitando os direitos individuais, sociais, culturais e políticos".[17]

cuja validade e eficácia resultam, imediatamente, de sua estrita observância dos limites impostos pelas leis, tratados, convenções internacionais ou decretos presidenciais, de que devem constituir normas complementares. Essas instruções nada mais são, em sua configuração jurídico-formal, que provimentos executivos cuja normatividade está diretamente subordinada aos atos de natureza primária, como as leis e as medidas provisórias, a que se vinculam por um claro nexo de acessoriedade e dependência. Se a instrução normativa, editada com fundamento no art. 100, I, do CTN, vem a positivar em seu texto, em decorrência de má interpretação de lei ou medida provisória, uma exegese que possa romper a hierarquia normativa que deve manter com estes atos primários, viciar-se-á de ilegalidade" (STF, Plenário, AgRg/ADI 3650DF, rel. Min. Celso de Mello, novembro/1990).

16. Hugo de Brito Machado, *Comentários ao Código Tributário Nacional*, vol. 2, São Paulo: Atlas, 2004, p. 95.

17. Marcelo Figueiredo, "A crise no entendimento clássico do princípio da legalidade adminis-

No Estado de Direito deve ser garantida aos contribuintes a possibilidade de antecipar objetivamente seus direitos e deveres tributários, que, por isto mesmo, só podem surgir de lei, igual para todos, irretroativa e votada por pessoa política competente. Assim, a segurança jurídica acaba por desembocar no princípio da confiança na lei fiscal, que, como leciona Alberto Xavier, "traduz-se, praticamente, na possibilidade dada ao contribuinte de conhecer e computar seus encargos tributários com base exclusivamente na lei".

O administrador, no momento de completar o texto das leis, dos tratados e convenções internacionais e decretos, não pode inovar ou de qualquer forma modificar o texto da norma que complementam, tendo em vista o dever imposto ao Estado de prestigiar os valores éticos, a probidade, a honestidade, o decoro, a lealdade e a boa-fé.

Para Celso Antônio Bandeira de Mello, "a Administração haverá de proceder em relação aos administrados com sinceridade e lhaneza, sendo-lhe interdito qualquer comportamento astucioso, eivado de malícia, produzido de maneira a confundir, dificultar ou minimizar o exercício de direitos por parte dos cidadãos".[18]

No entanto, assim não procederam a Secretaria da Receita Federal e a Procuradoria-Geral da Fazenda Nacional ao expedirem a Portaria Conjunta PGFN/SRF-3, pois, além de extrapolarem, em muito, os limites meramente regulamentares impostos pela Lei 10.684/2003, introduziram um ônus ao contribuinte que independe de sua vontade, pois a apreciação de seu(s) pedido(s) de compensação depende, única e exclusivamente, do querer da autoridade administrativa, cabendo a prática de tal ato à Secretaria da Receita Federal, sendo algo que foge da alçada do contribuinte, não podendo admitir que o sujeito passivo suporte qualquer encargo que advenha da demora da prática de um ato por parte da Administração.

Os arts. 48 e 49 da Lei 9.784/1999[19] são claros ao estabelecer o dever de decidir da autoridade administrativa aos pleitos colocados à sua apreciação pelo contribuinte num prazo de 30 dias, prorrogáveis por mais 30, desde que devidamente motivada.

A principiologia que preside o processo administrativo denota crescente preocupação com os direitos do administrado, a quem, *ultima ratio*, ao entendê-lo como ser social, é dirigida toda a atividade pública.

Nesta vertente, verifica-se que o diploma regente do processo administrativo federal expende taxativamente que o administrado tem direito à decisão de seus pleitos, ao passo que a Administração tem o dever de decidir; dever que deverá ser exercido no prazo de 30 dias, contados do final da instrução do processo, consoante o art. 49 da Lei 9.784/1999.

A demora desarrazoada da análise do(s) pedido(s) de compensação do contribuinte implica afronta aos princípios que norteiam a atividade da Administração Pública, precisamente ao da eficiência, insculpido no *caput* do art. 37 da CF e no art. 2º da Lei 9.784/1999.

A Administração Pública está jungida ao dever de eficiência, o que se traduz na obrigação de conferir meios para que a Administração Tributária, que é uma atividade essencial ao funcionamento do Estado (art. 37, XXII, da CF, de acordo com a Emenda Constitucional 42/2003), processe e decida os processos de natureza admi-

trativa e temas correlatos", *Estudos de Direito Público em Homenagem a Celso Antônio Bandeira de Mello*, p. 431.

18. Celso Antônio Bandeira de Mello, *Curso de Direito Administrativo*, 16ª ed., p. 109.

19. "Art. 48. A Administração tem o dever de explicitamente emitir decisão nos processos administrativos e sobre solicitações ou reclamações, em matéria de sua competência.

"Art. 49. Concluída a instrução de processo administrativo, a Administração tem o prazo de até 30 (trinta) dias para decidir, salvo prorrogação por igual período expressamente motivada."

nistrativa da maneira mais rápida possível. Não é lícito dizer que se viva em um Estado Democrático de Direito se não se consegue fazer efetivo o direito do contribuinte de ver seus pleitos, postos à apreciação da Administração Pública, decididos de forma breve.[20]

Por mais que sejam insuficientes os recursos humanos para dar vazão às postulações dos contribuintes feitas à Secretaria da Receita Federal, ela não pode deixar de empreender uma célere investigação sobre os pedidos depositados sob sua confiança, pois jamais poderá sacrificar a atividade comercial do contribuinte ante as mazelas que, em última análise, não condizem com o dever de eficiência que deve possuir a Administração Pública.

Logo, a Administração Pública jamais poderá atribuir qualquer encargo ao contribuinte em virtude de sua ineficiência em apreciar de forma célere os pleitos dos contribuintes postos à sua apreciação.

6. Considerações finais

Diante do exposto, chegamos às seguintes conclusões:

6.1 O art. 5º da Portaria Conjunta PGFN/SRF-3, a pretexto de regulamentar o cumprimento do disposto na Lei 10.684/2003, fixou a necessidade de decisão administrativa até o dia 28.11.2003 sobre o(s) pedido(s) de compensação formulado(s) pelo contribuinte para que os débitos não homologados pela autoridade administrativa nestes pedidos integrassem o débito consolidado do PAES, inovando, assim, a ordem jurídica, impondo requisito não previsto em lei.

6.2 A Secretaria da Receita Federal e a Procuradoria-Geral da Fazenda Nacional, ao expedirem a Portaria Conjunta PGFN/SRF-3, além de extrapolar, em muito, o limite meramente regulamentar imposto pela Lei 10.684/2003, introduziram um ônus ao contribuinte que independe de sua vontade, pois a apreciação de seu(s) pedido(s) de compensação depende, única e exclusivamente, do querer da autoridade administrativa, cabendo a prática de tal ato à Secretaria da Receita Federal, sendo algo que foge da alçada do contribuinte, não se podendo admitir que o sujeito passivo suporte qualquer encargo que advenha da demora da prática de um ato por parte da Administração Pública.

20. "Processo civil – Administrativo – Mandado de segurança – Direito líquido e certo – Processo administrativo sem apreciação – Lapso temporal. I – O direito líquido e certo é aquele que decorre de fato certo, provado de plano por documento inequívoco, apoiando-se em fatos incontroversos e não complexos, ou seja, que não demandam dilação probatória. II – A autoridade impetrada alegou a existência de fato impeditivo ao direito do autor, recaindo, portanto, a ela o ônus da prova, o que não restou demonstrado, *in casu*. III – A Administração Pública deve pautar-se pelos princípios elencados no art. 37, *caput*, da CF, dentre eles o da eficiência. IV – Remessa oficial improvida" (TRF-3ª Região, 10ª Turma, REOMS 2000.03.99.034979-0 (201883), rel. Des. Sérgio Nascimento, *DJU* 8.11.2004, p. 637).

GRÁFICA PAYM
Tel. (011) 4392-3344
paym@terra.com.br

RDT 96

CADERNOS DE DIREITO TRIBUTÁRIO: SIMPLIFICACIÓN; BASE IMPONIBLE Y RENTA EMPRESARIAL – JOSÉ J. FERREIRO LAPATZA • *MARKETING* DE INCENTIVO E SEUS ASPECTOS TRIBUTÁRIOS – PAULO DE BARROS CARVALHO • O FATO GERADOR DO IMPOSTO DE IMPORTAÇÃO: INCIDÊNCIA – *VACATIO LEGIS* – AURÉLIO PITANGA SEIXAS FILHO • BREVES COMENTÁRIOS SOBRE OS ACORDOS PRÉVIOS DE PREÇOS DE TRANSFERÊNCIA – ANTONIO AMENDOLA • A PROVA NO PROCESSO ADMINISTRATIVO-TRIBUTÁRIO – MARCIO PESTANA • DIREITO AO SILÊNCIO *VERSUS* DEVER DE CONTRIBUIR: UM CONFLITO ENTRE PRINCÍPIOS CONSTITUCIONAIS NO ÂMBITO TRIBUTÁRIO SANCIONADOR – EDUARDO MUNIZ MACHADO CAVALCANTI • A TEORIA DAS PROVAS E O NOVO CADASTRO DE ISS EM SÃO PAULO – CHARLES WILLIAM MCNAUGHTON • ***ESTUDOS E COMENTÁRIOS***: MANDADO DE SEGURANÇA IMPETRADO POR FILIAL E O INCISO II DO ART. 253, DO CÓDIGO DE PROCESSO CIVIL – CASSIO SCARPINELLA BUENO • ESTRUTURA E FUNÇÃO DA DECISÃO EM CONTROLE ABSTRATO DE CONSTITUCIONALIDADE: OS EFEITOS SOBRE OS PRAZOS DE DECADÊNCIA E DE PRESCRIÇÃO NO DIREITO TRIBUTÁRIO DO BRASIL – ROBSON MAIA LINS • ISENÇÕES FISCAIS DE ICMS NÃO CONTEMPLADAS EM CONVÊNIOS/CONFAZ – IMPACTOS NEGATIVOS DA GUERRA FISCAL – JOÃO CARLOS CSILLAG • ACUERDOS PREVIOS ENTRE LOS OBLIGADOS TRIBUTARIOS Y LA ADMINISTRACIÓN TRIBUTARIA COMO MEDIDA PREVENTIVA DE SOLUCIÓN DE CONFLICTOS (ÉNFASIS EN ESPAÑA Y COLOMBIA) – FABIO LONDOÑO GUTIÉRREZ • RELEVÂNCIA DA ANÁLISE DOS ASPECTOS ECONÔMICOS NA INSTITUIÇÃO DE UM TRIBUTO AMBIENTAL – MARLI TERESINHA DEON SETTE e JORGE MADEIRA NOGUEIRA • ESTUDO DAS NORMAS DE RESTITUIÇÃO DO ICMS RECOLHIDO POR SUBSTITUIÇÃO TRIBUTÁRIA – ODILO SOSSOLOTI • A TRIBUTAÇÃO POR IMPOSTO DE RENDA DOS GANHOS DE CAPITAL AUFERIDOS POR NÃO-RESIDENTES – ANA CLÁUDIA AKIE UTUMI • DOS ATOS NORMATIVOS EXPEDIDOS PELAS AUTORIDADES ADMINISTRATIVAS E SUA FUNÇÃO DE NORMAS COMPLEMENTARES DAS LEIS TRIBUTÁRIAS. DA ILEGALIDADE DO ART. 5º DA PORTARIA CONJUNTA PGFN/SRF 3, DE 25.8.2004 – MARCOS ANTONIO NEPOMUCENO FEITOSA

MALHEIROS EDITORES